郑州统计年鉴

ZHENGZHOU STATISTICAL YEARBOOK

2010

(总第十二期　NO.12)

郑　州　市　统　计　局
国家统计局郑州调查队
编

中国统计出版社
China Statistics Press

（京）新登字041号

图书在版编目(CIP)数据

郑州统计年鉴.2010/郑州市统计局，国家统计局郑州调查队编. — 北京:中国统计出版社，2010.7
ISBN 978-7-5037-5979-6

Ⅰ. ①郑… Ⅱ. ①郑… ②国… Ⅲ. ①统计资料-郑州市-2010-年鉴 Ⅳ. ①C832.611-54

中国版本图书馆CIP数据核字(2010)第132594号

郑州统计年鉴-2010

作　者/郑州市统计局　国家统计局郑州调查队
责任编辑/佘竞雄　杨　虹
封面设计/段　凡
出版发行/中国统计出版社
通信地址/北京市西城区三里河月坛南街57号　中国统计出版社
邮　编/100826
电　话/(010)63376907
印　刷/河南新华印刷集团有限公司
开　本/880×1230毫米　1/16
字　数/122.5万字
印　张/27印张
印　数/1-800册
版　别/2010年8月第1版
版　次/2010年8月第1次印刷
书　号/ISBN 978-7-5037-5979-6/C・2350
定　价/300.00元

《郑州统计年鉴——2010》

编委会和编辑人员

郑州统计年鉴

编辑说明

一、《郑州统计年鉴—2010》是一部全面反映郑州地区国民经济和社会发展的资料性统计年刊。本书收录了郑州市及所辖县（市）区2009年经济和社会发展各方面大量的统计数据，以及重要年份的主要统计数据，是认识和研究郑州市情、经济社会发展、制定宏观政策、指导工作和进行决策的重要经济类工具书。

二、本年鉴以丰富、翔实的统计资料为主，全面反映了郑州国民经济和社会发展状况。全书分为15部分。即1.综合；2.从业人员和劳动工资；3.固定资产投资；4.价格；5.人民生活；6.城市公用事业和环保；7.农业；8.工业；9.建筑业；10.交通运输和邮电通讯；11.国内贸易；12.对外经济贸易和旅游；13.财政金融；14.教育、科技、文化、卫生和体育；15.统计工作大事记。各篇末均附有《主要统计指标解释》，对主要统计指标的含义、范围、计算方法作了简要说明。

三、本年鉴中使用的计量单位均采用国际统一标准计量单位；统计口径除特别注明外，均包括郑州市及所辖各县（市）区。资料取自郑州市统计局、农村社会经济调查队、国家统计局郑州调查队及有关部门的统计报表。

四、本年鉴部分数据合计数或相对数不等于分项之和，是由于单位取舍和不同产业的计算误差，部分指标未作机械调整。

五、本年鉴表中的符号使用说明：

"空格"表示该项统计指标数据不详或无该项数据；

"…"表示数据不足本表最小单位；

"#"表示其中的主要项。

目　录

一、综　合

二、从业人员和劳动工资

三、固定资产投资

四、价　格

五、人民生活

六、城市公用事业和环保

七、农　业

八、工　业

九、建　筑　业

十、交通运输、邮电通讯

十一、国内贸易

十二、对外经济贸易和旅游

十三、财政金融

十四、教育、文化、卫生和体育

一、综　合

1-1 行政区划

（2009 年底）

单位：个

县(市)区	街道办事处	镇	乡	社区
总　　计	**75**	**75**	**20**	**624**
市辖区	**58**	**9**	**4**	**512**
中原区	10	1		100
二七区	13	1	1	125
管城区	9	1	2	81
金水区	15	2		177
上街区	5	1		22
惠济区	6	2		7
高新技术开发区		1	1	
经济技术开发区	3			6
县(市)	**17**	**66**	**16**	**112**
中牟县		13	4	8
巩义市	5	15		23
荥阳市	2	9	3	14
新密市	4	11	2	47
新郑市	3	9	3	
登封市	3	9	4	20

注：经济技术开发区数据未计入总计。

1-2 主要气象情况

（2009 年）

指　　标	一月	二月	三月	四月	五月	六月	七月	八月	九月	十月	十一月	十二月
月平均气温	1.0	5.9	10.1	17.0	22.0	28.8	27.9	26.0	21.0	18.5	5.4	2.9
月日照时数	135.5	50.5	165.6	191.2	210.8	247.0	156.2	153.1	105.7	166.6	144.3	140.3
月降水量		30.1	17.3	49.2	82.9	49.8	125.2	270.2	80.4	9.6	46.7	1.1
月内降水量≥0.1mm 的日数		8.0	7.0	2.0	10.0	5.0	11.0	7.0	14.0	5.0	4.0	2.0
月极端最高气温	18.3	22.5	27.8	29.6	34.5	41.9	36.5	36.8	33.3	30.3	27.3	14.1
出现日期	21	10	18	13	31	24	3	12	5	3	7	2
月极端最低气温	-8.6	-2.5	-2.4	4.4	12.6	18.7	19.8	12.0	10.3	9.0	-7.7	-7.5
出现日期	10	4	3	2	15	1	11	30	22	15、20	13	21

1-3　县(市)、区所辖乡、镇办事处

(2009 年底)

县(市)区	乡　镇	街道办事处
中原区	须水镇	林山寨　桐柏路　绿东村　棉纺路　三官庙　建设路　秦岭路　汝河路　中原西路　航海西路
二七区	马寨镇　侯寨乡	大学路　五里堡　德化街　解放路　铭功路　嵩山路　长江路　京广路　一马路　蜜蜂张　福华街　建中街　淮河路
管城区	十八里河镇　南曹乡　圃田乡	北下街　西大街　南关街　城东路　东大街　二里岗　陇海马路　紫荆南路　航海东路
金水区	柳林镇　庙李镇	经八路　花园路　人民路　杜岭　大石桥　南阳路　南阳新村　文化路　丰产路　东风路　北林路　未来路　龙子湖　祭城　凤凰台
上街区	峡窝镇	济源路　新安路　矿山　中心路　工业路
惠济区	古荥镇　花园口镇	刘寨　老鸦陈　新城　迎宾路　长兴路　大河路
高新区	石佛镇　沟赵乡	
中牟县	城关镇　白沙镇　韩寺镇　官渡镇　郑庵镇　狼城岗镇　万滩镇　张庄镇　黄店镇　大孟镇　九龙镇　刘集镇　八岗镇　刁家乡　三官庙乡　姚家乡　雁鸣湖乡	
巩义市	米河镇　新中镇　小关镇　竹林镇　大峪沟镇　河洛镇　站街镇　康店镇　北山口镇　鲁庄镇　芝田镇　西村镇　回郭镇　夹津口镇　涉村镇	孝义　紫荆路　新华路　杜甫路　永安路
荥阳市	豫龙镇　广武镇　王村镇　汜水镇　高山镇　刘河镇　崔庙镇　贾峪镇　乔楼镇　高村乡　城关乡　金寨回族乡	索河　京城路
新密市	米村镇　牛店镇　平陌镇　超化镇　苟堂镇　大隗镇　刘寨镇　白寨镇　岳村镇　城关镇　来集镇　袁庄乡　曲梁乡	新华路　青屏街　西大街　矿区
新郑市	辛店镇　观音寺镇　梨河镇　和庄镇　薛店镇　孟庄镇　龙湖镇　郭店镇　新村镇　城关乡　八千乡　龙王乡	新建路　新华路　新烟
登封市	颍阳镇　大金店镇　卢店镇　告成镇　阳城区镇　大冶镇　宣化镇　徐庄镇　东华镇　君召乡　石道乡　白坪乡　唐庄乡	少林　中岳　嵩阳

1-4 人口基本情况

(2009 年底)

	总户数(户)	总人口(人)			
		合　计	#女　性	#非农业人口	城镇人口
总　计	**2183872**	**7520515**	**3663995**	**3121014**	**4768759**
各区小计	**1069377**	**3331151**	**1618662**	**2188335**	**3031642**
中原区	241660	762256	366822	598371	712709
二七区	231229	670566	340044	441874	612227
管城区	141261	439596	213396	243492	408824
金水区	353996	1132786	543737	770294	1059155
上街区	40466	122991	53126	76006	112893
惠济区	60765	202956	101537	58298	125833
各县(市)小计	**1114495**	**4189364**	**2045333**	**932679**	**1737117**
中牟县	161874	677034	324725	109950	243732
巩义市	208909	814432	403143	157185	355092
荥阳市	166066	602932	296584	114282	274334
新密市	205234	813127	400871	186938	326731
新郑市	199281	626612	303658	160726	288242
登封市	173131	655227	316351	203598	248986

注:1. 郑州矿区数据含在新密市;2. 经济技术开发区数据含在管城区;3. 高新技术开发区数据含在中原区。

1-5 人口自然变动情况

(2009 年)

	年平均人口(人)	出生人口(人)	死亡人口(人)	出生率(‰)	死亡率(‰)	自然增长率(‰)
总　计	**7478257**	**70040**	**34841**	**9.29**	**4.40**	**4.89**
各区小计	**3298208**	**28798**	**12616**	**8.73**	**3.83**	**4.91**
中原区	757512	6518	3106	8.60	4.10	4.50
二七区	664783	5815	2599	8.75	3.91	4.84
管城区	434449	3944	1521	9.08	3.50	5.58
金水区	1118357	9506	3914	8.50	3.50	5.00
上街区	122544	1005	461	8.20	3.76	4.44
惠济区	200564	2010	1015	10.02	5.06	4.96
各县(市)小计	**4180049**	**41242**	**22225**	**9.87**	**5.32**	**4.55**
中牟县	676742	6544	3803	9.67	5.62	4.05
巩义市	811599	8343	3879	10.28	4.78	5.50
荥阳市	601465	5834	3284	9.70	5.46	4.24
新密市	811971	8039	4612	9.90	5.68	4.22
新郑市	624837	6242	3274	9.99	5.24	4.75
登封市	653436	6240	3372	9.55	5.16	4.39

注:1. 郑州矿区数据含在新密市;2. 经济技术开发区数据含在管城区;3. 高新技术开发区数据含在中原区。

1-6 国民经济和社会发展总量及速度指标

指 标	单位	1990	1995	2000	2005	2008	2009	2009比上年±%
人口与面积								
人口	万人	557.8	600.3	665.9	716.0	743.6	752.1	1.1
建城区面积	平方公里	112.0	108.3	133.2	262.0	302.0	310	2.6
就业								
年末从业人员	万人	317.8	309.9	356.4	407.9	432.9	445.2	2.8
#城镇从业人员	万人	87.3	118.5	112.7	153.4	178.8	184.2	3.0
宏观经济								
国民经济核算								
地区生产总值	亿元	116.4	386.4	728.4	1660.6	3004	3308.5	11.4
第一产业	亿元	14.4	28.5	42.4	72.4	94.7	103.1	3.9
第二产业	亿元	62.5	203.5	343.3	872.8	1659.5	1786.5	11.7
第三产业	亿元	39.5	154.3	342.7	715.4	1249.8	1418.9	11.4
固定资产投资								
全社会固定资产投资额	亿元	26.9	165.6	258.4	820.0	1772.7	2289.1	29.1
城镇投资	亿元	20.0	132.4	159.4	610.2	1523.2	2002.2	31.6
财政								
地方财政一般预算收入	亿元	10.5	17.1	43.6	136.1	260.4	301.9	15.9
地方财政一般预算支出	亿元	6.5	17.8	49.0	136.7	288.8	353.1	22.3
价格总指数								
商品零售价格指数	以上年为100	100.8	110.4	99.1	101.2	106.0	100.3	0.3
居民消费价格指数	以上年为100	101.8	114.5	99.0	102.4	106.1	99.8	-0.2
外商投资								
利用外资								
合同利用外资额	万美元	1132	21086	12860	63766	237420	188896	-20.7
实际利用外资额	万美元	768	15020	9211	33549	140078	162400	18.6
产业								
农业								
农林牧渔业总产值	亿元	24.6	51.5	73.2	126.2	165.2	184.1	4.0
粮食总产量	万吨	154.2	140.1	158.7	153.0	165.2	166.1	0.5
工业								

1-6 续表1

指　　标	单位	1990	1995	2000	2005	2008	2009	2009比上年±%
工业总产值	亿元	174.4	647.9	1005.3	2411.5	4061.4	4395.3	10.8
工业增加值	亿元	39.8	87.1	187.5	569.7	1223.7	1298.5	11.2
规模以上工业								
资产总计	亿元	142.3	470.3	749.8	1473.6	2588.7	3185.0	18.3
负债合计	亿元	89.6	328.6	477.5	946.3	1502.3	1747.9	11.9
销售收入	亿元	104.6	307.8	530.9	1673.0	4260.1	4726.6	9.3
利税总额	亿元	18.0	37.9	67.2	230.2	701.0	780.4	10.4
建筑业								
建筑业总产值	亿元	12.7	45.5	106.0	299.4	801.5	1126.0	40.5
施工房屋面积	万平方米	325	805	1217	2937	6335.0	7106.6	12.2
竣工房屋面积	万平方米	148	306	440	765	2058.0	2277.8	10.7
交通运输								
旅客周转量	亿人公里	69.3	92.0	125.1	189.6	257.0	263.4	2.5
#铁路	亿人公里	46.0	53.0	60.0	80.0	119.4	103.2	-13.6
公路	亿人公里	23.3	32.1	56.3	82.7	96.4	113.5	17.7
航空	亿人公里	1.0	6.8	8.8	26.9	41.2	46.7	13.2
货物周转量	亿吨公里	196.2	212.9	226.5	287.7	352.9	404.2	14.6
#铁路	亿吨公里	181.6	181.9	156.2	187.9	191.8	192.8	0.6
公路	亿吨公里	14.7	30.9	70.1	99.4	160.6	210.9	31.3
航空	万吨公里	150	574	1281	3385	5080	5034	-0.9
邮电通讯								
邮电业务总量	万元	1.2	8.5	42	108.2	227.5	256.2	12.6
电话交换机部数	万门	5.6	51.2	204.1	408.0	413	415	0.3
国内商业								
社会消费品零售总额	亿元	47.4	164.1	381.8	706.7	1206.2	1434.8	18.9
批零贸易企业销售额	亿元	44.9	401.0	437.4	1274.3	2028.4	2311.7	14.0
对外贸易和旅游								

1-6　续表2

指　　标	单位	1990	1995	2000	2005	2008	2009	2009比上年±%
直接进出口总值	万美元		16129	19216	110193	341917	297863	-16.1
#直接出口总值	万美元	1119	13072	12313	75659	252519	200166	-24.1
旅游外汇收入	万美元			4653	7769	11000	12279	9.6
金融								
金融机构各项存款	亿元	86.3	464.4	1215.4	3116.1	4916.4	6540.3	33.1
金融机构各项贷款	亿元	87.0	373.7	881.9	2428.1	3612.3	4922.2	36.3
教育								
在校学生数	万人	84.4	114.9	139.7	191.3	212.6	217.4	2.3
专任教师数	万人	6.2	5.9	7.1	9.4	11.4	12.0	5.3
人民生活								
市区城镇居民人均可支配收入	元	1496	4535	6458	10977	16120	17417	8.0
农村居民人均纯收入	元	692	1555	2912	4774	7548	8121	7.6
城市居民人均居住建筑面积	平方米			19.8	23.0	26.0	26.6	2.3
农村居民人均居住面积	平方米	21.5	23.8	35.4	43.7	46.4	49.7	7.1
城乡居民储蓄余额	亿元	56.1	254.2	565.8	1436.1	2067.2	2511.2	21.5
工资								
在岗职工年平均工资	元	2126.0	5226.0	9017	16694	26476	29837	12.7
卫生								
医疗机构数	个	935	879	688	1637	1410	1437	1.9
卫生技术人员	个	28410	30590	31137	33568	42231	47004	11.3
医疗床位数	张	20937	22122	24472	29295	38557	42971	11.4
市政建设								
自来水供水量	万吨	23037	32506	28783	30448	32204	35475	10.2
城市集中供热面积	万平方米		851	1383	1777	2040	2051	0.5
用气人口	万人	59.5	107.9	149.2	230.0	327	386	18.0
城市道路长度	公里	428	563	684	1131	1273	1304	2.4
公共汽(电)车总数	辆	404	728	1342	3077	4260	4427	3.9

注:1. 1990年城市居民人均可支配收入以人均生活费收入代替;2. 直接进出口总值、直接出口总值统计范围不包括国家部委及省属进出口公司,1995年、1990年为业务统计数,2000年和2003年以来为海关数;3. 2001年以后邮电业务总量按2000年可比价格计算,2000年按1990年可比价格计算。

1-7 国民经济和社会发展比例和效益指标

指　　标	单位	1990	1995	2000	2005	2008	2009
就业							
每一就业者负担人口	**人**	**1.66**	**1.85**	**1.90**	**2.15**	**2.12**	**2.11**
三次产业从业者比例							
第一产业	%	50.1	40.4	41.9	31.5	24.3	23.5
第二产业	%	31.3	32.3	27.0	30.0	34.9	34.7
第三产业	%	18.6	27.3	31.1	38.5	40.8	41.8
城镇登记失业率	%			2.0	3.0	3.1	2.1
宏观经济							
国民经济核算							
三次产业增加值比例							
第一产业	%	12.4	7.4	5.8	4.4	3.2	3.1
第二产业	%	53.7	52.6	47.1	52.5	55.2	54.0
第三产业	%	33.9	40.0	47.1	43.1	41.6	42.9
人均生产总值	元	2118	6499	11227	23320	40617	44237
固定资产投资							
全社会固定资产占 GDP 比例	%	23.1	42.8	35.5	49.4	59	69.2
财政							
地方财政收入占 GDP 比例	%	9.0	4.4	6.5	9.1	12.3	13.6
产业							

1-7　续表

指　标	单位	1990	1995	2000	2005	2008	2009
工业							
规模以上工业							
产品销售率	%	96.6	96.4	97.4	98.1	98	97.7
总资产贡献率	%	30.1	12.8	11.2	18.0	30.9	25.7
增加值率	%	32.4	27.5	33.0	27.8	30.1	29.5
成本费用利润率	%	5.8	3.3	5.2	7.8	11.7	12.0
资产负债率	%	63.0	69.9	63.7	64.6	58	54.9
建筑业							
产值利税率	%	7.39	4.84	3.27	4.57	6.56	6.56
全员劳动生产率	元/人	12902	28440	60305	117785	176485	235651
教育							
适龄儿童入学率	%	99.40	99.71	99.95	100.00	100	100
学校教师负担人数	人	13.56	19.48	17.20	15.50	18.69	18.16
卫生							
每万人拥有医疗机构数	个	1.68	1.46	1.05	2.29	1.9	1.91
每万人拥有卫生技术人员	人			48.58	46.90	56.79	62.50
每万人拥有医院床位数	张	37.53	36.85	37.42	40.90	51.85	57.13
市政建设							
城市自来水普及率	%		97.6	100.0	100.0	100	100
人均公共绿地面积	平方米	2.6	3.2	4.6	8.0	9.3	9.7

1-8 主要指标年人均水平

指　　标	单　位	2000 年	2005 年	2006 年	2007 年	2008 年	2009 年
生产总值	元	11227	23320	27965	34063	40617	44237
地方财政收入	元	709	2124	2810	3803	4987	6021
社会消费品零售总额	元	5885	9924	11418	13406	16310	19184
在岗职工平均工资	元	8263	16694	18861	23025	26476	29837
城镇居民可支配收入	元	5935	10640	11822	13692	15732	17117
农民人均纯收入	元	2912	4774	5559	6594	7548	8121
城乡居民储蓄存款余额	元	8721	20195	22507	22721	27951	33577
市区居民居住面积	平方米	9.5	23.0	23.8	25.1	26	26.6
城市生活用电量	千瓦时	594	506	568	689	728	819
城市生活用水量	吨	73	81	57	50.7	54.2	56.1
市区公共绿地面积	平方米	4.6	8.0	8.7	9.2	9.3	9.7
市区每万人拥有公交车辆	辆	4.8	10.2	10.7	12	13.2	13.3
每万人拥有医疗床位数	张	37.7	41.2	44.2	46.3	52.1	57.5
每万人拥有卫生技术人员	人	48	47.2	52.5	54.8	57.1	62.8

1-9 郑州一日

指　　标	单　位	2000 年	2005 年	2006 年	2007 年	2008 年	2009 年
生产总值	万元	19956	45496	55164	68130	82301	90644
第一产业	万元	1161	1983	2111	2175	2595	2824
第二产业	万元	9405	23913	29340	36016	45466	48945
第三产业	万元	9389	19600	23713	29939	34241	38874
粮食总产量	吨	4348	4192	4370	4504	4527	4550
全社会固定资产投资	万元	7079	22466	28274	37461	48567	62715
社会消费品零售总额	万元	10460	19361	22526	26814	33049	39309
地方财政收入	万元	1261	4138	5545	7607	10105	12337
货运量	万吨	43.2	65.1	73.1	87.0	39.7	46.5
客运量	万人	35.8	50.2	55.9	69.1	66.8	71.5
邮电业务总量	万元	1161	2963	4051	5268	6233	7019
出口总值	万美元	33.7	207	332	483	692	548
自来水供水量	万吨	79	83	69	76	88	97
售电量	万千瓦小时	2156	3852	4381	5810	7833	8225
接待境外人数	人次	222	573	636	718	800	879

注:公路运输采用市交通局数据,调整了 2008 年数据。

1-10 社会总产出

（2009 年）

单位：万元

项　　目	全市	中原区	二七区	管城区	金水区	上街区	惠济区
总产出	**93620325**	**5733023**	**6924175**	**4037173**	**11766697**	**2559489**	**1603987**
第一产业	**1841238**	**20016**	**15152**	**14727**	**50267**	**8719**	**76923**
农林牧渔业	1841238	20016	15152	14727	50267	8719	76923
第二产业	**65386847**	**3523645**	**2248004**	**2141833**	**2820916**	**2129053**	**1017675**
工业	57984969	2804745	1501043	1651670	1196608	1875129	610841
采掘业	5438625		54950			234222	
制造业	49472476	1508004	1183138	1651670	1180789	1637476	605478
电力、燃气及水的生产和供应业	3073868	1296741	262955		15819	3431	5363
建筑业	7401878	718900	746961	490163	1624308	253924	406834
第三产业	**26392240**	**2189362**	**4661019**	**1880613**	**8895514**	**421717**	**509389**
交通运输、仓储和邮政业	5746821	99712	829405	332844	1278599	45641	71203
信息传输、计算机服务和软件业	1043644	31249	273781	27835	511988	10050	4696
批发和零售业	3150396	266754	1788394	437809	902210	179904	58516
住宿和餐饮业	2735117	363928	372598	287152	1034498	57182	104132
金融业	4098653	313152	548028	265591	1728835	35935	32327
房地产业	2009265	144154	179394	158104	479435	23648	77766
租赁和商务服务业	1078777	50232	36967	52069	671513	3308	9672
科学研究、技术服务和地质勘查业	994147	434206	61926	28105	267949	10995	6019
水利、环境和公共设施管理业	124554	7178	5280	8876	42759	951	19605
居民服务和其他服务业	603813	38110	51334	82952	191334	12893	10846
教育	1258929	106611	113431	50321	355576	13582	51314
卫生、社会保障和社会福利业	996028	90096	218889	53642	381365	4086	10590
文化、体育和娱乐业	710241	29101	32128	27956	569728	1221	6836
公共管理和社会组织	1841855	214878	149464	67357	479725	22321	45867

项目	中牟县	巩义市	荥阳市	新密市	新郑市	登封市	经济开发区	高新开发区
总产出	**6208379**	**11378944**	**9764728**	**9007717**	**9846778**	**7373372**	**1713972**	**2712800**
第一产业	**645433**	**95672**	**307224**	**163454**	**278279**	**143696**	**9077**	**12924**
农林牧渔业	645433	95672	307224	163454	278279	143696	9077	12924
第二产业	**4699483**	**9930158**	**8219595**	**7450996**	**8407382**	**6313852**	**1357158**	**2244915**
工业	4240428	9506421	7932791	7119309	8019258	6057455	840964	1956386
采掘业	125768	499687	77298	1473777	677850	1896396		
制造业	3985901	8709779	7773351	5484704	7276592	3671434	839926	1873550
电力、燃气及水的生产和供应业	128759	296955	82142	160828	64816	489625	1038	82836
建筑业	459055	423737	286804	331687	388124	256397	516194	288529
第三产业	**863463**	**1353114**	**1237909**	**1393267**	**1161117**	**915824**	**347737**	**454961**
交通运输、仓储和邮政业	220705	627794	443838	609401	394424	338783	34240	27381
信息传输、计算机服务和软件业	54685	26513	23013	26766	36261	25769	24517	51421
批发和零售业	145981	127713	153415	158876	116370	83600	117346	44420
住宿和餐饮业	72976	144925	192299	149668	134244	120908	14186	54566
金融业	49413	83230	70300	86336	61172	62060	10444	34601
房地产业	82069	127572	52297	62250	68825	55915	51216	38142
租赁和商务服务业	14857	5655	12213	7054	12143	22455	27974	16945
科学研究、技术服务和地质勘查业	5118	7540	29650	4223	5224	1891	10881	34638
水利、环境和公共设施管理业	10315	4413	5555	1860	7756	24658	136	880
居民服务和其他服务业	18259	21975	14567	11049	15848	13208	3450	3489
教育	70941	45448	45603	60080	181306	81700	2742	127407
卫生、社会保障和社会福利业	29097	72535	29990	69913	31690	17311	5177	3698
文化、体育和娱乐业	2386	4765	6248	2676	5565	3957	3470	837
公共管理和社会组织	86661	53036	158921	143115	90289	63609	41958	16536

1-11 生产总值

（2009 年）　　　　单位:万元

项　　目	全市	中原区	二七区	管城区	金水区	上街区	惠济区
地区生产总值	**33085053**	**2041951**	**2617781**	**1707229**	**5233701**	**724467**	**593804**
第一产业	**1030904**	**11416**	**6830**	**7988**	**27050**	**4670**	**38273**
农林牧渔业	1030904	11416	6830	7988	27050	4670	38273
第二产业	**17864993**	**907853**	**610925**	**635552**	**803400**	**557336**	**284781**
工业	15518099	654800	386082	496783	282000	493855	152560
采掘业	2285096		23982			61835	
制造业	12475170	357788	311043	496783	276846	431114	150677
电力、燃气及水的生产和供应业	757833	297012	51057		5154	906	1883
建筑业	2346894	253053	224843	138769	521400	63481	132221
第三产业	**14189156**	**1122682**	**2000026**	**1063689**	**4403251**	**162461**	**270750**
交通运输、仓储和邮政业	2213191	49382	446925	99982	191073	21696	31077
信息传输、计算机服务和软件业	749672	20537	219841	20546	311135	7544	3360
批发和零售业	2066212	164550	394046	323737	550819	27003	23052
住宿和餐饮业	1089516	143210	159286	115720	359804	23589	35952
金融业	2183060	166037	287489	141732	942708	19096	16815
房地产业	1572990	109041	130166	121584	429276	20537	54741
租赁和商务服务业	516004	28292	20132	30918	294073	2125	5069
科学研究、技术服务和地质勘查业	476712	171408	32146	21505	143234	3152	2737
水利、环境和公共设施管理业	81433	4559	3574	3687	34140	709	11741
居民服务和其他服务业	295854	24888	20575	50825	107826	8297	6198
教育	1052696	69543	93951	41030	275394	11277	40045
卫生、社会保障和社会福利业	472826	36265	73638	21637	187959	1784	6246
文化、体育和娱乐业	371305	16964	17355	22184	271915	1122	4875
公共管理和社会组织	1047685	118007	100902	48602	303895	14530	28842

1-11 续表 （2009 年） 单位:万元

项 目	中牟县	巩义市	荥阳市	新密市	新郑市	登封市	经济开发区	高新开发区
地区生产总值	**2225828**	**3528016**	**3156762**	**3477502**	**3276264**	**2585811**	**535944**	**863037**
第一产业	**367439**	**55489**	**174626**	**92024**	**156109**	**76908**	**4830**	**6840**
农林牧渔业	367439	55489	174626	92024	156109	76908	4830	6840
第二产业	**1257079**	**2658287**	**2227647**	**2571837**	**2356084**	**1994218**	**351563**	**578837**
工业	1101000	2532360	2107632	2456889	2237787	1912923	208993	494000
采掘业	32864	158045	29406	829739	196725	749974		
制造业	1036849	2281898	2059354	1570188	2021849	1028407	208659	473623
电力、燃气及水的生产和供应业	31287	92417	18872	56962	19213	134542	334	20377
建筑业	156079	125927	120015	114948	118297	81295	142570	84837
第三产业	**601310**	**814240**	**754489**	**813641**	**764071**	**514685**	**179551**	**277360**
交通运输、仓储和邮政业	138701	335285	215276	281242	198361	143274	14503	15889
信息传输、计算机服务和软件业	39701	19837	20098	23365	32817	22816	7485	29633
批发和零售业	94158	102166	126994	100039	96556	70979	65270	21953
住宿和餐饮业	40128	70935	99470	66891	62072	53526	5757	23083
金融业	24755	42491	35794	43490	31171	31295	5619	17987
房地产业	69769	101731	43172	57964	61655	49260	40664	31503
租赁和商务服务业	8557	3928	8899	4185	7913	3125	9325	15033
科学研究、技术服务和地质勘查业	2999	4362	8664	2647	4085	1530	4091	10930
水利、环境和公共设施管理业	8526	3163	4589	1444	5763	9777	58	485
居民服务和其他服务业	10152	14013	10463	7687	10564	7172	1817	1794
教育	67181	38949	40097	52160	151017	68546	1695	96398
卫生、社会保障和社会福利业	22987	37109	18338	53491	22999	12993	446	1876
文化、体育和娱乐业	1681	3464	2893	1800	4892	1915	2005	661
公共管理和社会组织	72015	36807	119742	117236	74206	38477	20816	10135

1-12 生产总值指数

（2009 年）

单位：%

项　目	全市	中原区	二七区	管城区	金水区	上街区	惠济区
GDP	**111.4**	**112.2**	**111.4**	**114.1**	**112.5**	**102.5**	**114.9**
第一产业	**103.9**	**102.3**	**94.8**	**100.8**	**98.9**	**101.5**	**104.2**
农林牧渔业	103.9	102.3	94.8	100.8	98.9	101.5	104.2
第二产业	**111.7**	**115.4**	**116.1**	**111.3**	**120.0**	**102.2**	**117.5**
工业	110.0	111.1	110.9	109.1	110.0	100.3	113.8
采掘业	118.1		162.5			97.9	
制造业	112.9	116.9	114.0	109.1	113.7	100.7	113.8
电力、燃气及水的生产和供应业	43.6	105.1	70.7			75.6	109.5
建筑业	127.2	127.7	128.1	122.8	127.0	126.7	122.4
第三产业	**111.4**	**110.1**	**110.0**	**116.2**	**111.2**	**103.7**	**113.9**
交通运输、仓储和邮政业	107.9	104.7	102.2	103.8	110.6	100.3	99.7
信息传输、计算机服务和软件业	100.4	104.7	101.2	113.0	103.8	104.1	121.4
批发和零售业	112.3	117.4	119.2	109.8	114.4	109.9	123.5
住宿和餐饮业	95.6	99.1	105.8	112.1	108.5	81.2	107.0
金融业	122.2	121.0	124.1	137.7	117.8	119.8	126.1
房地产业	118.5	124.0	121.1	121.2	107.4	110.4	130.0
租赁和商务服务业	116.1	72.7	105.8	104.8	110.5	74.2	117.0
科学研究、技术服务和地质勘查业	120.3	109.8	110.8	111.4	101.1	100.0	110.9
水利、环境和公共设施管理业	109.0	130.7	111.1	84.7	101.1	100.2	117.4
居民服务和其他服务业	128.7	100.1	103.6	168.1	114.9	123.1	119.4
教育	116.1	112.0	106.7	126.8	116.3	106.0	106.6
卫生、社会保障和社会福利业	115.2	120.5	110.9	108.6	109.3	100.0	112.4
文化、体育和娱乐业	112.2	111.3	103.8	113.5	113.1	98.7	118.8
公共管理和社会组织	106.7	110.0	109.7	107.4	106.8	100.0	104.4

1-12　续表　　（2009年）　　单位：%

项　目	中牟县	巩义市	荥阳市	新密市	新郑市	登封市	经济开发区	高新开发区
GDP	**111.1**	**110.2**	**110.4**	**110.0**	**111.8**	**111.8**	**122.8**	**118.3**
第一产业	**104.6**	**103.5**	**104.3**	**104.5**	**104.3**	**104.3**	**91.4**	**98.1**
农林牧渔业	104.6	103.5	104.3	104.5	104.3	104.3	91.4	98.1
第二产业	**115.9**	**109.4**	**110.6**	**110.3**	**111.8**	**113.3**	**125.0**	**122.9**
工业	114.9	108.9	109.7	109.6	111.3	112.8	121.5	121.5
采掘业	110.8	62.4	21.1	132.6	123.4	119.4		
制造业	115.2	113.7	120.4	101.9	110.4	118.9	121.6	121.5
电力、燃气及水的生产和供应业	112.5	70.4	74.6	57.5	107.9	66.5	82.0	121.5
建筑业	121.7	124.1	127.1	125.4	121.3	124.7	131.6	130.6
第三产业	**107.1**	**114.4**	**111.4**	**109.6**	**113.4**	**107.0**	**119.1**	**110.4**
交通运输、仓储和邮政业	84.0	111.9	107.3	105.3	104.8	111.3	111.7	121.2
信息传输、计算机服务和软件业	104.8	106.0	105.1	104.8	120.5	95.9	117.3	104.9
批发和零售业	116.0	113.8	114.3	115.2	115.5	110.2	128.0	95.2
住宿和餐饮业	103.4	117.9	109.1	133.6	124.1	118.5	118.9	117.7
金融业	121.7	120.2	123.0	119.4	123.4	121.2	159.7	125.3
房地产业	122.4	119.7	125.7	99.1	106.8	97.3	126.6	97.2
租赁和商务服务业	111.4	91.0	106.0	106.4	106.1	87.1	97.9	92.0
科学研究、技术服务和地质勘查业	139.7	205.0	112.6	100.1	106.9	93.6	68.8	104.2
水利、环境和公共设施管理业	128.9	186.1	115.7	100.0	106.8	129.4	106.7	114.0
居民服务和其他服务业	139.2	139.2	109.3	119.7	133.0	112.1	128.3	137.9
教育	111.5	108.8	114.4	117.2	119.6	105.1	117.7	117.6
卫生、社会保障和社会福利业	136.7	117.0	113.6	102.3	112.8	91.7	120.1	103.3
文化、体育和娱乐业	145.5	114.2	107.4	124.9	130.1	99.1	120.4	121.7
公共管理和社会组织	108.1	107.8	108.3	103.8	108.0	95.7	101.2	101.2

1-13　法人单位数(按地域划分)

(2009 年底)　　单位:个

行　　业	全市	中原区	二七区	管城区	金水区	上街区	惠济区
总　　计	**51902**	**3346**	**3900**	**3745**	**15836**	**1012**	**1129**
农、林、牧、渔业	716	15	21	15	30	1	45
采矿业	566	2	1		1	4	
制造业	10721	799	455	204	570	295	309
电力、燃气及水的生产和供应业	107	4	2	1	6	2	3
建筑业	2148	189	197	159	1005	33	62
交通运输、仓储和邮政业	839	38	70	106	204	23	38
信息传输、计算机服务和软件业	1295	79	133	75	657	22	33
批发和零售业	13156	712	1351	1963	6300	227	134
住宿和餐饮业	1016	46	120	72	340	37	22
金融业	252	8	20	16	160	2	1
房地产业	2312	207	265	183	1013	38	64
租赁和商务服务业	4738	229	369	320	3134	42	35
科学研究、技术服务和地质勘查业	1504	194	146	59	661	13	18
水利、环境和公共设施管理业	305	16	24	14	93	12	18
居民服务和其他服务业	625	37	82	61	285	18	15
教育	2403	190	216	142	351	31	97
卫生、社会保障和社会福利业	3026	62	57	47	82	10	60
文化、体育和娱乐业	535	31	44	38	237	13	20
公共管理和社会组织	5638	488	327	270	707	189	155

1-13　续表　　(2009 年底)　　单位:个

行　　业	经济开发区	高新开发区	郑东新区	中牟县	巩义市	荥阳市	新密市	新郑市	登封市
总　　计	**1012**	**1410**	**791**	**3049**	**3989**	**3105**	**3663**	**3402**	**2513**
农、林、牧、渔业	7	6		100	48	149	51	119	109
采矿业	2			3	81	36	267	38	131
制造业	241	702		699	2034	1161	1267	1486	499
电力、燃气及水的生产和供应业	3	5	1	9	21	11	14	15	10
建筑业	74	55	63	88	21	52	55	60	35
交通运输、仓储和邮政业	31	7	12	105	43	34	50	54	24
信息传输、计算机服务和软件业	42	72	26	9	18	22	2	39	66
批发和零售业	280	176	282	244	339	321	266	341	220
住宿和餐饮业	4	1	5	32	88	51	29	113	56
金融业	3	3	19	2	4	3	3	4	4
房地产业	78	64	124	52	47	49	39	52	37
租赁和商务服务业	91	50	136	45	64	55	87	37	44
科学研究、技术服务和地质勘查业	58	106	53	22	35	50	48	18	23
水利、环境和公共设施管理业	4	6	7	10	24	29	26	14	8
居民服务和其他服务业	2	10	5	17	13	8	13	34	25
教育	18	45	10	256	167	147	362	150	221
卫生、社会保障和社会福利业	21	36	4	705	363	326	522	275	456
文化、体育和娱乐业	8	1	5	13	42	24	18	21	20
公共管理和社会组织	45	65	39	638	537	577	544	532	525

1-14　基本单位按登记注册类型分组情况

（2009 年底）　　　　单位：个

注册类型	单位数	注册类型	单位数
总　计	**51902**	私营独资企业	7452
内资企业	**50955**	私营合伙企业	957
国有企业	5235	私营有限责任公司	17746
集体企业	2158	私营股份有限公司	842
股份合作企业	271	其他企业	6465
联营企业	74	**港、澳、台商投资企业**	**199**
国有联营企业	17	合资经营企业（港或澳、台资）	87
集体联营企业	32	合作经营企业（港或澳、台资）	9
国有与集体联营企业	1	港、澳、台商独资经营企业	91
其他联营企业	24	港、澳、台商投资股份有限公司	12
有限责任公司	8819	**外商投资企业**	**297**
国有独资公司	77	中外合资经营企业	167
其他有限责任公司	8742	中外合作经营企业	16
股份有限公司	936	外资企业	102
私营企业	26997	外商投资股份有限公司	12

注：此表只包含部分一产单位。

主要统计指标解释

生产总值　是一个国家（地区）所有常住单位在一定时期内生产活动的最终成果。地区生产总值有三种表现形态，即价值形态、收入形态和产品形态。从价值形态看，它是所有常住单位在一定时期内所生产的全部货物和服务价值超过同期投入的全部非固定资产货物和服务价值的差额，即所有常住单位的增加值之和；从收入形态看，它是所有常住单位在一定时期内所创造并分配给常住单位和非常住单位的初次分配收入之和；从产品形态看，它是最终使用的货物和服务减去进口货物和服务。在实际核算中，地区生产总值的三种表现形态表现为三种计算方法，即生产法、收入法和支出法。三种方法分别从不同的方面反映地区生产总值及其构成。

平均每年增长速度　在我国计算平均增长速度有两种方法，一种是习惯上经常使用的"水平法"，又称几何平均法，是以间隔期最后一年的水平同基期水平对比来计算平均每年增长（或下降）速度。另一种是"累计法"，又称代数平均法或方程法，是以间隔期内各年水平的总和同基期水平对比来计算平均每年增长（或下降）速度。在一般正常情况下，两种方法计算的平均每年增长速度比较接近，但在经济发展不平衡，出现大起大落时，两种方法计算的结果差别较大。本《年鉴》内所列的平均每年增长速度，除固定资产投资是用"累计法"计算以外，其余均用"水平法"计算。

企业（单位）登记注册类型　是以在工商行政管理机关登记注册的具有法人资格的各类企业为划分对象。行政机关、事业单位和社会团体及其他经济组织参照执行。本项以工商行政管理部门对企业（单位）登记注册的类型为依据，将企业（单位）登记注册类型分为以下几种：

1. 国有企业是指企业全部资产归国家所有，并按《中华人民共和国企业法人登记管理条例》规定登记注册的非公司制的经济组织。不包括有限责任公司中的国有独资公司。

2. 集体企业是指企业资产归集体所有，并按《中华人民共和国企业法人登记管理条例》规定登记注册的经济组织。

3. 股份合作企业是指以合作制为基础，由企业职工共同出资入股，吸收一定比例的社会资产投资组建，实行自主经营，自负盈亏，共同劳动，民主管理，按劳分配与按股分红相结合的一种集体经济组织。

4. 联营企业是指两个及两个以上相同或不同所有制性质的企业法人或事业单位法人，按自愿、平等、互利的原则，共同投资组成的经济组织。联营企业包括国有联营企业、集体联营企业、国有与集体联营企业和其他联营企业。

5. 有限责任公司是指根据《中华人民共和国登记管理条例》规定登记注册，由两个以上，五十个以下的股东共同出资，每个股东以其所认缴的出资额对公司承担有限责任，公司以其全部资产对其债务承担责任的经济组织。

有限责任公司包括国有独资公司以及其他有限责任公司：

（1）国有独资公司是指国家授权的投资机构或者国家授权的部门单独投资设立的有限责任公司。

（2）其他有限责任公司是指国有独资公司以外的其他有限责任公司。

6. 股份有限公司是指根据《中华人民共和国登记管理条例》规定登记注册，其全部注册资本由等额股份构成并通过发行股票筹集资本，股东以其认购的股份对公司承担有限责任，公司以其全部资产对其债务承担责任的经济组织。

7. 私营企业是指由自然人投资设立或由自然人控股，以雇佣劳动为基础的营利性经济组织。包括按照《公司法》、《合伙企业法》、《私营企业暂行条例》规定登记注册的私营有限责任公司、私营股份有限公司、私营合伙企业和私营独资企业。

（1）私营独资企业是指按《私营企业暂行条例》的规定，由一名自然人投资经营，以雇佣劳动为基础，投资者对企业债务承担无限责任的企业。

（2）私营合伙企业是指按《合伙企业法》或《私营企业暂行条例》的规定，由两个以上自然人按照协议共同投资、共同经营、共负盈亏，以雇佣劳动为基础，对债务承担无限责任的企业。

（3）私营有限责任公司是指按《公司法》、《私营企业暂行条例》的规定，由两个以上自然人投资或由单个自然人控股的有限责任公司。

（4）私营股份有限公司是指按《公司法》的规定，由五个以上自然人投资，或由单个自然人控股的有限公司。

8. 其他内资企业是指上述第 1 条至第 7 条之外的其他内资经济组织。

9. 与港澳台商合资经营企业是指港澳台地区投资者与内地的企业依照《中华人民共和国中外合资经营企业法》及有关法律的规定，按合同规定的比例投资设立、分享利润和分担风险的企业。

10. 与港澳台商合作经营企业是指港澳台地区投资者与内地企业依照《中华人民共和国中外合作经营企业法》及有关法律的规定，依照合作合同的约定进行投资或提供条件设立、分配利润和分担风险的企业。

11. 港澳台商独资经营企业是指依照《中华人民共和国外资企业法》及有关法律的规定，在内地由港澳台地区投资者全额投资设立的企业。

12. 港澳台商投资股份有限公司是指根据国家有关规定，经外经贸部依法批准设立，其中港、澳、台商的股本占公司注册资本的比例达 25% 以上的股份有限公司。凡其中港、澳、台商的股本占公司注册资本的比例小于 25% 的，属于内资企业中的股份有限公司。

13. 中外合资经营企业是指外国企业或外国人与中国内地企业依照《中华人民共和国中外合资经营企业法》及有关法律的规定，按合同规定的比例投资设立、分享利润和分担风险的企业。

14. 中外合作经营企业是指外国企业或外国人与中国内地企业依照《中华人民共和国中外合作经营企业法》及有关法律的规定，依照合作合同的约定进行投资或提供条件设立、分配利润和分担风险的企业。

15. 外资企业是指依照《中华人民共和国外资企业法》及有关法律的规定，在中国内地由外国投资者全额投资设立的企业。

16. 外商投资股份有限公司是指根据国家有关规定，经外经贸部依法批准设立，其中外资的股本占公司注册资本的比例达 25% 以上的股份有限公司。凡其中外资股本占公司注册资本的比例小于 25% 的，属于内资企业中的股份有限公司。机关、事业单位和社会团体参照《企业登记注册类型与代码》，主要按其经费来源和管理方式划分。

具体规定如下：

1. 机关包括国家机关和党政机关，原则上均列为“国有”。但有特殊规定的，如供销社等，则列为“集体”。

2. 事业单位包括经国家机构编制部门和有关业务主管部门批准成立的各类事业单位，不包括实行企业化管理的事业单位。事业单位的划分办法如下：

（1）由国家财政预算拨款或列入财政预算外资金管理以及经费主要来源于国有主管部门或国有上级单位的事业单位，列为“国有”。

（2）经费主要来源于集体单位的事业单位，列为“集体”。

（3）公民个人（或个人合伙）开办的事业单位，列为“私营”。

（4）上述以外的其他事业单位，如果其经费来源不明确，按管理方式进行归类。

3. 社会团体包括经民政部门批准成立以及未纳入社会团体管理条例范围的工会、妇联等各类社会团体。社会团体的划分办法如下：

（1）未纳入民政部社会团体管理条例范围的工会、妇联、共青团、青联、工商联、科协、侨联等社会团体，国家拨款设立的基金会或基金管理组织以及经费主要来源于国有业务主管部门或国有上级单位的社会团体，列为“国有”。

（2）经费主要来源于集体单位的社会团体，列为“集体”。

（3）公民个人（或个人合伙）开办的社会团体，划为“私营”。

（4）上述以外的其他社会团体，如果其经费来源不明确，改按管理方式进行归类。

三次产业 根据社会生产活动历史发展的顺序对产业结构的划分，产品直接取自自然界的部门称为第一产业，对初级产品进行再加工的部门称为第二产业。为生产和消费提供各种服务的部门称为第三产业。它是世界上通用的产业结构分类，但各国的划分不尽一致。我国的三次产业划分是：

第一产业是指农、林、牧、渔业。

第二产业是指采矿业，制造业，电力、燃气及水的生产和供应业，建筑业。

第三产业是指除第一、二产业以外的其他行业。第三产业包括：交通运输、仓储和邮政业，信息传输、计算机服务和软件业，批发和零售业，住宿和餐饮业，金融业，房地产业，租赁和商务服务业，科学研究、技术服务和地质勘查业，水利、环境和公共设施管理业，居民服务和其他服务业，教育，卫生、社会保障和社会福利业，文化、体育和娱乐业，公共管理和社会组织，国际组织。

总产出 总产出是指一定时期内一个国家（或地区）常住单位生产的所有货物和服务的价值，即包括新增价值，也包括转移价值。它反映常住单位生产活动的总规模。总产出按生产者价格计算。

增加值 增加值是指常住单位生产过程创造的新增价值和固定资产的转移价值。它可以按生产法计算，也可以按收入法计算，按生产法计算，它等于总产出减去中间投入；按收入法计算，它等于劳动者报酬、生产税净额、固定资产折旧和营业盈余之和。

人口数 指一定时点、一定地区范围内的有生命的个人的总和。

年度统计的年末人口数是指每年 12 月 31 日 24 时的人口数。年度统计的全国人口总数内未包括台湾省和港澳同胞以及海外华侨人数。

出生率（又称粗出生率）指在一定时期内（通常为一年）平均每千人所出生的人数的比率，一般用千分率表示。计算公式：

$$出生率 = \frac{年出生人数}{年平均人数} \times 1000‰$$

出生人数 是指活产婴儿，即胎儿脱离母体时（不管怀孕月数），有过呼吸或其他生命现象。

年平均人数 是指年初、年底人口数的平均数，也可用年中人口数代替。

死亡率（又称粗死亡率） 指在一定时期内（通常为一年）一定地区的死亡人数与同期平均人数（或期中人数）之比，一般用千分率表示。计算公式：

$$死亡率 = \frac{年死亡人数}{年平均人数} \times 1000‰$$

人口自然增长率 指在一定时期内（通常为一年）人口自然增加数（出生人数减死亡人数）与该时期内平均人数（或期中人数）之比。一般用千分率表示。计算公式：

$$人口自然增长率 = \frac{(本年出生人数 - 本年死亡人数)}{年平均人数} \times 1000‰$$

$$人口自然增长率 = 人口出生率 - 人口死亡率$$

二、从业人员和劳动工资

2-1　社会劳动者分布状况

（2009 年底）

指　　标	社会劳动者总数（万人）	人　数（万人）			构　成（%）		
		第一产业	第二产业	第三产业	第一产业	第二产业	第三产业
总　计	**445.2**	**104.68**	**154.3**	**186.22**	**23.51**	**34.66**	**41.83**
城　镇	184.2	0.38	74.77	109.05	0.21	40.59	59.2
乡　村	261	104.3	79.53	77.17	39.96	30.47	29.57

2-2　法人单位从业人数（按地域划分）

（2009 年底）

单位：人

行　　业	全市	中原区	二七区	管城区	金水区	上街区	惠济区	经济开发区	高新开发区	郑东新区	中牟县	巩义市	荥阳市	新密市	新郑市	登封市
总　　计	**2417910**	**263110**	**214678**	**137651**	**592167**	**54429**	**83498**	**52359**	**77192**	**36330**	**109937**	**158774**	**147312**	**190307**	**142843**	**157323**
农、林、牧、渔业	14270	490	319	131	581	10	1138	82	112		2631	579	1707	648	1890	3952
采矿业	191891	74523	937		3	3202		29			551	14862	5539	36568	3578	52099
制造业	636282	42833	23645	22755	24220	28619	13358	16237	42724		54583	97618	73120	92240	73759	30571
电力、燃气及水的生产和供应业	59741	7375	24071	982	340	76	527	82	1643	8	840	2223	2969	2613	1521	14471
建筑业	504450	58905	38768	34961	207904	10801	44370	16575	8599	9318	11114	3627	27369	16192	7177	8770
交通运输、仓储和邮政业	75671	3672	25262	11384	12931	1338	1406	1693	228	178	2112	2802	866	1993	8376	1430
信息传输、计算机服务和软件业	23848	738	5646	606	12037	77	285	1115	1987	483	44	116	108	18	301	287
批发和零售业	182616	8933	20435	24266	81164	2018	2038	6970	2225	3641	4880	6068	3894	6129	4851	5104
住宿和餐饮业	59811	4028	7362	2779	28212	1189	2667	404	400	322	959	2471	1773	1745	2434	3066
金融业	53155	2605	2056	1291	40002	38	11	33	392	4004	332	719	285	471	422	494
房地产业	67064	5592	6694	12528	23912	602	2703	2823	2935	3608	827	967	771	1270	960	872
租赁和商务服务业	63744	2639	6866	4820	31527	497	562	1676	645	8228	1034	1011	943	1383	1134	779
科学研究、技术服务和地质勘查业	57391	16006	6497	2401	21897	259	423	1408	1971	2209	392	581	1156	891	1058	242
水利、环境和公共设施管理业	16576	854	560	542	5380	408	1601	42	606	333	943	742	1826	577	981	1181
居民服务和其他服务业	10246	536	1338	1009	4565	378	381	31	114	44	166	189	263	253	497	482
教育	154310	11195	14034	6112	29657	1665	5865	578	10981	1209	11098	9562	8704	12054	17260	14336
卫生、社会保障和社会福利业	60070	5254	8537	2893	17062	346	1210	318	217	526	3813	4054	3793	4004	4557	3486
文化、体育和娱乐业	30906	2596	3173	743	19644	122	942	374	28	210	197	711	708	277	427	754
公共管理和社会组织	155868	14336	18478	7448	31129	2784	4011	1889	1385	2009	13421	9872	11518	10981	11660	14947

2-3 分企事业机关、分行业从业人员人数

(2009 年底)　　单位:人、%

类　别	合　计	比上年增长	国有	比上年增长	城镇	比上年增长	其他所有制	比上年增长
单位从业人员年末人数	**1039584**	**3.7**	**485813**	**-0.5**	**43436**	**-20.3**	**510335**	**11.1**
一、按企事业机关分								
企业	705578	3.4	182203	-5.8	35110	-20.8	488265	9.8
事业	239191	3.2	220432	6.5	8212	-19.3	10547	-27.8
机关	83206	-5.5	82902	-5.8	18		286	
非营利组织	7891				16		7875	
其他	3718		276		80		3362	
二、按行业分								
农、林、牧、渔业	2598	-33.5	1898	-39.6	70	34.6	630	-11.4
采矿业	75513	3.7	54273	-4.6	793		20447	28.2
制造业	200009	6.3	16990	-24.8	6243	-39.3	176776	13.9
电力、煤气及水的生产和供应业	31095	6.0	12089	-12.1	109	-67.8	18897	24.0
建筑业	176256	3.2	29721	10.1	15040	-14.4	131495	4.1
交通运输、仓储和邮政业	30217	1.8	22153	26.6	834	-36.8	7230	-33.4
信息传输、计算机服务和软件业	13584	75.4	3823	219.9	48	-69.0	9713	51.9
批发和零售业	52821	-1.9	9947	-23.6	6465	18.7	36409	2.9
住宿和餐饮业	24678	7.6	6947	-27.9	1024	-45.3	16707	46.2
金融业	39102	1.0	7130	-59.0	1682	-44.6	30290	65.7
房地产业	20774	-5.1	1451	-19.7	374	-53.8	18949	-1.7
租赁和商务服务业	22890	18.0	11138	50.9	1960	-6.5	9792	-1.4
科学研究、技术服务和地质勘查业	27346	-18.4	18416	-16.4	429	-48.1	8501	-20.2
水利、环境和公共设施业	14914	4.5	13607	6.1	22	-91.5	1285	8.2
居民服务和其他服务业	2518	53.3	965	88.8	246	19.4	1307	41.3
教育	118086	4.8	97169	5.1	4786	-41.8	16131	34.2
卫生、社会保障和社会福利业	48721	9.6	42453	4.4	3273	73.0	2995	58.0
文化、体育和娱乐业	22699	-7.0	20806	25.9	38	-66.1	1855	-76.2
公共管理和社会组织	115763	3.3	114837	2.4			926	

注:2-3 表至 2-14 表范围为中央和地方各类企业,事业和机关的资料,不包括私营企业、个体共商户和乡镇企业。

2-4 分企事业机关、分行业在岗职工人数

（2009 年底）

单位：人、%

类　别	合　计	比上年增长	国有	比上年增长	城镇集体	比上年增长	其他经济类型	比上年增长
在岗职工年末人数	**1001092**	**3.1**	**473659**	**-1.6**	**39945**	**-21.6**	**487488**	**11.2**
按企事业机关分								
企业	676953	3.3	178218	-6.2	31731	-22.6	467004	10.0
事业	231639	1.4	213691	4.5	8110	-18.5	9838	-29.0
机关	81776	-5.9	81482	-6.2	8		286	
非营利组织	7177				16		7161	
其他	3547		268		80		3199	
按行业分								
农、林、牧、渔业	2597	-33.0	1897	-39.1	70	34.6	630	-11.4
采矿业	75485	3.7	54273	-4.6	793		20419	28.2
制造业	193578	6.2	16727	-25.2	6101	-39.9	170750	14.0
电力、煤气及水的生产和供应业	30445	4.5	11543	-15.2	109	-67.8	18793	23.8
建筑业	167325	2.0	29160	8.2	13774	-8.8	124391	1.9
交通运输、仓储和邮政业	29745	3.1	22028	28.7	801	-38.9	6916	-33.6
信息传输、计算机服务和软件业	13574	79.3	3817	270.9	48	-68.2	9709	52.0
批发和零售业	51136	-2.3	8981	-30.3	5898	11.9	36257	6.1
住宿和餐饮业	24397	9.0	6931	-27.3	995	-46.7	16471	50.0
金融业	32543	2.2	5994	-62.9	1665	-44.8	24884	96.6
房地产业	20165	-4.5	1419	-15.3	338	-42.5	18408	-2.4
租赁和商务服务业	21439	19.7	11091	51.9	701	-62.1	9647	10.1
科学研究、技术服务和地质勘查业	25869	-19.1	18073	-16.9	401	-49.1	7395	-21.7
水利、环境和公共设施业	14162	-0.2	12883	0.9	22	-91.5	1257	8.7
居民服务和其他服务业	2470	54.4	941	92.8	246	19.4	1283	41.6
教育	115622	3.8	96034	4.6	4775	-41.9	14813	30.9
卫生、社会保障和社会福利业	47538	9.6	41552	4.2	3172	90.3	2814	55.5
文化、体育和娱乐业	22020	-4.8	20189	32.1	36	-66.4	1795	-76.8
公共管理和社会组织	110982	0.2	110126	-0.6			856	

2-5 分企事业机关、分行业在岗职工工资总额

（2009 年底）　　单位：千元、%

类　别	合　计	比上年增长	国有	比上年增长	城镇集体	比上年增长	其他经济类型	比上年增长
在岗职工年工资总额	**29063949**	**14.5**	**16182071**	**10.7**	**727662**	**-30.2**	**12154216**	**24.9**
按企事业机关分								
企业	18011806	12.1	5869406	-1.7	515611	-32.2	11626789	24.5
事业	7843493	21.4	7360486	27.2	210241	-25.4	272766	-30.9
机关	2953651	3.3	2946033	3.0	280		7338	
非营利组织	168367				351		168016	
其他	86632		6146		1179		79307	
按行业分								
农、林、牧、渔业	51937	-19.1	39867	-25.1	1023	43.7	11047	8.3
采矿业	2228581	11.6	1746025	9.7	13964		468592	15.5
制造业	4586089	10.6	554584	-21.1	123504	-28.4	3908001	19.5
电力、煤气及水的生产和供应业	1097619	1.3	527569	11.8	3308	-64.2	566742	-6.0
建筑业	3608596	13.1	848925	17.9	169085	-37.6	2590586	17.7
交通运输、仓储和邮政业	805715	22.8	627388	59.2	10641	-35.4	167686	-31.6
信息传输、计算机服务和软件业	542279	113.8	165651	481.9	939	-59.4	375689	68.5
批发和零售业	1131192	9.0	334257	-4.0	89765	9.9	707170	16.3
住宿和餐饮业	466485	19.2	139062	-16.2	19432	-56.3	307991	70.1
金融业	1940200	4.6	341264	-67.3	54053	-43.0	1544883	116.1
房地产业	509140	20.6	39694	-4.3	4486	-54.4	464960	25.3
租赁和商务服务业	618753	47.3	371958	56.0	17543	-38.0	229252	49.6
科学研究、技术服务和地质勘查业	1054002	6.0	780976	3.8	9267	-52.0	263759	18.4
水利、环境和公共设施业	386452	6.7	365487	10.0	384	-94.2	20581	-12.2
居民服务和其他服务业	60456	91.3	31329	149.3	5573	64.5	23554	50.4
教育	3928734	20.4	3420815	25.9	133713	-46.2	374206	26.3
卫生、社会保障和社会福利业	1370367	26.7	1247438	22.2	70362	130.4	52567	74.0
文化、体育和娱乐业	673939	15.3	619025	46.2	620	-73.8	54294	-65.8
公共管理和社会组织	4003413	12.7	3980757	12.0			22656	

2-6 分企事业机关、分行业在岗职工平均工资

（2009 年）　　　　单位：元、%

类　别	合　计	比上年增长	国有	比上年增长	城镇集体	比上年增长	其他所有制	比上年增长
在岗职工年平均工资	**29837**	**12.7**	**34539**	**12.6**	**18682**	**-9.0**	**26047**	**15.5**
按企事业机关分								
企业	27612	11.0	33502	5.1	16748	-10.0	26049	16.5
事业	34113	19.8	34701	21.9	26091	-8.3	27953	-1.6
机关	36355	9.6	36393	9.7	35000		25657	
非营利组织	23882				21938		23886	
其他	24403		23280		14556		24745	
按行业分								
农、林、牧、渔业	19976	18.5	20939	19.9	14614	10.8	17647	21.9
采矿业	31204	10.7	33879	17.4			24394	-5.8
制造业	23827	4.9	32548	5.6	20441	22.6	23070	5.3
电力、煤气及水的生产和供应业	37064	5.0	44348	27.1	30349	11.5	32185	-10.0
建筑业	23414	14.8	29803	7.6	13027	-28.2	22996	20.8
交通运输、仓储和邮政业	27797	21.7	28869	25.1	13892	10.2	25846	8.9
信息传输、计算机服务和软件业	40396	19.4	36738	27.6	19563	32.0	42369	20.7
批发和零售业	22672	13.3	36930	36.8	15209	-2.7	20240	12.3
住宿和餐饮业	19129	8.2	20169	14.1	19510	-18.2	18672	12.4
金融业	62688	5.3	57413	-13.5	32839	2.7	66134	15.2
房地产业	26078	30.1	27855	20.2	15685	-5.6	26102	31.5
租赁和商务服务业	28958	22.3	33658	3.1	21766	36.3	24106	36.3
科学研究、技术服务和地质勘查业	41400	32.9	43397	25.1	22493	-6.6	37407	58.6
水利、环境和公共设施业	28765	12.7	29987	15.2	17455	-31.3	16801	-16.1
居民服务和其他服务业	24348	22.9	33329	29.4	21517	29.0	18344	6.0
教育	34025	15.6	35626	19.9	28009	-7.8	25505	-3.3
卫生、社会保障和社会福利业	29553	17.0	30826	18.9	22537	21.3	18902	13.3
文化、体育和娱乐业	30649	21.8	30722	11.3	17222	-22.1	30096	47.8
公共管理和社会组织	36349	12.3	36422	12.5				

2-7 全市及各县(市)区分企事业、机关从业人员人数及劳动报酬

(2009年底)

单位:人

类别	单位从业人员	#女性	在岗职工	其他从业人员	单位从业人员平均人数	在岗职工	其他从业人员	离开本单位仍保留劳动关系的职工	单位从业人员劳动报酬(千元)	在岗职工工资总额	其他从业人员劳动报酬	离开本单位仍保留劳动关系的职工生活费(千元)	在岗职工平均工资(元)
总计	**1039584**	**361140**	**1001092**	**38492**	**1009920**	**974100**	**35820**	**37504**	**29691041**	**29063949**	**627092**	**334381**	**29837**
中原区	109464	38458	106404	3060	107427	104092	3335	7363	3625992	3561703	64289	48883	34217
二七区	71619	28887	65183	6436	71177	65716	5461	3552	2325920	2210136	115784	47141	33632
管城区	50089	18223	46767	3322	48179	44783	3396	2724	1555694	1498339	57355	18281	33458
金水区	288516	106033	277295	11221	281848	271902	9946	3669	9054823	8884215	170608	34254	32674
上街区	33219	10765	33125	94	32342	32249	93	2649	1066323	1065021	1302	43029	33025
惠济区	34319	12511	27952	6367	33598	27463	6135	266	729481	639643	89838	3836	23291
中牟县	54954	19013	53340	1614	54201	52845	1356	1327	1343280	1320359	22921	11186	24986
巩义市	55705	19302	54423	1282	55324	54192	1132	2014	1266053	1251674	14379	10759	23097
荥阳市	62753	20642	62142	611	55564	54954	610	801	1332819	1320863	11956	1117	24036
新密市	40833	15354	40266	567	39592	39035	557	1124	964279	959451	4828	75	24579
新郑市	61870	22714	60957	913	60409	59480	929	3473	1522623	1503337	19286	64182	25275
登封市	56468	17175	54111	2357	55772	53547	2225	1451	1193536	1155366	38170	8357	21577
经济技术开发区	17453	4680	17350	103	16815	16705	110	1773	418253	415686	2567	8661	24884
高新技术开发区	36124	11004	35707	417	35305	34906	399	931	941641	930682	10959	15141	26663
郑东新区	18602	7469	18474	128	17461	17325	136	286	788539	785689	2850	3454	45350
企业	**705578**	**209949**	**676953**	**28625**	**679297**	**652326**	**26971**	**34132**	**18487319**	**18011806**	**475513**	**304040**	**27612**
中原区	71113	20428	69301	1812	70089	67996	2093	6624	1941254	1897047	44207	41292	27899
二七区	42216	16573	39653	2563	42352	40177	2175	2897	1293360	1233317	60043	40900	30697
管城区	36459	11247	33764	2695	34697	31911	2786	2609	1072229	1023003	49226	16635	32058
金水区	193414	63352	183790	9624	187777	179058	8719	3525	5432181	5293378	138803	33576	29562
上街区	29110	8906	29037	73	28266	28196	70	2649	918620	917619	1001	43029	32544
惠济区	23111	7064	17368	5743	22544	17032	5512	213	354656	270866	83790	2006	15903
中牟县	33357	9619	31902	1455	32696	31498	1198	1057	796411	778654	17757	9545	24721
巩义市	35314	10068	34764	550	34898	34499	399	1644	755314	747502	7812	3466	21667
荥阳市	41887	10469	41333	554	34788	34236	552	667	763541	752573	10968	316	21982
新密市	19953	4945	19510	443	18732	18295	437	983	415572	411446	4126		22490
新郑市	37705	12320	37308	397	36421	35974	447	3239	824477	816986	7491	63207	22710
登封市	35752	8387	33625	2127	35014	33017	1997	1096	713798	678906	34892	7464	20562
经济技术开发区	16825	4451	16722	103	16209	16099	110	1773	392314	389747	2567	8661	24209
高新技术开发区	28424	7701	28024	400	27569	27187	382	931	657351	646646	10705	15141	23785
郑东新区	13342	5509	13256	86	12339	12245	94	124	594456	592331	2125	2777	48373

类　别	单位从业人员	#女性	在岗职工	其他从业人员	单位从业人员平均人数	在岗职工	其他从业人员	离开本单位仍保留劳动关系的职工	单位从业人员劳动报酬（千元）	在岗职工工资总额	其他从业人员劳动报酬	离开本单位仍保留劳动关系的职工生活费（千元）	在岗职工平均工资（元）
事业	**239191**	**118502**	**231639**	**7552**	**236754**	**229930**	**6824**	**2453**	**7958845**	**7843493**	**115352**	**22416**	**34113**
中原区	30989	15520	30047	942	30025	29086	939	723	1335561	1321945	13616	7445	45450
二七区	23305	10054	19609	3696	22744	19552	3192	52	799543	744782	54761	713	38092
管城区	9935	5276	9717	218	9802	9598	204	83	356348	352001	4347	708	36674
金水区	69916	34534	68712	1204	69410	68399	1011	128	2553742	2527527	26215	598	36953
上街区	2088	1221	2083	5	2067	2062	5		70513	70442	71		34162
惠济区	8643	4330	8327	316	8489	8174	315	53	279088	275863	3225	1711	33749
中牟县	14837	7292	14766	71	14749	14677	72	195	376726	374665	2061	949	25527
巩义市	13728	7013	13062	666	13755	13088	667	361	338596	333915	4681	7111	25513
荥阳市	14150	7893	14098	52	14143	14090	53	127	374184	373248	936	801	26490
新密市	15073	8353	14960	113	15072	14963	109	135	395052	394506	546	75	26365
新郑市	14343	6729	14189	154	14275	14131	144	207	403364	401033	2331	735	28380
登封市	12107	6186	12019	88	12149	12064	85	227	298541	296726	1815	893	24596
经济技术开发区	523	192	523		501	501			22400	22400			44711
高新技术开发区	6586	2824	6577	9	6614	6605	9		246646	246445	201		37312
郑东新区	2968	1085	2950	18	2959	2940	19	162	108541	107995	546	677	36733
机关	**83206**	**26136**	**81776**	**1430**	**82498**	**81244**	**1254**	**346**	**2970219**	**2953651**	**16568**	**3500**	**36355**
中原区	7101	2322	6898	203	7056	6856	200	16	345112	339858	5254	146	49571
二七区	4276	1582	4150	126	4272	4229	43	34	184118	183686	432	1130	43435
管城区	2855	1027	2454	401	2827	2428	399	32	111477	108075	3402	938	44512
金水区	21253	5736	21115	138	20923	20873	50	12	989736	989082	654	53	47386
上街区	1956	602	1948	8	1944	1934	10		76242	76095	147		39346
惠济区	2480	1053	2172	308	2481	2173	308		94852	92029	2823	119	42351
中牟县	5947	1782	5915	32	5926	5896	30	75	150385	149948	437	692	25432
巩义市	5449	1508	5436	13	5458	5445	13	9	144639	143172	1467	182	26294
荥阳市	6674	2252	6669	5	6591	6586	5	7	194519	194467	52		29527
新密市	5415	1785	5405	10	5401	5391	10	6	148539	148401	138		27528
新郑市	7943	2686	7926	17	7884	7867	17	27	231621	231482	139	240	29424
登封市	8609	2602	8467	142	8609	8466	143	128	181197	179734	1463		21230

2-7　续表 2　　　　（2009 年底）　　　　单位：人

类　别	单位从业人员				单位从业人员平均人数			离开本单位仍保留劳动关系的职工	单位从业人员劳动报酬（千元）			离开本单位仍保留劳动关系的职工生活费（千元）	在岗职工平均工资（元）
		#女性	在岗职工	其他从业人员		在岗职工	其他从业人员			在岗职工工资总额	其他从业人员劳动报酬		
经济技术开发区	105	37	105		105	105			3539	3539			33705
高新技术开发区	1097	469	1089	8	1104	1096	8		37344	37291	53		34025
郑东新区	2046	693	2027	19	1917	1899	18		76899	76792	107		40438
民间非营利组织	**7891**	**4836**	**7177**	**714**	**7681**	**7050**	**631**	**2**	**185047**	**168367**	**16680**	**3**	**23882**
中原区	239	172	136	103	233	130	103		3393	2181	1212		16777
二七区	580	369	541	39	551	512	39		11156	10986	170		21457
管城区	608	517	600	8	618	611	7		11362	11002	360		18007
金水区	2406	1600	2239	167	2252	2145	107	2	41357	38212	3145	3	17814
惠济区	8	1	8		8	8			94	94			11750
中牟县	711	239	655	56	728	672	56		18198	15532	2666		23113
巩义市	878	515	875	3	878	875	3		23878	23807	71		27208
荥阳市	42	28	42		42	42			575	575			13690
新密市	392	271	391	1	387	386	1		5116	5098	18		13207
新郑市	1816	948	1479	337	1773	1458	315		61887	52849	9038		36248
郑东新区	211	176	211		211	211			8031	8031			38062
其他	**3718**	**1717**	**3547**	**171**	**3690**	**3550**	**140**	**571**	**89611**	**86632**	**2979**	**4422**	**24403**
中原区	22	16	22		24	24			672	672			28000
二七区	1242	309	1230	12	1258	1246	12	569	37743	37365	378	4398	29988
管城区	232	156	232		235	235			4278	4258	20		18119
金水区	1527	811	1439	88	1486	1427	59	2	37807	36016	1791	24	25239
上街区	65	36	57	8	65	57	8		948	865	83		15175
惠济区	77	63	77		76	76			791	791			10408
中牟县	102	81	102		102	102			1560	1560			15294
巩义市	336	198	286	50	335	285	50		3626	3278	348		11502
新郑市	63	31	55	8	56	50	6		1274	987	287		19740
高新技术开发区	17	10	17		18	18			300	300			16667
郑东新区	35	6	30	5	35	30	5		612	540	72		18000

2-8 全市及各县(市)区国有单位分企事业、机关从业人员人数及劳动报酬

(2009 年底)

单位:人

类别	单位从业人员	#女性	在岗职工	其他从业人员	单位从业人员平均人数	在岗职工	其他从业人员	离开本单位仍保留劳动关系的职工	单位从业人员劳动报酬(千元)	在岗职工工资总额	其他从业人员劳动报酬	离开本单位仍保留劳动关系的职工生活费(千元)	在岗职工平均工资(元)
国有单位	**485813**	**187585**	**473659**	**12154**	**479364**	**468522**	**10842**	**21364**	**16356468**	**16182071**	**174397**	**230260**	**34539**
中原区	57465	22885	55657	1808	56594	54736	1858	2386	2338126	2303271	34855	15470	42080
二七区	43401	17466	38854	4547	42983	39390	3593	2399	1518862	1469633	49229	39035	37310
管城区	19519	8217	18909	610	19507	18912	595	2026	674211	666817	7394	9511	35259
金水区	131171	54110	129376	1795	130155	128819	1336	1171	4870184	4832947	37237	15467	37517
上街区	10163	3898	10112	51	10109	10057	52	1588	329558	328771	787	42989	32691
惠济区	12902	6102	12254	648	12778	12087	691	266	413625	406230	7395	3836	33609
中牟县	24792	9766	24695	97	24045	23950	95	591	649392	647510	1882	4681	27036
巩义市	18011	6577	17336	675	18013	17337	676	725	456009	450152	5857	5708	25965
荥阳市	25438	11337	25065	373	25371	24995	376	279	679588	672225	7363	900	26894
新密市	22178	10738	21987	191	22178	21991	187	378	620721	617759	2962	75	28091
新郑市	25542	10531	25102	440	25515	25033	482	2602	801687	795298	6389	59712	31770
登封市	25446	9823	24695	751	25450	24715	735	1113	631694	622403	9291	5648	25183
经济技术开发区	2882	505	2877	5	2732	2727	5	1433	83965	83869	96	7829	30755
高新技术开发区	11610	4046	11522	88	11499	11413	86	29	403398	401166	2232	330	35150
郑东新区	7697	2674	7622	75	7529	7454	75	277	323663	322235	1428	3044	43230
企业	**182203**	**52916**	**178218**	**3985**	**178706**	**175194**	**3512**	**18794**	**5940676**	**5869406**	**71270**	**207965**	**33502**
中原区	19390	5048	18726	664	19528	18808	720	1647	657750	641745	16005	7879	34121
二七区	19747	7600	18379	1368	19890	18933	957	2313	660772	642026	18746	37192	33910
管城区	7703	2525	7692	11	7799	7789	10	1911	237709	237603	106	7865	30505
金水区	41036	14330	40553	483	40817	40518	299	1034	1360276	1349370	10906	14829	33303
上街区	6119	2075	6081	38	6098	6061	37	1588	182803	182234	569	42989	30067
惠济区	2094	859	2040	54	2120	2022	98	213	46188	44319	1869	2006	21918
中牟县	4807	1044	4794	13	4111	4102	9	344	135670	135508	162	3176	33035
巩义市	5203	1751	5181	22	5168	5146	22	539	137224	137090	134	1887	26640
荥阳市	5396	1683	5080	316	5398	5080	318	145	133865	127490	6375	99	25096
新密市	3007	1367	2939	68	3027	2959	68	256	106141	103863	2278		35101
新郑市	5047	1887	4741	306	5131	4779	352	2368	221232	216241	4991	58737	45248
登封市	6137	1871	5609	528	6096	5586	510	758	181787	175507	6280	4755	31419
经济技术开发区	2254	276	2249	5	2126	2121	5	1433	58026	57930	96	7829	27313
高新技术开发区	3984	794	3913	71	3838	3769	69	29	121225	119247	1978	330	31639
郑东新区	2683	896	2645	38	2653	2615	38	115	138223	137448	775	2367	52561

类别	单位从业人员	#女性	在岗职工	其他从业人员	单位从业人员平均人数	在岗职工	其他从业人员	离开本单位仍保留劳动关系的职工	单位从业人员劳动报酬（千元）	在岗职工工资总额	其他从业人员劳动报酬	离开本单位仍保留劳动关系的职工生活费（千元）	在岗职工平均工资（元）
事业	**220432**	**108491**	**213691**	**6741**	**218193**	**212114**	**6079**	**2224**	**7446725**	**7360486**	**86239**	**18795**	**34701**
中原区	30974	15515	30033	941	30010	29072	938	723	1335264	1321668	13596	7445	45462
二七区	19682	8370	16619	3063	19125	16522	2603	52	681660	651539	30121	713	39435
管城区	8961	4665	8763	198	8881	8695	186	83	325025	321139	3886	708	36934
金水区	68606	33916	67440	1166	68144	67164	980	125	2513636	2488349	25287	585	37049
上街区	2088	1221	2083	5	2067	2062	5		70513	70442	71		34162
惠济区	8328	4190	8042	286	8177	7892	285	53	272585	269882	2703	1711	34197
中牟县	14038	6940	13986	52	14008	13952	56	172	363337	362054	1283	813	25950
巩义市	7359	3318	6719	640	7387	6746	641	177	174146	169890	4256	3639	25184
荥阳市	13368	7402	13316	52	13382	13329	53	127	351204	350268	936	801	26279
新密市	13756	7586	13643	113	13750	13641	109	116	366041	365495	546	75	26794
新郑市	12552	5958	12435	117	12500	12387	113	207	348834	347575	1259	735	28060
登封市	10700	5350	10619	81	10745	10663	82	227	268710	267162	1548	893	25055
经济技术开发区	523	192	523		501	501			22400	22400			44711
高新技术开发区	6529	2783	6520	9	6557	6548	9		244829	244628	201		37359
郑东新区	2968	1085	2950	18	2959	2940	19	162	108541	107995	546	677	36733
机关	**82902**	**26050**	**81482**	**1420**	**82194**	**80950**	**1244**	**346**	**2962531**	**2946033**	**16498**	**3500**	**36393**
中原区	7101	2322	6898	203	7056	6856	200	16	345112	339858	5254	146	49571
二七区	3972	1496	3856	116	3968	3935	33	34	176430	176068	362	1130	44744
管城区	2855	1027	2454	401	2827	2428	399	32	111477	108075	3402	938	44512
金水区	21253	5736	21115	138	20923	20873	50	12	989736	989082	654	53	47386
上街区	1956	602	1948	8	1944	1934	10		76242	76095	147		39346
惠济区	2480	1053	2172	308	2481	2173	308		94852	92029	2823	119	42351
中牟县	5947	1782	5915	32	5926	5896	30	75	150385	149948	437	692	25432
巩义市	5449	1508	5436	13	5458	5445	13	9	144639	143172	1467	182	26294
荥阳市	6674	2252	6669	5	6591	6586	5	7	194519	194467	52		29527
新密市	5415	1785	5405	10	5401	5391	10	6	148539	148401	138		27528
新郑市	7943	2686	7926	17	7884	7867	17	27	231621	231482	139	240	29424
登封市	8609	2602	8467	142	8609	8466	143	128	181197	179734	1463		21230
经济技术开发区	105	37	105		105	105			3539	3539			33705
高新技术开发区	1097	469	1089	8	1104	1096	8		37344	37291	53		34025
郑东新区	2046	693	2027	19	1917	1899	18		76899	76792	107		40438
其他	**276**	**128**	**268**	**8**	**271**	**264**	**7**		**6536**	**6146**	**390**		**23280**
金水区	276	128	268	8	271	264	7		6536	6146	390		23280

2-9 全市及各县(市)区城镇集体单位分企事业从业人员人数及劳动报酬

（2009 年底）

单位：人

类别	单位从业人员	#女性	在岗职工	其他从业人员	单位从业人员平均人数	在岗职工	其他从业人员	离开本单位仍保留劳动关系的职工	单位从业人员劳动报酬（千元）	在岗职工工资总额	其他从业人员劳动报酬	离开本单位仍保留劳动关系的职工生活费（千元）	在岗职工平均工资（元）
城镇集体	**43436**	**15377**	**39945**	**3491**	**42299**	**38949**	**3350**	**4146**	**793484**	**727662**	**65822**	**12222**	**18682**
中原区	3934	529	3574	360	3664	3275	389	81	64761	57281	7480	72	17490
二七区	1247	578	1122	125	1380	1257	123	16	34896	33277	1619	178	26473
管城区	4298	1446	3103	1195	4169	3007	1162	267	115923	95097	20826	5074	31625
金水区	3192	1457	3130	62	3198	3113	85	131	52400	51947	453	814	16687
上街区	822	356	822		808	808		1000	25267	25267			31271
惠济区	9453	1438	8489	964	9089	8125	964		126745	98498	28247		12123
中牟县	1720	358	1383	337	1583	1281	302	173	16729	14283	2446		11150
巩义市	7689	4164	7469	220	7564	7462	102	1131	165013	163673	1340	3675	21934
荥阳市	2247	1473	2130	117	2263	2146	117	479	39840	37633	2207		17536
新密市	1602	575	1601	1	1470	1469	1	353	26846	26838	8		18270
新郑市	2874	1285	2864	10	2795	2785	10	313	55726	55554	172	1260	19948
登封市	4070	1558	3973	97	4027	3935	92	202	61015	60035	980	1149	15257
经济技术开发区	129	76	129		129	129			4181	4181			32411
高新技术开发区	54	22	54		55	55			1075	1075			19545
郑东新区	105	62	102	3	105	102	3		3067	3023	44		29637
企业	**35110**	**10433**	**31731**	**3379**	**34032**	**30786**	**3246**	**3962**	**579333**	**515611**	**63722**	**8750**	**16748**
中原区	3919	524	3560	359	3649	3261	388	81	64464	57004	7460	72	17481
二七区	843	289	746	97	982	885	97	16	24670	23456	1214	178	26504
管城区	3326	842	2151	1175	3250	2106	1144	267	85056	64691	20365	5074	30717
金水区	3147	1424	3085	62	3153	3068	85	131	51428	50975	453	814	16615
上街区	822	356	822		808	808		1000	25267	25267			31271
惠济区	9134	1296	8200	934	8773	7839	934		120149	92424	27725		11790
中牟县	1621	316	1284	337	1484	1182	302	173	14845	12399	2446		10490
巩义市	2400	1027	2206	194	2276	2200	76	947	30526	29611	915	203	13460
荥阳市	2155	1429	2038	117	2171	2054	117	479	38149	35942	2207		17499

类别	单位从业人员	#女性	在岗职工	其他从业人员	单位从业人员平均人数	在岗职工	其他从业人员	离开本单位仍保留劳动关系的职工	单位从业人员劳动报酬(千元)	在岗职工工资总额	其他从业人员劳动报酬	离开本单位仍保留劳动关系的职工生活费(千元)	在岗职工平均工资(元)
新密市	1241	391	1240	1	1104	1103	1	353	17740	17732	8		16076
新郑市	2874	1285	2864	10	2795	2785	10	313	55726	55554	172	1260	19948
登封市	3357	1104	3267	90	3316	3227	89	202	43290	42577	713	1149	13194
经济技术开发区	129	76	129		129	129			4181	4181			32411
高新技术开发区	37	12	37		37	37			775	775			20946
郑东新区	105	62	102	3	105	102	3		3067	3023	44		29637
事业	**8212**	**4885**	**8110**	**102**	**8152**	**8058**	**94**	**184**	**212271**	**210241**	**2030**	**3472**	**26091**
中原区	15	5	14	1	15	14	1		297	277	20		19786
二七区	380	287	362	18	374	358	16		9695	9360	335		26145
管城区	958	597	938	20	905	887	18		30563	30102	461		33937
金水区	45	33	45		45	45			972	972			21600
惠济区	315	140	285	30	312	282	30		6503	5981	522		21209
中牟县	89	33	89		89	89			1788	1788			20090
巩义市	5244	3108	5218	26	5243	5217	26	184	133931	133506	425	3472	25591
荥阳市	92	44	92		92	92			1691	1691			18380
新密市	361	184	361		366	366			9106	9106			24880
登封市	713	454	706	7	711	708	3		17725	17458	267		24658
机关	**18**		**8**	**10**	**18**	**8**	**10**		**350**	**280**	**70**		**35000**
二七区	18		8	10	18	8	10		350	280	70		35000
民间非营利组织	**16**	**8**	**16**		**16**	**16**			**351**	**351**			**21938**
管城区	14	7	14		14	14			304	304			21714
惠济区	2	1	2		2	2			47	47			23500
其他	**80**	**51**	**80**		**81**	**81**			**1179**	**1179**			**14556**
二七区	6	2	6		6	6			181	181			30167
惠济区	2	1	2		2	2			46	46			23000
中牟县	10	9	10		10	10			96	96			9600
巩义市	45	29	45		45	45			556	556			12356
高新技术开发区	17	10	17		18	18			300	300			16667

2-10 全市及各县(市)区其他单位分企事业从业人员人数及劳动报酬

(2009 年底)

单位:人

类　别	单位从业人员	#女性	在岗职工	其他从业人员	单位从业人员平均人数	在岗职工	其他从业人员	离开本单位仍保留劳动关系的职工	单位从业人员劳动报酬(千元)	在岗职工工资总额	其他从业人员劳动报酬	离开本单位仍保留劳动关系的职工生活费(千元)	在岗职工平均工资(元)
其他单位	**510335**	**158178**	**487488**	**22847**	**488257**	**466629**	**21628**	**11994**	**12541089**	**12154216**	**386873**	**91899**	**26047**
中原区	48065	15044	47173	892	47169	46081	1088	4896	1223105	1201151	21954	33341	26066
二七区	26971	10843	25207	1764	26814	25069	1745	1137	772162	707226	64936	7928	28211
管城区	26272	8560	24755	1517	24503	22864	1639	431	765560	736425	29135	3696	32209
金水区	154153	50466	144789	9364	148495	139970	8525	2367	4132239	3999321	132918	17973	28573
上街区	22234	6511	22191	43	21425	21384	41	61	711498	710983	515	40	33248
惠济区	11964	4971	7209	4755	11731	7251	4480		189111	134915	54196		18606
中牟县	28442	8889	27262	1180	28573	27614	959	563	677159	658566	18593	6505	23849
巩义市	30005	8561	29618	387	29747	29393	354	158	645031	637849	7182	1376	21701
荥阳市	35068	7832	34947	121	27930	27813	117	43	613391	611005	2386	217	21968
新密市	17053	4041	16678	375	15944	15575	369	393	316712	314854	1858		20215
新郑市	33454	10898	32991	463	32099	31662	437	558	665210	652485	12725	3210	20608
登封市	26952	5794	25443	1509	26295	24897	1398	136	500827	472928	27899	1560	18995
经济技术开发区	14442	4099	14344	98	13954	13849	105	340	330107	327636	2471	832	23658
高新技术开发区	24460	6936	24131	329	23751	23438	313	902	537168	528441	8727	14811	22546
郑东新区	10800	4733	10750	50	9827	9769	58	9	461809	460431	1378	410	47132
企业	**488265**	**146600**	**467004**	**21261**	**466559**	**446346**	**20213**	**11376**	**11967310**	**11626789**	**340521**	**87325**	**26049**
中原区	47804	14856	47015	789	46912	45927	985	4896	1219040	1198298	20742	33341	26091
二七区	21626	8684	20528	1098	21480	20359	1121	568	607918	567835	40083	3530	27891
管城区	25430	7880	23921	1509	23648	22016	1632	431	749464	720709	28755	3696	32736
金水区	149231	47598	140152	9079	143807	135472	8335	2360	4020477	3893033	127444	17933	28737

2-10 续表1 （2009年底） 单位：人

类　　别	单位从业人员	#女性	在岗职工	其他从业人员	单位从业人员平均人数	在岗职工	其他从业人员	离开本单位仍保留劳动关系的职工	单位从业人员劳动报酬（千元）	在岗职工工资总额	其他从业人员劳动报酬	离开本单位仍保留劳动关系的职工生活费（千元）	在岗职工平均工资（元）
上街区	22169	6475	22134	35	21360	21327	33	61	710550	710118	432	40	33297
惠济区	11883	4909	7128	4755	11651	7171	4480		188319	134123	54196		18704
中牟县	26929	8259	25824	1105	27101	26214	887	540	645896	630747	15149	6369	24061
巩义市	27711	7290	27377	334	27454	27153	301	158	587564	580801	6763	1376	21390
荥阳市	34336	7357	34215	121	27219	27102	117	43	591527	589141	2386	217	21738
新密市	15705	3187	15331	374	14601	14233	368	374	291691	289851	1840		20365
新郑市	29784	9148	29703	81	28495	28410	85	558	547519	545191	2328	3210	19190
登封市	26258	5412	24749	1509	25602	24204	1398	136	488721	460822	27899	1560	19039
经济技术开发区	14442	4099	14344	98	13954	13849	105	340	330107	327636	2471	832	23658
高新技术开发区	24403	6895	24074	329	23694	23381	313	902	535351	526624	8727	14811	22524
郑东新区	10554	4551	10509	45	9581	9528	53	9	453166	451860	1306	410	47424
事业	**10547**	**5126**	**9838**	**709**	**10409**	**9758**	**651**	**45**	**299849**	**272766**	**27083**	**149**	**27953**
二七区	3243	1397	2628	615	3245	2672	573		108188	83883	24305		31393
管城区	16	14	16		16	16			760	760			47500
金水区	1265	585	1227	38	1221	1190	31	3	39134	38206	928	13	32106
中牟县	710	319	691	19	652	636	16	23	11601	10823	778	136	17017
巩义市	1125	587	1125		1125	1125			30519	30519			27128
荥阳市	690	447	690		669	669			21289	21289			31822
新密市	956	583	956		956	956		19	19905	19905			20821
新郑市	1791	771	1754	37	1775	1744	31		54530	53458	1072		30653
登封市	694	382	694		693	693			12106	12106			17469
高新技术开发区	57	41	57		57	57			1817	1817			31877
机关	**286**	**86**	**286**		**286**	**286**			**7338**	**7338**			**25657**
二七区	286	86	286		286	286			7338	7338			25657

2-10　续表 2　　（2009 年底）　　单位：人

类　别	单位从业人员	#女性	在岗职工	其他从业人员	单位从业人员平均人数	在岗职工	其他从业人员	离开本单位仍保留劳动关系的职工	单位从业人员劳动报酬（千元）	在岗职工工资总额	其他从业人员劳动报酬	离开本单位仍保留劳动关系的职工生活费（千元）	在岗职工平均工资（元）
民间非营利组织	**7875**	**4828**	**7161**	**714**	**7665**	**7034**	**631**	**2**	**184696**	**168016**	**16680**	**3**	**23886**
中原区	239	172	136	103	233	130	103		3393	2181	1212		16777
二七区	580	369	541	39	551	512	39		11156	10986	170		21457
管城区	594	510	586	8	604	597	7		11058	10698	360		17920
金水区	2406	1600	2239	167	2252	2145	107	2	41357	38212	3145	3	17814
惠济区	6		6		6	6			47	47			7833
中牟县	711	239	655	56	728	672	56		18198	15532	2666		23113
巩义市	878	515	875	3	878	875	3		23878	23807	71		27208
荥阳市	42	28	42		42	42			575	575			13690
新密市	392	271	391	1	387	386	1		5116	5098	18		13207
新郑市	1816	948	1479	337	1773	1458	315		61887	52849	9038		36248
郑东新区	211	176	211		211	211			8031	8031			38062
其他	**3362**	**1538**	**3199**	**163**	**3338**	**3205**	**133**	**571**	**81896**	**79307**	**2589**	**4422**	**24745**
中原区	22	16	22		24	24			672	672			28000
二七区	1236	307	1224	12	1252	1240	12	569	37562	37184	378	4398	29987
管城区	232	156	232		235	235			4278	4258	20		18119
金水区	1251	683	1171	80	1215	1163	52	2	31271	29870	1401	24	25684
上街区	65	36	57	8	65	57	8		948	865	83		15175
惠济区	75	62	75		74	74			745	745			10068
中牟县	92	72	92		92	92			1464	1464			15913
巩义市	291	169	241	50	290	240	50		3070	2722	348		11342
新郑市	63	31	55	8	56	50	6		1274	987	287		19740
郑东新区	35	6	30	5	35	30	5		612	540	72		18000

2-11 全市及各县(市)区分行业从业人员人数及劳动报酬

(2009 年底)

单位:人

行业	单位从业人员	#女性	在岗职工	其他从业人员	单位从业人员平均人数	在岗职工	其他从业人员	离开本单位仍保留劳动关系的职工	单位从业人员劳动报酬(千元)	在岗职工工资总额	其他从业人员劳动报酬	离开本单位仍保留劳动关系的职工生活费(千元)	在岗职工平均工资(元)
农、林、牧、渔业	**2598**	**858**	**2597**	**1**	**2601**	**2600**	**1**	**50**	**51949**	**51937**	**12**	**302**	**19976**
中原区	131	70	131		131	131			3482	3482			26580
金水区	836	293	836		831	831		22	19306	19306		220	23232
惠济区	123	47	123		124	124			4180	4180			33710
中牟县	1085	336	1084	1	1093	1092	1	12	16974	16962	12		15533
巩义市	110	24	110		110	110			1779	1779			16173
新密市	2		2		2	2		13	32	32		75	16000
新郑市	311	88	311		310	310		3	6196	6196		7	19987
采矿业	**75513**	**13299**	**75485**	**28**	**71447**	**71419**	**28**	**4331**	**2229256**	**2228581**	**675**	**17525**	**31204**
金水区	7	2	7		9	9			155	155			17222
上街区	3155	899	3155		2993	2993			111843	111843			37368
巩义市	9716	1536	9708	8	9720	9712	8	144	208415	208215	200	1500	21439
荥阳市	2015	328	2015		2011	2011		34	45925	45925			22837
新密市	5425	716	5405	20	4364	4344	20	52	99094	98619	475		22702
新郑市	1950	332	1950		1950	1950			35932	35932			18427
登封市	5649	576	5649		5494	5494			166107	166107			30234
制造业	**200009**	**68108**	**193578**	**6431**	**198565**	**192478**	**6087**	**10680**	**4679113**	**4586089**	**93024**	**151589**	**23827**
中原区	26478	9848	26329	149	26461	26303	158	3229	538116	535847	2269	25202	20372
二七区	9929	2897	9875	54	9868	9813	55	213	231604	230363	1241	1280	23475
管城区	7707	1652	7677	30	7740	7696	44	633	440253	439865	388	6717	57155
金水区	13736	5579	13290	446	13727	13354	373	276	272554	261336	11218	2588	19570
上街区	18687	5931	18641	46	18608	18565	43	2621	603790	603264	526	42989	32495
惠济区	8441	4502	3782	4659	8272	3861	4411	213	112046	58535	53511	2006	15161
中牟县	17580	5408	17474	106	18504	18398	106	397	464039	459915	4124	6320	24998
巩义市	16142	4972	15842	300	15964	15697	267	91	366384	360092	6292		22940
荥阳市	10887	5151	10769	118	10747	10629	118	19	157841	155536	2305	217	14633
新密市	3608	1552	3493	115	3580	3471	109	76	50174	49505	669		14262
新郑市	26027	9284	25966	61	25305	25240	65	1881	575736	573773	1963	48817	22733

2-11 续表 1 （2009 年底） 单位：人

行　业	单位从业人员	#女性	在岗职工	其他从业人员	单位从业人员平均人数	在岗职工	其他从业人员	离开本单位仍保留劳动关系的职工	单位从业人员劳动报酬（千元）	在岗职工工资总额	其他从业人员劳动报酬	离开本单位仍保留劳动关系的职工生活费（千元）	在岗职工平均工资（元）
登封市	9780	2172	9764	16	9619	9605	14		159798	159497	301		16606
经济技术开发区	10147	3094	10074	73	9890	9809	81	114	224092	222196	1896	512	22652
高新技术开发区	20860	6066	20602	258	20280	20037	243	917	482686	476365	6321	14941	23774
电力、燃气及水的生产和供应业	**31095**	**8349**	**30445**	**650**	**29769**	**29614**	**155**	**1002**	**1102285**	**1097619**	**4666**	**17277**	**37064**
中原区	10504	3602	10502	2	10424	10422	2	374	450696	450670	26	6635	43242
二七区	1432	316	944	488	1408	1408		1	157766	157766		40	112050
金水区	2655	359	2655		2614	2614			79321	79321			30345
上街区	45	13	35	10	45	35	10		1288	1080	208		30857
惠济区	321	68	321		321	321			10327	10327			32171
中牟县	848	313	844	4	829	827	2	107	30084	29866	218	251	36114
巩义市	1108	326	1108		1102	1102			40339	40339			36605
荥阳市	1489	640	1431	58	1480	1422	58		38662	37566	1096		26418
新密市	1581	640	1581		1582	1582		20	58529	58529			36997
新郑市	581	273	581		584	584		245	11742	11742		4780	20106
登封市	8633	1360	8633		7512	7512		255	185594	185594		5571	24706
高新技术开发区	1898	439	1810	88	1868	1785	83		37937	34819	3118		19506
建筑业	**176256**	**23289**	**167325**	**8931**	**161758**	**154120**	**7638**	**5605**	**3754136**	**3608596**	**145540**	**27148**	**23414**
中原区	25123	3598	23761	1362	24263	22654	1609	1592	600997	571348	29649	7109	25221
二七区	3147	819	3130	17	3337	3320	17	307	108196	107706	490	3866	32442
管城区	10772	1459	9595	1177	9256	8267	989	1367	233485	212997	20488	4283	25765
金水区	64028	8020	60429	3599	61431	59026	2405	542	1356012	1319473	36539	2899	22354
上街区	4705	929	4705		4229	4229			150703	150703			35636
惠济区	11458	1280	10526	932	11093	10161	932		170653	142994	27659		14073
中牟县	9228	1669	8926	302	7866	7607	259		212255	207627	4628		27294
巩义市	1444	80	1444		1341	1341			22584	22584			16841
荥阳市	24072	2611	24018	54	17102	17052	50	12	435265	434195	1070		25463
新密市	6152	423	5925	227	6031	5804	227	42	133206	132740	466		22870
新郑市	4599	654	4594	5	4031	4026	5	125	101502	101428	74	1241	25193
登封市	3848	545	2630	1218	4565	3458	1107		65627	42043	23584		12158
经济技术开发区	3435	349	3410	25	3217	3193	24	1604	66186	65613	573	7550	20549
高新技术开发区	4238	851	4225	13	3988	3974	14	14	97197	96877	320	200	24378
郑东新区	7	2	7		8	8			268	268			33500
交通运输、仓储和邮政业	**30217**	**11407**	**29745**	**472**	**29458**	**28986**	**472**	**4349**	**811847**	**805715**	**6132**	**54029**	**27797**
中原区	154	43	154		153	153			4721	4721			30856
二七区	8485	3793	8474	11	8367	8362	5	2174	259749	259647	102	36405	31051
管城区	3599	1429	3598	1	3594	3593	1	543	110759	110711	48	5163	30813
金水区	10138	3483	10130	8	9441	9433	8	510	309336	309116	220	9689	32770
上街区	485	98	482	3	454	451	3		9001	8971	30		19891
惠济区	434	171	373	61	425	362	63		9232	8543	689		23599
中牟县	873	283	873		880	880		260	10435	10435		584	11858

2-11 续表2 （2009年底） 单位：人

行业	单位从业人员				单位从业人员平均人数			离开本单位仍保留劳动关系的职工	单位从业人员劳动报酬（千元）			离开本单位仍保留劳动关系的职工生活费（千元）	在岗职工平均工资（元）
		#女性	在岗职工	其他从业人员		在岗职工	其他从业人员			在岗职工工资总额	其他从业人员劳动报酬		
巩义市	1944	796	1925	19	1946	1927	19	148	31716	31612	104	444	16405
荥阳市	528	250	458	70	531	459	72	111	9330	8545	785	99	18617
新密市	334	132	333	1	335	334	1	179	5328	5320	8		15928
新郑市	1360	326	1358	2	1443	1441	2	378	19360	19319	41	1605	13407
登封市	1686	562	1391	295	1692	1395	297	46	26434	22378	4056	40	16042
经济技术开发区	59		58	1	59	58	1		1515	1466	49		25276
高新技术开发区	71	24	71		71	71			1961	1961			27620
郑东新区	67	17	67		67	67			2970	2970			44328
信息传输、计算机服务和软件业	**13584**	**4830**	**13574**	**10**	**13433**	**13424**	**9**	**14**	**542584**	**542279**	**305**	**224**	**40396**
中原区	26	14	26		25	25			786	786			31440
二七区	2674	1321	2674		2654	2654			81927	81927			30869
管城区	37	16	37		37	37			780	780			21081
金水区	5351	1219	5342	9	5996	5988	8		241033	240828	205		40218
上街区	24	12	23	1	24	23	1		536	436	100		18957
巩义市	367	115	367		371	371		14	7951	7951		224	21431
荥阳市	106	76	106		105	105			4980	4980			47429
登封市	298	160	298		298	298			3755	3755			12601
经济技术开发区	621	101	621		601	601			13067	13067			21742
高新技术开发区	298	79	298		281	281			10150	10150			36121
郑东新区	3782	1717	3782		3041	3041			177619	177619			58408
批发和零售业	**52821**	**22341**	**51136**	**1685**	**51699**	**49893**	**1806**	**6585**	**1168884**	**1131192**	**37692**	**17491**	**22672**
中原区	2972	1331	2947	25	3009	2984	25	1332	118836	118494	342	2243	39710
二七区	4787	1911	3897	890	4865	3872	993	742	109403	90836	18567	3152	23460
管城区	5760	2332	5472	288	5647	5359	288	34	122361	115630	6731	148	21577
金水区	23997	9841	23842	155	23366	23078	288	999	512106	502698	9408	3653	21783
上街区	782	412	770	12	694	682	12	28	15936	15809	127	40	23180
惠济区	325	92	321	4	312	308	4		5773	5641	132		18315
中牟县	1329	490	1318	11	1308	1297	11	173	25229	25102	127	1589	19354
巩义市	2592	1073	2404	188	2495	2428	67	995	33904	33121	783	109	13641
荥阳市	1319	786	1318	1	1370	1369	1	491	30004	29994	10		21909
新密市	1513	858	1509	4	1498	1494	4	553	24410	24362	48		16307
新郑市	1583	654	1579	4	1452	1448	4	537	34460	34401	59	6218	23758
登封市	2051	1141	1993	58	2056	1996	60	684	42905	42515	390		21300
经济技术开发区	1853	615	1852	1	1694	1693	1	15	47381	47381		339	27986
高新技术开发区	424	94	421	3	446	438	8		8003	7826	177		17868
郑东新区	1534	711	1493	41	1487	1447	40	2	38173	37382	791		25834
住宿和餐饮业	**24678**	**13489**	**24397**	**281**	**24732**	**24386**	**346**	**226**	**473248**	**466485**	**6763**	**1130**	**19129**
中原区	1192	709	1176	16	1222	1205	17	16	31752	31494	258	59	26136
二七区	2273	1233	2230	43	2273	2230	43	3	59773	58569	1204	19	26264
管城区	976	639	921	55	947	897	50		13497	12726	771		14187
金水区	14989	7803	14850	139	14990	14780	210	119	293520	289585	3935	1036	19593

（2009 年底）　　单位：人

行　业	单位从业人员				单位从业人员平均人数			离开本单位仍保留劳动关系的职工	单位从业人员劳动报酬（千元）			离开本单位仍保留劳动关系的职工生活费（千元）	在岗职工平均工资（元）
		#女性	在岗职工	其他从业人员		在岗职工	其他从业人员			在岗职工工资总额	其他从业人员劳动报酬		
上街区	164	104	164		164	164			3741	3741			22811
惠济区	1015	518	1013	2	1014	1012	2		19298	18926	372		18702
中牟县	538	313	531	7	577	572	5	33	7246	7126	120	16	12458
巩义市	616	394	616		617	617		27	7145	7145			11580
荥阳市	115	71	115		115	115			1750	1750			15217
新密市	188	98	188		188	188			3567	3567			18973
新郑市	542	326	537	5	541	536	5	21	6030	5934	96		11071
登封市	2028	1255	2014	14	2042	2028	14	7	25235	25228	7		12440
郑东新区	42	26	42		42	42			694	694			16524
金融业	**39102**	**20627**	**32543**	**6559**	**37476**	**30950**	**6526**	**1193**	**2029157**	**1940200**	**88957**	**21084**	**62688**
中原区	2099	1162	2081	18	2073	2053	20	212	119692	119319	373	5536	58119
二七区	1231	721	1231		1226	1226		28	52154	52154		648	42540
管城区	647	340	645	2	466	464	2	8	26274	26154	120		56366
金水区	26231	14252	21503	4728	25128	20292	4836	615	1478093	1414791	63302	9918	69722
上街区	43	29	43		43	43			931	931			21651
惠济区	85	39	85		87	87			1479	1479			17000
中牟县	1252	731	581	671	1084	584	500	42	21372	15683	5689	1125	26854
巩义市	1204	632	1191	13	1197	1181	16	37	44723	44505	218	1048	37684
荥阳市	1049	428	803	246	1019	773	246		32927	27337	5590		35365
新密市	907	443	859	48	914	866	48	51	36966	34948	2018		40356
新郑市	1092	556	788	304	1143	793	350	67	40028	35078	4950	546	44235
登封市	1387	419	859	528	1365	858	507	126	34848	28280	6568	1853	32960
高新技术开发区	2	1	2		2	2			37	37			18500
郑东新区	1873	874	1872	1	1729	1728	1	7	139633	139504	129	410	80731
房地产业	**20774**	**8551**	**20165**	**609**	**20499**	**19524**	**975**	**416**	**524205**	**509140**	**15065**	**794**	**26078**
中原区	1937	717	1896	41	1943	1903	40	167	57697	56194	1503	94	29529
二七区	1006	311	987	19	995	978	17	14	27926	27760	166	70	28384
管城区	4715	2612	4479	236	4826	4289	537	17	88263	81425	6838	324	18985
金水区	8748	3393	8576	172	8428	8211	217	54	214075	209905	4170	120	25564
上街区	229	101	229		221	221			3551	3551			16068
惠济区	473	201	411	62	437	360	77		11659	10882	777		30228
中牟县	651	210	646	5	625	622	3		14536	14326	210		23032
巩义市	218	96	201	17	216	199	17	160	2879	2702	177	159	13578
荥阳市	25	7	25		25	25			557	557			22280
新密市	56	22	48	8	47	39	8		1454	1272	182		32615
新郑市	154	36	154		160	160			3906	3906			24413
登封市	48	19	48		48	48			804	804			16750
经济技术开发区	654	263	653	1	661	660	1	4	38105	38076	29	27	57691
高新技术开发区	160	53	132	28	155	126	29		2413	2102	311		16683
郑东新区	1700	510	1680	20	1712	1683	29		56380	55678	702		33083
租赁和商务服务业	**22890**	**8071**	**21439**	**1451**	**22741**	**21367**	**1374**	**347**	**639757**	**618753**	**21004**	**1472**	**28958**
中原区	507	244	476	31	489	459	30	28	14187	13743	444	33	29941
二七区	3889	1373	3845	44	3977	3942	35		96830	96108	722		24381
管城区	2018	622	1113	905	1966	1092	874	7	34382	20568	13814		18835
金水区	9957	3682	9862	95	9945	9851	94	113	285613	282771	2842	1097	28705

行　业	单位从业人员	#女性	在岗职工	其他从业人员	单位从业人员平均人数	在岗职工	其他从业人员	离开本单位仍保留劳动关系的职工	单位从业人员劳动报酬(千元)	在岗职工工资总额	其他从业人员劳动报酬	离开本单位仍保留劳动关系的职工生活费(千元)	在岗职工平均工资(元)
上街区	428	174	428		428	428			11771	11771			27502
惠济区	107	30	106	1	104	103	1		3478	3465	13		33641
中牟县	703	149	366	337	660	358	302	135	7669	5206	2463	109	14542
巩义市	717	176	715	2	685	683	2	16	9636	9622	14		14088
荥阳市	555	69	555		548	548		1	9472	9472			17285
新密市	245	69	245		246	246			4933	4933			20053
新郑市	795	140	779	16	791	775	16	7	11905	11597	308		14964
登封市	160	114	160		145	145			1449	1449			9993
经济技术开发区	46	23	44	2	77	75	2	36	1868	1848	20	233	24640
高新技术开发区	51	12	51		50	50			1678	1678			33560
郑东新区	2712	1194	2694	18	2630	2612	18	4	144886	144522	364		55330
科学研究、技术服务和地质勘查业	**27346**	**7911**	**25869**	**1477**	**26998**	**25459**	**1539**	**1062**	**1108928**	**1054002**	**54926**	**8559**	**41400**
中原区	7266	1921	7085	181	7117	6909	208	351	444252	434122	10130	1748	62834
二七区	2172	475	1228	944	2197	1232	965	5	90042	53705	36337	28	43592
管城区	499	111	497	2	500	498	2	69	13285	13245	40	708	26596
金水区	12618	3920	12309	309	12396	12066	330	266	426875	419579	7296	2321	34774
上街区	154	62	154		154	154			5014	5014			32558
惠济区	246	71	242	4	243	239	4		6869	6749	120		28238
中牟县	242	86	234	8	242	236	6	9	3885	3795	90		16081
巩义市	262	118	261	1	262	261	1		5779	5769	10		22103
荥阳市	211	70	209	2	214	212	2		5512	5510	2		25991
新密市	271	147	271		265	265		1	5927	5927			22366
新郑市	544	137	544		544	544		87	17150	17150		710	31526
登封市	7	2	7		7	7		1	180	180			25714
高新技术开发区	261	62	252	9	266	262	4		7527	7079	448		27019
郑东新区	2593	729	2576	17	2591	2574	17	273	76631	76178	453	3044	29595
水利、环境和公共设施管理业	**14914**	**5568**	**14162**	**752**	**14175**	**13435**	**740**	**220**	**392896**	**386452**	**6444**	**431**	**28765**
中原区	2629	1097	2431	198	1850	1652	198	3	78347	75423	2924		45656
二七区	328	110	324	4	329	325	4		8950	8924	26		27458
管城区	811	170	808	3	813	810	3		22910	22885	25		28253
金水区	3422	1129	3383	39	3495	3468	27		133335	132829	506		38301
上街区	285	194	277	8	285	277	8		4878	4795	83		17310
惠济区	1279	405	1279		1318	1318			40390	40390			30645
中牟县	950	225	950		902	902		21	13807	13807		247	15307
巩义市	1053	309	553	500	1052	552	500	10	16826	13946	2880		25264
荥阳市	1535	907	1535		1535	1535		16	22821	22821		184	14867
新密市	440	173	440		436	436		15	9037	9037			20727
新郑市	376	143	376		364	364			7112	7112			19538
登封市	1395	542	1395		1389	1389		155	21713	21713			15632
高新技术开发区	149	58	149		149	149			2551	2551			17121
郑东新区	262	106	262		258	258			10219	10219			39609

行 业	单位从业人员	#女性	在岗职工	其他从业人员	单位从业人员平均人数	在岗职工	其他从业人员	离开本单位仍保留劳动关系的职工	单位从业人员劳动报酬(千元)	在岗职工工资总额	其他从业人员劳动报酬	离开本单位仍保留劳动关系的职工生活费(千元)	在岗职工平均工资(元)
居民服务和其他服务业	**2518**	**1276**	**2470**	**48**	**2532**	**2483**	**49**	**5**	**61225**	**60456**	**769**		**24348**
中原区	121	28	95	26	121	95	26		3479	3217	262		33863
二七区	836	484	836		844	844			16996	16996			20137
管城区	73	6	73		73	73			1620	1620			22192
金水区	957	549	942	15	961	945	16		29223	28828	395		30506
上街区	163	87	163		163	163			1929	1929			11834
惠济区	43	22	43		46	46			610	610			13261
中牟县	45	10	45		45	45			1120	1120			24889
巩义市	38	9	38		38	38			734	734			19316
荥阳市	113	47	106	7	113	106	7		2674	2562	112		24170
新密市	42	6	42		42	42		5	1240	1240			29524
新郑市	55	20	55		54	54			794	794			14704
登封市	32	8	32		32	32			806	806			25188
教育	**118086**	**65409**	**115622**	**2464**	**117630**	**115465**	**2165**	**462**	**3986748**	**3928734**	**58014**	**9867**	**34025**
中原区	11170	6435	10874	296	11099	10819	280	6	445381	440322	5059	54	40699
二七区	8091	4588	7408	683	8041	7401	640	6	272109	247231	24878	33	33405
管城区	4936	3307	4755	181	4892	4724	168	14	184317	180310	4007		38169
金水区	28761	15985	28322	439	28268	28024	244	35	1096795	1089988	6807	96	38895
上街区	1294	774	1293	1	1273	1272	1		47181	47172	9		37085
惠济区	5265	2843	5114	151	5166	5015	151	53	174590	173199	1391	1711	34536
中牟县	9123	4726	9038	85	9165	9083	82	1	250819	247224	3595		27218
巩义市	8081	4764	8007	74	8133	8058	75	300	212188	211495	693	7075	26247
荥阳市	7467	4511	7457	10	7548	7536	12		228201	228099	102	5	30268
新密市	9087	5572	8990	97	9152	9058	94	2	261424	260953	471		28809
新郑市	10247	4801	9820	427	10251	9854	397	2	343311	332552	10759		33748
登封市	7667	4061	7649	18	7707	7688	19	43	215157	214991	166	893	27964
高新技术开发区	6154	2638	6152	2	6184	6182	2		234168	234091	77		37867
郑东新区	743	404	743		751	751			21107	21107			28105
卫生、社会保障和社会福利业	**48721**	**31490**	**47538**	**1183**	**47516**	**46370**	**1146**	**179**	**1397074**	**1370367**	**26707**	**321**	**29553**
中原区	4391	2902	4226	165	4347	4184	163	4	150951	149132	1819	24	35643
二七区	7583	4567	7327	256	7525	7277	248		226898	224538	2360		30856
管城区	2519	1578	2478	41	2470	2431	39		76574	75891	683		31218
金水区	17601	12176	17205	396	16784	16403	381	23	549225	533329	15896	119	32514
上街区	387	255	385	2	387	385	2		8304	8280	24		21506
惠济区	1055	686	1007	48	993	945	48		24142	23426	716		24789
中牟县	2399	1360	2352	47	2390	2343	47	13	78263	77067	1196	53	32892
巩义市	2874	1691	2842	32	2849	2817	32	32	68892	68433	459	18	24293
荥阳市	2141	1416	2101	40	2128	2089	39	27	49001	48169	832	89	23058
新密市	2309	1555	2295	14	2288	2274	14	49	47130	47045	85		20688
新郑市	2572	1724	2503	69	2481	2417	64	26	50833	49957	876	18	20669

2-11　续表 6　　　　（2009 年底）　　　　单位：人

行　业	单位从业人员	#女性	在岗职工	其他从业人员	单位从业人员平均人数	在岗职工	其他从业人员	离开本单位仍保留劳动关系的职工	单位从业人员劳动报酬（千元）	在岗职工工资总额	其他从业人员劳动报酬	离开本单位仍保留劳动关系的职工生活费（千元）	在岗职工平均工资（元）
登封市	2179	1232	2114	65	2173	2112	61	5	44241	42631	1610		20185
高新技术开发区	174	98	167	7	174	167	7		4553	4429	124		26521
郑东新区	537	250	536	1	527	526	1		18067	18040	27		34297
文化、体育和娱乐业	**22699**	**9078**	**22020**	**679**	**22664**	**21989**	**675**	**152**	**682802**	**673939**	**8863**	**636**	**30649**
中原区	2206	1145	1884	322	2212	1878	334	32	67884	64423	3461		34304
二七区	1483	612	1433	50	1477	1428	49	25	49843	49287	556	470	34515
管城区	188	83	188		185	185			6758	6758			36530
金水区	16195	6012	15993	202	16186	16000	186	30	498928	495412	3516	166	30963
上街区	35	15	32	3	35	32	3		1267	1219	48		38094
惠济区	506	233	450	56	508	452	56		13659	12856	803		28442
中牟县	258	114	258		257	257		5	4470	4470			17393
巩义市	383	206	346	37	383	346	37	31	7032	6805	227		19668
荥阳市	462	221	462		438	438			11574	11574			26425
新密市	305	133	305		307	307		3	6461	6461			21046
新郑市	251	114	251		249	249		26	5299	5299			21281
登封市	274	121	274		274	274			4520	4520			16496
经济技术开发区	10	6	10		10	10			100	100			10000
高新技术开发区	28	17	28		28	28			981	981			35036
郑东新区	115	46	106	9	115	105	10		4026	3774	252		35943
公共管理和社会组织	**115763**	**37189**	**110982**	**4781**	**114227**	**110138**	**4089**	**626**	**4054947**	**4003413**	**51534**	**4502**	**36349**
中原区	10558	3592	10330	228	10488	10263	225	17	494736	488966	5770	146	47644
二七区	12273	3356	9340	2933	11794	9404	2390	34	475754	446619	29135	1130	47492
管城区	4832	1867	4431	401	4767	4368	399	32	180176	176774	3402	938	40470
金水区	28289	8336	27819	470	27852	27529	323	65	1259318	1254965	4353	332	45587
上街区	2154	676	2146	8	2142	2132	10		84659	84512	147		39640
惠济区	3143	1303	2756	387	3135	2749	386		121096	117441	3655	119	42721
中牟县	7850	2590	7820	30	7774	7742	32	119	181077	180628	449	892	23331
巩义市	6836	1985	6745	91	6843	6752	91	9	177147	174825	2322	182	25892
荥阳市	8664	3053	8659	5	8535	8530	5	90	246323	246271	52	523	28871
新密市	8368	2815	8335	33	8315	8283	32	63	215367	214961	406		25952
新郑市	8831	3106	8811	20	8756	8735	21	68	251327	251167	160	240	28754
登封市	9346	2886	9201	145	9354	9208	146	129	194363	192875	1488		20946
经济技术开发区	628	229	628		606	606			25939	25939			42804
高新技术开发区	1356	512	1347	9	1363	1354	9		49799	49736	63		36733
郑东新区	2635	883	2614	21	2503	2483	20		97866	97734	132		39361

2-12 全市及各县(市)区国有单位分行业从业人员人数及劳动报酬

（2009 年底） 单位：人

行业	单位从业人员	#女性	在岗职工	其他从业人员	单位从业人员平均人数	在岗职工	其他从业人员	离开本单位仍保留劳动关系的职工	单位从业人员劳动报酬（千元）	在岗职工工资总额	其他从业人员劳动报酬	离开本单位仍保留劳动关系的职工生活费（千元）	在岗职工平均工资（元）
农、林、牧、渔业	**1898**	**694**	**1897**	**1**	**1905**	**1904**	**1**	**38**	**39879**	**39867**	**12**	**302**	**20939**
中原区	131	70	131		131	131			3482	3482			26580
金水区	464	185	464		466	466		22	12869	12869		220	27616
惠济区	90	37	90		91	91			3734	3734			41033
中牟县	894	312	893	1	899	898	1		13508	13496	12		15029
巩义市	6	2	6		6	6			58	58			9667
新密市	2		2		2	2		13	32	32		75	16000
新郑市	311	88	311		310	310		3	6196	6196		7	19987
采矿业	**54273**	**10034**	**54273**		**51537**	**51537**		**4158**	**1746025**	**1746025**		**16373**	**33879**
巩义市	1882	410	1882		1884	1884		23	46088	46088		348	24463
荥阳市	2015	328	2015		2011	2011		34	45925	45925			22837
登封市	2780	386	2780		2736	2736			92227	92227			33709
制造业	**16990**	**6015**	**16727**	**263**	**17308**	**17039**	**269**	**4396**	**565201**	**554584**	**10617**	**97895**	**32548**
中原区	1971	646	1964	7	1973	1966	7	337	31501	31420	81	1771	15982
二七区	3219	1134	3217	2	3217	3214	3	161	97183	97097	86	1042	30211
管城区	1474	564	1466	8	1502	1495	7	387	33746	33712	34	1743	22550
金水区	2246	875	2065	181	2290	2142	148	269	76500	68193	8307	2556	31836
上街区	3861	1478	3841	20	4118	4099	19	1588	118886	118626	260	42989	28940
惠济区	304	77	284	20	346	284	62	213	5177	4093	1084	2006	14412
巩义市	5	2	5		5	5			52	52			10400
荥阳市	860	253	860		860	860			8930	8930			10384
新郑市	1956	751	1956		1919	1919		1421	151088	151088		45588	78733
经济技术开发区	405	73	400	5	394	389	5	5	10964	10868	96	70	27938
高新技术开发区	689	162	669	20	684	666	18	15	31174	30505	669	130	45803
电力、燃气及水的生产和供应业	**12089**	**3832**	**11543**	**546**	**11952**	**11896**	**56**	**505**	**528974**	**527569**	**1405**	**9122**	**44348**
中原区	3942	1542	3942		3885	3885			137794	137794			35468
二七区	1432	316	944	488	1408	1408		1	157766	157766		40	112050
金水区	2126	186	2126		2083	2083			67130	67130			32228
上街区	45	13	35	10	45	35	10		1288	1080	208		30857
中牟县	541	218	539	2	526	526		107	17319	17300	19	251	32890
巩义市	832	242	832		826	826			35091	35091			42483
荥阳市	464	138	464		460	460			20860	20860			45348
新密市	1337	565	1337		1346	1346		17	50243	50243			37328
新郑市	581	273	581		584	584		245	11742	11742		4780	20106
登封市	683	316	683		683	683		135	25860	25860		4051	37862
高新技术开发区	106	23	60	46	106	60	46		3881	2703	1178		45050

行业	单位从业人员	#女性	在岗职工	其他从业人员	单位从业人员平均人数	在岗职工	其他从业人员	离开本单位仍保留劳动关系的职工	单位从业人员劳动报酬（千元）	在岗职工工资总额	其他从业人员劳动报酬	离开本单位仍保留劳动关系的职工生活费（千元）	在岗职工平均工资（元）
建筑业	**29721**	**5412**	**29160**	**561**	**29059**	**28485**	**574**	**3690**	**861057**	**848925**	**12132**	**13620**	**29803**
中原区	11311	2062	10764	547	11507	10946	561	1179	334872	323058	11814	4160	29514
二七区	1389	318	1379	10	1376	1367	9	1	38940	38745	195	5	28343
管城区	3540	768	3540		3492	3492		1077	112812	112812		1835	32306
金水区	4109	759	4109		4539	4539			123162	123162			27134
上街区	1863	468	1863		1585	1585			54008	54008			34074
中牟县	2878	343	2877	1	2185	2184	1		85590	85570	20		39180
荥阳市	53	10	53		55	55			784	784			14255
新密市	29	6	29		27	27		6	396	396			14667
经济技术开发区	1705	152	1705		1586	1586		1413	38370	38370		7420	24193
高新技术开发区	2844	526	2841	3	2707	2704	3	14	72123	72020	103	200	26635
交通运输、仓储和邮政业	**22153**	**8826**	**22028**	**125**	**21861**	**21732**	**129**	**3721**	**628705**	**627388**	**1317**	**52233**	**28869**
中原区	97	33	97		101	101			3603	3603			35673
二七区	6114	2735	6114		6192	6192		2165	169769	169769		36278	27417
管城区	2400	1081	2399	1	2516	2515	1	428	82891	82843	48	4258	32940
金水区	8493	3032	8492	1	7910	7909	1	398	282849	282834	15	9036	35761
上街区	79	38	76	3	79	76	3		2254	2224	30		29263
惠济区	364	161	337	27	355	326	29		8175	7895	280		24218
中牟县	274	127	274		281	281		124	4589	4589		556	16331
巩义市	1813	760	1794	19	1815	1796	19	47	30487	30383	104	401	16917
荥阳市	528	250	458	70	531	459	72	111	9330	8545	785	99	18617
新密市	238	84	238		241	241		98	4222	4222			17519
新郑市	1177	315	1175	2	1260	1258	2	310	17239	17198	41	1605	13671
登封市	510	186	508	2	514	512	2	40	9569	9555	14		18662
高新技术开发区	29	11	29		29	29			1190	1190			41034
郑东新区	37	13	37		37	37			2538	2538			68595
信息传输、计算机服务和软件业	**3823**	**664**	**3817**	**6**	**4515**	**4509**	**6**		**165780**	**165651**	**129**		**36738**
中原区	12	6	12		12	12			557	557			46417
金水区	3407	422	3401	6	4100	4094	6		156488	156359	129		38192
荥阳市	106	76	106		105	105			4980	4980			47429
登封市	298	160	298		298	298			3755	3755			12601
批发和零售业	**9947**	**4055**	**8981**	**966**	**10056**	**9051**	**1005**	**1755**	**353497**	**334257**	**19240**	**11240**	**36930**
中原区	623	227	611	12	630	618	12	134	69790	69726	64	1998	112825

行业	单位从业人员	#女性	在岗职工	其他从业人员	单位从业人员平均人数	在岗职工	其他从业人员	离开本单位仍保留劳动关系的职工	单位从业人员劳动报酬(千元)	在岗职工工资总额	其他从业人员劳动报酬	离开本单位仍保留劳动关系的职工生活费(千元)	在岗职工平均工资(元)
二七区	1653	417	821	832	1764	843	921		42444	24423	18021		28972
管城区	188	74	186	2	189	187	2	19	5181	5157	24	29	27578
金水区	3696	1732	3628	68	3664	3648	16	114	100802	100566	236	958	27567
上街区	23	6	19	4	23	19	4		1691	1630	61		85789
惠济区	9	2	9		9	9			126	126			14000
中牟县	544	179	540	4	545	541	4	139	16330	16273	57	1589	30079
巩义市	267	54	265	2	267	265	2	407	12377	12357	20	109	46630
荥阳市	297	156	297		312	312			13443	13443			43087
新密市	436	227	436		437	437		74	13534	13534			30970
新郑市	799	297	799		790	790		326	24894	24894		6218	31511
登封市	843	400	835	8	862	852	10	527	29449	29359	90		34459
经济技术开发区	137	49	137		139	139		15	8575	8575		339	61691
郑东新区	432	235	398	34	425	391	34		14861	14194	667		36302
住宿和餐饮业	**6947**	**3917**	**6931**	**16**	**6910**	**6895**	**15**	**43**	**139894**	**139062**	**832**	**219**	**20169**
中原区	753	459	749	4	753	749	4	5	22127	22040	87		29426
二七区	583	312	583		581	581		1	12659	12659		9	21788
管城区	38	14	38		38	38			671	671			17658
金水区	3616	1933	3606	10	3579	3570	9	16	73003	72630	373	210	20345
上街区	48	29	48		48	48			851	851			17729
惠济区	1015	518	1013	2	1014	1012	2		19298	18926	372		18702
巩义市	216	180	216		216	216			2688	2688			12444
荥阳市	115	71	115		115	115			1750	1750			15217
新郑市	84	43	84		84	84		21	685	685			8155
登封市	479	358	479		482	482			6162	6162			12784
金融业	**7130**	**3247**	**5994**	**1136**	**7109**	**5944**	**1165**	**487**	**360490**	**341264**	**19226**	**8953**	**57413**
中原区	1711	979	1700	11	1715	1704	11	212	97242	97068	174	5536	56965
金水区	1211	530	1204	7	1184	1174	10		106582	106278	304		90526
中牟县	237	93	237		237	237		41	9099	9099		1120	38392
巩义市	501	263	501		501	501		35	24051	24051		1047	48006
荥阳市	789	327	543	246	779	533	246		24237	18647	5590		34985
新密市	907	443	859	48	914	866	48	51	36966	34948	2018		40356
新郑市	687	349	383	304	736	386	350	67	20835	15885	4950	546	41153
登封市	854	167	334	520	831	331	500	81	21432	15242	6190	704	46048
高新技术开发区	2	1	2		2	2			37	37			18500
郑东新区	231	95	231		210	210			20009	20009			95281
房地产业	**1451**	**562**	**1419**	**32**	**1457**	**1425**	**32**	**163**	**40075**	**39694**	**381**		**27855**
中原区	347	124	341	6	346	340	6	163	12697	12612	85		37094

2-12 续表 3　　(2009 年底)　　单位:人

行　业	单位从业人员	#女性	在岗职工	其他从业人员	单位从业人员平均人数	在岗职工	其他从业人员	离开本单位仍保留劳动关系的职工	单位从业人员劳动报酬(千元)	在岗职工工资总额	其他从业人员劳动报酬	离开本单位仍保留劳动关系的职工生活费(千元)	在岗职工平均工资(元)
管城区	37	18	37		35	35			1470	1470			42000
金水区	764	289	742	22	777	755	22		18779	18591	188		24624
上街区	11	6	11		11	11			116	116			10545
巩义市	53	26	53		53	53			1272	1272			24000
经济技术开发区	7	2	7		7	7			117	117			16714
高新技术开发区	30	15	30		26	26			355	355			13654
郑东新区	202	82	198	4	202	198	4		5269	5161	108		26066
租赁和商务服务业	**11138**	**3327**	**11091**	**47**	**11085**	**11051**	**34**	**150**	**372842**	**371958**	**884**	**1069**	**33658**
中原区	271	141	271		269	269		2	9812	9812		33	36476
二七区	3271	1218	3259	12	3258	3258			79102	79102			24279
管城区	29	5	28	1	29	28	1		1007	995	12		35536
金水区	4826	1393	4793	33	4839	4807	32	93	178023	177164	859	927	36855
上街区	136	27	136		136	136			1925	1925			14154
惠济区	71	25	70	1	70	69	1		3021	3008	13		43594
中牟县	260	91	260		257	257		35	4013	4013		109	15615
巩义市	551	104	551		518	518		15	6656	6656			12849
荥阳市	516	57	516		509	509		1	8461	8461			16623
新密市	118	57	118		117	117			2671	2671			22829
新郑市	741	120	741		737	737			10873	10873			14753
高新技术开发区	24	4	24		24	24			941	941			39208
郑东新区	324	85	324		322	322		4	66337	66337			206016
科学研究、技术服务和地质勘查业	**18416**	**5759**	**18073**	**343**	**18310**	**17996**	**314**	**848**	**788591**	**780976**	**7615**	**7122**	**43397**
中原区	5652	1656	5558	94	5578	5439	139	292	381724	377148	4576	1748	69341
二七区	626	199	623	3	626	623	3	5	28590	28585	5	28	45883
管城区	478	103	478		479	479		69	12741	12741		708	26599
金水区	7290	2457	7066	224	7264	7112	152	111	241714	239162	2552	884	33628
上街区	148	60	148		148	148			4866	4866			32878
惠济区	246	71	242	4	243	239	4		6869	6749	120		28238
中牟县	224	78	216	8	224	218	6	9	3661	3571	90		16381
巩义市	262	118	261	1	262	261	1		5779	5769	10		22103
荥阳市	211	70	209	2	214	212	2		5512	5510	2		25991
新密市	260	140	260		254	254		1	5688	5688			22394
新郑市	544	137	544		544	544		87	17150	17150		710	31526
登封市	7	2	7		7	7		1	180	180			25714
高新技术开发区	78	17	77	1	77	76	1		2722	2704	18		35579
郑东新区	2390	651	2384	6	2390	2384	6	273	71395	71153	242	3044	29846
水利、环境和公共设施管理业	**13607**	**5049**	**12883**	**724**	**12904**	**12188**	**716**	**204**	**371680**	**365487**	**6193**	**300**	**29987**
中原区	2629	1097	2431	198	1850	1652	198	3	78347	75423	2924		45656
二七区	251	84	247	4	252	248	4		6682	6656	26		26839

行　业	单位从业人员	#女性	在岗职工	其他从业人员	单位从业人员平均人数	在岗职工	其他从业人员	离开本单位仍保留劳动关系的职工	单位从业人员劳动报酬（千元）	在岗职工工资总额	其他从业人员劳动报酬	离开本单位仍保留劳动关系的职工生活费（千元）	在岗职工平均工资（元）
管城区	811	170	808	3	813	810	3		22910	22885	25		28253
金水区	3208	1032	3189	19	3293	3282	11		129749	129411	338		39431
上街区	95	55	95		95	95			2967	2967			31232
惠济区	1215	384	1215		1225	1225			39280	39280			32065
中牟县	747	183	747		746	746		8	10654	10654		116	14282
巩义市	1017	292	517	500	1016	516	500	10	15952	13072	2880		25333
荥阳市	1535	907	1535		1535	1535		16	22821	22821		184	14867
新密市	414	162	414		410	410		15	8704	8704			21229
新郑市	376	143	376		364	364			7112	7112			19538
登封市	901	376	901		901	901		152	13804	13804			15321
高新技术开发区	146	58	146		146	146			2479	2479			16979
郑东新区	262	106	262		258	258			10219	10219			39609
居民服务和其他服务业	**965**	**429**	**941**	**24**	**964**	**940**	**24**	**5**	**31532**	**31329**	**203**		**33329**
中原区	50	11	26	24	50	26	24		1542	1339	203		51500
二七区	144	43	144		144	144			2832	2832			19667
管城区	63	2	63		63	63			1512	1512			24000
金水区	611	347	611		611	611			23612	23612			38645
新密市	42	6	42		42	42		5	1240	1240			29524
新郑市	55	20	55		54	54			794	794			14704
教育	**97169**	**53115**	**96034**	**1135**	**96993**	**96019**	**974**	**292**	**3435341**	**3420815**	**14526**	**6413**	**35626**
中原区	11037	6345	10749	288	10964	10692	272	6	442201	437334	4867	54	40903
二七区	4608	2801	4585	23	4580	4557	23	6	168010	167714	296	33	36804
管城区	3614	2321	3441	173	3581	3420	161	14	148496	144869	3627		42359
金水区	25434	13647	25161	273	25126	24987	139	35	1031217	1028569	2648	96	41164
上街区	1278	772	1277	1	1257	1256	1		46476	46467	9		36996
惠济区	5214	2799	5063	151	5116	4965	151	53	174120	172729	1391	1711	34789
中牟县	7827	4141	7817	10	7860	7850	10		222692	222541	151		28349
巩义市	2836	1572	2791	45	2877	2831	46	131	76547	76170	377	3621	26906
荥阳市	6735	4036	6725	10	6837	6825	12		206337	206235	102	5	30218
新密市	8005	4934	7909	96	8070	7977	93	2	243172	242719	453		30427
新郑市	6690	3121	6645	45	6761	6716	45	2	227424	227062	362		33809
登封市	7255	3796	7237	18	7291	7272	19	43	202410	202244	166	893	27811
高新技术开发区	6104	2602	6102	2	6133	6131	2		233163	233086	77		38018
郑东新区	532	228	532		540	540			13076	13076			24215
卫生、社会保障和社会福利业	**42453**	**27603**	**41552**	**901**	**41354**	**40467**	**887**	**145**	**1269116**	**1247438**	**21678**	**303**	**30826**
中原区	4172	2751	4105	67	4138	4073	65	4	148360	147611	749	24	36241
二七区	7080	4234	6885	195	7036	6840	196		216666	215593	1073		31519
管城区	1892	1166	1871	21	1883	1862	21		66142	65920	222		35403
金水区	16979	11726	16615	364	16178	15821	357	23	536204	521179	15025	119	32942
上街区	387	255	385	2	387	385	2		8304	8280	24		21506

2-12 续表5 （2009年底） 单位:人

行业	单位从业人员	#女性	在岗职工	其他从业人员	单位从业人员平均人数	在岗职工	其他从业人员	离开本单位仍保留劳动关系的职工	单位从业人员劳动报酬（千元）	在岗职工工资总额	其他从业人员劳动报酬	离开本单位仍保留劳动关系的职工生活费（千元）	在岗职工平均工资（元）
惠济区	823	555	805	18	764	746	18		20625	20431	194		27387
中牟县	2304	1307	2263	41	2297	2256	41	13	77022	75938	1084	53	33660
巩义市	625	388	621	4	615	611	4	17	15835	15815	20		25884
荥阳市	2088	1384	2048	40	2075	2036	39	27	48321	47489	832	89	23325
新密市	1717	1166	1703	14	1696	1682	14	30	32025	31940	85		18989
新郑市	2459	1654	2390	69	2367	2303	64	26	49029	48153	876	18	20909
登封市	1216	669	1158	58	1217	1159	58	5	27963	26620	1343		22968
高新技术开发区	174	98	167	7	174	167	7		4553	4429	124		26521
郑东新区	537	250	536	1	527	526	1		18067	18040	27		34297
文化、体育和娱乐业	**20806**	**8238**	**20189**	**617**	**20770**	**20149**	**621**	**149**	**626630**	**619025**	**7605**	**623**	**30722**
中原区	2198	1144	1876	322	2204	1870	334	32	67739	64278	3461		34373
二七区	805	320	755	50	802	753	49	25	23703	23147	556	470	30740
管城区	149	66	149		146	146			4778	4778			32726
金水区	15151	5560	14992	159	15138	14987	151	27	472996	470198	2798	153	31374
上街区	35	15	32	3	35	32	3		1267	1219	48		38094
惠济区	408	170	370	38	410	372	38		12104	11818	286		31769
中牟县	258	114	258		257	257		5	4470	4470			17393
巩义市	367	197	331	36	367	331	36	31	6712	6508	204		19662
荥阳市	462	221	462		438	438			11574	11574			26425
新密市	305	133	305		307	307		3	6461	6461			21046
新郑市	251	114	251		249	249		26	5299	5299			21281
登封市	274	121	274		274	274			4520	4520			16496
高新技术开发区	28	17	28		28	28			981	981			35036
郑东新区	115	46	106	9	115	105	10		4026	3774	252		35943
公共管理和社会组织	**114837**	**36807**	**110126**	**4711**	**113315**	**109295**	**4020**	**615**	**4031159**	**3980757**	**50402**	**4473**	**36422**
中原区	10558	3592	10330	228	10488	10263	225	17	494736	488966	5770	146	47644
二七区	12226	3335	9298	2928	11747	9362	2385	34	474516	445545	28971	1130	47591
管城区	4806	1865	4405	401	4741	4342	399	32	179854	176452	3402	938	40638
金水区	27540	8005	27112	428	27114	26832	282	63	1238505	1235040	3465	308	46029
上街区	2154	676	2146	8	2142	2132	10		84659	84512	147		39640
惠济区	3143	1303	2756	387	3135	2749	386		121096	117441	3655	119	42721
中牟县	7804	2580	7774	30	7731	7699	32	110	180445	179996	449	887	23379
巩义市	6778	1967	6710	68	6785	6717	68	9	176364	174122	2242	182	25923
荥阳市	8664	3053	8659	5	8535	8530	5	90	246323	246271	52	523	28871
新密市	8368	2815	8335	33	8315	8283	32	63	215367	214961	406		25952
新郑市	8831	3106	8811	20	8756	8735	21	68	251327	251167	160	240	28754
登封市	9346	2886	9201	145	9354	9208	146	129	194363	192875	1488		20946
经济技术开发区	628	229	628		606	606			25939	25939			42804
高新技术开发区	1356	512	1347	9	1363	1354	9		49799	49736	63		36733
郑东新区	2635	883	2614	21	2503	2483	20		97866	97734	132		39361

2-13 全市及各县(市)区城镇集体单位分行业从业人员人数及劳动报酬

（2009 年底） 单位:人

行　业	单位从业人员	#女性	在岗职工	其他从业人员	单位从业人员平均人数	在岗职工	其他从业人员	离开本单位仍保留劳动关系的职工	单位从业人员劳动报酬（千元）	在岗职工工资总额	其他从业人员劳动报酬	离开本单位仍保留劳动关系的职工生活费（千元）	在岗职工平均工资（元）
农、林、牧、渔业	**70**	**10**	**70**		**70**	**70**			**1023**	**1023**			**14614**
惠济区	33	10	33		33	33			446	446			13515
巩义市	37		37		37	37			577	577			15595
采矿业	**793**	**12**	**793**		**673**	**673**			**13964**	**13964**			**20749**
新密市	520	12	520		395	395			9984	9984			25276
登封市	273		273		278	278			3980	3980			14317
制造业	**6243**	**3138**	**6101**	**142**	**6218**	**6042**	**176**	**1355**	**126075**	**123504**	**2571**	**5142**	**20441**
中原区	608	179	602	6	609	603	6		8816	8712	104		14448
二七区	15	5	15		14	14		14	410	410		168	29286
管城区	448	181	448		451	451		245	26309	26309		4955	58335
金水区	1295	614	1283	12	1298	1252	46		20384	20258	126		16181
上街区	688	308	688		705	705		1000	22540	22540			31972
惠济区	210	52	210		217	217			3563	3563			16419
巩义市	110	50	110		110	110		79	2219	2219			20173
荥阳市	1036	770	920	116	1036	920	116		15335	13138	2197		14280
新密市	144	120	144		144	144		16	1260	1260			8750
新郑市	1322	761	1314	8	1268	1260	8	1	16427	16283	144	19	12923
登封市	211	16	211		210	210			3956	3956			18838
经济技术开发区	119	70	119		119	119			4081	4081			34294
高新技术开发区	37	12	37		37	37			775	775			20946
电力、燃气及水的生产和供应业	**109**	**28**	**109**		**109**	**109**			**3308**	**3308**			**30349**
惠济区	109	28	109		109	109			3308	3308			30349
建筑业	**15040**	**2203**	**13774**	**1266**	**14276**	**12980**	**1296**	**92**	**203988**	**169085**	**34903**	**1241**	**13027**
中原区	3118	266	2788	330	2842	2482	360	43	50994	43927	7067		17698
金水区	286	24	286		336	336			4864	4781	83		14229
上街区	15	2	15		15	15			301	301			20067
惠济区	8750	1171	7818	932	8380	7448	932		113938	86279	27659		11584
中牟县	861	180	858	3	764	761	3		8582	8511	71		11184
新郑市	716	230	715	1	689	688	1	49	15069	15046	23	1241	21869
登封市	1294	330	1294		1250	1250			10240	10240			8192
交通运输、仓储和邮政业	**834**	**317**	**801**	**33**	**799**	**766**	**33**	**293**	**10684**	**10641**	**43**	**43**	**13892**

行 业	单位从业人员	#女性	在岗职工	其他从业人员	单位从业人员平均人数	在岗职工	其他从业人员	离开本单位仍保留劳动关系的职工	单位从业人员劳动报酬（千元）	在岗职工工资总额	其他从业人员劳动报酬	离开本单位仍保留劳动关系的职工生活费（千元）	在岗职工平均工资（元）
金水区	13	8	13		13	13			322	322			24769
上街区	84	26	84		53	53			1854	1854			34981
中牟县	67	16	67		67	67		52	591	591			8821
巩义市	27	10	27		27	27		101	205	205		43	7593
新密市	85	43	84	1	83	82	1	72	891	883	8		10768
新郑市	183	11	183		183	183		68	2121	2121			11590
登封市	375	203	343	32	373	341	32		4700	4665	35		13680
信息传输、计算机服务和软件业	**48**	**15**	**48**		**48**	**48**			**939**	**939**			**19563**
金水区	7	1	7		7	7			81	81			11571
巩义市	41	14	41		41	41			858	858			20927
批发和零售业	**6465**	**2498**	**5898**	**567**	**6342**	**5902**	**440**	**1780**	**97647**	**89765**	**7882**	**840**	**15209**
中原区	23	11	23		23	23		7	498	498		72	21652
二七区	301	88	264	37	316	279	37		6973	6925	48		24821
管城区	1886	506	1608	278	1837	1559	278	15	43426	36812	6614	119	23613
金水区	499	238	488	11	503	498	5	63	6339	6228	111	649	12506
上街区	13	6	13		13	13			286	286			22000
惠济区	40	15	40		40	40			433	433			10825
中牟县	263	71	259	4	263	259	4	21	2242	2203	39		8506
巩义市	1620	614	1435	185	1502	1438	64	578	14283	13528	755		9408
荥阳市	859	558	858	1	895	894	1	479	14124	14114	10		15787
新密市	389	208	389		377	377		265	3874	3874			10276
新郑市	181	56	180	1	182	181	1	195	1730	1725	5		9530
登封市	391	127	341	50	391	341	50	157	3439	3139	300		9205
住宿和餐饮业	**1024**	**608**	**995**	**29**	**1025**	**996**	**29**	**43**	**20055**	**19432**	**623**	**55**	**19510**
二七区	259	144	231	28	262	234	28	2	6941	6325	616	10	27030
金水区	396	224	395	1	396	395	1	14	8358	8351	7	45	21142
巩义市	113	81	113		111	111		27	1124	1124			10126
登封市	256	159	256		256	256			3632	3632			14188
金融业	**1682**	**809**	**1665**	**17**	**1665**	**1646**	**19**	**47**	**54591**	**54053**	**538**	**1150**	**32839**
金水区	33	9	33		33	33			1732	1732			52485

2-13 续表 2　　(2009 年底)　　单位:人

行　业	单位从业人员	#女性	在岗职工	其他从业人员	单位从业人员平均人数	在岗职工	其他从业人员	离开本单位仍保留劳动关系的职工	单位从业人员劳动报酬(千元)	在岗职工工资总额	其他从业人员劳动报酬	离开本单位仍保留劳动关系的职工生活费(千元)	在岗职工平均工资(元)
惠济区	85	39	85		87	87			1479	1479			17000
巩义市	392	207	383	9	390	378	12	2	10634	10474	160	1	27709
荥阳市	260	101	260		240	240			8690	8690			36208
新郑市	405	207	405		407	407			19193	19193			47157
登封市	507	246	499	8	508	501	7	45	12863	12485	378	1149	24920
房地产业	**374**	**164**	**338**	**36**	**317**	**286**	**31**	**214**	**4570**	**4486**	**84**	**279**	**15685**
金水区	242	113	206	36	188	157	31	54	2739	2655	84	120	16911
中牟县	10	4	10		10	10			168	168			16800
巩义市	55	27	55		53	53		160	477	477		159	9000
新郑市	67	20	67		66	66			1186	1186			17970
租赁和商务服务业	**1960**	**374**	**701**	**1259**	**1998**	**806**	**1192**	**133**	**34173**	**17543**	**16630**		**21766**
中原区	88	38	86	2	82	81	1	26	1695	1674	21		20667
二七区	124	22	94	30	233	203	30		7092	6572	520		32374
管城区	967	141	72	895	937	73	864	7	14973	1262	13711		17288
金水区	112	62	110	2	115	113	2		2535	2493	42		22062
上街区	5	2	5		5	5			103	103			20600
中牟县	420	45	90	330	380	85	295	100	3262	926	2336		10894
巩义市	28	17	28		28	28			760	760			27143
荥阳市	39	12	39		39	39			1011	1011			25923
新密市	127	12	127		129	129			2262	2262			17535
登封市	50	23	50		50	50			480	480			9600
科学研究、技术服务和地质勘查业	**429**	**184**	**401**	**28**	**440**	**412**	**28**	**5**	**9649**	**9267**	**382**		**22493**
中原区	82	30	61	21	93	72	21	5	2461	2193	268		30458
二七区	17	2	15	2	18	16	2		356	326	30		20375
管城区	21	8	19	2	21	19	2		544	504	40		26526
金水区	193	75	193		192	192			2982	2982			15531
新密市	11	7	11		11	11			239	239			21727
郑东新区	105	62	102	3	105	102	3		3067	3023	44		29637
水利、环境和公共设施管理业	**22**	**10**	**22**		**22**	**22**			**384**	**384**			**17455**
上街区	10	5	10		10	10			96	96			9600

行　业	单位从业人员	#女性	在岗职工	其他从业人员	单位从业人员平均人数	在岗职工	其他从业人员	离开本单位仍保留劳动关系的职工	单位从业人员劳动报酬（千元）	在岗职工工资总额	其他从业人员劳动报酬	离开本单位仍保留劳动关系的职工生活费（千元）	在岗职工平均工资（元）
巩义市	12	5	12		12	12			288	288			24000
居民服务和其他服务业	**246**	**75**	**246**		**259**	**259**			**5573**	**5573**			**21517**
二七区	127	28	127		139	139			2898	2898			20849
金水区	33	22	33		34	34			632	632			18588
上街区	7	7	7		7	7			87	87			12429
中牟县	45	10	45		45	45			1120	1120			24889
巩义市	2		2		2	2			30	30			15000
登封市	32	8	32		32	32			806	806			25188
教育	**4786**	**2934**	**4775**	**11**	**4785**	**4774**	**11**	**169**	**133803**	**133713**	**90**	**3454**	**28009**
中原区	15	5	14	1	15	14	1		297	277	20		19786
二七区	223	158	213	10	223	213	10		6730	6660	70		31268
管城区	537	323	537		513	513			21825	21825			42544
金水区	83	67	83		83	83			1432	1432			17253
中牟县	10	9	10		10	10			96	96			9600
巩义市	3163	1924	3163		3176	3176		169	82040	82040		3454	25831
新密市	326	173	326		331	331			8336	8336			25184
登封市	412	265	412		416	416			12747	12747			30642
高新技术开发区	17	10	17		18	18			300	300			16667
卫生、社会保障和社会福利业	**3273**	**1979**	**3172**	**101**	**3215**	**3122**	**93**	**15**	**72372**	**70362**	**2010**	**18**	**22537**
二七区	181	131	163	18	175	159	16		3496	3161	335		19881
管城区	431	285	411	20	402	384	18		8644	8183	461		21310
惠济区	208	113	178	30	205	175	30		3242	2720	522		15543
中牟县	44	23	44		44	44			668	668			15182
巩义市	2087	1214	2061	26	2073	2047	26	15	51470	51045	425	18	24936
荥阳市	53	32	53		53	53			680	680			12830
登封市	269	181	262	7	263	260	3		4172	3905	267		15019
文化、体育和娱乐业	**38**	**19**	**36**	**2**	**38**	**36**	**2**		**686**	**620**	**66**		**17222**
管城区	8	2	8		8	8			202	202			25250
惠济区	18	10	16	2	18	16	2		336	270	66		16875
巩义市	2	1	2		2	2			48	48			24000
经济技术开发区	10	6	10		10	10			100	100			10000

2-14 全市及各县(市)区其他单位分行业从业人员人数及劳动报酬

（2009 年底）　　单位：人

行业	单位从业人员	#女性	在岗职工	其他从业人员	单位从业人员平均人数	在岗职工	其他从业人员	离开本单位仍保留劳动关系的职工	单位从业人员劳动报酬（千元）	在岗职工工资总额	其他从业人员劳动报酬	离开本单位仍保留劳动关系的职工生活费（千元）	在岗职工平均工资（元）
农、林、牧、渔业	**630**	**154**	**630**		**626**	**626**		**12**	**11047**	**11047**			**17647**
金水区	372	108	372		365	365			6437	6437			17636
中牟县	191	24	191		194	194		12	3466	3466			17866
巩义市	67	22	67		67	67			1144	1144			17075
采矿业	**20447**	**3253**	**20419**	**28**	**19237**	**19209**	**28**	**173**	**469267**	**468592**	**675**	**1152**	**24394**
金水区	7	2	7		9	9			155	155			17222
上街区	3155	899	3155		2993	2993			111843	111843			37368
巩义市	7834	1126	7826	8	7836	7828	8	121	162327	162127	200	1152	20711
新密市	4905	704	4885	20	3969	3949	20	52	89110	88635	475		22445
新郑市	1950	332	1950		1950	1950			35932	35932			18427
登封市	2596	190	2596		2480	2480			69900	69900			28185
制造业	**176776**	**58955**	**170750**	**6026**	**175039**	**169397**	**5642**	**4929**	**3987837**	**3908001**	**79836**	**48552**	**23070**
中原区	23899	9023	23763	136	23879	23734	145	2892	497799	495715	2084	23431	20886
二七区	6695	1758	6643	52	6637	6585	52	38	134011	132856	1155	70	20176
管城区	5785	907	5763	22	5787	5750	37	1	380198	379844	354	19	66060
金水区	10195	4090	9942	253	10139	9960	179	7	175670	172885	2785	32	17358
上街区	14138	4145	14112	26	13785	13761	24	33	462364	462098	266		33580
惠济区	7927	4373	3288	4639	7709	3360	4349		103306	50879	52427		15143
中牟县	17580	5408	17474	106	18504	18398	106	397	464039	459915	4124	6320	24998
巩义市	16027	4920	15727	300	15849	15582	267	12	364113	357821	6292		22964
荥阳市	8991	4128	8989	2	8851	8849	2	19	133576	133468	108	217	15083
新密市	3464	1432	3349	115	3436	3327	109	60	48914	48245	669		14501
新郑市	22749	7772	22696	53	22118	22061	57	459	408221	406402	1819	3210	18422
登封市	9569	2156	9553	16	9409	9395	14		155842	155541	301		16556
经济技术开发区	9623	2951	9555	68	9377	9301	76	109	209047	207247	1800	442	22282
高新技术开发区	20134	5892	19896	238	19559	19334	225	902	450737	445085	5652	14811	23021
电力、燃气及水的生产和供应业	**18897**	**4489**	**18793**	**104**	**17708**	**17609**	**99**	**497**	**570003**	**566742**	**3261**	**8155**	**32185**
中原区	6562	2060	6560	2	6539	6537	2	374	312902	312876	26	6635	47862
金水区	529	173	529		531	531			12191	12191			22959

2-14 续表 1 （2009 年底） 单位:人

行　业	单位从业人员	#女性	在岗职工	其他从业人员	单位从业人员平均人数	在岗职工	其他从业人员	离开本单位仍保留劳动关系的职工	单位从业人员劳动报酬（千元）	在岗职工工资总额	其他从业人员劳动报酬	离开本单位仍保留劳动关系的职工生活费（千元）	在岗职工平均工资（元）
惠济区	212	40	212		212	212			7019	7019			33108
中牟县	307	95	305	2	303	301	2		12765	12566	199		41748
巩义市	276	84	276		276	276			5248	5248			19014
荥阳市	1025	502	967	58	1020	962	58		17802	16706	1096		17366
新密市	244	75	244		236	236		3	8286	8286			35110
登封市	7950	1044	7950		6829	6829		120	159734	159734		1520	23391
高新技术开发区	1792	416	1750	42	1762	1725	37		34056	32116	1940		18618
建筑业	**131495**	**15674**	**124391**	**7104**	**118423**	**112655**	**5768**	**1823**	**2689091**	**2590586**	**98505**	**12287**	**22996**
中原区	10694	1270	10209	485	9914	9226	688	370	215131	204363	10768	2949	22151
二七区	1758	501	1751	7	1961	1953	8	306	69256	68961	295	3861	35310
管城区	7232	691	6055	1177	5764	4775	989	290	120673	100185	20488	2448	20981
金水区	59633	7237	56034	3599	56556	54151	2405	542	1227986	1191530	36456	2899	22004
上街区	2827	459	2827		2629	2629			96394	96394			36666
惠济区	2708	109	2708		2713	2713			56715	56715			20905
中牟县	5489	1146	5191	298	4917	4662	255		118083	113546	4537		24356
巩义市	1444	80	1444		1341	1341			22584	22584			16841
荥阳市	24019	2601	23965	54	17047	16997	50	12	434481	433411	1070		25499
新密市	6123	417	5896	227	6004	5777	227	36	132810	132344	466		22909
新郑市	3883	424	3879	4	3342	3338	4	76	86433	86382	51		25878
登封市	2554	215	1336	1218	3315	2208	1107		55387	31803	23584		14404
经济技术开发区	1730	197	1705	25	1631	1607	24	191	27816	27243	573	130	16953
高新技术开发区	1394	325	1384	10	1281	1270	11		25074	24857	217		19572
郑东新区	7	2	7		8	8			268	268			33500
交通运输、仓储和邮政业	**7230**	**2264**	**6916**	**314**	**6798**	**6488**	**310**	**335**	**172458**	**167686**	**4772**	**1753**	**25846**
中原区	57	10	57		52	52			1118	1118			21500
二七区	2371	1058	2360	11	2175	2170	5	9	89980	89878	102	127	41418
管城区	1199	348	1199		1078	1078		115	27868	27868		905	25852
金水区	1632	443	1625	7	1518	1511	7	112	26165	25960	205	653	17181
上街区	322	34	322		322	322			4893	4893			15196
惠济区	70	10	36	34	70	36	34		1057	648	409		18000
中牟县	532	140	532		532	532		84	5255	5255		28	9878
巩义市	104	26	104		104	104			1024	1024			9846
新密市	11	5	11		11	11		9	215	215			19545
登封市	801	173	540	261	805	542	263	6	12165	8158	4007	40	15052
经济技术开发区	59		58	1	59	58	1		1515	1466	49		25276

2-14 续表 2 （2009 年底） 单位：人

行业	单位从业人员				单位从业人员平均人数			离开本单位仍保留劳动关系的职工	单位从业人员劳动报酬（千元）			离开本单位仍保留劳动关系的职工生活费（千元）	在岗职工平均工资（元）
		#女性	在岗职工	其他从业人员		在岗职工	其他从业人员			在岗职工工资总额	其他从业人员劳动报酬		
高新技术开发区	42	13	42		42	42			771	771			18357
郑东新区	30	4	30		30	30			432	432			14400
信息传输、计算机服务和软件业	**9713**	**4151**	**9709**	**4**	**8870**	**8867**	**3**	**14**	**375865**	**375689**	**176**	**224**	**42369**
中原区	14	8	14		13	13			229	229			17615
二七区	2674	1321	2674		2654	2654			81927	81927			30869
管城区	37	16	37		37	37			780	780			21081
金水区	1937	796	1934	3	1889	1887	2		84464	84388	76		44721
上街区	24	12	23	1	24	23	1		536	436	100		18957
巩义市	326	101	326		330	330		14	7093	7093		224	21494
经济技术开发区	621	101	621		601	601			13067	13067			21742
高新技术开发区	298	79	298		281	281			10150	10150			36121
郑东新区	3782	1717	3782		3041	3041			177619	177619			58408
批发和零售业	**36409**	**15788**	**36257**	**152**	**35301**	**34940**	**361**	**3050**	**717740**	**707170**	**10570**	**5411**	**20240**
中原区	2326	1093	2313	13	2356	2343	13	1191	48548	48270	278	173	20602
二七区	2833	1406	2812	21	2785	2750	35	742	59986	59488	498	3152	21632
管城区	3686	1752	3678	8	3621	3613	8		73754	73661	93		20388
金水区	19802	7871	19726	76	19199	18932	267	822	404965	395904	9061	2046	20912
上街区	746	400	738	8	658	650	8	28	13959	13893	66	40	21374
惠济区	276	75	272	4	263	259	4		5214	5082	132		19622
中牟县	522	240	519	3	500	497	3	13	6657	6626	31		13332
巩义市	705	405	704	1	726	725	1	10	7244	7236	8		9981
荥阳市	163	72	163		163	163		12	2437	2437			14951
新密市	688	423	684	4	684	680	4	214	7002	6954	48		10226
新郑市	603	301	600	3	480	477	3	16	7836	7782	54		16314
登封市	817	614	817		803	803			10017	10017			12474
经济技术开发区	1716	566	1715	1	1555	1554	1		38806	38806			24972
高新技术开发区	424	94	421	3	446	438	8		8003	7826	177		17868
郑东新区	1102	476	1095	7	1062	1056	6	2	23312	23188	124		21958
住宿和餐饮业	**16707**	**8964**	**16471**	**236**	**16797**	**16495**	**302**	**140**	**313299**	**307991**	**5308**	**856**	**18672**
中原区	439	250	427	12	469	456	13	11	9625	9454	171	59	20732
二七区	1431	777	1416	15	1430	1415	15		40173	39585	588		27975
管城区	938	625	883	55	909	859	50		12826	12055	771		14034
金水区	10977	5646	10849	128	11015	10815	200	89	212159	208604	3555	781	19288
上街区	116	75	116		116	116			2890	2890			24914
中牟县	538	313	531	7	577	572	5	33	7246	7126	120	16	12458

2-14 续表 3　　（2009 年底）　　单位：人

行业	单位从业人员	#女性	在岗职工	其他从业人员	单位从业人员平均人数	在岗职工	其他从业人员	离开本单位仍保留劳动关系的职工	单位从业人员劳动报酬（千元）	在岗职工工资总额	其他从业人员劳动报酬	离开本单位仍保留劳动关系的职工生活费（千元）	在岗职工平均工资（元）
巩义市	287	133	287		290	290			3333	3333			11493
新密市	188	98	188		188	188			3567	3567			18973
新郑市	458	283	453	5	457	452	5		5345	5249	96		11613
登封市	1293	738	1279	14	1304	1290	14	7	15441	15434	7		11964
郑东新区	42	26	42		42	42			694	694			16524
金融业	**30290**	**16571**	**24884**	**5406**	**28702**	**23360**	**5342**	**659**	**1614076**	**1544883**	**69193**	**10981**	**66134**
中原区	388	183	381	7	358	349	9		22450	22251	199		63756
二七区	1231	721	1231		1226	1226		28	52154	52154		648	42540
管城区	647	340	645	2	466	464	2	8	26274	26154	120		56366
金水区	24987	13713	20266	4721	23911	19085	4826	615	1369779	1306781	62998	9918	68472
上街区	43	29	43		43	43			931	931			21651
中牟县	1015	638	344	671	847	347	500	1	12273	6584	5689	5	18974
巩义市	311	162	307	4	306	302	4		10038	9980	58		33046
登封市	26	6	26		26	26			553	553			21269
郑东新区	1642	779	1641	1	1519	1518	1	7	119624	119495	129	410	78719
房地产业	**18949**	**7825**	**18408**	**541**	**18725**	**17813**	**912**	**39**	**479560**	**464960**	**14600**	**515**	**26102**
中原区	1590	593	1555	35	1597	1563	34	4	45000	43582	1418	94	27884
二七区	1006	311	987	19	995	978	17	14	27926	27760	166	70	28384
管城区	4678	2594	4442	236	4791	4254	537	17	86793	79955	6838	324	18795
金水区	7742	2991	7628	114	7463	7299	164		192557	188659	3898		25847
上街区	218	95	218		210	210			3435	3435			16357
惠济区	473	201	411	62	437	360	77		11659	10882	777		30228
中牟县	641	206	636	5	615	612	3		14368	14158	210		23134
巩义市	110	43	93	17	110	93	17		1130	953	177		10247
荥阳市	25	7	25		25	25			557	557			22280
新密市	56	22	48	8	47	39	8		1454	1272	182		32615
新郑市	87	16	87		94	94			2720	2720			28936
登封市	48	19	48		48	48			804	804			16750
经济技术开发区	647	261	646	1	654	653	1	4	37988	37959	29	27	58130
高新技术开发区	130	38	102	28	129	100	29		2058	1747	311		17470
郑东新区	1498	428	1482	16	1510	1485	25		51111	50517	594		34018
租赁和商务服务业	**9792**	**4370**	**9647**	**145**	**9658**	**9510**	**148**	**64**	**232742**	**229252**	**3490**	**403**	**24106**
中原区	148	65	119	29	138	109	29		2680	2257	423		20706
二七区	494	133	492	2	486	481	5		10636	10434	202		21692
管城区	1022	476	1013	9	1000	991	9		18402	18311	91		18477
金水区	5019	2227	4959	60	4991	4931	60	20	105055	103114	1941	170	20911
上街区	287	145	287		287	287			9743	9743			33948

行业	单位从业人员	#女性	在岗职工	其他从业人员	单位从业人员平均人数	在岗职工	其他从业人员	离开本单位仍保留劳动关系的职工	单位从业人员劳动报酬（千元）	在岗职工工资总额	其他从业人员劳动报酬	离开本单位仍保留劳动关系的职工生活费（千元）	在岗职工平均工资（元）
惠济区	36	5	36		34	34			457	457			13441
中牟县	23	13	16	7	23	16	7		394	267	127		16688
巩义市	138	55	136	2	139	137	2	1	2220	2206	14		16102
新郑市	54	20	38	16	54	38	16	7	1032	724	308		19053
登封市	110	91	110		95	95			969	969			10200
经济技术开发区	46	23	44	2	77	75	2	36	1868	1848	20	233	24640
高新技术开发区	27	8	27		26	26			737	737			28346
郑东新区	2388	1109	2370	18	2308	2290	18		78549	78185	364		34142
科学研究、技术服务和地质勘查业	**8501**	**1968**	**7395**	**1106**	**8248**	**7051**	**1197**	**209**	**310688**	**263759**	**46929**	**1437**	**37407**
中原区	1532	235	1466	66	1446	1398	48	54	60067	54781	5286		39185
二七区	1529	274	590	939	1553	593	960		61096	24794	36302		41811
金水区	5135	1388	5050	85	4940	4762	178	155	182179	177435	4744	1437	37261
上街区	6	2	6		6	6			148	148			24667
中牟县	18	8	18		18	18			224	224			12444
高新技术开发区	183	45	175	8	189	186	3		4805	4375	430		23522
郑东新区	98	16	90	8	96	88	8		2169	2002	167		22750
水利、环境和公共设施管理业	**1285**	**509**	**1257**	**28**	**1249**	**1225**	**24**	**16**	**20832**	**20581**	**251**	**131**	**16801**
二七区	77	26	77		77	77			2268	2268			29455
金水区	214	97	194	20	202	186	16		3586	3418	168		18376
上街区	180	134	172	8	180	172	8		1815	1732	83		10070
惠济区	64	21	64		93	93			1110	1110			11935
中牟县	203	42	203		156	156		13	3153	3153		131	20212
巩义市	24	12	24		24	24			586	586			24417
新密市	26	11	26		26	26			333	333			12808
登封市	494	166	494		488	488		3	7909	7909			16207
高新技术开发区	3		3		3	3			72	72			24000
居民服务和其他服务业	**1307**	**772**	**1283**	**24**	**1309**	**1284**	**25**		**24120**	**23554**	**566**		**18344**
中原区	71	17	69	2	71	69	2		1937	1878	59		27217
二七区	565	413	565		561	561			11266	11266			20082
管城区	10	4	10		10	10			108	108			10800
金水区	313	180	298	15	316	300	16		4979	4584	395		15280
上街区	156	80	156		156	156			1842	1842			11808
惠济区	43	22	43		46	46			610	610			13261
巩义市	36	9	36		36	36			704	704			19556

2-14 续表5 （2009 年底） 单位:人

行业	单位从业人员	#女性	在岗职工	其他从业人员	单位从业人员平均人数	在岗职工	其他从业人员	离开本单位仍保留劳动关系的职工	单位从业人员劳动报酬（千元）	在岗职工工资总额	其他从业人员劳动报酬	离开本单位仍保留劳动关系的职工生活费（千元）	在岗职工平均工资（元）
荥阳市	113	47	106	7	113	106	7		2674	2562	112		24170
教育	**16131**	**9360**	**14813**	**1318**	**15852**	**14672**	**1180**	**1**	**417604**	**374206**	**43398**		**25505**
中原区	118	85	111	7	120	113	7		2883	2711	172		23991
二七区	3260	1629	2610	650	3238	2631	607		97369	72857	24512		27692
管城区	785	663	777	8	798	791	7		13996	13616	380		17214
金水区	3244	2271	3078	166	3059	2954	105		64146	59987	4159		20307
上街区	16	2	16		16	16			705	705			44063
惠济区	51	44	51		50	50			470	470			9400
中牟县	1286	576	1211	75	1295	1223	72	1	28031	24587	3444		20104
巩义市	2082	1268	2053	29	2080	2051	29		53601	53285	316		25980
荥阳市	732	475	732		711	711			21864	21864			30751
新密市	756	465	755	1	751	750	1		9916	9898	18		13197
新郑市	3557	1680	3175	382	3490	3138	352		115887	105490	10397		33617
高新技术开发区	33	26	33		33	33			705	705			21364
郑东新区	211	176	211		211	211			8031	8031			38062
卫生、社会保障和社会福利业	**2995**	**1908**	**2814**	**181**	**2947**	**2781**	**166**	**19**	**55586**	**52567**	**3019**		**18902**
中原区	219	151	121	98	209	111	98		2591	1521	1070		13703
二七区	322	202	279	43	314	278	36		6736	5784	952		20806
管城区	196	127	196		185	185			1788	1788			9665
金水区	622	450	590	32	606	582	24		13021	12150	871		20876
惠济区	24	18	24		24	24			275	275			11458
中牟县	51	30	45	6	49	43	6		573	461	112		10721
巩义市	162	89	160	2	161	159	2		1587	1573	14		9893
新密市	592	389	592		592	592		19	15105	15105			25515
新郑市	113	70	113		114	114			1804	1804			15825
登封市	694	382	694		693	693			12106	12106			17469
文化、体育和娱乐业	**1855**	**821**	**1795**	**60**	**1856**	**1804**	**52**	**3**	**55486**	**54294**	**1192**	**13**	**30096**
中原区	8	1	8		8	8			145	145			18125
二七区	678	292	678		675	675			26140	26140			38726
管城区	31	15	31		31	31			1778	1778			57355
金水区	1044	452	1001	43	1048	1013	35	3	25932	25214	718	13	24890
惠济区	80	53	64	16	80	64	16		1219	768	451		12000
巩义市	14	8	13	1	14	13	1		272	249	23		19154
公共管理和社会组织	**926**	**382**	**856**	**70**	**912**	**843**	**69**	**11**	**23788**	**22656**	**1132**	**29**	**26875**
二七区	47	21	42	5	47	42	5		1238	1074	164		25571
管城区	26	2	26		26	26			322	322			12385
金水区	749	331	707	42	738	697	41	2	20813	19925	888	24	28587
中牟县	46	10	46		43	43		9	632	632		5	14698
巩义市	58	18	35	23	58	35	23		783	703	80		20086

主要统计指标解释

从业人员 指从事一定社会劳动并取得劳动报酬或经营收入的全部劳动力。包括:1. 全部职工;2. 再就业的离退休人员;3. 私营业主;4. 个体户主;5. 私营和个体从业人员;6. 乡镇企业从业人员;7. 农村从业人员;8. 其他从业人员(包括民办教师、宗教职业者、现役军人等)这一指标反映了一定时期内全部劳动力资源的实际利用情况,是研究我国基本国情国力的重要指标。各单位的从业人员是指在各级国家机关、政党机关、社会团体及企业、事业单位中工作,并取得劳动报酬的全部人员。包括职工、再就业的离退休人员、民办教师以及在各单位中工作的外方人员和港、澳、台方人员。各单位的从业人员反映了各单位实际参加生产或工作的全部劳动力。

在岗职工 指在本单位工作并由单位支付工资的人员,以及有工作岗位,但由于学习、病伤产假等原因暂未工作,仍由单位支付工资的人员。

离岗职工 指由于各种原因,已经离开本人的生产和工作岗位,并不在本单位从事其他工作,但仍与用人单位保留劳动关系的职工。新指标比原来统计指标中的“下岗职工”范围大。即只要符合“离开本单位仍保留劳动关系的职工”就统计为离岗职工。

离开本单位仍保留劳动关系职工的生活费 指离岗职工在离开本单位仍保留劳动关系期间从本单位领取的生活费用。

合同制职工 指各单位根据国务院国发(1986)77 号文件和国务院令第 99 号的规定,通过签订有固定期限劳动合同、无固定期限劳动合同和以完成一项工作为期限劳动合同所使用的职工。包括实行全员劳动合同制单位的全部职工。

城镇集体经济单位职工 指在城镇集体经济单位及其管理部门工作,并由其支付工资的各类人员。

其他经济单位职工 指在联营经济、股份制经济、外商投资经济、港、澳、台投资经济单位工作,并由其支付工资的各类人员。

职工工资总额 指各单位在一定时期内直接支付给本单位全部职工的劳动报酬总额。工资总额的计算原则应以直接支付给职工的全部劳动报酬为根据。各单位支付给职工的劳动报酬以及其他根据有关规定支付的工资,不论是计入成本的还是不计入成本的,不论是按国家规定列入计征奖金税项目的,还是未列入计征奖金税项目的,不论是以货币形式支付的还是以实物形式支付的,均包括在工资总额内。

城镇失业人员 指具有本市城镇户口,男年满十六周岁、不满六十周岁,女年满十六周岁、不满五十周岁,有劳动能力,没有职业或者没有经济收入,并要求寻找职业并在当地就业服务机构进行失业登记的人员。主要包括:

1. 初中以上各类学校毕(结)业生未继续升学或者就业的人员;
2. 经教育行政部门批准退学,且没有就业的人员;
3. 与用人单位终止、解除劳动(聘用)合同或者工作关系的人员;
4. 被用人单位辞退或者开除;
5. 解除劳动教养和刑满释放的人员;
6. 符合失业人员定义的其他失业人员。

城镇失业率 是城镇失业人数同城镇在业人数加城镇失业人数之比。计算公式为:

$$城镇失业率=\frac{城镇失业人数}{城镇在业人数+城镇失业人数}\times 100\%$$

职工平均工资 指企业、事业、机关单位的职工在一定时期内平均每人所得的货币工资额。它表明一定时期职工工资收入的高低程度,是反映职工工资水平的主要指标。计算公式为:

$$职工平均工资=\frac{报告期实际支付的全部职工工资总额}{报告期全部职工平均人数}$$

离休、退休、退职人员 指正式办理了离休、退休、退职手续,并享受相应的离休、退休、退职待遇的人员。

保险福利费用 指企业、事业、机关单位在工资以外实际支付给职工和离休、退休、退职人员个人以及用于集体的劳动保险和福利费用。

专业技术人员 指从事专业技术工作的人员以及从事专业技术管理工作且已在1983年以前评定了专业技术职称或在1984年以后聘任了专业技术职务的人员。

专业技术人员具体指工程技术人员、农业技术人员、科研人员（自然科学研究、社会科学研究及实验技术人员）、卫生技术人员、教学人员（含高等院校、中等专业学校、技工学校、中学、小学）、民用航空飞行技术人员、船舶技术人员、经济人员、会计人员、统计人员、翻译人员、图书资料、档案、文博人员、新闻、出版人员、律师、公证人员、广播电视播音人员、工艺美术人员、体育人员、艺术人员及政工人员。

专业技术管理人员具体指企业、事业单位的领导；企业、事业单位下设的职能机构、企业的生产车间和辅助车间（或附属辅助生产单位）中从事生产、技术、经济管理和政治工作人员。

按照公务员管理或参照公务员管理的人员不统计为专业技术人员。

三、固定资产投资

3-1 全社会固定资产投资完成

（2009 年）　　单位：万元、万平方米

指　　标	总　计	城镇投资	房地产开发	农村投资	农户投资	非农户投资
总　　计	**22890810**	**20022401**	**5138302**	**2868409**	**960202**	**1908207**
#住宅投资	4972720	4205042	3941601	767678	643328	124350
按经济类型分						
内资	**17046958**	**14197809**	**4698816**	**2849149**	**960202**	**1888947**
国有经济	3737726	3309960	273496	427766		427766
集体经济	1563479	886685	7105	676794		676794
股份合作	267358	263658	14000	3700		3700
国有联营	12098	12098				
集体联营	20300	20300				
国有与集体联营	1000	1000				
其他联营	16800	6200	16965	10600		10600
国有独资	147272	147272	22164			
其他有限责任公司	4167045	4050083	2744759	116962		116962
股份有限公司	1093584	1085484	351876	8100		8100
私营	3815982	3404259	1218100	411723		411723
其他内资	1244112	1010810	50351	233302		233302
港澳台商投资	**175817**	**175817**	**125915**			
合资经营	58117	58117	63870			
合作经营	11800	11800	31389			
独　资	105900	105900	30656			
外商投资	**429723**	**429723**	**313571**			
合资经营	285274	285274	113819			
合作经营	21536	21536				
独　资	81551	81551	185557			
股份有限	41362	41362	14195			
个体经营	**1060212**	**80750**		**979462**	**960202**	**19260**
本年新增固定资产	**15026581**	**12335142**	**1641100**	**2691439**	**960202**	**1731237**
本年施工房屋面积	**11091**	**8513**	**5207**	**2578**	**1496**	**1082**
#住宅	5774	4335	3940	1439	1281	158
本年竣工房屋面积	**3513**	**1358**	**643**	**2155**	**1399**	**756**
#住宅	1822	570	530	1252	1184	68
本年竣工房屋价值	**2822337**	**2017782**	**1171945**	**804555**	**611011**	**193544**
#住宅	1653683	1013206	959550	640477	547048	93429

3-2 分县(市)区全社会固定资产投资

(2009年)

单位:万元

县(市)区	总 计	城镇投资	房地产开发	农村投资	农户投资	非农户投资
总 计	**22890810**	**20022401**	**5138302**	**2868409**	**960202**	**1908207**
各区小计	**8403898**	**8052067**	**4388401**	**351831**	**172412**	**179419**
中原区	765760	728553	568164	37207	12407	24800
二七区	1137079	1109728	774691	27351	13357	13994
管城区	1081075	1026653	425764	54422	32642	21780
金水区	2031205	1944660	1648668	86545	56070	30475
上街区	449360	439020	83775	10340	290	10050
惠济区	678311	592863	184092	85448	55027	30421
高新开发区	742534	695212	89995	47322		47322
经济技术开发区	657614	654418	103968	3196	2619	577
郑东新区	860960	860960	509284			
各县(市)小计	**14049297**	**11532719**	**749901**	**2516578**	**787790**	**1728788**
中牟县	2580942	2084235	147166	496707	195000	301707
巩义市	2159968	1844485	151220	315483	94706	220777
荥阳市	2636516	2218241	83229	418275	118391	299884
新密市	2247140	1826560	70733	420580	120497	300083
新郑市	2579600	2145281	249987	434319	131187	303132
登封市	1845131	1413917	47566	431214	128009	303205

3-3 分产业及行业全社会固定资产投资

（2009 年）

单位：万元

指 标	总 计	城镇投资	房地产开发	农村投资	农户投资	非农户投资
合 计	**22890810**	**20022401**	**5138302**	**2868409**	**960202**	**1908207**
按产业及国民经济行业分						
第一产业	**832625**	**354636**		**477989**	**219981**	**258008**
农林牧渔业服务业	832625	354636		477989	219981	258008
第二产业	**9903020**	**9284920**		**618100**	**22693**	**595407**
工业	9881610	9263510		618100	22693	595407
采矿业	1143752	1051843		91909		91909
制造业	7786670	7307701		478969	22693	456276
电力煤气及水的生产和供业业	951188	903966		47222		47222
建筑业	21410	21410				
第三产业	**12155165**	**10382845**	**5138302**	**1772320**	**717528**	**1054792**
交通运输、仓储和邮政业	1534467	1318265		216202	94925	121277
信息传输、计算机服务和软件业	66636	65486		1150		1150
批发和零售业	340886	318199		22687	4228	18459
住宿和餐饮业	243324	215654		27670	11625	16045
金融业	28558	24780		3778		3778
房地产业	7058122	6111058	5138302	947064	590661	356403
租赁和商务服务业	71604	64986		6618	1368	5250
科学研究、技术服务和地质勘查业	119050	119050				
水利、环境和公共设施管理业	1198878	861820		337058	1235	335823
居民服务和其他服务业	89227	61740		27487	13486	14001
教育	724765	656836		67929		67929
卫生、社会保障和社会福利业	205808	182742		23066		23066
文化、体育和娱乐业	324203	273958		50245		50245
公共管理和社会组织	149637	108271		41366		41366

3-4 城镇固定资产投资

单位:亿元

指　　标	总　计	指　　标	总　计
投资总额	**2002.2**	地方	1428.6
按控股情况分		中央	12.7
国有控股	452.2	地方	501.2
集体控股	175.2	**按构成分**	
港澳台控股	26.4	建筑安装工程	1206.3
外商控股	45.7	设备工器具购置	498.2
私人及其他控股	1259.4	其他费用	297.7
按资金来源分		**按建设性质分**	
国家预算内资金	67.5	新建	778.2
国内贷款	271.7	扩建	470.7
债券		改建	191.6
利用外资	7.4	**本年新增固定资产**	**1243.6**
自筹资金	**1546.8**	**房屋施工面积**	
其他资金	108.9	施工面积	8513.5
按隶属关系分		#住宅	4334.1
中央	59.9	竣工面积	1358.4
		#住宅	570.5

3-5　分产业城镇固定资产投资

单位:亿元

指　　标	总　计	指　　标	总　计
总　　计	**2002.2**	批发和零售业	31.8
第一产业	**35.5**	住宿和餐饮业	21.6
农林牧渔业	35.5	金融业	2.5
第二产业	**928.5**	房地产业	611.1
工业	926.4	租赁和商务服务业	6.5
轻工业	174.7	科学研究、技术服务和地质勘查业	11.9
重工业	751.7	水利、环境和公共设施管理业	86.2
能源工业	177.1	居民服务和其他服务业	6.2
建筑业	2.1	教育	65.7
第三产业	**1038.3**	卫生、社会保障和社会福利业	18.3
交通运输、仓储和邮政业	131.8	文化、体育和娱乐业	27.4
信息传输、计算机服务和软件业	6.6	公共管理和社会组织	10.8

3-6 分行业城镇固定资产投资资金来源

（2009 年）

单位：亿元

指　标	本年资金来源小计	国家预算内资金	国内贷款	利用外资	自筹资金	其他资金来源
总　计	**2255.4**	**67.5**	**238.4**	**7.4**	**1442.0**	**500.1**
农、林、牧、渔业	**35.4**	**2.5**	**1.7**	**0.1**	**29.7**	**1.4**
农业	5.5	0.2	0.5		4.6	0.2
林业	1.7			0.1	1.5	
畜牧业	17.5		1.0		15.6	0.9
渔业	1.9				1.9	
农、林、牧、渔服务业	8.9	2.3	0.3		6.0	0.3
采矿业	**104.5**		**1.2**		**102.6**	**0.7**
煤炭开采和洗选业	94.2		1.1		92.7	0.4
黑色金属矿采选业	0.7		0.1		0.7	
有色金属矿采选业	3.6				3.5	0.1
非金属矿采选业	6.0				5.7	0.2
其他采矿业						
制造业	**731.1**	**4.4**	**35.6**	**5.3**	**656.6**	**29.3**
农副食品加工业	17.8		1.0	1.2	14.4	1.2
食品制造业	24.0		1.4	0.9	19.4	2.3
饮料制造业	11.1		0.1		10.5	0.5
烟草制品业	0.4				0.1	0.3
纺织业	24.7		4.7		19.8	0.2
纺织服装、鞋、帽制造业	8.4		0.3		8.0	0.2
皮革、毛皮、羽毛(绒)及其制品业	2.0			0.6	1.3	0.1
木材加工及木、竹、藤、棕、草制	6.5		0.2		5.9	0.4
家具制造业	14.0		1.4		11.9	0.7
造纸及纸制品业	18.8		2.8		14.3	1.7
印刷业和记录媒介的复制	11.2		0.1		11.0	
文教体育用品制造业	5.7				5.4	0.3
石油加工、炼焦及核燃料加工业	1.4		0.1		1.2	0.1
化学原料及化学制品制造业	33.9	0.1	0.3		32.4	1.2
医药制造业	14.8		1.0		13.8	
化学纤维制造业	0.9				0.6	0.4
橡胶制品业	3.4				3.4	
塑料制品业	15.2		0.5		11.1	3.6
非金属矿物制品业	213.4	3.9	8.3	0.2	197.3	3.7
黑色金属冶炼及压延加工业	20.8		1.1		19.2	0.4
有色金属冶炼及压延加工业	52.7		1.6		50.6	0.5
金属制品业	22.1		2.2		18.1	1.8
通用设备制造业	53.3	0.4	0.8		51.2	0.9
专用设备制造业	61.8		4.2		56.0	1.7
交通运输设备制造业	43.2		1.5	2.5	38.0	1.2

3-6 续表1 (2009 年) 单位:亿元

指　　标	本年资金来源小计	国家预算内资金	国内贷款	利用外资	自筹资金	其他资金来源
电气机械及器材制造业	26.4		1.1		22.7	2.6
通信设备、计算机及其他电子设备	19.0		0.3		15.8	2.9
仪器仪表及文化、办公用机械制造	2.0				2.0	
工艺品及其他制造业	1.9				1.3	0.6
废弃资源和废旧材料回收加工业	0.6		0.4		0.1	0.1
电力、燃气及水的生产和供应业	**80.2**	**1.2**	**26.4**		**51.7**	**0.9**
电力、热力的生产和供应业	62.5	0.8	23.9		37.0	0.7
燃气生产和供应业	6.3				6.3	
水的生产和供应业	11.5	0.4	2.5		8.4	0.1
建筑业	**2.0**		**0.2**		**1.6**	**0.2**
房屋和土木工程建筑业	1.0				0.9	
建筑安装业	0.8		0.2		0.5	0.2
建筑装饰业	0.2				0.2	
交通运输、仓储和邮政业	**142.3**	**29.3**	**39.9**	**1.4**	**66.8**	**5.0**
铁路运输业	10.0	6.3		1.4	0.9	1.5
道路运输业	50.6	6.6	17.9		23.5	2.6
城市公共交通业	36.1	14.9	21.1		0.2	
航空运输业	1.4	0.6			0.8	
管道运输业	1.8	0.3			1.5	
装卸搬运和其他运输服务业	13.9				13.8	0.1
仓储业	27.5	0.6	1.0		25.1	0.8
邮政业	1.0				1.0	
信息传输、计算机服务和软件业	**5.9**	**0.3**	**1.2**		**4.4**	
电信和其他信息传输服务业	5.0	0.3	1.2		3.5	
计算机服务业						
软件业	0.9				0.9	
批发和零售业	**31.7**		**0.4**		**28.5**	**2.8**
批发业	14.8				14.1	0.6
零售业	17.0		0.4		14.4	2.2
住宿和餐饮业	**21.0**		**0.7**		**19.6**	**0.7**
住宿业	11.0		0.4		9.9	0.7
餐饮业	10.0		0.3		9.8	
金融业	**2.3**				**2.3**	
银行业	2.3				2.3	

3-6 续表2 （2009年） 单位:亿元

指　　标	本年资金来源小计	国家预算内资金	国内贷款	利用外资	自筹资金	其他资金来源
保险业	0.1				0.1	
房地产业	**89.4**	**0.5**	**0.3**		**81.2**	**7.4**
租赁和商务服务业	**5.3**		**0.6**		**4.1**	**0.6**
租赁业	1.7		0.2		1.3	0.3
商务服务业	3.5		0.4		2.8	0.3
科学研究、技术服务和地质勘查业	**12.5**	**0.6**	**0.1**		**11.8**	
研究与试验发展	3.8	0.6			3.3	
专业技术服务业	2.7	0.1			2.6	
科技交流和推广服务业	2.7		0.1		2.6	
地质勘查业	3.3				3.3	
水利、环境和公共设施管理业	**84.0**	**10.0**	**12.2**		**55.0**	**6.8**
水利管理业	7.7	2.5	1.4		3.4	0.4
环境管理业	6.5	0.2	1.2		4.4	0.8
公共设施管理业	69.9	7.3	9.7		47.2	5.6
居民服务和其他服务业	**6.2**	**0.7**	**0.6**		**4.5**	**0.4**
居民服务业	5.6	0.7	0.5		4.0	0.4
其他服务业	0.6		0.1		0.5	
教育	**63.7**	**4.7**	**8.1**	**0.2**	**48.5**	**2.3**
卫生、社会保障和社会福利业	**20.9**	**2.3**	**3.0**		**14.4**	**1.2**
卫生	18.5	1.2	3.0		13.3	1.0
社会保障业						
社会福利业	2.4	1.1			1.1	0.2
文化、体育和娱乐业	**25.7**	**7.7**	**0.6**	**0.4**	**15.9**	**1.1**
新闻出版业	1.9				1.9	
广播、电视、电影和音像业	0.7				0.7	
文化艺术业	7.6	3.1	0.3		3.0	1.1
体育	4.5	0.3			4.2	
娱乐业	11.0	4.3	0.2	0.4	6.0	
公共管理和社会组织	**10.6**	**3.4**	**0.1**		**6.2**	**0.9**
国家机构	8.5	3.4	0.1		4.6	0.4
人民政协和民主党派						
群众团体、社会团体和宗教组织	1.0				1.0	
基层群众自治组织	1.1				0.7	0.5

3-7 按行业和注册类型分城镇固定资产投资

（2009 年）

单位:亿元

指　　标	投资额	中央	地方	内资	港澳台投资	外商投资	国有控股	集体控股	私人控股	港澳台控股	外商控股
总　　计	**2002.2**	**72.5**	**1929.7**	**1897.7**	**30.2**	**74.3**	**452.2**	**175.2**	**1259.4**	**26.4**	**45.7**
农、林、牧、渔业	**35.5**	**0.1**	**35.4**	**35.5**			**8.5**	**3.1**	**23.9**		
农业	5.5		5.5	5.5			0.4	0.5	4.7		
林业	1.7		1.7	1.7			0.5	0.6	0.6		
畜牧业	17.5		17.5	17.5			1.0	1.4	15.2		
渔业	1.8		1.8	1.8					1.8		
农、林、牧、渔服务业	8.9	0.1	8.8	8.9			6.7	0.6	1.6		
采矿业	**105.2**	**0.4**	**104.8**	**102.7**	**2.5**		**15.3**	**43.8**	**46.2**		
煤炭开采和洗选业	94.9		94.9	92.4	2.5		14.9	43.4	36.6		
黑色金属矿采选业	0.7		0.7	0.7					0.7		
有色金属矿采选业	3.6	0.4	3.2	3.6			0.4		3.2		
非金属矿采选业	6.0		6.0	6.0				0.3	5.6		
制造业	**730.8**	**14.1**	**716.7**	**694.0**	**10.6**	**26.1**	**29.5**	**22.1**	**655.7**	**9.8**	**13.7**
农副食品加工业	17.9		17.9	16.5	1.3	0.1	0.1	0.5	16.0	1.3	
食品制造业	25.1		25.1	21.3	0.6	3.1		0.5	21.7	1.5	1.4
饮料制造业	11.1		11.1	10.6		0.4			10.6		0.4
烟草制品业	0.4		0.4	0.4			0.4	0.1			
纺织业	13.0		13.0	7.0	0.1	6.0		2.3	4.7		6.0
纺织服装、鞋、帽制造业	8.5		8.5	8.5			0.5		8.0		
皮革、毛皮、羽毛(绒)及其制品业	2.0		2.0	1.2		0.8			1.2		0.8
木材加工及木、竹、藤、棕、草制	6.6		6.6	5.3	1.2	0.2			5.3	1.2	0.2
家具制造业	14.0		14.0	14.0				2.4	11.7		
造纸及纸制品业	19.0		19.0	19.0				0.1	18.9		
印刷业和记录媒介的复制	12.2		12.2	11.4	0.9		0.8	0.2	10.6	0.6	
文教体育用品制造业	5.7		5.7	5.7					5.7		
石油加工、炼焦及核燃料加工业	1.4		1.4	1.4					1.4		
化学原料及化学制品制造业	34.3		34.3	31.6	0.7	2.1	0.5	0.5	30.4	0.7	2.2
医药制造业	14.8		14.8	14.7		0.1			14.8		
化学纤维制造业	0.9		0.9	0.9					0.9		
橡胶制品业	3.4		3.4	2.9	0.6			0.6	2.8		
塑料制品业	15.2		15.2	15.1	0.1				15.1	0.1	
非金属矿物制品业	215.0	6.7	208.3	209.8	3.0	2.2	10.9	10.7	190.6	2.4	0.4
黑色金属冶炼及压延加工业	21.2		21.2	20.2		1.0		0.6	19.5		1.0
有色金属冶炼及压延加工业	54.2	5.4	48.8	52.4		1.8	7.2	0.7	45.5		0.8

3-7 续表 1 （2009 年） 单位:亿元

指　　标	投资额	中央	地方	内资	港澳台投资	外商投资	国有控股	集体控股	私人控股	港澳台控股	外商控股
金属制品业	22.2	0.6	21.6	22.2			2.5	0.3	19.5		
通用设备制造业	54.3	0.4	53.8	52.5	1.8		1.5	0.4	50.6	1.8	
专用设备制造业	61.5		61.5	61.2		0.3	4.4	0.7	56.2		0.3
交通运输设备制造业	46.7	0.5	46.2	38.6	0.2	8.0	0.5	0.2	45.9		0.1
电气机械及器材制造业	26.7		26.7	26.6			0.4	1.4	24.9		
通信设备、计算机及其他电子设备	19.0	0.5	18.4	18.7	0.3				18.7	0.3	
仪器仪表及文化、办公用机械制造	2.0		2.0	2.0					2.0		
工艺品及其他制造业	1.9		1.9	1.9					1.9		
废弃资源和废旧材料回收加工业	0.6		0.6	0.6					0.6		
电力、燃气及水的生产和供应业	**90.4**	**27.1**	**63.4**	**87.3**		**3.1**	**69.0**	**4.5**	**13.9**		**3.0**
电力、热力的生产和供应业	74.5	27.0	47.5	71.5		3.0	65.3	0.7	5.5		3.0
燃气生产和供应业	6.2		6.2	6.2		0.1	0.1		6.2		
水的生产和供应业	9.7	0.1	9.6	9.7			3.6	3.9	2.2		
建筑业	**2.1**	**0.4**	**1.8**	**2.1**		**0.1**	**0.6**		**1.6**		
房屋和土木工程建筑业	1.0	0.4	0.6	1.0			0.4		0.6		
建筑安装业	1.0		1.0	0.9		0.1	0.2		0.8		
建筑装饰业	0.2		0.2	0.2					0.2		
交通运输、仓储和邮政业	**131.8**	**9.3**	**122.6**	**118.1**	**2.9**	**10.8**	**91.1**	**11.7**	**23.0**	**2.9**	**3.2**
铁路运输业	9.3	8.2	1.1	1.7		7.7	8.9		0.4		
道路运输业	63.4	0.1	63.4	63.4			60.5	0.9	2.0		
城市公共交通业	17.2		17.2	17.2			17.1		0.2		
航空运输业	1.7		1.7	1.7			1.7				
管道运输业	1.8		1.8	1.8			0.5		1.3		
装卸搬运和其他运输服务业	14.4		14.4	11.3		3.2		4.3	7.0		3.2
仓储业	23.0	1.0	22.0	20.1	2.9		2.2	6.5	11.4	2.9	
邮政业	1.0		1.0	1.0			0.3		0.7		
信息传输、计算机服务和软件业	**6.6**		**6.6**	**6.5**		**0.1**	**5.0**	**0.6**	**0.9**		**0.1**
电信和其他信息传输服务业	5.6		5.6	5.6		0.1	5.0	0.6			0.1
计算机服务业											
软件业	0.9		0.9	0.9					0.9		
批发和零售业	**31.8**	**0.4**	**31.4**	**30.9**	**1.0**		**2.6**	**7.5**	**20.8**	**1.0**	
批发业	15.0	0.1	14.9	15.0			1.6	0.8	12.7		
零售业	16.9	0.3	16.5	15.9	1.0		1.1	6.7	8.1	1.0	
住宿和餐饮业	**21.6**	**0.1**	**21.5**	**21.6**			**2.3**	**1.3**	**17.9**		
住宿业	11.5	0.1	11.4	11.5			0.7	0.8	10.0		

3-7 续表2 （2009 年） 单位:亿元

指　　标	投资额	中央	地方	内资	港澳台投资	外商投资	国有控股	集体控股	私人控股	港澳台控股	外商控股
餐饮业	10.1		10.1	10.1			1.6	0.5	8.0		
金融业	**2.5**		**2.4**	**2.5**			**1.6**	**0.9**			
银行业	2.4		2.4	2.4			1.6	0.8			
保险业	0.1		0.1	0.1				0.1			
房地产业	**97.3**	**0.8**	**96.5**	**96.9**		**0.4**	**26.2**	**19.1**	**52.0**		
租赁和商务服务业	**6.5**	**0.3**	**6.2**	**6.5**			**2.1**	**0.4**	**4.0**		
租赁业	1.7		1.7	1.7					1.7		
商务服务业	4.8	0.3	4.5	4.8			2.1	0.4	2.3		
科学研究、技术服务和地质勘查业	**11.9**	**1.7**	**10.2**	**11.9**			**8.5**		**3.4**		
研究与试验发展	4.1	1.6	2.5	4.1			2.5		1.6		
专业技术服务业	3.1	0.1	3.0	3.1			2.1		1.0		
科技交流和推广服务业	2.4		2.4	2.4			1.6		0.8		
地质勘查业	2.3		2.3	2.3			2.3				
水利、环境和公共设施管理业	**86.2**	**3.9**	**82.3**	**86.2**			**56.6**	**15.9**	**11.7**	**2.0**	
水利管理业	7.8	0.6	7.1	7.8			5.8	2.0			
环境管理业	6.5		6.5	6.5			1.6		5.0		
公共设施管理业	71.9	3.3	68.6	71.9			49.3	14.0	6.7	2.0	
居民服务和其他服务业	**6.2**		**6.2**	**5.9**		**0.3**	**2.5**	**0.4**	**3.0**		**0.3**
居民服务业	5.6		5.6	5.6			2.5	0.3	2.8		
其他服务业	0.6		0.6	0.4		0.3		0.1	0.3		0.3
教育	**65.7**		**65.6**	**63.3**	**0.2**	**2.2**	**40.4**	**11.1**	**11.9**	**0.2**	**2.2**
卫生、社会保障和社会福利业	**18.3**	**0.6**	**17.6**	**18.3**			**12.5**	**1.7**	**4.1**		
卫生	16.7	0.6	16.1	16.7			11.3	1.3	4.1		
社会保障业											
社会福利业	1.6		1.6	1.6			1.3	0.3			
文化、体育和娱乐业	**27.4**	**0.2**	**27.2**	**26.9**	**0.4**	**0.1**	**13.5**	**3.4**	**10.0**	**0.4**	**0.1**
新闻出版业	1.9		1.9	1.9			1.9				
广播、电视、电影和音像业	0.7		0.7	0.7			0.6		0.1		
文化艺术业	8.2		8.2	8.2		0.1	4.5	3.4	0.3		0.1
体育	4.9		4.9	4.9			2.0		2.9		
娱乐业	11.7	0.2	11.4	11.2	0.4		4.6		6.6	0.4	
公共管理和社会组织	**10.8**	**0.4**	**10.4**	**10.8**			**8.8**	**1.9**	**0.2**		
国家机构	8.7	0.4	8.3	8.7			8.0	0.7			
人民政协和民主党派											
群众团体、社会团体和宗教组织	1.0		1.0	1.0			0.6	0.2	0.2		
基层群众自治组织	1.2		1.2	1.2			0.1	1.1			

3-8 各县(市)区按产业分城镇固定资产投资

(2009 年)

单位:亿元

县(市)区	投资总额	第一产业	第二产业	工业	第三产业
总　计	**2002.2**	**35.5**	**928.5**	**926.4**	**1038.3**
中原区	72.9		7.3	7.3	65.6
二七区	111.0		8.0	8.0	103.0
管城区	102.7	0.9	8.8	8.6	93.0
金水区	194.5		6.4	6.3	188.0
上街区	43.9	0.3	23.4	23.4	20.2
惠济区	59.3	1.2	5.4	5.0	52.7
中牟县	208.4	17.3	100.1	99.1	91.1
巩义市	184.5	0.8	136.2	136.2	47.4
荥阳市	221.8	3.6	173.8	173.8	44.5
新密市	182.7	0.5	137.5	137.5	44.6
新郑市	214.5	1.9	142.6	142.6	70.1
登封市	141.4	8.8	92.0	92.0	40.6
经济技术开发区	65.4		34.7	34.6	30.8
高新技术产业开发区	69.5	0.2	50.9	50.5	18.4
郑东新区	86.1		1.6	1.6	84.5

3-9 各县(市)区按建设性质分城镇固定资产投资

（2009 年）

单位:亿元

县(市)区	投资总额	新建	扩建	改建
总　计	**2002.2**	**778.2**	**470.7**	**191.6**
中原区	72.9	10.9	3.3	1.5
二七区	111.0	17.3	10.7	0.5
管城区	102.7	37.2	9.8	13.1
金水区	194.5	26.9		1.0
上街区	43.9	23.2	1.8	10.3
惠济区	59.3	38.0	0.5	1.9
中牟县	208.4	140.9	24.6	18.9
巩义市	184.5	67.8	81.3	15.6
荥阳市	221.8	116.9	78.2	17.7
新密市	182.7	34.3	85.4	53.9
新郑市	214.5	70.3	94.4	9.2
登封市	141.4	32.7	53.5	47.8
经济技术开发区	65.4	54.0	0.1	0.3
高新技术产业开发区	69.5	55.2	2.5	0.1
郑东新区	86.1	33.5		

3-10 各县(市)区按构成性质分城镇固定资产投资

(2009 年)

单位:亿元

县(市)区	投资总额	建筑工程	安装工程	设备工器具购置	其他费用
总　计	**2002.2**	**1159.2**	**47.1**	**498.2**	**297.7**
中原区	72.9	47.9		2.9	22.1
二七区	111.0	85.7	0.3	6.7	18.3
管城区	102.7	72.1	0.8	5.4	24.4
金水区	194.5	140.8	0.5	6.6	46.6
上街区	43.9	28.1	2.1	8.8	5.0
惠济区	59.3	45.5	0.3	2.1	11.3
中牟县	208.4	165.6	2.3	19.8	20.8
巩义市	184.5	70.8	10.1	92.6	11.0
荥阳市	221.8	93.2	7.1	98.9	22.6
新密市	182.7	85.6	9.5	67.1	20.5
新郑市	214.5	110.9	5.3	77.6	20.7
登封市	141.4	61.4	3.0	47.6	29.4
经济技术开发区	65.4	34.6	1.1	14.6	15.2
高新技术产业开发区	69.5	20.8	4.1	36.2	8.5
郑东新区	86.1	66.6	0.6	3.0	15.9

3-11 各县(市)区分行业城镇

(2009 年)

县(市)区	农、林、牧、渔业	采矿业	制造业	电力、燃气及水的生产和供应业	建筑业	交通运输、仓储和邮政业	信息传输、计算机服务和软件业	批发和零售业	住宿和餐饮业
总　计	**354636**	**1051843**	**7307701**	**903966**	**21410**	**1318265**	**65486**	**318199**	**215654**
中原区		34800	37851					19700	1378
二七区			79165	550		28023		20800	1500
管城区	8839		86099		2000	169070	5000	152621	22598
金水区			61855	1220	1200		2060	17010	27454
上街区	3016	5160	219478	9353		14708		5425	20370
惠济区	11710		49821		3900	72080		7576	1600
中牟县	172752	6300	894144	90908	9500	169628	2500	26070	39800
巩义市	8250	103120	1183766	75380		89230	8700	17670	6750
荥阳市	35812	55130	1412180	270299		119362		4500	3590
新密市	5046	417268	819920	137967		15185		8810	7254
新郑市	18750	124800	1212091	88631		72189		5950	25085
登封市	88361	305265	455674	159025		28310	7790	11306	51977
经济技术开发区			330917	14860	870	81985	16534	6017	
高新技术产业开发区	2100		464740	40250	3940		20050	9850	641
郑东新区				15523		42433	2852	4894	5657

固定资产投资

单位:亿元

金融业	房地产业	租赁和商务服务业	科学研究、技术服务和地质勘查业	水利、环境和公共设施管理业	居民服务和其他服务业	教育	卫生、社会保障和社会福利业	文化、体育和娱乐业	公共管理和社会组织
24780	**6111058**	**64986**	**119050**	**861820**	**61740**	**656836**	**182742**	**273958**	**108271**
	583664		4000	34960		2400	3400		6400
	825571		9623	105524		11034	22758	5000	180
	476241	7900		38364	1800	20394	17717	18010	
1850	1757531	4020		6700		16321	30806	3860	12773
200	117300	2000	4645	14470	1400	420	1100	7700	12275
	262627		8005	87878	290	27456	3992	46161	13767
1950	178066	15641	38752	87932	32813	208051	30468	69360	5600
700	214850	4200		94256	3170	14610	5413	8760	5660
	227547			48305	12450	7810	219	14989	6048
	292319			83741		22309	13029	3712	
2800	297796	9000	2100	138382	5000	97633	18198	9339	17537
	172628			36483	4817	42686	7590	24278	17727
	104954	900	15784	43535		2097	10965	25000	
	89995	2794	22641	14821		22958	142	290	
17280	509969	18531	13500	6947		160657	16945	37499	8273

3-12 分行业城镇固定资产投资

（2009 年）

单位:亿元

指　　标	本年完成投资	建筑工程	安装工程	设备工器具购置	其他费用	新建	扩建	改建
总　　计	**2002.2**	**1159.2**	**47.1**	**498.2**	**297.7**	**778.2**	**470.7**	**191.6**
农、林、牧、渔业	**35.5**	**25.4**	**0.3**	**4.7**	**5.0**	**18.3**	**9.7**	**7.0**
农业	5.5	4.1	0.1	0.7	0.6	2.9	1.9	0.7
林业	1.7	0.7		0.1	0.8	0.2	1.1	0.3
畜牧业	17.5	12.1	0.1	3.0	2.3	11.3	5.2	1.1
渔业	1.8	1.2		0.1	0.5	1.3	0.6	
农、林、牧、渔服务业	8.9	7.2	0.1	0.7	0.9	2.6	0.9	5.0
采矿业	**105.2**	**45.5**	**5.2**	**41.6**	**12.9**	**10.4**	**50.8**	**41.0**
煤炭开采和洗选业	94.9	41.1	4.9	36.9	12.0	7.0	46.8	38.3
黑色金属矿采选业	0.7	0.4		0.3	0.1	0.3	0.3	0.1
有色金属矿采选业	3.6	1.7	0.2	1.4	0.3	0.4	2.0	1.2
非金属矿采选业	6.0	2.3	0.1	3.1	0.5	2.7	1.7	1.4
制造业	**730.8**	**269.7**	**28.2**	**361.7**	**71.2**	**332.3**	**280.4**	**91.2**
农副食品加工业	17.9	10.7	0.2	5.7	1.3	11.2	4.9	1.1
食品制造业	25.1	11.1	0.7	11.0	2.3	13.7	8.4	1.3
饮料制造业	11.1	2.5	0.5	4.9	3.2	4.8	4.1	0.4
烟草制品业	0.4	0.4			0.1	0.1	0.1	0.3
纺织业	13.0	5.7	0.3	6.4	0.8	2.0	8.5	0.1
纺织服装、鞋、帽制造业	8.5	4.4	0.2	2.9	1.0	3.6	3.3	1.2
皮革、毛皮、羽毛(绒)及其制品业	2.0	0.8	0.1	1.0	0.1	1.7	0.3	
木材加工及木、竹、藤、棕、草制	6.6	3.6	0.1	2.3	0.5	3.9	2.1	
家具制造业	14.0	9.4	0.3	3.3	1.1	11.5	1.2	1.1
造纸及纸制品业	19.0	5.7	1.6	9.8	2.0	4.3	9.9	3.7
印刷业和记录媒介的复制	12.2	4.5	0.3	6.0	1.3	6.3	3.9	0.8
文教体育用品制造业	5.7	1.1	0.2	3.4	0.9	2.8	1.3	1.6
石油加工、炼焦及核燃料加工业	1.4	0.6		0.7	0.1	1.1	0.3	
化学原料及化学制品制造业	34.3	13.4	1.0	17.9	2.1	12.5	16.7	3.9
医药制造业	14.8	4.9	0.5	8.5	1.0	7.7	4.5	2.4
化学纤维制造业	0.9	0.1	0.1	0.8			0.6	0.1
橡胶制品业	3.4	1.8		1.3	0.2	1.2	1.8	0.2
塑料制品业	15.2	4.4	0.4	9.1	1.3	6.1	7.5	0.8
非金属矿物制品业	215.0	82.1	9.2	100.7	23.1	87.7	74.8	47.9
黑色金属冶炼及压延加工业	21.2	4.5	2.2	13.5	0.9	10.7	5.5	2.2

指　　标	本年完成投资	建筑工程	安装工程	设备工器具购置	其他费用	新建	扩建	改建
有色金属冶炼及压延加工业	54.2	9.0	2.2	41.1	1.9	11.8	36.3	6.1
金属制品业	22.2	11.2	0.8	8.5	1.8	12.9	5.4	2.9
通用设备制造业	54.3	19.9	1.9	29.4	3.1	25.4	22.8	4.6
专用设备制造业	61.5	23.3	2.6	29.9	5.7	22.3	32.2	4.6
交通运输设备制造业	46.7	16.5	1.3	18.2	10.7	30.2	13.7	2.2
电气机械及器材制造业	26.7	12.1	0.8	12.2	1.6	16.8	7.2	1.8
通信设备、计算机及其他电子设备	19.0	5.1	0.6	10.5	2.8	18.0	1.0	
仪器仪表及文化、办公用机械制造	2.0	0.5	0.2	1.3		1.7	0.2	
工艺品及其他制造业	1.9	0.4	0.1	1.2	0.2	0.2	1.6	
废弃资源和废旧材料回收加工业	0.6	0.1		0.4	0.1		0.6	
电力、燃气及水的生产和供应业	**90.4**	**27.5**	**5.7**	**43.0**	**14.2**	**50.5**	**29.4**	**10.2**
电力、热力的生产和供应业	74.5	18.5	5.0	38.2	12.8	38.0	28.0	8.4
燃气生产和供应业	6.2	4.6	0.2	1.1	0.3	4.8	0.3	1.1
水的生产和供应业	9.7	4.4	0.4	3.8	1.2	7.7	1.1	0.7
建筑业	**2.1**	**1.5**	**0.1**	**0.5**	**0.1**	**1.9**		**0.2**
房屋和土木工程建筑业	1.0	0.6		0.4		0.8		0.2
建筑安装业	1.0	0.8			0.1	1.0		
建筑装饰业	0.2	0.1		0.1		0.2		
交通运输、仓储和邮政业	**131.8**	**95.4**	**1.2**	**13.3**	**22.0**	**85.9**	**40.2**	**5.5**
铁路运输业	9.3	6.9		0.8	1.6	8.6	0.8	
道路运输业	63.4	50.5		0.2	12.7	28.1	31.5	3.7
城市公共交通业	17.2	7.4		8.6	1.2	17.2		
航空运输业	1.7	1.1			0.6	0.8	0.9	
管道运输业	1.8	1.0	0.3	0.4	0.1	0.9	0.4	0.5
装卸搬运和其他运输服务业	14.4	11.2	0.4	0.7	2.3	13.0	1.5	
仓储业	23.0	16.5	0.5	2.6	3.4	16.5	5.1	1.3
邮政业	1.0	0.8			0.2	1.0		
信息传输、计算机服务和软件业	**6.6**	**4.0**	**0.2**	**1.9**	**0.5**	**5.4**	**0.6**	**0.3**
电信和其他信息传输服务业	5.6	3.3	0.2	1.7	0.5	4.6	0.5	0.3
计算机服务业								
软件业	0.9	0.6		0.2	0.1	0.9		
批发和零售业	**31.8**	**24.1**	**0.5**	**3.1**	**4.1**	**21.1**	**7.6**	**2.5**
批发业	15.0	11.4	0.1	1.2	2.2	11.4	2.1	1.2
零售业	16.9	12.7	0.3	1.9	1.9	9.7	5.5	1.3
住宿和餐饮业	**21.6**	**16.1**	**0.7**	**1.6**	**3.2**	**11.8**	**5.9**	**3.7**
住宿业	11.5	8.1	0.4	0.8	2.2	5.0	3.9	2.3

3-12　续表2　　　　　　　　　　　　(2009年)　　　　　　　　　　　　单位:亿元

指　　标	本年完成投资	建筑工程	安装工程	设备工器具购置	其他费用	新建	扩建	改建
餐饮业	10.1	8.1	0.3	0.8	1.0	6.7	2.0	1.4
金融业	**2.5**	**1.9**	**0.1**	**0.4**	**0.1**	**2.1**		**0.1**
银行业	2.4	1.9	0.1	0.4	0.1	2.1		0.1
保险业	0.1	0.1						
房地产业	**611.1**	**467.1**	**2.5**	**9.7**	**131.8**	**89.0**	**5.8**	**0.6**
租赁和商务服务业	**6.5**	**5.0**		**1.0**	**0.4**	**5.5**		**0.8**
租赁业	1.7	1.0		0.6	0.1	1.1		0.4
商务服务业	4.8	4.0		0.4	0.3	4.4		0.4
科学研究、技术服务和地质勘查业	**11.9**	**9.2**	**0.2**	**0.5**	**2.1**	**10.6**	**0.7**	
研究与试验发展	4.1	3.5	0.2	0.2	0.2	3.1	0.5	
专业技术服务业	3.1	2.4			0.7	3.1		
科技交流和推广服务业	2.4	1.3		0.2	0.9	2.1	0.2	
地质勘查业	2.3	2.0			0.3	2.3		
水利、环境和公共设施管理业	**86.2**	**67.9**	**1.4**	**7.2**	**9.7**	**37.1**	**22.9**	**20.0**
水利管理业	7.8	5.3	0.3	1.0	1.1	1.4	0.9	5.2
环境管理业	6.5	2.0	0.2	3.8	0.5	2.7	0.1	3.7
公共设施管理业	71.9	60.6	0.9	2.4	8.1	33.0	21.8	11.1
居民服务和其他服务业	**6.2**	**4.9**	**0.3**	**0.7**	**0.3**	**4.4**	**1.4**	**0.4**
居民服务业	5.6	4.7	0.3	0.4	0.2	4.2	1.2	0.2
其他服务业	0.6	0.2		0.3		0.2	0.2	0.3
教育	**65.7**	**51.8**	**0.2**	**1.9**	**11.9**	**49.1**	**11.9**	**1.2**
卫生、社会保障和社会福利业	**18.3**	**14.1**	**0.1**	**3.1**	**1.1**	**12.2**	**2.0**	**1.9**
卫生	16.7	12.7	0.1	3.1	0.9	10.8	2.0	1.9
社会保障业								
社会福利业	1.6	1.4			0.2	1.4		
文化、体育和娱乐业	**27.4**	**20.3**	**0.4**	**1.8**	**5.0**	**22.6**	**1.2**	**2.8**
新闻出版业	1.9	1.8			0.1	1.9		
广播、电视、电影和音像业	0.7	0.6		0.1		0.7		
文化艺术业	8.2	6.9	0.2	0.5	0.7	5.8		1.7
体育	4.9	4.5		0.1	0.3	4.8	0.1	
娱乐业	11.7	6.5	0.2	1.0	3.9	9.4	1.2	1.1
公共管理和社会组织	**10.8**	**7.8**	**0.1**	**0.7**	**2.2**	**7.9**	**0.4**	**2.3**
国家机构	8.7	6.3	0.1	0.5	1.8	7.2	0.2	1.2
人民政协和民主党派								
群众团体、社会团体和宗教组织	1.0	0.6		0.2	0.2	0.1	0.2	0.6
基层群众自治组织	1.2	0.9	0.1		0.2	0.6		0.6

3-13　分行业城镇投资项目个数及新增固定资产

（2009年）　　　　单位：亿元

指　　标	在建规模	施工项目个数	新开工	全部投产项目个数	新增固定资产
总　　计	**2865.8**	**3792.0**	**3274.0**	**3176.0**	**1079.4**
农、林、牧、渔业	**40.7**	**151.0**	**145.0**	**147.0**	**33.4**
农业	6.2	21.0	21.0	19.0	4.9
林业	1.7	12.0	11.0	12.0	1.7
畜牧业	21.6	60.0	56.0	60.0	17.3
渔业	2.1	4.0	4.0	2.0	0.8
农、林、牧、渔服务业	9.0	54.0	53.0	54.0	8.8
采矿业	**158.2**	**203.0**	**199.0**	**188.0**	**77.3**
煤炭开采和洗选业	147.8	154.0	150.0	140.0	67.8
黑色金属矿采选业	0.7	3.0	3.0	3.0	0.7
有色金属矿采选业	3.7	21.0	21.0	20.0	3.1
非金属矿采选业	6.0	25.0	25.0	25.0	5.7
制造业	**1149.0**	**1859.0**	**1709.0**	**1693.0**	**603.8**
农副食品加工业	22.8	58.0	54.0	54.0	17.3
食品制造业	35.3	50.0	45.0	43.0	15.6
饮料制造业	18.7	23.0	23.0	21.0	9.5
烟草制品业	1.1	3.0	3.0	2.0	0.3
纺织业	35.6	18.0	14.0	17.0	10.6
纺织服装、鞋、帽制造业	18.9	24.0	21.0	19.0	5.9
皮革、毛皮、羽毛(绒)及其制品业	2.0	5.0	5.0	5.0	1.9
木材加工及木、竹、藤、棕、草制	6.8	19.0	17.0	18.0	6.6
家具制造业	14.5	32.0	31.0	32.0	14.3
造纸及纸制品业	20.1	52.0	51.0	50.0	17.7
印刷业和记录媒介的复制	14.5	31.0	27.0	27.0	9.8
文教体育用品制造业	5.7	23.0	22.0	23.0	5.7
石油加工、炼焦及核燃料加工业	3.1	5.0	4.0	4.0	1.4
化学原料及化学制品制造业	48.6	105.0	100.0	98.0	31.7
医药制造业	17.9	37.0	28.0	36.0	15.7
化学纤维制造业	0.9	3.0	3.0	3.0	0.9
橡胶制品业	4.3	14.0	13.0	13.0	2.8
塑料制品业	16.8	42.0	40.0	39.0	14.8
非金属矿物制品业	285.0	584.0	560.0	546.0	181.5
黑色金属冶炼及压延加工业	39.7	47.0	45.0	43.0	16.4
有色金属冶炼及压延加工业	106.3	89.0	72.0	75.0	42.3

3-13 续表1 （2009年） 单位:亿元

指　　标	在建规模	施工项目个数	新开工	全部投产项目个数	新增固定资产
金属制品业	28.0	67.0	62.0	63.0	20.6
通用设备制造业	70.0	148.0	137.0	135.0	47.7
专用设备制造业	89.4	204.0	189.0	184.0	51.1
交通运输设备制造业	117.5	59.0	48.0	46.0	26.3
电气机械及器材制造业	40.2	72.0	60.0	62.0	23.3
通信设备、计算机及其他电子设备	79.9	29.0	20.0	21.0	8.5
仪器仪表及文化、办公用机械制造	3.1	10.0	9.0	8.0	1.3
工艺品及其他制造业	1.9	5.0	5.0	5.0	1.9
废弃资源和废旧材料回收加工业	0.6	1.0	1.0	1.0	0.6
电力、燃气及水的生产和供应业	**249.7**	**219.0**	**60.0**	**58.0**	**59.2**
电力、热力的生产和供应业	229.0	186.0	30.0	33.0	46.9
燃气生产和供应业	6.3	9.0	9.0	8.0	6.2
水的生产和供应业	14.5	24.0	21.0	17.0	6.2
建筑业	**6.2**	**12.0**	**8.0**	**8.0**	**2.4**
房屋和土木工程建筑业	3.2	6.0	3.0	5.0	1.7
建筑安装业	2.8	4.0	3.0	1.0	0.6
建筑装饰业	0.2	2.0	2.0	2.0	0.2
交通运输、仓储和邮政业	**465.2**	**186.0**	**153.0**	**149.0**	**55.1**
铁路运输业	12.5	6.0	4.0	5.0	9.8
道路运输业	208.0	104.0	80.0	80.0	16.2
城市公共交通业	155.6	3.0	3.0	2.0	4.8
航空运输业	2.8	2.0	2.0		
管道运输业	1.8	5.0	5.0	5.0	1.8
装卸搬运和其他运输服务业	21.7	11.0	10.0	9.0	7.7
仓储业	61.8	51.0	45.0	44.0	13.9
邮政业	1.0	4.0	4.0	4.0	0.9
信息传输、计算机服务和软件业	**19.0**	**17.0**	**14.0**	**11.0**	**2.4**
电信和其他信息传输服务业	17.6	13.0	11.0	8.0	1.7
计算机服务业		1.0	1.0	1.0	
软件业	1.3	3.0	2.0	2.0	0.6
批发和零售业	**69.8**	**100.0**	**89.0**	**72.0**	**19.2**
批发业	26.6	42.0	39.0	27.0	9.8
零售业	43.2	58.0	50.0	45.0	9.5
住宿和餐饮业	**40.7**	**112.0**	**101.0**	**94.0**	**17.0**
住宿业	26.2	42.0	35.0	33.0	9.0

指　　标	在建规模	施工项目个数	新开工	全部投产项目个数	新增固定资产
餐饮业	14.5	70.0	66.0	61.0	8.0
金融业	**5.4**	**9.0**	**7.0**	**6.0**	**0.7**
银行业	5.3	7.0	5.0	4.0	0.6
保险业	0.1	2.0	2.0	2.0	0.1
房地产业	**167.2**	**255.0**	**233.0**	**212.0**	**60.4**
租赁和商务服务业	**12.0**	**18.0**	**14.0**	**14.0**	**4.1**
租赁业	1.7	4.0	4.0	4.0	1.7
商务服务业	10.3	14.0	10.0	10.0	2.4
科学研究、技术服务和地质勘查业	**44.6**	**30.0**	**18.0**	**14.0**	**3.3**
研究与试验发展	14.4	11.0	6.0	7.0	2.3
专业技术服务业	6.0	12.0	7.0	5.0	0.6
科技交流和推广服务业	20.0	5.0	4.0	2.0	0.5
地质勘查业	4.2	2.0	1.0		
水利、环境和公共设施管理业	**149.8**	**245.0**	**202.0**	**208.0**	**61.7**
水利管理业	12.1	26.0	25.0	19.0	4.2
环境管理业	7.0	26.0	26.0	25.0	4.7
公共设施管理业	130.6	193.0	151.0	164.0	52.9
居民服务和其他服务业	**6.3**	**37.0**	**36.0**	**37.0**	**6.3**
居民服务业	5.6	31.0	31.0	31.0	5.5
其他服务业	0.8	6.0	5.0	6.0	0.8
教育	**145.2**	**134.0**	**112.0**	**106.0**	**36.0**
卫生、社会保障和社会福利业	**49.0**	**73.0**	**61.0**	**53.0**	**9.5**
卫生	45.5	65.0	54.0	47.0	8.4
社会保障业					
社会福利业	3.4	8.0	7.0	6.0	1.1
文化、体育和娱乐业	**70.9**	**85.0**	**74.0**	**67.0**	**18.0**
新闻出版业	10.5	2.0		1.0	1.4
广播、电视、电影和音像业	2.9	3.0	2.0	3.0	3.8
文化艺术业	19.7	37.0	32.0	30.0	5.0
体育	6.1	6.0	5.0	5.0	3.1
娱乐业	31.7	37.0	35.0	28.0	4.6
公共管理和社会组织	**17.1**	**47.0**	**39.0**	**39.0**	**9.6**
国家机构	15.0	34.0	26.0	27.0	7.5
人民政协和民主党派		1.0	1.0		
群众团体、社会团体和宗教组织	1.0	5.0	5.0	5.0	1.0
基层群众自治组织	1.1	7.0	7.0	7.0	1.2

3-14 各县(市)区城镇投资项目个数和在建规模

(2009 年)

县(市)区	施工项目个数	#本年新开工	本年投产项目个数	全部建成投产率(%)	计划总投资(万元)
总　计	**3792**	**3274**	**3176**	**83.8**	**28657768**
中原区	23	15	1	4.3	264168
二七区	49	34	30	61.2	710946
管城区	116	110	83	71.6	1020497
金水区	88	72	38	43.2	945258
上街区	158	114	144	91.1	882455
惠济区	90	76	65	72.2	1261377
中牟县	469	438	451	96.2	3086495
巩义市	549	531	526	95.8	2340139
荥阳市	580	421	393	67.8	3138804
新密市	373	365	352	94.4	2726457
新郑市	381	357	356	93.4	2769273
登封市	613	602	592	96.6	1819685
经济技术开发区	52	30	15	28.8	1977031
高新技术产业开发区	151	93	91	60.3	1906792
郑东新区	92	12	37	40.2	1505157

3-15 各县(市)区城镇施工、竣工房屋建筑面积及竣工价值

(2009 年)

单位:亿元

县(市)区	本年施工房屋面积	#住宅	本年竣工房屋面积	#住宅	本年竣工房屋价值	#住宅
总　　计	**8510.6**	**4331.2**	**1358.4**	**570.5**	**201.8**	**101.3**
中原区	759.2	578.7	119.3	108.1	17.3	15.5
二七区	566.3	365.8	18.5	16.1	2.2	1.9
管城区	656.0	360.0	96.5	16.4	14.0	3.5
金水区	2072.4	1475.5	116.9	103.5	24.2	21.7
上街区	83.1	61.0	18.8	17.6	2.8	2.6
惠济区	259.9	149.7	22.1	12.3	4.6	3.2
中牟县	851.0	194.3	68.3	62.9	10.2	9.1
巩义市	385.7	152.0	187.5	70.5	23.3	10.0
荥阳市	480.9	148.9	252.9	29.5	33.6	2.2
新密市	284.4	72.7	11.6	10.4	2.3	2.0
新郑市	394.6	135.0	273.4	29.6	27.5	3.8
登封市	130.6	94.8	36.9	23.5	5.2	3.5
经济技术开发区	343.8	111.2	72.8	43.7	24.4	18.1
高新技术产业开发区	242.4	66.0	49.7	17.6	7.3	2.3
郑东新区	998.1	365.6	10.9	8.9	2.4	2.0

3-16 房地产开发企业(单位)财务情况

(2009年)

单位:千元

指标	数值	指标	数值
年初存货	**55206924**	主营业务税金及附加	2824326
年末资产负债		主营业务利润	8013235
流动资产合计	148163714	其他业务收入	128244
#存货	67927401	其他业务利润	351132
固定资产原价	6424910	销售费用	1348457
累计折旧	1788055	管理费用	2065016
#本年折旧	341729	#税金	214611
资产总计	178102715	#差旅费	68025
负债合计	126326892	#工会经费	5748
所有者权益合计	51775823	财务费用	592947
实收资本	32528659	#利息支出	384544
国家资本	1598653	营业利润	5347393
集体资本	261288	营业外收入	103156
法人资本	14461318	营业外支出	200187
个人资本	10989331	利润总额	5041027
港澳台资本	4754790	应交所得税	1204264
外商资本	463279	劳动、失业保险费	44143
损益及分配		**工资、福利费**	
主营业务收入	36628468	住房公积金及住房补贴	14754
土地转让收入	1216	本年应付工资总额	795159
商品房屋销售收入	35849810	本年应付福利费总额	62626
房屋出租收入	27867	**全部从业人员年平均人数(人)**	**24284**
其他收入	749575	资产减值损失	1497
主营业务成本	24801461	投资收益	40837

3-17　分县(市)区房地产开发企业财务状况

(2009年)　　单位:千元

县(市)区	实收资本	国家资本	资产总计	累计折旧	本年折旧	负债合计	所有者权益合计	资产负债率(%)
中原区	2039832	126549	17968023	102426	16330	16858502	1109521	93.8
二七区	2126749	106000	14761724	116898	21956	10998673	3763051	74.5
管城区	2283434	16900	19719638	524543	60976	17095821	2623817	86.7
金水区	10477961	83868	67453804	563529	98194	43336348	24117456	64.2
上街区	348909		2031837	3473	898	1386163	645674	68.2
惠济区	1555923		8564047	49867	7526	6706410	1857637	78.3
中牟县	612033		1772626	24419	4434	1026534	746092	57.9
巩义市	582200		1614435	142508	65551	880107	734328	54.5
荥阳市	383358		1469041	10070	3190	1021420	447621	69.5
新密市	226500		1148306	6214	1596	775257	373049	67.5
新郑市	889694		2305172	65985	26339	1141636	1163536	49.5
登封市	507394		1119792	8356	2804	593695	526097	53.0
经济技术开发区	3939663	10000	10582185	68664	10270	4984322	5597863	47.1
高新技术产业开发区	743380	71500	3815829	20200	7122	2891964	923865	75.8
郑东新区	5699629	1183836	23671733	80916	14556	16671829	6999904	70.4

3-17 续表 （2009 年） 单位：千元

县(市)区	主营业务收入	土地转让收入	商品房屋销售收入	房屋出租收入	其他收入	主营业务税金及附加	利润总额
中原区	2011084		2000060	8450	2574	154016	115360
二七区	3271691	1216	3181329		89146	233713	793958
管城区	5552165		5128319		423846	467459	544373
金水区	12531455		12412363	19417	99675	931837	1991621
上街区	451268		424727		26541	23609	40666
惠济区	877917		875821		2096	89629	112925
中牟县	1344903		1344751		152	92150	233896
巩义市	1339511		1335973		3538	164321	57488
荥阳市	622489		622489			39630	84213
新密市	277357		277287		70	18970	1167
新郑市	926744		921374		5370	32557	113990
登封市	203447		203447			8546	6692
经济技术开发区	1928896		1922119		6777	142597	308252
高新技术产业开发区	788320		777384		10936	64900	47787
郑东新区	4501221		4422367		78854	360392	585749

3-18　房地产开发与经营

（2009 年）　　　　单位:万元、平方米

指标	数值	指标	数值
计划总投资	**20758204**	自筹资金	2364547
自开始建设累计完成投资	**11662219**	#自有资金	956880
本年完成投资	**5138302**	其他资金来源	4384636
#土地开发投资额	2885	#定金及预收款	2084691
#配套工程投资	56014	#个人按揭贷款	1543927
按工程用途分		本年各项应付款合计	805840
住宅	3941601	#工程款	347606
办公楼	219287	**商品房面积（万平方米）**	
商业营业用房	510213	施工面积	52072720
其他	467201	#住宅	39395562
按构成分		#新开工面积	14439613
建筑工程	3813948	#住宅	11587842
安装工程	13768	竣工面积	6429727
设备工器具购置	75540	#住宅	5301942
其他费用	1235046	销售面积	11989150
旧建筑物购置费	11002	#住宅	10851426
土地购置费	786981	#现房销售面积	1690306
本年新增固定资产	1641100	#住宅	1370654
本年完成土地开发面积	3147492	#期房销售面积	10298844
待开发土地面积	1853500	#住宅	9480772
本年土地购置面积	4243992	空置面积	1336731
本年土地成交价款	569782	#住宅	904042
本年资金来源合计	8888481	商品房销售额	5148231
上年末结余资金	1082168	#住宅	4398834
本年资金来源小计	7806313	#现房销售额	596257
#省外资金	8400	#住宅	427122
国内贷款	1057130	#期房销售额	4551974
银行贷款	962849	#住宅	3971712
非银行金融机构贷款	94281		

3-19 分县(市)区按工程用途分房地产开发完成情况

(2009年)

单位:万元

县(市)区	本年完成投资	商品住宅			办公楼	商业营业用房	其他
			90平方米以下	经济适用房			
总　　计	**5138302**	**3941601**	**1674669**	**261999**	**219287**	**510213**	**467201**
中原区	568164	511598	240370	60526	1016	29831	25719
二七区	774691	524070	242318	63267	3587	71941	175093
管城区	425764	351956	118117	28288	80	41253	32475
金水区	1648668	1249779	602745	97458	58146	228259	112484
上街区	83775	51454	19750		300	19301	12720
惠济区	184092	165742	49175	5407	16	6877	11457
中牟县	147166	142726	50794			2280	2160
巩义市	151220	124724	54260			17850	8646
荥阳市	83229	73595	13001	2600	175	3336	6123
新密市	70733	51970	1200	2400		11842	6921
新郑市	249987	246857	83545			90	3040
登封市	47566	43495	9521	2053	1429	2502	140
经济技术开发区	103968	77843	44804		4910	9236	11979
高新技术产业开发区	89995	28143	7759		22771	2075	37006
郑东新区	509284	297649	137310		126857	63540	21238

3-20 房地产开发企业(单位)施工、销售和空置情况

(2009 年)

单位:平方米

指　　标	合计	住宅					办公楼	商业营业用房	其他房屋
			90 平米以下住房	140 平米以上住房	经济适用房	别墅、高档公寓			
房屋施工面积	52072720	39395562	16475675	6402498	2832982	961030	2705144	5645702	4326312
#新开工面积	14439613	11587842	4413963	1588497	951074	164738	470841	1185035	1195895
房屋竣工面积	6429727	5301942	1710779	894772	329169	207518	170614	598301	358870
#不可销售面积	196987	100804	70679		100000		8473	426	87284
竣工房屋价值	1171945	959550	362008	204901	41423	126617	28143	129635	54617
出租房屋面积	49120						19583	29537	
商品房销售面积	11989150	10851426	4516767	1599324	433168	195350	542450	553928	41346
#现房销售面积	1690306	1370654	263475	379422	58048	47220	50639	243514	25499
#期房销售面积	10298844	9480772	4253292	1219902	375120	148130	491811	310414	15847
商品房销售额	5148231	4398834	1997642	738480	100223	114376	267410	466283	15704
#现房销售额	596257	427122	91975	149532	8624	21591	20274	139526	9335
#期房销售额	4551974	3971712	1905667	588948	91599	92785	247136	326757	6369
空置面积	1336731	904042	220774	269669		19246	85385	281329	65975
#空置 1—3 年面积	821862	481921	60866	218974		9021	83385	200133	56423
#空置 3 年以上面积	49961	28108		10467		10225	2000	17753	2100

3-21 分县(市)区商品房施工房屋面积

(2009 年)

单位:平方米

县(市)区	合计	住宅	90平米以下住房	经济适用房	办公楼	商业营业用房	其他房屋
总　计	**52072720**	**39395562**	**16475675**	**2832982**	**2705144**	**5645702**	**4326312**
中原区	6512274	5578011	2786063	783104		324015	610248
二七区	4851492	3657703	1638112	533978	44963	458693	690133
管城区	4356475	3419408	1341575	240293	448	451853	484766
金水区	18375326	13863411	6434083	1033747	655541	2234493	1621881
上街区	703725	609491	178295		163	92532	1539
惠济区	1368060	1172925	479384	88920	497	75523	119115
中牟县	2059703	2023362	600271			31341	5000
巩义市	1468516	1280216	435967			188300	
荥阳市	1245285	1095395	116328	111602	1060	39477	109353
新密市	364235	322936	3838	22152		22076	19223
新郑市	1312365	1307679	354680			1576	3110
登封市	470785	409049	71786	19186	6272	44994	10470
经济技术开发区	1469432	1032181	705719		135574	177613	124064
高新技术产业开发区	1373933	660216	231788		519536	71109	123072
郑东新区	6141114	2963579	1097786		1341090	1432107	404338

3-22 分县(市)区商品房竣工房屋面积

(2009年)

单位:平方米

县(市)区	合计	住宅			办公楼	商业营业用房	其他房屋
			90平米以下住房	经济适用房			
总　计	**6429727**	**5301942**	**1710779**	**329169**	**170614**	**598301**	**358870**
中原区	1192919	1080971	426953	215351		24586	87362
二七区	184494	160518	72161	51883		14354	9622
管城区	286075	163818	36644			110103	12154
金水区	1157888	1034724	430141	31901	1973	65647	55544
上街区	188065	175835	40600			10691	1539
惠济区	137065	109034	47652			16091	11940
中牟县	642246	629047	36926			13199	
巩义市	696229	532129	95540			164100	
荥阳市	281190	239639	48000		258	2793	38500
新密市	115765	103917		10848		7348	4500
新郑市	280090	275404	4984			1576	3110
登封市	116994	95142	25289	19186	6272	5110	10470
经济技术开发区	600383	436564	351416		3347	118895	41577
高新技术产业开发区	441413	175807	94473		158764	24290	82552
郑东新区	108911	89393				19518	

3-23 分县(市)区商品房竣工房屋价值

（2009 年）

单位:万元

县(市)区	合计	住宅			办公楼	商业营业用房	其他房屋
			90 平米以下住房	经济适用房			
总　计	**1171945**	**959550**	**362008**	**41423**	**28143**	**129635**	**54617**
中原区	173143	154753	63891	25600		4510	13880
二七区	22104	18504	10048	7782		2254	1346
管城区	64672	35321	8656			26798	2553
金水区	239694	216798	76997	3558	790	13341	8765
上街区	28021	25971	5939			1819	231
惠济区	36369	28573	16103			5302	2494
中牟县	93041	90821	6320			2220	
巩义市	105044	77144	12690			27900	
荥阳市	22225	16894	3549		30	310	4991
新密市	22570	19890		2160		1625	1055
新郑市	37351	36451	996			700	200
登封市	18700	14558	4512	2323	1429	780	1933
经济技术开发区	225415	181054	139902		992	34860	8509
高新技术产业开发区	59809	23031	12405		24902	3216	8660
郑东新区	23787	19787				4000	

3-24 分县(市)区商品房销售面积

(2009年)

单位:平方米

县(市)区	合计	住宅	90平米以下住房	经济适用房	办公楼	商业营业用房	其他房屋
总　计	**11989150**	**10851426**	**4516767**	**433168**	**542450**	**553928**	**41346**
中原区	1388909	1373515	721484	239306		15394	
二七区	990599	974671	405256	67152		14607	1321
管城区	1269829	1213090	594681		4188	52233	318
金水区	3288800	2862446	1451896	109010	227871	175656	22827
上街区	252485	237103	41249			15382	
惠济区	403096	400460	189233			2636	
中牟县	1016162	1004540	229873			11622	
巩义市	307190	213190				94000	
荥阳市	362946	360374	21297			2495	77
新密市	130740	125695	7912			3150	1895
新郑市	545248	545248	173973				
登封市	57920	56636	2754	17700		1284	
经济技术开发区	434056	410121	163688			23708	227
高新技术产业开发区	344202	220768	107209		103031	18253	2150
郑东新区	1196968	853569	406262		207360	123508	12531

3-25 分县(市)区商品房销售额

（2009 年）

单位:万元

县(市)区	合计	住宅	90 平米以下住房	经济适用房	办公楼	商业营业用房	其他房屋
总　计	**5148231**	**4398834**	**1997642**	**100223**	**267410**	**466283**	**15704**
中原区	576895	564991	299065	56121		11904	
二七区	459341	442517	192966	15439		16745	79
管城区	625015	566663	275871		2143	56055	154
金水区	1657743	1351485	698186	27648	133128	166138	6992
上街区	62436	56419	8861			6017	
惠济区	177898	175163	88284			2735	
中牟县	251926	249839	55222			2087	
巩义市	87980	48280				39700	
荥阳市	77950	76525	4983			1420	5
新密市	25579	24282	3135			886	411
新郑市	120490	120490	37699				
登封市	8054	7605	628	1015		449	
经济技术开发区	192562	177447	78860			15095	20
高新技术产业开发区	120265	76052	36409		30354	11236	2623
郑东新区	704097	461076	217473		101785	135816	5420

3-26 农村固定资产投资完成情况

（2009年）

单位:亿元

指 标	农村非农户	指 标	农村非农户
完成投资	**190.8**	农、林、牧、渔业	25.8
按资金来源分		采矿业	9.2
国家预算内资金	5.6	制造业	45.6
国内贷款	5.2	电力、燃气及水的生产和供应业	4.7
债券		交通运输、仓储和邮政业	12.1
利用外资		信息传输、计算机服务和软件业	0.1
自筹资金	164.1	批发和零售业	1.9
其他资金来源	15.9	住宿和餐饮业	1.6
按工程用途分		金融业	0.4
建筑工程	129.7	房地产业	35.6
安装工程	4.0	租赁和商务服务业	0.5
设备工器具购置	34.7	水利、环境和公共设施管理业	33.6
其他费用	22.5	居民服务和其他服务业	1.4
本年施工房屋面积	**1082.1**	教育	6.8
住宅	157.5	卫生、社会保障和社会福利业	2.3
本年竣工房屋面积	**755.9**	文化、体育和娱乐业	5.0
住宅	68.1	公共管理和社会组织	4.1
按投资方向分			

（2009 年）

指　　标	全市	中原区	二七区	管城区	金水区	上街区
本年固定资产投资完成额	**960202**	**12407**	**13357**	**32642**	**56070**	**290**
按投资来源成分						
国内贷款	22129			2093		
自筹资金	896270	12407	13357	23434	21382	290
其他资金	41803			7115	34688	
按投资构成分						
建筑工程	721179	12407	13357	32642	35826	290
#水利	166					
房屋	720656	12407	13357	32642	35826	290
#住宅	643328	12407	13357	32642	34688	
设备工器具购置	231837				20244	
#生产设备	159836				13079	
其它	7186					
按投资方向分						
农林牧渔业	219981				8302	290
制造业	22693					
交通运输仓储和邮政业	94925				13080	
批发和零售业	4228					
住宿和餐饮业	11625					
房地产业	590661	12407	13357	32642	34688	
租赁和商务服务业	1368					
水利环境和公共设施管理业	1235					
居民服务和其他服务业	13486					
按具体投资项目分						
房屋	720656	12407	13357	32642	35826	290
#住宅	643328	12407	13357	32642	34688	
设备	231837				20244	
水利	166					
其它	7543					
本年施工房屋面积	**1496**	**25**	**29**	**73**	**24**	**4**
#住宅	1282	25	29	73	23	
#当年新开工	1449	25	29	73	22	4
本年竣工房屋面积	**1398**	**25**	**29**	**73**	**23**	**4**
#住宅	1185	25	29	73	23	
本年竣工房屋投资完成额	**611011**	**12407**	**13357**	**32642**	**35826**	**290**
#住宅	547048	12407	13357	32642	34688	

资产投资

单位:万元、万平方米

惠济区	中牟县	巩义市	荥阳市	新密市	新郑市	登封市	经济技术开发区
55027	**195000**	**94706**	**118391**	**120497**	**131187**	**128009**	**2619**
4579		9867		1163	4427		
50448	195000	84839	118391	119334	126760	128009	2619
34991	178774	54074	76765	91100	131098	59772	83
						166	
34991	178774	54074	76765	91100	131098	59249	83
34991	178774	39026	72538	90982	88268	45572	83
20036	14769	40632	41626	29397	89	65026	18
20036	14769	5065	22656	19998	89	64144	
	1457					3211	2518
6183	11640	75451	19134	96	42919	55966	
		7894		13021		1778	
13853	4586	1658	22491	16279		22978	
			4228				
						11625	
34991	178774		72538	91101	88268	31895	
						1368	
						1235	
		9703				1164	2619
34991	178774	54074	76765	91100	131098	59249	83
34991	178774	39026	72538	90982	88268	45572	83
20036	14769	40632	41626	29397	89	65026	18
						166	
	1457					3568	2518
70	**431**	**144**	**162**	**50**	**332**	**152**	
73	431	119	151	50	184	124	
53	431	144	162	50	332	124	
70	**431**	**144**	**77**	**50**	**332**	**140**	
73	431	119	66	50	184	112	
34991	**178774**	**54073**	**36607**	**24514**	**131098**	**56349**	**83**
33274	178774	39026	32379	24411	103335	42672	83

主要统计指标解释

全社会固定资产投资 固定资产投资是社会固定资产再生产的主要手段。通过建造和购置固定资产的活动,国民经济不断采用先进技术装备,建立新兴部门,进一步调整经济结构和生产力的地区分布,增强经济实力,为改善人民物质文化生活创造物质条件。这对我国的社会主义现代化建设具有重要意义。

固定资产投资额 是以货币表现的建造和购置固定资产活动的工作量,它是反映固定资产投资规模、速度、比例关系和使用方向的综合性指标。全社会固定资产投资包括国有经济单位投资、城乡集体经济单位投资、各种经济类型的单位的投资和城乡居民个人投资。按照我国现行计划管理体制,国有经济单位固定资产投资总额分为基本建设、更新改造、商品房屋建设投资和其他固定资产投资四个部分;城乡集体经济单位投资包括城镇集体所有制单位投资和农村集体所有制单位投资;各种经济类型的单位投资包括联营经济、股份制经济、中外合资经营、中外合作经营、外资、与大陆合资经营、与大陆合作经营、港澳台独资及其他经济类型的单位投资。城镇居民个人投资包括城市、县城、镇、工矿区所辖范围内的个人建房和农村个人建房及购买生产性固定资产的投资。

固定资产投资的资金来源 根据固定资产投资的资金来源不同,分为国家预算内资金、国内贷款、利用外资、自筹资金和其他资金来源。

1. 国家预算内资金 指中央财政和地方财政中由国家统筹安排的基本建设拨款和更新改造拨款,以及中央财政安排的专项拨款中用于基本建设的资金和基本建设拨款改贷款的资金等。

2. 国内贷款 指报告期内企、事业单位向银行及非银行金融机构借入的用于固定资产投资的各种国内贷款。包括银行利用自有资金及吸收的存款发放的贷款、上级主管部门拨入的国内贷款、国家专项贷款(包括煤代油贷款、劳改煤矿专项贷款等)、地方财政专项资金安排的贷款、国内储备贷款、周转贷款等。

3. 利用外资 指报告期内收到的用于固定资产投资的国外资金,包括统借统还、自借自还的国外贷款,中外合资项目中的外资,以及对外发行债券和股票等。国家统借统还的外资指由我国政府出面同外国政府、团体或金融组织签订贷款协议、并负责偿还本息的国外贷款。

4. 自筹资金 指建设单位报告期内收到的,用于进行固定资产投资的上级主管部门、地方和企、事业单位自筹资金。

5. 其他资金来源 指报告期内收到的除以上各种拨款、借款、自筹资金以外,其他用于固定资产投资的资金。

固定资产投资按国民经济行业分 建设项目归哪个行业,按其建成投产后的主要产品或主要用途及社会经济活动性质来确定。基本建设按建设项目划分国民经济行业,更新改造、国有经济单位其他固定资产投资及城镇集体投资根据整个企业、事业单位所属的行业来划分。一般情况下,一个建设项目或一个企业、事业单位只能属于一种国民经济行业。为了更准确地反映国民经济各行业之间的比例关系,联合企业(总厂)所属分厂属于不同行业的,原则上按分厂划分行业。

固定资产投资按建设性质分 建设项目的性质一般分为新建、扩建、改建、迁建、恢复。基本建设按建设项目划分建设性质,更新改造、国有经济单位其他固定资产投资及城镇集体投资按整个企业、事业单位的建设情况确定建设性质。目前基本建设和更新改造是根据我国现行的计划管理体制区分的,所以基本建设和更新改造都可以分别按新建、扩建等划分。

固定资产投资按用途分 固定资产投资按工程的经济用途分为用于为农林牧渔业用、工业建筑业用商业、运输邮电业用、其他五部分的建设,是研究不同用途的固定资产投资之间比例关系的重要指标。基本建设投资、国有经济单位其他固定资产投资及城镇集体投资的用途按单项工程确定,现有企业、事业单位更新改造投资的用途按更新改造项目确定。

固定资产投资按构成分 固定资产投资活动按其工作内容和实现方式分为建筑安装工程,设备、工具、器具购置,其他费用三个部分。

1. 建筑安装工程(建筑工作量)指各种房屋、建筑物的建造工程和各种设备、装置的安装工程。包括各种房屋建造工程,各种用途设备基础和各种工业窑炉的砌筑工程;为施工而进行的各种准备工作和临时工程以及完工后的清理工作等;铁路、道路的铺设,矿井的开凿及石油管道的架设等;水利工程;防空地下建筑等特殊工程;以及各种机械设备的安装工程;为测定安装工程质量,对设备进行的试行工作。在安装工程中,不包括被安装设备本身价值。

2. 设备、工具、器具购置指购置或自制达到固定资产标准的设备、工具、器具的价值,固定资产的标准按财务部门规定。新建单位、扩建单位的新建车间按照设计和计划要求购置或自制的全部设备、工具、器具,不论是否达到固定资产标准均计入“设备、工具、器具购置”中。

3. 其他费用指除建筑安装工程和设备、工具、器具购置以外的投资完成额。它包括两种性质的费用,一种是属于增加固定资产的费用,主要有:建设单位管理费,土地、青苗等补偿费和安置补助费、勘察设计费、研究实验费、农林单位牲畜购置费、各种经济林木的营造费、办公和生活家具、器具购置费、引进技术和进口设备项目的其他费用、联合试运转费等;一种是属于不增加固定资产的费用,主要有:施工机械转移费、生产职工培训费、农业开荒费用及报废工程损失费等。

基本建设项目按大中小型划分 基本建设划分大中小型项目原则上应按照上级批准的设计任务书或初步设计所确定的总规模或总投资划分,没有正式批准设计任务书或初步设计的,按国家或省、自治区、直辖市年度基本建设投资计划中所列的总规模或总投资划分。上述两条均不具备的,按本年计划施工工程的建设总规模或总投资划分。生产单一产品的工业项目,按产品的设计能力划分;生产多种产品的工业项目,按其主要产品的设计能力划分。品种繁多,难以按生产能力划分的,按全部计划投资额划分。划分标准以国家颁发的《大中小型建设项目划分标准》依据。国家曾在 1958 年、1962 年、1977 年和 1979 年先后四次修订《大中小型建设项目划分标准》,因此各历史时期的大中型项目数不完全可比。

建筑业统计单位 指从事房屋、构筑物建造和设备安装活动的法人企业。建筑业法人企业应具有建筑业资质并能够独立核算,同时其应具备以下条件:1. 依法成立,有自己的名称、组织机构和场所,能够承担民事责任;2. 独立拥有和使用资产,承担负债,有权与其他单位签订合同;3. 独立核算盈亏,能够编制资产负债表。

施工项目 指报告期内曾进行建筑或安装工程施工活动的建设项目。包括报告期内新开工项目,报告期以前开工跨入报告期继续施工的项目以及报告期施过工并在报告期内全部建设投产或停缓建的项目。

全部建成投产项目工业项目 是指设计文件规定形成生产能力的主体工程及其相应配套的辅助设施全部建成,经负荷试运转,证明具备生产设计规定合格产品的条件,并经过验收鉴定合格或达到竣工验收标准,与生产性工程配套的生产福利设施可以满足近期正常生产的需要,正式移交生产的建设项目。

非工业项目 是指设计文件规定的主体工程和相应的配套工程全部建成,能够发挥设计规定的全部效益,经验收鉴定合格或达到竣工验收标准,正式移交使用的建设项目。

施工和竣工房屋建筑面积 房屋建筑面积是从房屋外墙线算起的各层平面面积的总和,包括房屋结构(如柱、墙)占用的面积和地下室面积。多层建筑按各自然层面积总和计算,包括房屋内的楼隔层,突出墙面的眺望间、门斗、有柱雨罩的面积。不包括突出墙面结构的构件、艺术装饰等所占的面积,如台阶等。凹阳台、挑阳台按其水平投影面积一半计算建筑面积。

住宅建筑面积 指施工和竣工房屋建筑面积中供居住用的施工和竣工房屋建筑面积。

竣工面积 指在报告期内房屋建筑按照设计要求已全部完工,达到住人和使用条件,经验收鉴定合格,正式移交使用单位的建筑面积。

房屋建筑面积竣工率 指一定时期内房屋竣工面积占同期房屋施工面积的比率。它是从房屋建筑施工速度的角度反映投资效果和建筑业经济效益的指标。

新增固定资产 指通过投资活动所形成的新的固定资产价值。包括已经建成投入生产或交付使用的工程价值和达到固定资产标准的设备、工具、器具的价值及有关应摊入的费用。它是以价值形式表示的固定资产投资成果的综合性指标,可以综合反映不同时期、不同部门、不同地区的固定资产投资成果。

建设项目投产率 指一定时期内全部建成投入生产项目个数占同期正式施工项目个数的比率。它是从项目建设速度的角度反映投资效果的指标。

固定资产交付使用率 指一定时期新增固定资产与同期完成投资额的比率。它是反映各个时期固定资产动用速度,衡量建设过程中投资效果的一个综合性指标。未完工程占用率指年末未完工程累计完成投资额占全年实际完成投资额的比率。它反映未完工程的相对规模,并可从资金占用的角度反映固定资产投资效果。由于未完工程是指已经开工,但尚未建成交付使用的工程,有个跨年度问题,因此未完工程占用率会出现大于 1 的情况。

实收资本 指企业实际吸收到的所有投资人投入的资金。该指标来源于会计“资产负债表”中“实收资本"项目的期末数。

资产总计 指企业拥有或控制的全部资产,包括活动资产、长期投资、固定资产、无形及递延资产、其他长期资产。该指标来源于会计"资产负债表"中"资产总计"项的期末数。

负债总计 指企业的流动负债和长期负债的合计。

所有者权益 指企业投资人对企业净资产的所有权。企业净资产等于企业全部资产减去全部负债后的余额,包括企业投资人对企业的最初投入以及资本公积金。盈余公积金和末分配利润。对股份制企业,所有者权益即为股东权益。该指标允许小于零,当数额小于零时用"—"号表示,其资料来源于会计"资产负债表"中"所有者权益"项的期末数。

四、价　格

4-1　市区居民消费价格指数

（以上年价格为100）

类　　别	年　度	月份 一	二	三	四	五	六	七	八	九	十	十一	十二
居民消费价格总指数	**99.8**	**100.2**	**98.3**	**99.2**	**98.7**	**99.6**	**99.3**	**99.5**	**99.5**	**99.7**	**99.6**	**101.2**	**102.9**
非食品价格指数	**98.4**	**98.4**	**98.4**	**98.4**	**98.2**	**98.0**	**98.0**	**98.0**	**98.0**	**98.0**	**98.5**	**99.4**	**100.2**
服务项目价格指数	**96.2**	**95.5**	**95.4**	**95.4**	**95.5**	**95.4**	**95.5**	**95.6**	**95.5**	**95.7**	**96.7**	**97.9**	**99.9**
工业品价格指数	**100.1**	**100.4**	**100.6**	**100.5**	**100.1**	**100.0**	**99.8**	**99.8**	**99.7**	**99.6**	**99.8**	**100.4**	**100.5**
扣除食品和能源价格指数	**98.3**	**98.2**	**98.1**	**98.0**	**97.9**	**97.8**	**97.9**	**98.0**	**97.9**	**97.9**	**98.4**	**99.1**	**99.9**
扣除鲜菜鲜果总指数	**98.5**	**99.4**	**98.7**	**98.8**	**98.2**	**97.6**	**97.5**	**97.6**	**97.9**	**98.1**	**98.6**	**99.6**	**100.6**
消费品价格指数	**101.2**	**102.1**	**99.5**	**100.7**	**99.9**	**101.3**	**100.8**	**101.0**	**101.0**	**101.3**	**100.8**	**102.4**	**104.0**
食品	**102.8**	**104.5**	**98.8**	**101.5**	**100.1**	**103.1**	**102.1**	**102.4**	**102.6**	**103.5**	**102.0**	**105.1**	**108.8**
粮食	107.5	107.2	107.8	106.8	108.2	107.2	106.9	107.2	108.4	108.6	107.5	107.1	107.3
大米	104.9	107.5	106.7	106.7	106.5	103.2	103.1	101.8	105.0	104.0	103.5	105.0	106.0
面粉	110.7	106.4	108.2	110.4	111.8	111.9	112.3	111.1	110.4	111.7	112.4	110.9	110.6
粮食制品	107.7	106.6	107.8	104.8	107.8	108.3	107.6	109.4	109.7	110.3	107.8	106.2	106.0
其他	109.4	115.6	113.8	113.8	106.3	100.7	100.7	103.0	107.7	107.7	112.2	115.6	117.1
淀粉	104.9	111.0	112.0	112.0	108.3	106.4	102.9	102.9	102.9	102.9	99.8	100.0	100.0
干豆类及豆制品	97.4	101.3	99.5	97.1	94.3	93.8	94.4	94.5	94.8	95.3	98.1	102.6	104.3
干豆	88.5	86.9	85.1	78.5	76.9	77.8	79.3	79.3	80.9	83.5	101.3	118.6	129.5
豆制品	99.4	104.7	103.0	101.9	98.7	97.8	98.1	98.2	98.2	98.1	97.0	98.7	98.8
油脂	86.9	93.7	89.1	84.1	82.6	83.0	83.5	83.6	84.2	86.5	88.6	91.3	94.4
食用植物油	88.9	103.2	94.2	87.7	85.3	86.8	87.4	86.5	85.8	86.6	86.9	87.0	91.1
植物油制品	83.9	83.1	82.9	79.3	78.7	78.1	78.6	79.9	81.6	85.7	89.9	96.2	98.4
其他	72.2	84.3	77.5	78.2	77.5	67.4	64.1	64.1	66.3	67.1	69.8	72.2	78.6
肉禽及其制品	90.4	96.0	89.6	90.6	86.4	84.7	84.2	86.3	89.5	91.5	93.4	95.6	98.4
食用畜肉及副产品	85.4	93.1	85.0	85.1	79.5	77.1	76.1	79.7	84.4	87.5	90.6	93.7	96.6
猪肉	81.3	89.7	80.9	80.7	73.6	70.8	69.7	74.3	80.2	84.3	88.4	92.4	95.4
牛肉	102.0	105.4	99.7	104.0	105.1	104.1	102.4	102.2	101.9	100.3	100.6	99.5	99.6
羊肉	102.1	105.2	101.5	101.6	102.5	102.1	101.6	102.3	102.3	102.3	100.9	101.0	102.2
畜肉副产品	90.6	102.7	96.4	96.1	92.6	87.7	86.6	86.5	86.4	86.4	85.9	87.1	94.6
其他	101.3	100.0	100.0	100.0	100.0	100.0	100.0	100.0	100.0	100.0	103.7	103.7	108.0
禽	96.5	95.7	92.6	99.4	94.8	93.6	95.4	95.6	97.1	98.0	96.8	97.1	101.8
鸡	95.8	95.1	91.5	98.7	94.0	93.0	94.9	94.9	96.5	97.4	96.0	96.5	101.5
鸭	96.9	94.7	95.7	98.0	96.8	95.7	96.1	98.3	96.4	97.6	97.6	97.0	99.5
其他	114.6	117.8	121.3	121.3	112.3	104.7	107.8	111.1	115.9	116.9	116.9	116.9	114.5

4-1 续表1

类　别	年度	月份 一	二	三	四	五	六	七	八	九	十	十一	十二
加工肉禽	101.8	105.4	103.5	103.9	103.9	103.0	102.3	101.3	100.3	99.3	98.8	99.3	101.1
畜肉制品	101.3	104.2	102.3	103.0	104.0	103.1	102.3	101.5	99.6	98.0	97.6	98.6	101.8
禽制品	102.5	106.9	105.3	105.0	103.7	103.0	102.3	101.1	101.1	101.1	100.3	100.2	100.4
蛋	101.6	103.7	97.8	105.9	105.6	104.1	100.1	97.5	101.8	98.7	98.1	102.1	105.5
鲜蛋	101.1	102.9	96.7	105.5	105.1	103.4	99.2	96.4	101.1	98.2	97.9	102.3	106.3
蛋制品	107.5	111.7	110.9	110.9	112.4	112.4	111.7	110.2	110.2	104.3	100.0	100.0	98.6
水产品	98.4	108.5	102.6	106.6	99.5	94.7	93.7	94.1	95.3	95.7	94.9	97.4	100.6
鱼	96.9	110.7	103.5	109.8	99.0	92.4	90.5	90.2	91.7	92.6	92.6	96.2	100.3
淡水鱼	93.7	108.1	100.2	112.1	93.4	86.4	85.9	87.2	89.5	90.3	87.9	92.9	99.6
海水鱼	101.1	113.8	108.2	108.0	107.0	101.1	97.1	94.7	94.8	95.4	97.7	99.5	100.9
其他水产品	101.5	104.4	101.0	101.2	100.8	100.0	101.2	103.5	103.3	102.4	99.7	99.7	101.0
虾蟹类	102.7	106.6	102.2	102.2	101.4	100.1	102.2	106.5	106.2	104.5	99.4	99.4	101.8
其他	100.1	101.7	99.4	100.0	100.0	100.0	100.0	100.0	100.0	100.0	100.0	100.0	100.0
菜	123.2	117.9	95.1	105.0	109.4	138.8	135.6	133.6	129.4	135.9	120.9	137.1	154.7
鲜菜	124.4	118.6	94.2	104.6	109.4	141.7	138.8	137.1	132.3	139.4	122.3	139.2	156.9
干菜及菜制品	105.6	109.6	113.4	113.4	111.2	108.5	105.3	101.3	101.3	101.3	101.0	101.0	101.8
薯类	110.2	103.0	106.6	107.9	106.4	101.7	105.8	101.5	100.9	100.3	109.6	128.5	153.5
调味品	108.8	112.4	111.6	111.9	111.8	111.3	109.1	107.4	107.4	107.1	107.2	106.3	102.7
盐	120.2	119.7	121.9	120.9	120.9	120.9	120.9	120.9	121.9	120.7	122.7	122.7	109.3
酱油	105.7	113.6	110.2	112.3	112.3	110.2	105.8	102.6	101.9	102.1	100.0	100.0	100.0
醋	106.4	114.1	113.7	113.4	114.2	111.2	106.7	102.2	102.2	102.2	102.2	98.9	99.4
味精	103.6	102.6	104.0	106.3	104.6	104.1	105.3	104.8	103.6	103.6	102.6	101.3	101.3
其他	97.8	101.6	97.3	97.3	97.1	99.8	97.2	97.2	97.2	97.2	97.2	97.2	97.2
糖	102.4	102.7	100.7	103.1	101.8	102.5	102.1	102.9	102.9	104.3	101.6	101.6	103.0
食糖	98.1	92.8	92.9	99.3	96.1	96.4	96.4	100.0	100.0	99.6	99.6	99.6	105.1
糖果	105.6	106.1	105.8	105.8	105.8	105.8	105.8	105.8	105.8	109.7	103.7	103.7	103.5
巧克力制品	103.2	108.8	102.5	106.0	102.9	107.9	104.7	102.9	102.9	100.6	100.4	99.8	99.8
糖类小食品	100.6	108.0	100.0	100.0	100.0	100.0	100.0	100.0	100.0	100.0	100.0	100.0	100.0
茶及饮料	100.0	99.4	98.9	101.4	101.4	100.5	99.6	100.1	99.9	99.7	99.7	99.6	99.6
茶叶	99.1	95.4	92.7	100.4	100.4	100.4	100.0	100.4	100.0	100.0	100.0	100.0	100.0
饮料	100.3	100.9	101.3	101.7	101.8	100.6	99.5	99.9	99.9	99.6	99.6	99.4	99.4
固体饮料	100.6	101.7	99.7	100.0	100.0	101.2	101.2	101.2	101.2	100.0	100.3	100.3	100.3
液体饮料	102.0	101.1	102.4	102.9	103.1	103.1	101.2	102.0	101.9	101.7	101.7	101.3	101.3
冷冻饮品	96.2	100.0	100.0	100.0	100.0	94.3	94.3	94.3	94.3	94.3	94.3	94.3	94.3

4-1 续表2

类别	年度	月份											
		一	二	三	四	五	六	七	八	九	十	十一	十二
干鲜瓜果	108.2	99.4	98.1	105.3	100.6	111.6	119.2	123.9	113.9	108.5	105.9	109.2	109.5
鲜瓜果	111.6	100.7	99.7	109.0	102.5	116.5	127.5	135.2	121.6	113.4	107.5	109.7	108.5
干(坚)果	95.0	93.6	90.9	90.3	91.5	90.9	90.9	90.9	90.9	92.2	99.6	107.2	114.0
糕点饼干	103.4	107.6	106.5	104.2	104.0	103.7	102.6	101.8	102.4	102.6	102.5	102.3	101.0
糕点	102.4	109.4	104.0	101.3	101.3	101.3	101.3	101.3	101.3	102.3	101.6	101.0	103.5
饼干	102.9	108.3	109.2	104.8	104.2	103.2	103.5	100.6	100.6	100.6	100.6	100.6	100.1
面包	104.6	105.8	105.8	105.8	105.8	105.8	102.9	103.4	104.9	104.9	104.9	104.9	100.0
液体乳及乳制品	101.3	102.5	101.7	102.2	102.2	102.2	102.5	102.5	102.2	100.6	98.9	98.9	99.6
巴氏杀菌奶或消毒奶	100.7	103.1	102.3	102.3	102.3	102.3	102.3	102.3	102.3	99.3	96.8	96.8	97.4
酸奶	100.4	104.4	100.0	100.0	100.0	100.0	100.0	100.0	100.0	100.0	100.0	100.0	100.0
奶粉	101.9	98.5	98.5	101.5	101.5	101.5	103.1	103.1	101.5	103.0	103.0	103.0	104.4
其他	104.0	100.0	104.3	104.3	104.3	104.3	104.3	104.3	104.3	104.3	104.3	104.3	104.3
在外用膳食品	103.0	106.8	107.3	106.8	105.3	102.3	101.7	101.3	101.3	101.3	101.1	100.9	100.5
主食	103.6	107.4	107.4	105.7	104.1	104.1	104.1	102.7	102.7	102.7	102.0	101.3	100.0
炒菜	100.0	100.0	100.0	100.0	100.0	100.0	100.0	100.0	100.0	100.0	100.0	100.0	100.0
地方小吃	112.8	135.2	140.0	140.0	130.0	107.3	103.6	103.6	103.6	103.6	103.6	103.6	103.6
其他食品	107.8	109.7	110.8	110.7	107.4	109.1	110.4	110.4	110.4	108.4	105.4	105.4	97.6
烟酒及用品	**101.2**	**103.4**	**101.9**	**101.2**	**101.0**	**101.1**	**101.1**	**101.0**	**100.6**	**100.8**	**100.9**	**100.7**	**100.4**
烟草	99.2	99.9	99.5	99.0	99.3	99.3	99.3	99.3	98.9	98.9	98.9	98.9	98.9
国产卷烟	99.6	101.1	101.1	100.6	99.5	99.5	99.5	99.5	98.9	98.9	98.9	98.9	98.9
进口卷烟	98.0	96.8	95.5	94.9	98.8	98.8	98.8	98.8	98.8	98.8	98.8	98.8	98.8
其他	100.0	100.0	100.0	100.0	100.0	100.0	100.0	100.0	100.0	100.0	100.0	100.0	100.0
酒	103.3	107.8	104.5	103.7	102.7	103.0	102.9	102.6	102.2	102.7	103.0	102.4	102.3
白酒	103.7	108.7	104.9	103.6	102.6	103.0	103.0	103.0	102.6	103.2	104.0	103.3	103.0
葡萄酒	100.5	102.2	101.7	103.1	100.0	100.0	100.0	100.0	100.0	100.0	100.0	98.6	100.1
啤酒	102.9	106.8	104.0	104.9	104.3	104.9	104.0	101.9	101.6	101.6	100.2	100.5	100.5
其他	100.0	100.0	100.0	100.0	100.0	100.0	100.0	100.0	100.0	100.0	100.0	100.0	100.0
吸烟、饮酒用品	105.2	105.7	105.7	105.7	105.7	105.7	105.7	105.7	105.7	105.7	105.7	105.7	100.0
吸烟用品	100.0	100.0	100.0	100.0	100.0	100.0	100.0	100.0	100.0	100.0	100.0	100.0	100.0
饮酒用品	108.4	109.3	109.3	109.3	109.3	109.3	109.3	109.3	109.3	109.3	109.3	109.3	100.0
衣着	**100.1**	**100.1**	**100.1**	**100.1**	**100.1**	**100.1**	**100.1**	**100.1**	**100.1**	**100.1**	**100.1**	**100.1**	**100.0**
服装	100.0	100.0	100.0	100.0	100.0	100.0	100.0	100.0	100.0	100.0	100.0	100.0	100.0
男式服装	100.0	100.0	100.0	100.0	100.0	100.0	100.0	100.0	100.0	100.0	100.0	100.0	100.0
大衣	100.0	100.0	100.0	100.0	100.0	100.0	100.0	100.0	100.0	100.0	100.0	100.0	100.0

4-1 续表3

类别	年度	月份											
		一	二	三	四	五	六	七	八	九	十	十一	十二
毛线衣	100.0	100.0	100.0	100.0	100.0	100.0	100.0	100.0	100.0	100.0	100.0	100.0	100.0
夹克衫	100.0	100.0	100.0	100.0	100.0	100.0	100.0	100.0	100.0	100.0	100.0	100.0	100.0
衬衫	100.0	100.0	100.0	100.0	100.0	100.0	100.0	100.0	100.0	100.0	100.0	100.0	100.0
T恤衫	100.0	100.0	100.0	100.0	100.0	100.0	100.0	100.0	100.0	100.0	100.0	100.0	100.0
裤子	100.0	100.0	100.0	100.0	100.0	100.0	100.0	100.0	100.0	100.0	100.0	100.0	100.0
西服	100.0	100.0	100.0	100.0	100.0	100.0	100.0	100.0	100.0	100.0	100.0	100.0	100.0
运动衫裤	100.0	100.0	100.0	100.0	100.0	100.0	100.0	100.0	100.0	100.0	100.0	100.0	100.0
内衣	100.0	100.0	100.0	100.0	100.0	100.0	100.0	100.0	100.0	100.0	100.0	100.0	100.0
羽绒衣	100.0	100.0	100.0	100.0	100.0	100.0	100.0	100.0	100.0	100.0	100.0	100.0	100.0
其他	100.0	100.0	100.0	100.0	100.0	100.0	100.0	100.0	100.0	100.0	100.0	100.0	100.0
女式服装	100.0	100.0	100.0	100.0	100.0	100.0	100.0	100.0	100.0	100.0	100.0	100.0	100.0
大衣	100.0	100.0	100.0	100.0	100.0	100.0	100.0	100.0	100.0	100.0	100.0	100.0	100.0
毛线衣	99.7	99.7	99.7	99.7	99.7	99.7	99.7	99.7	99.7	99.7	99.7	99.7	99.7
羽绒衣	100.0	100.0	100.0	100.0	100.0	100.0	100.0	100.0	100.0	100.0	100.0	100.0	100.0
套装	100.0	100.0	100.0	100.0	100.0	100.0	100.0	100.0	100.0	100.0	100.0	100.0	100.0
衬衫	100.0	100.0	100.0	100.0	100.0	100.0	100.0	100.0	100.0	100.0	100.0	100.0	100.0
T恤衫	100.0	100.0	100.0	100.0	100.0	100.0	100.0	100.0	100.0	100.0	100.0	100.0	100.0
裙子	100.0	100.0	100.0	100.0	100.0	100.0	100.0	100.0	100.0	100.0	100.0	100.0	100.0
裤子	100.0	100.0	100.0	100.0	100.0	100.0	100.0	100.0	100.0	100.0	100.0	100.0	100.0
运动衫裤	100.0	100.0	100.0	100.0	100.0	100.0	100.0	100.0	100.0	100.0	100.0	100.0	100.0
内衣	100.0	100.0	100.0	100.0	100.0	100.0	100.0	100.0	100.0	100.0	100.0	100.0	100.0
其他	100.0	100.0	100.0	100.0	100.0	100.0	100.0	100.0	100.0	100.0	100.0	100.0	100.0
儿童服装	100.0	100.0	100.0	100.0	100.0	100.0	100.0	100.0	100.0	100.0	100.0	100.0	100.0
套装	100.0	100.0	100.0	100.0	100.0	100.0	100.0	100.0	100.0	100.0	100.0	100.0	100.0
裤子	100.0	100.0	100.0	100.0	100.0	100.0	100.0	100.0	100.0	100.0	100.0	100.0	100.0
裙子	100.0	100.0	100.0	100.0	100.0	100.0	100.0	100.0	100.0	100.0	100.0	100.0	100.0
其他	100.0	100.0	100.0	100.0	100.0	100.0	100.0	100.0	100.0	100.0	100.0	100.0	100.0
衣着材料	102.2	102.5	102.5	102.5	102.5	102.5	102.5	102.5	102.5	102.2	102.0	101.6	100.7
棉布	100.0	100.0	100.0	100.0	100.0	100.0	100.0	100.0	100.0	100.0	100.0	100.0	100.0
棉混纺布	100.0	100.0	100.0	100.0	100.0	100.0	100.0	100.0	100.0	100.0	100.0	100.0	100.0
化纤布	100.0	100.0	100.0	100.0	100.0	100.0	100.0	100.0	100.0	100.0	100.0	100.0	100.0
毛线	109.3	110.7	110.7	110.7	110.7	110.7	110.7	110.7	110.7	109.0	108.4	106.4	102.3
鞋袜帽	100.0	100.0	100.0	100.0	100.0	100.0	100.0	100.0	100.0	100.0	100.0	100.0	100.0
鞋	100.0	100.0	100.0	100.0	100.0	100.0	100.0	100.0	100.0	100.0	100.0	100.0	100.0
男鞋	100.0	100.0	100.0	100.0	100.0	100.0	100.0	100.0	100.0	100.0	100.0	100.0	100.0

4-1　续表4

类　　别	年　度	月　　　份											
		一	二	三	四	五	六	七	八	九	十	十一	十二
女鞋	100.0	100.0	100.0	100.0	100.0	100.0	100.0	100.0	100.0	100.0	100.0	100.0	100.0
童鞋	100.0	100.0	100.0	100.0	100.0	100.0	100.0	100.0	100.0	100.0	100.0	100.0	100.0
袜子	100.0	100.0	100.0	100.0	100.0	100.0	100.0	100.0	100.0	100.0	100.0	100.0	100.0
男袜	100.0	100.0	100.0	100.0	100.0	100.0	100.0	100.0	100.0	100.0	100.0	100.0	100.0
女袜	100.0	100.0	100.0	100.0	100.0	100.0	100.0	100.0	100.0	100.0	100.0	100.0	100.0
帽子	101.6	101.7	101.7	101.7	101.7	101.7	101.7	101.7	101.7	101.7	101.7	101.7	100.0
男帽	107.8	108.6	108.6	108.6	108.6	108.6	108.6	108.6	108.6	108.6	108.6	108.6	100.0
女帽	100.0	100.0	100.0	100.0	100.0	100.0	100.0	100.0	100.0	100.0	100.0	100.0	100.0
衣着加工服务费	104.9	108.2	108.2	108.2	104.2	104.2	104.2	104.2	104.2	104.2	104.2	104.2	101.2
缝纫	97.7	97.5	97.5	97.5	97.5	97.5	97.5	97.5	97.5	97.5	97.5	97.5	100.0
清洗	109.5	115.4	115.4	115.4	108.5	108.5	108.5	108.5	108.5	108.5	108.5	108.5	101.9
家庭设备用品及维修服务	**100.0**	**100.9**	**100.4**	**100.0**	**100.0**	**100.0**	**100.0**	**99.9**	**99.9**	**99.9**	**99.7**	**99.7**	**99.6**
耐用消费品	99.9	100.2	100.1	100.0	99.9	99.9	99.9	99.9	99.9	99.9	99.6	99.6	99.4
家具	100.0	100.0	100.0	100.0	100.0	100.0	100.0	100.0	100.0	100.0	100.0	100.0	100.0
柜	100.0	100.0	100.0	100.0	100.0	100.0	100.0	100.0	100.0	100.0	100.0	100.0	100.0
床	100.0	100.0	100.0	100.0	100.0	100.0	100.0	100.0	100.0	100.0	100.0	100.0	100.0
桌	100.0	100.0	100.0	100.0	100.0	100.0	100.0	100.0	100.0	100.0	100.0	100.0	100.0
椅	100.0	100.0	100.0	100.0	100.0	100.0	100.0	100.0	100.0	100.0	100.0	100.0	100.0
沙发	100.0	100.0	100.0	100.0	100.0	100.0	100.0	100.0	100.0	100.0	100.0	100.0	100.0
其他	100.0	100.0	100.0	100.0	100.0	100.0	100.0	100.0	100.0	100.0	100.0	100.0	100.0
家庭设备	99.8	100.2	100.1	100.0	99.9	99.9	99.9	99.9	99.9	99.9	99.4	99.4	99.1
洗衣机	101.7	101.9	102.1	102.1	102.1	102.1	102.1	102.1	102.1	102.1	100.4	100.4	100.4
电风扇	100.0	100.0	100.0	100.0	100.0	100.0	100.0	100.0	100.0	100.0	100.0	100.0	100.0
电冰箱(柜)	99.3	99.0	99.0	99.0	99.1	99.5	99.5	99.5	99.5	99.5	99.6	99.6	99.6
吸排油烟机	103.4	102.1	101.2	101.8	101.8	101.6	104.5	104.5	104.5	104.5	104.5	104.5	104.5
空调器	99.0	100.1	99.8	99.3	99.2	99.0	98.9	98.9	98.9	98.9	98.2	98.2	98.2
热水器	99.8	100.4	100.4	100.4	100.4	100.0	99.9	99.9	99.9	99.9	99.9	99.9	97.4
微波炉	99.9	100.0	100.0	100.0	100.0	99.9	99.8	99.8	99.8	99.8	99.8	99.8	99.8
电炊具	99.9	99.5	99.5	99.5	100.0	100.0	100.0	100.0	100.0	100.0	100.0	100.0	100.0
室内装饰品	100.0	100.0	100.0	100.0	100.0	100.0	100.0	100.0	100.0	100.0	100.0	100.0	100.0
纺织装饰品	100.0	100.0	100.0	100.0	100.0	100.0	100.0	100.0	100.0	100.0	100.0	100.0	100.0
装饰灯具	100.0	100.0	100.0	100.0	100.0	100.0	100.0	100.0	100.0	100.0	100.0	100.0	100.0
其他	100.0	100.0	100.0	100.0	100.0	100.0	100.0	100.0	100.0	100.0	100.0	100.0	100.0
床上用品	100.0	100.0	100.0	100.0	100.0	100.0	100.0	100.0	100.0	100.0	100.0	100.0	100.0
毛毯	100.0	100.0	100.0	100.0	100.0	100.0	100.0	100.0	100.0	100.0	100.0	100.0	100.0
被子	100.0	100.0	100.0	100.0	100.0	100.0	100.0	100.0	100.0	100.0	100.0	100.0	100.0

4-1　续表5

类　　别	年　度	月					份						
		一	二	三	四	五	六	七	八	九	十	十一	十二
床上套件	100.0	100.0	100.0	100.0	100.0	100.0	100.0	100.0	100.0	100.0	100.0	100.0	100.0
其他	100.0	100.0	100.0	100.0	100.0	100.0	100.0	100.0	100.0	100.0	100.0	100.0	100.0
家庭日用杂品	99.6	99.8	100.4	99.5	99.5	99.5	99.5	99.4	99.4	99.4	99.4	99.4	99.4
茶具	100.0	100.0	100.0	100.0	100.0	100.0	100.0	100.0	100.0	100.0	100.0	100.0	100.0
餐具	100.5	100.0	105.9	100.0	100.0	100.0	100.0	100.0	100.0	100.0	100.0	100.0	100.0
厨具	100.1	100.0	100.0	100.1	100.1	100.1	100.1	100.1	100.1	100.1	100.1	100.1	100.1
家用手工工具	100.0	100.0	100.0	100.0	100.0	100.0	100.0	100.0	100.0	100.0	100.0	100.0	100.0
洗涤用品	98.2	99.4	97.6	98.3	98.3	98.3	98.3	97.9	97.9	97.9	97.9	97.9	97.9
其他	100.0	100.0	100.0	100.0	100.0	100.0	100.0	100.0	100.0	100.0	100.0	100.0	100.0
家庭服务及加工维修服务	101.8	107.6	102.5	101.5	101.5	101.5	101.5	101.0	101.0	101.0	101.0	101.0	100.5
家庭服务	102.9	113.2	104.3	102.5	102.5	102.5	102.5	101.6	101.6	101.6	101.6	101.6	100.8
加工维修服务	100.0	100.0	100.0	100.0	100.0	100.0	100.0	100.0	100.0	100.0	100.0	100.0	100.0
医疗保健和个人用品	**101.2**	**101.7**	**101.5**	**101.0**	**100.7**	**100.3**	**100.8**	**100.8**	**100.8**	**100.9**	**101.9**	**102.0**	**101.5**
医疗保健	100.6	101.0	100.9	100.9	100.3	99.6	100.2	100.3	100.4	100.5	101.2	101.1	101.4
医疗器具及用品	100.1	100.0	100.0	100.0	100.0	100.0	100.0	100.0	100.0	100.0	101.0	101.0	99.5
中药材及中成药	103.8	104.3	104.3	103.1	101.9	101.0	102.3	103.0	103.0	103.2	105.3	106.0	107.9
中药材	108.6	114.5	114.5	110.3	106.2	106.2	101.7	104.0	104.0	104.1	110.2	111.3	117.6
中成药	101.6	100.0	100.0	100.0	99.9	98.7	102.6	102.6	102.6	102.8	103.2	103.6	103.6
西药	99.5	100.5	100.3	101.1	100.3	98.7	99.1	99.1	99.1	99.3	99.4	98.9	98.6
抗微生物药	100.5	101.4	101.4	101.4	101.4	100.0	100.0	100.0	100.0	100.0	100.0	100.0	100.0
消化系统用药	96.1	92.8	92.8	99.0	99.0	99.0	96.0	96.0	96.1	97.1	97.1	94.1	94.1
呼吸系统用药	98.9	100.0	100.0	100.0	100.0	100.0	98.1	98.1	98.1	98.1	98.1	98.1	98.1
解热镇痛及非甾体抗炎药	97.5	98.3	98.3	98.3	98.3	91.6	96.9	96.8	96.8	98.5	98.5	99.3	99.3
抗肿瘤药	99.4	100.3	100.3	100.3	99.1	100.0	100.0	99.0	99.0	98.2	99.0	99.0	99.0
激素及调节内分泌功能药	101.7	104.9	101.3	100.9	100.9	102.8	102.8	102.7	102.7	102.5	102.3	100.3	96.2
循环系统用药	101.2	107.0	107.0	107.0	99.0	100.3	99.6	99.6	99.6	99.6	99.6	98.9	98.9
神经系统用药	106.1	106.4	108.1	108.1	111.6	102.2	106.2	106.2	106.2	105.6	105.6	103.8	103.8
专科用药	100.0	100.1	100.1	100.1	100.0	100.0	100.0	100.0	100.0	100.0	100.0	100.0	100.0
其他	110.4	125.4	125.4	125.4	125.4	125.4	108.5	108.5	108.5	96.7	96.7	96.7	96.7
保健器具及用品	100.6	100.0	100.0	100.0	100.0	100.0	100.5	100.5	100.5	100.5	101.9	101.9	101.9
保健器具	100.0	100.0	100.0	100.0	100.0	100.0	100.0	100.0	100.0	100.0	100.0	100.0	100.0
滋补保健用品	100.8	100.0	100.0	100.0	100.0	100.0	100.6	100.6	100.6	100.6	102.4	102.4	102.4
医疗保健服务	99.6	99.0	99.0	99.0	99.0	99.8	99.8	99.9	99.9	99.9	100.0	100.0	100.0
挂号费	100.0	100.0	100.0	100.0	100.0	100.0	100.0	100.0	100.0	100.0	100.0	100.0	100.0
注射费	100.0	100.0	100.0	100.0	100.0	100.0	100.0	100.0	100.0	100.0	100.0	100.0	100.0

4-1 续表6

类别	年度	月份											
		一	二	三	四	五	六	七	八	九	十	十一	十二
检查费	100.0	100.0	100.0	100.0	100.0	100.0	100.0	100.0	100.0	100.0	100.0	100.0	100.0
手术费	100.0	100.0	100.0	100.0	100.0	100.0	100.0	100.0	100.0	100.0	100.0	100.0	100.0
住院费	100.0	100.0	100.0	100.0	100.0	100.0	100.0	100.0	100.0	100.0	100.0	100.0	100.0
理疗费	100.0	100.0	100.0	100.0	100.0	100.0	100.0	100.0	100.0	100.0	100.0	100.0	100.0
化验费	100.0	100.0	100.0	100.0	100.0	100.0	100.0	100.0	100.0	100.0	100.0	100.0	100.0
其他	87.6	73.0	73.0	73.0	73.0	92.1	92.1	98.2	98.2	98.2	100.0	100.0	100.0
个人用品及服务	102.4	103.4	102.9	101.3	101.8	101.9	102.4	101.9	102.0	102.0	103.6	104.2	101.6
化妆美容用品	100.1	100.0	100.0	100.0	100.0	100.1	100.1	100.1	100.1	100.1	100.1	100.1	100.1
化妆美容器具	100.0	100.0	100.0	100.0	100.0	100.0	100.0	100.0	100.0	100.0	100.0	100.0	100.0
美容化妆品	100.0	100.0	100.0	100.0	100.0	100.0	100.0	100.0	100.0	100.0	100.0	100.0	100.0
护肤品	100.0	100.0	100.0	100.0	100.0	100.0	100.0	100.0	100.0	100.0	100.0	100.0	100.0
护发美容品	100.5	100.0	100.0	100.0	100.0	100.7	100.7	100.7	100.7	100.7	100.7	100.7	100.7
清洁化妆用品	101.4	101.6	102.7	102.8	102.7	102.7	102.4	102.5	99.9	99.9	99.9	99.9	99.9
洗发用品	102.8	104.4	104.7	105.0	104.7	104.7	104.7	104.9	100.3	100.3	100.3	100.3	100.3
洗浴用品	100.2	101.6	101.6	101.6	101.6	101.6	100.4	100.4	98.8	98.8	98.8	98.8	98.8
其他	100.0	95.5	100.0	100.0	100.0	100.0	100.6	100.6	100.6	100.6	100.6	100.6	100.6
个人饰品	91.3	93.7	90.4	82.3	84.5	85.2	88.4	86.0	89.8	92.6	98.0	104.8	104.9
首饰	87.8	90.3	86.3	75.7	78.4	79.3	83.8	80.5	85.4	89.6	97.5	107.8	108.1
皮件	100.0	100.0	100.0	100.0	100.0	100.0	100.0	100.0	100.0	100.0	100.0	100.0	100.0
手表	100.0	100.0	100.0	100.0	100.0	100.0	100.0	100.0	100.0	100.0	100.0	100.0	100.0
领带	100.0	100.0	100.0	100.0	100.0	100.0	100.0	100.0	100.0	100.0	100.0	100.0	100.0
其他	100.0	100.0	100.0	100.0	100.0	100.0	100.0	100.0	100.0	100.0	100.0	100.0	100.0
个人服务	112.2	113.7	113.7	113.7	113.7	113.7	113.2	113.2	113.2	111.4	113.9	111.8	102.8
美容	107.2	107.6	107.6	107.6	107.6	107.6	107.6	107.6	107.6	107.6	108.9	108.9	101.2
理(烫)发	120.0	124.0	124.0	124.0	124.0	124.0	124.0	124.0	124.0	119.1	119.1	114.1	101.2
洗浴	114.1	111.8	111.8	111.8	111.8	111.8	108.3	108.3	108.3	108.3	128.9	128.9	119.1
其他	100.0	100.0	100.0	100.0	100.0	100.0	100.0	100.0	100.0	100.0	100.0	100.0	100.0
交通和通信	**98.6**	**98.1**	**98.1**	**98.4**	**98.0**	**98.3**	**98.2**	**98.6**	**98.7**	**98.8**	**98.7**	**99.7**	**99.5**
交通	100.6	101.2	101.0	101.0	101.2	100.5	100.4	100.0	100.3	100.7	100.4	100.9	100.1
交通工具	101.2	101.2	101.2	101.2	101.2	101.2	99.9	99.9	101.5	102.1	102.1	102.1	100.9
摩托车	100.5	100.0	100.0	100.0	100.0	100.0	100.0	100.0	100.0	100.0	100.0	103.1	103.1
自行车	101.3	100.0	100.0	100.0	100.0	100.0	100.0	100.0	103.2	103.2	103.2	103.2	103.2
轿车	100.9	102.9	102.9	102.9	102.9	102.9	99.9	99.9	99.9	99.9	99.9	99.9	97.1
其他	104.0	100.0	100.0	100.0	100.0	100.0	100.0	100.0	100.0	111.9	111.9	111.9	111.9
车用燃料及零配件	106.4	106.8	106.1	106.7	108.7	108.4	107.7	106.1	104.5	106.2	104.2	107.3	104.2
汽油	97.0	94.7	93.7	94.9	98.5	98.0	97.6	96.6	93.8	96.7	93.1	98.6	107.7

4-1　续表7

类　别	年　度	月	份										
		一	二	三	四	五	六	七	八	九	十	十一	十二
柴油	96.4	94.6	92.1	92.7	96.6	96.6	96.7	95.9	92.8	96.5	93.9	98.7	109.4
零配件	122.4	125.0	125.0	125.0	125.0	125.0	125.0	125.0	125.0	125.0	125.0	125.0	100.0
其他	100.0	100.0	100.0	100.0	100.0	100.0	100.0	100.0	100.0	100.0	100.0	100.0	100.0
车辆使用及维修费	99.5	99.6	98.8	98.8	98.5	98.5	100.8	99.7	100.0	100.0	100.0	100.0	100.0
驾驶证	102.4	105.3	105.3	105.3	105.3	105.3	105.3	98.0	100.0	100.0	100.0	100.0	100.0
保险费	100.0	100.0	100.0	100.0	100.0	100.0	100.0	100.0	100.0	100.0	100.0	100.0	100.0
停车费	100.0	100.0	100.0	100.0	100.0	100.0	100.0	100.0	100.0	100.0	100.0	100.0	100.0
车辆修理服务费	96.8	94.6	92.2	92.2	92.2	92.2	100.0	100.0	100.0	100.0	100.0	100.0	100.0
其他	101.7	107.1	107.1	107.1	100.0	100.0	100.0	100.0	100.0	100.0	100.0	100.0	100.0
市区公共交通费	100.0	100.0	100.0	100.0	100.0	100.0	100.0	100.0	100.0	100.0	100.0	100.0	100.0
公共汽车票	100.0	100.0	100.0	100.0	100.0	100.0	100.0	100.0	100.0	100.0	100.0	100.0	100.0
出租汽车	100.0	100.0	100.0	100.0	100.0	100.0	100.0	100.0	100.0	100.0	100.0	100.0	100.0
其他	100.0	100.0	100.0	100.0	100.0	100.0	100.0	100.0	100.0	100.0	100.0	100.0	100.0
城市间交通费	97.5	100.0	99.8	99.8	99.8	96.5	96.5	96.2	96.2	96.2	96.2	96.3	96.6
飞机票	96.7	99.5	97.7	97.7	97.7	97.7	97.7	94.7	94.7	94.7	94.7	96.0	98.2
火车票	100.0	100.0	100.0	100.0	100.0	100.0	100.0	100.0	100.0	100.0	100.0	100.0	100.0
长途汽车	91.2	100.0	100.0	100.0	100.0	86.8	86.8	86.8	86.8	86.8	86.8	86.8	86.8
其他	100.0	100.0	100.0	100.0	100.0	100.0	100.0	100.0	100.0	100.0	100.0	100.0	100.0
通信	97.8	96.9	96.9	97.3	96.7	97.4	97.4	98.1	98.1	98.0	98.0	99.2	99.2
通信工具	78.4	72.1	72.1	75.0	70.1	75.2	75.2	81.2	81.2	80.6	80.6	92.8	92.8
固定电话机	100.0	100.0	100.0	100.0	100.0	100.0	100.0	100.0	100.0	100.0	100.0	100.0	100.0
移动电话机	77.5	71.1	71.1	74.1	69.1	74.2	74.2	80.5	80.5	79.8	79.8	92.5	92.5
其他	100.0	100.0	100.0	100.0	100.0	100.0	100.0	100.0	100.0	100.0	100.0	100.0	100.0
通信服务	100.0	100.0	100.0	100.0	100.0	100.0	100.0	100.0	100.0	100.0	100.0	100.0	100.0
移动通信费	100.0	100.0	100.0	100.0	100.0	100.0	100.0	100.0	100.0	100.0	100.0	100.0	100.0
市内电话费	100.0	100.0	100.0	100.0	100.0	100.0	100.0	100.0	100.0	100.0	100.0	100.0	100.0
长途电话费	100.0	100.0	100.0	100.0	100.0	100.0	100.0	100.0	100.0	100.0	100.0	100.0	100.0
月租费	100.0	100.0	100.0	100.0	100.0	100.0	100.0	100.0	100.0	100.0	100.0	100.0	100.0
上网费	100.0	100.0	100.0	100.0	100.0	100.0	100.0	100.0	100.0	100.0	100.0	100.0	100.0
信件邮寄	100.0	100.0	100.0	100.0	100.0	100.0	100.0	100.0	100.0	100.0	100.0	100.0	100.0
包裹邮寄	100.0	100.0	100.0	100.0	100.0	100.0	100.0	100.0	100.0	100.0	100.0	100.0	100.0
其他	100.0	100.0	100.0	100.0	100.0	100.0	100.0	100.0	100.0	100.0	100.0	100.0	100.0
娱乐教育文化用品及服务	**100.6**	**100.6**	**100.6**	**100.9**	**101.1**	**100.7**	**100.7**	**100.9**	**100.6**	**100.4**	**100.1**	**100.1**	**100.0**
文娱用耐用消费品及服务	97.7	98.1	97.8	98.2	98.2	97.7	96.9	97.7	97.7	97.6	97.3	97.3	97.3
电视机	93.1	94.3	93.5	95.0	95.0	93.6	91.7	93.0	93.0	93.0	91.7	91.7	91.7
激光视盘机	100.0	100.0	100.0	100.0	100.0	100.0	100.0	100.0	100.0	100.0	100.0	100.0	100.0

4-1 续表 8

类别	年度	月份 一	二	三	四	五	六	七	八	九	十	十一	十二
摄像机	97.2	95.7	95.4	95.4	95.4	95.4	95.4	99.7	99.7	98.7	98.7	98.7	98.7
照相机	95.7	96.2	96.2	96.2	96.2	96.2	93.3	95.6	95.6	95.6	95.6	95.6	95.6
家用音响	100.0	100.0	100.0	100.0	100.0	100.0	100.0	100.0	100.0	100.0	100.0	100.0	100.0
便携式音响	100.5	101.4	101.4	101.4	101.4	100.0	100.0	100.0	100.0	100.0	100.0	100.0	100.0
电脑	99.3	99.5	99.3	99.3	99.3	99.3	99.3	99.3	99.3	99.3	99.3	99.3	99.3
修理服务	100.0	100.0	100.0	100.0	100.0	100.0	100.0	100.0	100.0	100.0	100.0	100.0	100.0
其他	100.0	100.0	100.0	100.0	100.0	100.0	100.0	100.0	100.0	100.0	100.0	100.0	100.0
教育	101.2	100.5	101.4	101.4	101.4	101.4	101.4	101.4	101.4	101.1	101.0	101.0	101.0
教材及参考书	103.3	104.9	104.9	104.9	104.9	104.9	104.9	104.9	104.9	100.6	100.0	100.0	100.0
工具书	105.7	107.8	107.8	107.8	107.8	107.8	107.8	107.8	107.8	107.8	100.0	100.0	100.0
教材	106.9	110.7	110.7	110.7	110.7	110.7	110.7	110.7	110.7	100.0	100.0	100.0	100.0
参考书	100.0	100.0	100.0	100.0	100.0	100.0	100.0	100.0	100.0	100.0	100.0	100.0	100.0
教育软件	100.0	100.0	100.0	100.0	100.0	100.0	100.0	100.0	100.0	100.0	100.0	100.0	100.0
学杂托幼费	101.0	100.0	101.1	101.1	101.1	101.1	101.1	101.1	101.1	101.1	101.1	101.1	101.1
义务教育杂费	100.0	100.0	100.0	100.0	100.0	100.0	100.0	100.0	100.0	100.0	100.0	100.0	100.0
非义务教育学杂费	101.8	100.0	102.0	102.0	102.0	102.0	102.0	102.0	102.0	102.0	102.0	102.0	102.0
技能培训学费	100.0	100.0	100.0	100.0	100.0	100.0	100.0	100.0	100.0	100.0	100.0	100.0	100.0
托幼费	100.0	100.0	100.0	100.0	100.0	100.0	100.0	100.0	100.0	100.0	100.0	100.0	100.0
其他	100.0	100.0	100.0	100.0	100.0	100.0	100.0	100.0	100.0	100.0	100.0	100.0	100.0
文化娱乐类	102.2	104.6	104.6	104.4	104.4	103.8	103.3	102.3	99.7	100.0	99.9	99.9	99.3
文化娱乐用品	100.1	100.4	100.4	100.4	100.4	100.4	100.3	100.3	100.3	100.3	99.3	99.3	98.8
乐器	100.0	100.0	100.0	100.0	100.0	100.0	100.0	100.0	100.0	100.0	100.0	100.0	100.0
音响光盘和磁带	97.6	100.0	100.0	100.0	100.0	100.0	100.0	100.0	100.0	100.0	90.5	90.5	90.5
照相胶卷和存储卡	99.2	100.0	100.0	100.0	100.0	100.0	98.5	98.5	98.5	98.5	98.5	98.5	98.5
录像磁带和视盘	101.1	100.0	100.0	100.0	100.0	100.0	101.9	101.9	101.9	101.9	101.9	101.9	101.9
儿童玩具	100.0	100.0	100.0	100.0	100.0	100.0	100.0	100.0	100.0	100.0	100.0	100.0	100.0
纸张本册	102.7	102.9	102.9	102.9	102.9	102.9	102.9	102.9	102.9	102.9	102.9	102.9	100.0
文具	100.0	100.0	100.0	100.0	100.0	100.0	100.0	100.0	100.0	100.0	100.0	100.0	100.0
体育用品	100.0	100.0	100.0	100.0	99.5	100.0	100.0	100.0	100.0	100.0	100.0	100.0	100.0
其他	100.0	100.0	100.0	100.0	100.0	100.0	100.0	100.0	100.0	100.0	100.0	100.0	100.0
书报杂志	104.9	113.4	113.4	113.4	113.4	110.9	108.8	105.3	96.7	96.7	96.7	96.7	96.7
书籍	101.5	101.5	101.5	101.5	101.5	101.5	101.5	101.5	101.5	101.5	101.5	101.5	101.5
报纸	98.0	118.6	118.6	118.6	118.6	112.6	107.7	100.0	79.4	79.4	79.4	79.4	79.4
杂志	119.6	119.6	119.6	119.6	119.6	119.6	119.6	119.6	119.6	119.6	119.6	119.6	119.6
文娱费	102.4	102.4	102.4	101.7	101.8	101.8	102.2	102.2	101.9	102.7	103.9	103.9	102.3
电影票	114.7	102.2	102.2	104.4	111.0	111.0	116.2	116.2	114.0	127.9	127.9	127.9	117.0

4-1 续表 9

类 别	年 度	月 份											
		一	二	三	四	五	六	七	八	九	十	十一	十二
景点门票	100.0	100.0	100.0	100.0	100.0	100.0	100.0	100.0	100.0	100.0	100.0	100.0	100.0
有线电视	100.0	100.0	100.0	100.0	100.0	100.0	100.0	100.0	100.0	100.0	100.0	100.0	100.0
健身活动	103.6	107.7	107.7	104.5	102.4	102.4	102.4	102.4	102.4	100.3	104.4	104.4	102.0
其他	100.0	100.0	100.0	100.0	100.0	100.0	100.0	100.0	100.0	100.0	100.0	100.0	100.0
旅游	100.8	101.5	97.9	99.5	101.3	99.3	101.1	102.5	102.2	102.4	100.5	100.5	100.5
旅行社收费	100.0	100.4	96.2	98.1	100.2	98.5	100.7	102.4	102.0	102.2	100.0	100.0	100.0
宾馆住宿	109.0	114.4	114.4	114.4	114.4	106.5	106.5	106.5	106.5	106.5	106.5	106.5	106.5
其他住宿	100.0	100.0	100.0	100.0	100.0	100.0	100.0	100.0	100.0	100.0	100.0	100.0	100.0
居住	**92.3**	**90.9**	**91.9**	**91.9**	**91.5**	**91.2**	**90.7**	**90.4**	**90.6**	**90.5**	**92.5**	**95.8**	**100.4**
建房及装修材料	101.3	103.7	103.2	103.2	103.1	103.1	101.1	101.1	99.5	99.5	99.5	99.4	99.5
木材	104.2	110.7	110.7	110.7	110.7	110.7	100.0	100.0	100.0	100.0	100.0	100.0	100.0
木地板	95.8	95.5	95.5	95.5	95.5	95.5	95.5	95.5	95.5	95.5	95.5	95.5	100.0
砖	104.4	107.7	107.7	107.7	107.7	107.7	107.7	107.7	100.0	100.0	100.0	100.0	100.0
水泥	99.9	100.8	100.8	100.8	100.8	100.8	100.8	100.8	100.0	100.0	100.0	99.2	94.4
涂料	100.0	100.0	100.0	100.0	100.0	100.0	100.0	100.0	100.0	100.0	100.0	100.0	100.0
胶合板	100.2	102.7	100.0	100.0	100.0	100.0	100.0	100.0	100.0	100.0	100.0	100.0	100.0
玻璃	101.8	100.0	100.0	100.0	100.0	100.0	101.3	101.3	101.3	101.3	101.3	105.5	109.7
粘胶	106.2	108.3	105.9	105.9	105.9	105.9	106.0	106.0	106.0	106.0	106.0	106.0	106.0
油漆	102.7	108.0	104.7	104.7	101.3	101.3	102.6	102.6	101.6	101.6	101.6	101.6	101.6
其他	100.0	100.0	100.0	100.0	100.0	100.0	100.0	100.0	100.0	100.0	100.0	100.0	100.0
租房	113.9	115.4	115.4	115.4	115.4	115.4	115.4	115.4	115.4	115.4	115.4	115.4	100.0
公房房租	100.0	100.0	100.0	100.0	100.0	100.0	100.0	100.0	100.0	100.0	100.0	100.0	100.0
私房房租	117.3	119.2	119.2	119.2	119.2	119.2	119.2	119.2	119.2	119.2	119.2	119.2	100.0
其他费用	100.0	100.0	100.0	100.0	100.0	100.0	100.0	100.0	100.0	100.0	100.0	100.0	100.0
自有住房	82.9	80.7	80.7	80.7	80.7	80.7	80.7	80.7	80.7	81.2	84.2	88.4	98.0
房屋贷款利率	77.4	74.8	74.8	74.8	74.8	74.8	74.8	74.8	74.8	75.4	78.7	84.5	97.5
物业管理费用	100.0	100.0	100.0	100.0	100.0	100.0	100.0	100.0	100.0	100.0	100.0	100,0	100.0
维护修理费用	100.0	100.0	100.0	100.0	100.0	100.0	100.0	100.0	100.0	100.0	100.0	100.0	100.0
其他	113.0	115.2	115.2	115.2	115.2	115.2	115.2	115.2	115.2	115.2	115.2	106.7	100.0
水、电、燃料	102.3	101.2	104.8	104.7	103.4	102.3	101.1	100.1	101.3	99.7	100.7	103.6	104.7
水	100.0	100.0	100.0	100.0	100.0	100.0	100.0	100.0	100.0	100.0	100.0	100.0	100.0
电	100.0	100.0	100.0	100.0	100.0	100.0	100.0	100.0	100.0	100.0	100.0	100.0	100.0
液化石油气	77.3	77.7	77.7	76.9	72.7	66.1	59.3	61.4	72.4	74.8	82.9	104.8	116.3
管道燃气	117.2	100.0	118.8	118.8	118.8	118.8	118.8	118.8	118.8	118.8	118.8	118.8	118.8
其他燃料	123.9	159.4	157.2	157.2	147.6	147.6	145.0	121.2	115.1	97.0	94.5	97.0	97.0

4-2 市区商品零售价格指数

（以上年价格为100）

类别	年度	月份											
		一	二	三	四	五	六	七	八	九	十	十一	十二
商品零售价格总指数	**100.3**	**101.0**	**100.0**	**100.5**	**99.9**	**100.3**	**99.9**	**99.7**	**99.6**	**99.6**	**99.5**	**101.1**	**102.3**
食品	**102.7**	**104.4**	**99.4**	**101.9**	**100.4**	**102.8**	**101.9**	**102.1**	**102.3**	**103.0**	**101.8**	**104.6**	**107.9**
粮食	107.5	107.3	107.8	107.6	108.4	107.0	106.9	106.6	107.9	108.1	107.5	107.4	107.8
淀粉	104.9	111.0	112.0	112.0	108.3	106.4	102.9	102.9	102.9	102.9	99.8	100.0	100.0
干豆类及豆制品	97.4	101.3	99.5	97.1	94.3	93.8	94.4	94.5	94.8	95.3	98.1	102.6	104.3
油脂	86.4	93.3	88.7	83.9	82.4	82.5	82.9	83.1	83.7	85.9	88.1	90.9	94.0
肉禽及其制品	91.2	96.5	90.3	91.4	87.5	85.9	85.4	87.4	90.3	92.2	93.9	96.0	98.6
蛋	101.6	103.7	97.8	105.9	105.6	104.1	100.1	97.5	101.8	98.7	98.1	102.1	105.5
水产品	98.1	108.2	102.3	106.5	99.0	94.3	93.2	93.7	94.9	95.4	94.7	97.3	100.5
菜	121.5	117.4	96.9	106.1	109.9	135.3	131.2	128.6	125.5	131.2	118.3	132.6	148.8
调味品	108.8	112.4	111.6	111.9	111.8	111.3	109.1	107.4	107.4	107.1	107.2	106.3	102.7
糖	102.4	102.7	100.7	103.1	101.8	102.5	102.1	102.9	102.9	104.3	101.6	101.6	103.0
干鲜瓜果	108.2	99.4	98.1	105.3	100.6	111.6	119.2	123.9	113.9	108.5	105.9	109.2	109.5
糕点饼干面包	103.4	107.6	106.5	104.2	104.0	103.7	102.6	101.8	102.4	102.6	102.5	102.3	101.0
液体乳及乳制品	101.3	102.5	101.7	102.2	102.2	102.2	102.5	102.5	102.2	100.6	98.9	98.9	99.6
在外用膳食品	102.6	106.1	106.6	106.3	104.9	101.9	101.3	101.0	101.0	101.0	100.9	100.7	100.5
其他食品	107.8	109.7	110.8	110.7	107.4	109.1	110.4	110.4	110.4	108.4	105.4	105.4	97.6
饮料、烟酒	**100.7**	**102.3**	**101.0**	**101.2**	**100.9**	**100.8**	**100.6**	**100.6**	**100.2**	**100.3**	**100.4**	**100.2**	**100.2**
茶及饮料	100.0	99.4	98.9	101.4	101.5	100.6	99.7	100.1	100.0	99.8	99.8	99.6	99.6
烟草	99.2	99.9	99.5	99.0	99.3	99.3	99.3	99.3	98.9	98.9	98.9	98.9	98.9
酒	103.1	107.4	104.3	103.8	102.6	102.9	102.7	102.4	102.0	102.5	102.7	102.1	102.1
服装、鞋帽	**100.0**	**100.0**	**100.0**	**100.0**	**100.0**	**100.0**	**100.0**	**100.0**	**100.0**	**100.0**	**100.0**	**100.0**	**100.0**
服装	100.0	100.0	100.0	100.0	100.0	100.0	100.0	100.0	100.0	100.0	100.0	100.0	100.0
鞋袜帽	100.0	100.0	100.0	100.0	100.0	100.0	100.0	100.0	100.0	100.0	100.0	100.0	100.0
其他	100.0	100.0	100.0	100.0	100.0	100.0	100.0	100.0	100.0	100.0	100.0	100.0	100.0
纺织品	**100.5**	**100.6**	**100.6**	**100.6**	**100.6**	**100.6**	**100.6**	**100.6**	**100.6**	**100.5**	**100.5**	**100.4**	**100.1**
衣着材料	102.2	102.5	102.5	102.5	102.5	102.5	102.5	102.5	102.5	102.2	102.0	101.6	100.7
床上用品	100.0	100.0	100.0	100.0	100.0	100.0	100.0	100.0	100.0	100.0	100.0	100.0	100.0
家用电器及音像器材	**98.4**	**98.8**	**98.5**	**98.8**	**98.7**	**98.3**	**98.0**	**98.5**	**98.5**	**98.5**	**98.0**	**98.0**	**97.9**
家庭设备	99.8	100.2	100.1	99.9	99.9	99.9	99.9	99.9	99.9	99.9	99.5	99.5	99.2
文娱用耐用消费品	96.8	97.2	96.8	97.5	97.5	96.7	95.9	97.0	97.0	96.9	96.3	96.3	96.3
音像器材	94.2	93.7	93.7	93.7	93.7	93.7	93.7	93.7	93.7	93.7	93.7	93.7	100.0

4-2 续表

类　别	年度	月份											
		一	二	三	四	五	六	七	八	九	十	十一	十二
文化办公用品	**99.3**	**100.0**	**99.8**	**99.6**	**99.6**	**99.6**	**99.6**	**99.6**	**99.5**	**99.3**	**98.6**	**98.6**	**98.3**
日用品	**100.6**	**100.1**	**101.5**	**101.1**	**100.4**	**100.6**	**100.7**	**100.5**	**100.9**	**100.9**	**100.1**	**100.1**	**100.1**
日用百货	102.4	101.7	102.8	102.8	102.3	102.5	102.5	102.4	103.8	103.8	101.2	101.2	101.2
日用杂品	100.2	100.0	102.1	100.0	100.0	100.0	100.0	100.0	100.0	100.0	100.0	100.0	100.0
洗涤用品	98.5	97.6	99.8	99.6	98.6	98.6	98.6	98.3	98.3	98.3	98.3	98.3	98.3
其他日用品	101.0	101.2	101.4	101.4	100.3	100.7	101.1	101.1	101.1	101.1	101.1	101.1	101.1
体育娱乐用品	**99.9**	**98.6**	**100.0**	**100.0**	**99.9**	**100.0**	**100.0**	**100.0**	**100.0**	**100.0**	**100.0**	**100.0**	**100.0**
体育用品	99.8	97.6	100.0	100.0	99.8	100.0	100.0	100.0	100.0	100.0	100.0	100.0	100.0
娱乐用品	100.0	100.0	100.0	100.0	100.0	100.0	100.0	100.0	100.0	100.0	100.0	100.0	100.0
交通、通信用品	**95.9**	**94.8**	**94.9**	**95.7**	**94.4**	**95.7**	**94.7**	**96.2**	**96.2**	**96.0**	**96.0**	**98.6**	**97.3**
交通运输机械	100.6	101.5	101.7	101.7	101.7	101.5	100.0	100.0	100.0	100.0	100.0	100.1	98.4
通信器材	83.1	77.9	77.9	80.4	76.3	80.6	80.6	85.4	85.4	84.9	84.9	94.4	94.4
家具	**100.0**	**100.0**	**100.0**	**100.0**	**100.0**	**100.0**	**100.0**	**100.0**	**100.0**	**100.0**	**100.0**	**100.0**	**100.0**
化妆品	**100.2**	**100.0**	**100.0**	**100.0**	**100.2**	**100.3**	**100.3**	**100.3**	**100.3**	**100.3**	**100.3**	**100.3**	**100.3**
金银珠宝	**91.2**	**93.5**	**91.0**	**82.5**	**84.8**	**85.0**	**87.7**	**85.8**	**89.8**	**92.4**	**99.1**	**103.4**	**104.0**
中西药品及医疗保健用品	**101.0**	**101.6**	**101.5**	**101.6**	**100.8**	**99.6**	**100.3**	**100.4**	**100.4**	**100.7**	**101.5**	**101.4**	**101.8**
医疗器具及用品	100.1	100.0	100.0	100.0	100.0	100.0	100.0	100.0	100.0	100.0	101.0	101.0	99.5
中药材及中成药	103.8	104.3	104.3	103.1	101.9	101.0	102.3	103.0	103.0	103.2	105.3	106.0	107.9
西药	99.5	100.5	100.3	101.1	100.3	98.7	99.1	99.1	99.1	99.3	99.4	98.9	98.6
保健品及器具	100.6	100.0	100.0	100.0	100.0	100.0	100.5	100.5	100.5	100.5	101.9	101.9	101.9
书报杂志及电子出版物	**104.9**	**110.1**	**110.1**	**110.1**	**110.1**	**108.9**	**107.8**	**106.0**	**101.6**	**99.4**	**98.6**	**98.6**	**98.6**
教材及参考书	104.5	106.7	106.7	106.7	106.7	106.7	106.7	106.7	106.7	101.4	100.0	100.0	100.0
书报杂志	105.8	114.3	114.3	114.3	114.3	111.9	109.7	106.1	97.5	97.5	97.5	97.5	97.5
电子音像制品	99.2	100.0	100.0	100.0	100.0	100.0	100.3	100.3	100.3	100.3	96.5	96.5	96.5
燃料	**105.1**	**103.7**	**108.9**	**108.9**	**109.2**	**108.2**	**106.6**	**103.0**	**101.8**	**100.4**	**99.1**	**103.9**	**109.5**
煤炭及制品	123.5	156.7	158.0	154.4	147.5	147.5	144.9	121.1	115.0	96.9	94.5	96.9	96.9
石油及制品	101.4	94.9	100.6	101.0	102.4	101.2	99.9	99.3	99.0	100.9	99.9	105.1	112.2
建筑材料及五金电料	**96.3**	**98.9**	**98.5**	**96.3**	**95.9**	**93.0**	**93.7**	**93.5**	**94.1**	**94.0**	**98.0**	**100.0**	**100.2**
建筑装璜材料	94.9	98.4	97.9	94.9	94.3	90.4	91.5	91.2	92.0	91.9	97.3	100.1	100.2
五金电料	100.0	100.0	100.0	100.0	100.0	100.0	100.0	100.0	100.0	100.0	100.0	100.0	100.0

4-3 市区居民消费及零售商品平均价格

（2009 年）

品 名	规 格	单位	本年平均价格（元）	品 名	规 格	单位	本年平均价格（元）
大米	郑州一等信阳米散装	千克	3.01	其他	郑州猪板油一级	千克	12.76
大米	郑州一等粳米散装	千克	3.62	猪肉	郑州去骨五花猪肉	千克	20.19
面粉	郑州神象高筋富强粉袋装	千克	3.02	猪肉	郑州去骨后腿猪肉	千克	20.22
面粉	郑州金苑精制粉袋装	千克	2.37	牛肉	郑州牛肉去骨腿肉	千克	30.54
粮食制品	郑州展翔牌精粉挂面 450 克	把	1.48	牛肉	牛肉肋排肉	千克	28.79
粮食制品	郑州三全凌汤圆(黑芝麻)15 个	袋	8.03	羊肉	郑州去骨统肉	千克	35.68
粮食制品	康师傅红烧牛肉面五连包精装	袋	9.41	羊肉	带骨羊排肉	千克	28.89
粮食制品	馒头二两一个	千克	2.73	畜肉副产品	郑州猪肝	千克	12.55
其他	郑州一等小米散装	千克	6.24	畜肉副产品	郑州猪肚	千克	24.56
淀粉	郑州薯类淀粉	千克	6.00	其他	郑州兔肉	千克	13.67
淀粉	禹州红薯粉条	千克	7.00	鸡	郑州活公鸡上等	千克	23.41
干豆	郑州一等黄豆散装	千克	5.34	鸡	郑州白条鸡上等	千克	11.52
干豆	郑州一等绿豆散装	千克	6.96	鸭	郑州活鸭上等	千克	18.46
豆制品	郑州水豆腐	千克	3.04	鸭	半片鸭	千克	9.00
豆制品	郑州豆腐皮	千克	7.00	其他	郑州活鸽子上等	只	18.08
豆制品	郑州豆腐干	千克	5.59	畜肉制品	香肠	千克	26.68
食用植物油	郑州小磨香油	千克	36.43	畜肉制品	郑州五香熟牛肉	千克	59.20
食用植物油	郑州菜籽油(一级)	千克	9.24	畜肉制品	郑州熟猪头肉	千克	28.91
植物油制品	青岛金龙鱼 5 升大豆油	桶	49.20	禽制品	郑州烧鸡	千克	25.60
植物油制品	青岛金龙鱼 5 升调和油	桶	59.73	禽制品	郑州鸡爪	千克	27.63

4-3　续表1

品　名	规　格	单位	本年 平均价格 （元）	品　名	规　格	单位	本年 平均价格 （元）
禽制品	郑州鸡翅	千克	42.40	鲜菜	郑州菜花一等	千克	3.84
鲜蛋	郑州新鲜完整鸡蛋	千克	6.67	鲜菜	郑州生笋一等	千克	3.26
鲜蛋	郑州新鲜完整鹌鹑蛋	千克	11.14	鲜菜	郑州黄瓜一等	千克	4.22
蛋制品	郑州变鸡蛋	十个	5.99	鲜菜	郑州冬瓜一等	千克	2.18
蛋制品	郑州松花蛋	十个	8.00	鲜菜	郑州丝瓜一等	千克	6.19
淡水鱼	郑州鲤鱼0.5千克以上	千克	9.32	鲜菜	郑州西红柿一等	千克	4.04
淡水鱼	郑州鲢鱼0.5千克以上	千克	8.76	鲜菜	郑州茄子一等	千克	4.16
淡水鱼	郑州草鱼0.5千克以上	千克	11.64	鲜菜	郑州萝卜一等	千克	1.30
海水鱼	浙江带鱼0.5千克以上	千克	13.60	鲜菜	郑州胡萝卜一等	千克	2.70
海水鱼	浙江扒皮鱼中等	千克	28.73	鲜菜	郑州菜椒一等	千克	5.16
海水鱼	黄花鱼	千克	20.99	鲜菜	郑州生姜一等	千克	6.70
虾蟹类	河蟹	千克	60.00	鲜菜	郑州豆角一等	千克	5.60
虾蟹类	竹节虾	千克	52.10	鲜菜	郑州洋葱头一等	千克	2.90
虾蟹类	浙江冷冻虾散装	千克	30.22	鲜菜	郑州大葱一等	千克	3.85
其他	浙江鱿鱼一等水发	千克	12.00	鲜菜	郑州尖辣椒一等	千克	4.82
鲜菜	郑州大白菜一等	千克	1.92	鲜菜	郑州蒜苔一等	千克	7.37
鲜菜	郑州洋白菜一等	千克	2.03	鲜菜	郑州莲藕一等	千克	6.05
鲜菜	郑州菠菜一等	千克	3.88	鲜菜	郑州绿豆芽一等	千克	1.96
鲜菜	郑州油菜一等	千克	3.75	鲜菜	郑州西葫芦一等	千克	3.51
鲜菜	郑州芹菜一等	千克	3.00	干菜及 菜制品	淮阳甲级黄花菜	千克	28.40
鲜菜	郑州韭菜一等	千克	3.50	干菜及 菜制品	柘城甲级干辣椒	千克	19.36

4-3 续表2

品　名	规　格	单位	本年平均价格（元）	品　名	规　格	单位	本年平均价格（元）
干菜及菜制品	郑州甲级五香大头菜	千克	4.20	固体饮料	雀巢咖啡100克	瓶	36.80
干菜及菜制品	四川甲级乌江牌榨菜	千克	5.18	固体饮料	上海生牌菊花精400克袋装	袋	11.58
薯类	郑州土豆一等	千克	2.52	液体饮料	河北承德露露240克罐装	听	2.45
盐	郑州500克加碘精盐	袋	1.19	液体饮料	王老吉罐装	听	3.60
酱油	郑州双收牌瓶装酱油	瓶	5.48	液体饮料	郑州太古雪碧1.25升瓶装	瓶	4.65
酱油	郑州海天瓶装老抽	瓶	6.53	冷冻饮品	天津小神童冰激淋	个	1.17
醋	恒顺牌瓶装香醋	瓶	4.40	冷冻饮品	内蒙伊犁火炬冰激淋	个	1.83
醋	镇江姜汁瓶装香醋	瓶	3.95	鲜瓜果	郑州苹果一级	千克	5.99
味精	周口莲花牌含麸酸纳99%500克袋装	袋	7.93	鲜瓜果	郑州梨一级	千克	2.35
味精	太太乐味精250克袋装	袋	4.04	鲜瓜果	郑州桔子一级	千克	2.10
其他	阿香婆麻辣酱200克	瓶	9.87	鲜瓜果	郑州桃子一级	千克	4.64
食糖	广西白砂糖一级(散)	千克	5.70	鲜瓜果	郑州西瓜一级	千克	2.79
食糖	厨大妈红糖450克袋装	千克	5.50	鲜瓜果	两广香蕉一级	千克	4.00
糖果	上海金丝猴奶糖	千克	37.86	鲜瓜果	郑州葡萄一级	千克	6.13
糖果	上海话梅硬糖	千克	29.07	鲜瓜果	郑州猕猴桃一级	千克	4.98
巧克力制品	北京德芙牌巧克力板糖80克	袋	11.31	干(坚)果	新郑干红枣一级	千克	29.60
糖类小食品	郑州芝麻片糖230克	袋	9.80	干(坚)果	郑州生花生米一级	千克	7.35
糖类小食品	糖姜片500克	袋	8.50	干(坚)果	郑州核桃一级	千克	30.40
茶叶	信阳绿茶一级	千克	68.40	糕点	郑州鸡蛋糕方型	千克	10.67
茶叶	湖南长沙猴王牌花茶100克袋装	千克	64.00	糕点	郑州芋头酥	千克	16.13

4-3 续表3

品 名	规 格	单位	本年平均价格（元）	品 名	规 格	单位	本年平均价格（元）
糕点	桃酥	千克	12.05	炒菜	西芹百合	份	21.00
饼干	深圳太平梳打饼干400克	袋	10.95	炒菜	烧鲈鱼	份/斤	58.00
饼干	天津康师傅饼干3+2 375克	袋	10.28	炒菜	酸菜鱼	份	28.00
饼干	广东嘉士力800克	袋	14.35	炒菜	干锅鸡	份	32.00
面包	切片面包760克	袋	6.69	炒菜	木须肉	份	16.50
面包	郑州圆型普通精粉面包100克	袋	1.63	炒菜	香菇菜心	份	18.50
巴氏杀菌奶或消毒奶	蒙牛鲜奶	袋	2.50	炒菜	蒜蓉菠菜	份	14.00
巴氏杀菌奶或消毒奶	郑州花花牛消毒鲜牛奶227克	袋	1.34	炒菜	糖醋里脊	份	23.50
酸奶	花花牛酸奶	袋	1.30	地方小吃	炒凉粉	份	2.50
酸奶	蒙牛酸奶	袋	1.20	地方小吃	胡辣汤	碗	0.99
奶粉	伊利全脂无糖400克奶粉	袋	20.40	地方小吃	豆腐脑	碗	1.00
奶粉	雀巢力多精婴儿奶粉400克	袋	59.00	其他食品	冠生园蜂蜜	瓶	17.34
其他	蒙牛酸酸乳利乐砖250ml	盒	1.79	其他食品	风风火火锅巴	袋	2.15
主食	大米饭二两一碗	碗	1.00	其他食品	上好佳薯片	袋	3.12
主食	烩面	碗	8.00	国产卷烟	云南石林硬盒20支	盒	5.04
主食	油条一两一根	千克	7.50	国产卷烟	郑州散花	盒	2.90
主食	大肉包子一两一个	千克	6.60	国产卷烟	许昌帝豪	盒	10.00
主食	拉面	碗	7.00	进口卷烟	英国三五牌硬盒20支	盒	16.75
炒菜	鱼香肉丝	份	16.50	进口卷烟	韩国爱喜硬盒20支	盒	8.03
炒菜	宫爆鸡丁	份	15.50	白酒	五粮液52度斤装	瓶	613.75

4-3 续表4

品 名	规 格	单位	本年平均价格（元）	品 名	规 格	单位	本年平均价格（元）
白酒	宋河粮液46度斤装	瓶	59.07	T恤衫	李宁牌T恤衫(男)	件	199.00
白酒	泸州老窖52度	瓶	39.73	T恤衫	九牧王T恤衫(男)	件	740.33
葡萄酒	吉林通化红葡萄酒750毫升	瓶	13.65	裤子	泉州虎都男裤	条	387.33
葡萄酒	甘肃张裕干红葡萄酒750毫升	瓶	36.07	裤子	福建九牧王男裤	条	337.00
啤酒	郑州百威啤酒听装365毫升	听	6.17	西服	金利来男西服	套	5050.00
啤酒	青岛啤酒355毫升听装	听	3.73	西服	宁波雅戈尔男西服	套	2433.50
其他	浙江绍兴加饭黄酒斤装	瓶	2.67	运动衫裤	广东李宁男运动衫裤	套	175.67
吸烟用品	烟灰缸	个	2.97	运动衫裤	青岛耐克男运动衫裤	套	461.67
吸烟用品	打火机	个	1.00	内衣	豪门内衣(套)(男)	套	163.67
饮酒用品	酒杯	个	1.00	内衣	猫人男内衣	套	455.67
饮酒用品	酒壶	个	4.13	羽绒衣	江西鸭鸭男羽绒服	件	238.00
饮酒用品	玻璃高脚杯	个	3.58	羽绒衣	江苏波司登男羽绒服	件	569.00
大衣	虎都男式大衣	件	2419.67	其他	上海宜而爽背心	件	31.50
大衣	雅戈尔男式大衣	件	2726.00	大衣	渔牌女皮草衣	件	2376.00
毛线衣	鹿王羊绒衫(男)	件	1746.67	大衣	宝姿女大衣	件	4949.00
毛线衣	皮尔卡丹羊绒衫(全毛)	件	1428.33	毛线衣	鹿王女羊绒衫	件	1646.67
夹克衫	虎都夹克衫(男)	件	1312.00	毛线衣	上海春竹女毛线衣	件	745.00
夹克衫	雅戈尔夹克衫(男)	件	1199.00	羽绒衣	江西鸭鸭女羽绒衣	件	268.00
衬衫	宁波雅戈尔男衬衫	件	369.00	羽绒衣	常熟波司登女羽绒服	件	573.00
衬衫	福建九牧王男衬衫	件	372.25	套装	怡佳咏女套装	套	1888.00

4-3 续表5

品 名	规 格	单位	本年平均价格（元）	品 名	规 格	单位	本年平均价格（元）
套装	珂曼女套装	套	2173.00	其他	衣恋童大衣	件	998.00
衬衫	珂曼女衬衫	件	549.00	棉布	新疆白棉布90CM	米	8.00
衬衫	衣恋女衬衫	件	298.00	棉布	上海床单布	米	11.50
T恤衫	李宁牌女T恤衫	件	215.67	棉混纺布	郑州白涤棉90CM	米	5.00
T恤衫	广东台山LEE女T恤衫	件	410.00	棉混纺布	山东装饰布160CM	米	26.00
裙子	怡佳咏女裙	条	848.00	化纤布	绍兴化纤布(厚)	米	40.00
裙子	安瑞井连衣裙	条	1289.00	化纤布	绍兴化纤布144cm(薄)	米	25.00
裤子	衣恋女裤	条	498.00	毛线	上海恒源祥100%纯毛中粗团线	千克	137.00
裤子	香港简女裤	条	398.00	毛线	三利全毛中粗	千克	112.00
运动衫裤	广东李宁女运动衫裤	套	249.00	男鞋	花花公子男皮鞋	双	456.00
运动衫裤	青岛耐克女运动衫裤	套	414.67	男鞋	安踏旅游鞋(男)	双	279.00
内衣	黛安芬女内衣	套	356.00	男鞋	匡威运动鞋(男)	双	320.67
内衣	青岛豪门低领女内衣	套	178.00	女鞋	百丽女皮鞋	双	569.00
其他	上海衣恋女风衣	件	1298.00	女鞋	福建达芙尼女皮凉鞋	双	219.00
套装	巴布豆儿童套装	套	354.67	女鞋	安踏旅游鞋(女)	双	269.00
套装	广东米奇儿童套装	套	233.50	童鞋	上海斯乃那皮童鞋	双	180.00
裤子	梦特娇童裤	条	245.33	童鞋	巴布豆皮童鞋	双	340.50
裤子	上海巴布豆童裤	条	236.00	童鞋	巴布豆童旅游鞋	双	231.33
裙子	梦特娇童单裙	条	198.00	男袜	皮尔卡丹袜子(厚)男	双	28.00
裙子	巴布豆童棉裙	条	228.00	男袜	皮尔卡丹男袜(单)	双	18.00

4-3　续表6

品　名	规　格	单位	本年平均价格（元）	品　名	规　格	单位	本年平均价格（元）
女袜	皮尔卡丹女袜(厚)	双	18.00	其他	成都金茂 1.1m*0.55m 玻璃茶几	件	496.67
女袜	上海浪莎(单长)	双	14.50	洗衣机	青岛海尔 XQB50－7288	台	1324.67
男帽	郑州华达呢鸭舌男帽	顶	26.67	洗衣机	青岛海尔 XQG52－Q818	台	2911.94
男帽	礼帽	顶	45.33	洗衣机	济南小鸭圣吉奥全自动洗衣机 XQB50－180G	台	1449.33
女帽	贝蓓帽	顶	30.25	电风扇	广东美的台扇 FS10－5AB	台	269.00
女帽	时装女帽	顶	42.33	电风扇	先锋落地 DG082	台	655.00
缝纫	男西服缝纫费	套	400.00	电冰箱(柜)	顺德容声电冰箱 BCD－198S/D	台	2716.33
缝纫	毛料女裤缝纫费	条	130.00	电冰箱(柜)	新乡新飞电冰箱 BCD－178CH	台	2456.00
清洗	男毛料西服干洗费(深色)	套/次	13.04	电冰箱(柜)	青岛海尔电冰柜 FCD－238SC	台	1646.67
清洗	干洗呢子大衣	条/次	18.25	吸排油烟机	宁波帅康抽油烟机 CXW－200－M312T	台	1614.08
柜	四门广东东丰实木书柜 1.8m*0.6m*2.1m	台	2066.67	吸排油烟机	浙江老板抽油烟机 CXW－185－3002B	台	1410.78
柜	成都景上五门实木衣柜 2m*0.6m*2.2m	个	1926.67	燃气灶具	杭州 JZ12T2－9G65 老板	台	2156.39
柜	上海红日床头柜 0.3m*0.3m*0.4m	个	350.00	燃气灶具	宁波方太燃气灶 JZ12T2－FA5G	台	1600.58
床	成都景上双人床 1.8m*2m	张	1736.67	空调器	格力空调 KFR－32GW/K(3258)B2－HN5	台	2618.89
床	成都景上单人床 1.2m*2m	张	1276.67	空调器	广东美的空调 KFR－32GW/DY－TX(E)	台	2295.78
桌	浙江森海餐桌 0.8m*1.6m	张	1713.33	空调器	格力空调 KFR－50LW/K(50549L)－N5	台	5034.03
桌	广东东丰老板台 1.6m*0.8m*1m	张	1683.33	热水器	阿里斯顿电热水器 D80HE1.2	台	1491.17
椅	浙江森海木椅(普通)	把	156.67	热水器	广东万和热水器 JSD16－8B 燃气	台	934.44
椅	浙江森海椅(高档)	把	293.33	微波炉	顺德格兰仕微波炉 G8023CSL	台	632.79
沙发	成都聚皇牛皮沙发	套	11200.00	微波炉	美的微波炉 KD21C－AN(B)	台	631.67
沙发	友春光明 1+2+3+茶几木沙发	套	6836.67	电炊具	顺德美的电饭煲 YJ507G	个	181.00

4-3 续表7

品 名	规 格	单位	本年平均价格（元）	品 名	规 格	单位	本年平均价格（元）
电炊具	ACA 电烤箱 ATD－M16A	个	559.00	家用手工工具	河南卫辉虎头牌钳子 200MM	把	13.17
纺织装饰品	郑州化纤窗帘 36＊2.5	付	187.00	家用手工工具	天津木柄大号罗丝刀	把	5.37
纺织装饰品	上海台布 180＊200	件	120.00	五金工具	上海扳手 250MM	把	17.40
装饰灯具	广东 6＋1 吸顶灯	个	92.50	清洁洗涤剂	雕牌洗洁精 500 克	瓶	3.89
装饰灯具	广东 8141 吊灯	个	183.00	清洁洗涤剂	万丽洁厕精 500 克	瓶	3.35
照明器具	上海南京电工牌日光灯管 40W	件	9.87	洗衣粉	广州汰渍洗衣粉 600 克	袋	5.27
照明器具	上海普通灯泡 40W	个	1.83	洗衣粉	雕牌洗衣粉 1000 克	袋	12.50
其他	广东花瓶(陶瓷)	个	84.95	洗衣粉	奥妙洗衣粉 1100 克	袋	11.30
毛毯	上海兴洋 5 公斤	条	964.67	肥皂类	浙江雕牌 235 克增白	块	4.37
毛毯	兰月阁平面拉舍尔	条	398.50	肥皂类	汰渍透明皂	块	4.33
被子	馨亭单孔双人被	条	275.00	牙膏	上海中华牙膏 125 克	支	2.97
被子	惠谊七孔双人被	条	433.00	牙膏	佳洁士全效 120 克	支	8.83
床上套件	馨亭 2.5m＊2.3m 四件套	套	465.67	牙膏	高露洁草本 120 克	支	3.28
床上套件	红缘坊 2.5m＊2.5m 印花四件套	套	671.33	雨具	天堂雨伞 40－50	把	26.97
其他	内野毛巾被	条	405.33	雨具	天堂折叠 40－50	把	19.90
茶具	南京玻璃杯	个	8.07	雨具	雨披	件	27.90
茶具	泰国玻璃杯	个	6.20	电池	广州三五 1#电池	节	1.90
餐具	湖南瓷碗	只	7.47	电池	南孚 5#电池	节	2.47
餐具	广西建城铁木筷子(把)	把	7.70	其他	28CM 不锈钢盆	个	27.47
厨具	广东阳江十八字菜刀	把	54.33	其他	上海鼎盛 5 磅暖水瓶	个	23.30
厨具	上海不锈钢铲子	把	17.09	家庭服务	家政服务(钟点工)	小时	17.50

品 名	规 格	单位	本年平均价格（元）	品 名	规 格	单位	本年平均价格（元）
家庭服务	保姆费(看小孩)	月	800.00	解热镇痛及非甾体抗炎药	芬必得 0.3 克＊10 粒	合	8.56
加工维修服务	清洗抽油烟机	次	30.00	解热镇痛及非甾体抗炎药	扶他林 25MG＊30 片	板	24.75
加工维修服务	配门琐铜钥匙	把	1.00	抗肿瘤药	甲氨蝶令 2.5mg＊100 片	瓶	19.26
医疗器具及用品	上海体温计 5 毫升	个	3.31	抗肿瘤药	环磷酰胺针 0.2g	支	5.45
医疗器具及用品	医用胶布 1CM＊100CM	盒	1.00	激素及调节内分泌功能药	强的松 5mg＊100 片	瓶	2.43
医疗器具及用品	平顶山注射器 5ML	个	0.60	激素及调节内分泌功能药	二甲双胍片 0.25g＊48 片	瓶	2.77
中药材	甘草一级	千克	31.46	循环系统用药	复方降压片江苏 100 片	瓶	3.99
中药材	银花一级	千克	232.39	循环系统用药	长效心痛定 20mg＊30 片	瓶	17.55
中药材	菊花一级	千克	48.97	神经系统用药	尼莫地平 20mg＊50 片	瓶	1.29
中药材	陈皮一级	千克	7.06	神经系统用药	硝酸甘油片 0.5mg＊50 片	瓶	2.31
中药材	黄连一级	千克	190.23	专科用药	红霉素软膏 10g	支	0.94
中成药	郑州牛黄解毒片 025g＊24 片	袋	0.39	专科用药	甲硝唑片 0.2g＊21 片	板	0.76
中成药	河北银翘解毒片 9g＊10 丸	盒	2.43	其他	郑州维生素 C0.1g＊100 片	瓶	1.81
中成药	广州香雪板兰根冲剂 10g＊20 袋	袋	6.04	保健器具	深圳周林频普仪 W301	件	480.00
中成药	禹州霍香正气丸 6g＊10 袋	盒	2.81	保健器具	伦世达按摩棒	件	162.33
中成药	广西中华跌打丸 6 克＊6 丸	盒	3.91	保健器具	上海健身球	对	16.85
抗微生物药	头孢拉定胶囊 0.25g＊10 粒	盒	3.13	滋补保健用品	上海人参蜂王浆 10mg＊10 支	盒	8.15
抗微生物药	广东罗红霉素片 150mg＊6 片	盒	3.43	滋补保健用品	深圳太太静心口服液 15mg＊10 支	盒	29.67
消化系统用药	雷尼替丁胶囊杭州 150mg＊30 粒	瓶	2.28	滋补保健用品	哈尔滨葡萄糖酸钙口服液 10mg＊12 支	盒	14.58
消化系统用药	丽珠得乐胶囊广东 0.3g＊40 粒	盒	25.33	挂号费	主治医师挂号费	次	2.75
呼吸系统用药	化痰片广东 0.25g＊12 片	瓶	1.96				
呼吸系统用药	氨茶碱 100mg＊100 片	瓶	1.70				

4-3　续表 9

品　名	规　格	单位	本年平均价格（元）	品　名	规　格	单位	本年平均价格（元）
挂号费	付主任医师挂号费	次	4.75	美容化妆品	天津美宝莲口红	支	45.67
注射费	肌肉注射费	次	2.50	护肤品	羽西天然润白净化液	瓶	220.00
注射费	静脉注射费	次	4.00	护肤品	欧珀莱活肤乳液	瓶	210.00
检查费	检查费（螺旋 CT）	次	220.00	清洁化妆用品	玉兰油洁面乳 100 克	瓶	19.90
检查费	检查费（彩色 B 超）	次	80.00	清洁化妆用品	碧柔水嫩洁洗面乳 50 克	瓶	23.58
手术费	阑尾手术费	次	540.00	药物美容用品	小护士防晒霜 45 克 20 倍	瓶	33.50
手术费	剖腹产手术费	次	585.33	药物美容用品	大宝祛斑霜 50 克	瓶	15.20
住院费	普通病房住院费（四人间）	天	7.33	洗发用品	上海海鸥洗发膏 340 克	瓶	6.63
住院费	干部病房住院费（两人间）	天	25.00	洗发用品	上海夏士莲黑芝麻洗发露 400ML	瓶	22.90
理疗费	理疗费（超短波治疗）	次	9.33	洗发用品	广州飘柔洗发水 400ML	瓶	25.73
理疗费	针灸（体针）	次	18.00	洗浴用品	上海力士 125 克香皂	块	3.90
化验费	尿常规	次	8.00	洗浴用品	上海力士浴液 250ML	瓶	13.50
化验费	血脂全项	次	95.50	洗浴用品	洗澡巾	块	2.84
其他	成人预防针	次	11.20	卫生纸	上海白猫短卷	包	18.60
化妆美容器具	珠海飞利浦电吹风 HP4884	件	149.00	卫生纸	汉兴长卷卫生纸	包	17.27
化妆美容器具	广州眉夹	个	7.40	卫生巾	上海娇爽丝感柔棉 10＊1	包	4.77
化妆美容器具	珠海飞利浦剃须刀 HQ6070	件	399.00	卫生巾	湖北洁婷护舒宝 10＊1	包	5.33
化妆美容器具	珠海飞利浦剃须刀 HQ46	只	279.00	卫生巾	洁婷卫生巾 10＊1 片	包	7.73
化妆美容器具	超人电动剃须刀	只	78.33	其他	心相印餐巾纸	包	5.28
美容化妆品	广州玉兰油美白滋润霜 50g	瓶	59.00	金饰品	老凤祥千足金	克	278.32
美容化妆品	阿迪达斯香水 50ML	瓶	198.00	金饰品	老凤祥 18K 黄金项链	条	290.00

4-3 续表 10

品　名	规　格	单位	本年平均价格（元）	品　名	规　格	单位	本年平均价格（元）
银饰品	银手镯	个	147.67	理(烫)发	女短烫发	次	58.00
银饰品	银耳环	对	41.33	洗浴	大池淋浴	次	9.00
铂金饰品	铂金饰品 PT990	克	462.10	洗浴	桑拿	次	31.56
铂金饰品	铂金饰品 PT950	克	411.19	其他	男染发(中等进口药)	次	62.00
其他	玉镯	个	280.00	摩托车	轻骑铃木 QS	辆	11000.00
皮件	广州苹果牌男士皮带	件	148.00	摩托车	广州广本摩托车 G125－3	辆	4850.00
皮件	广东万里马男士公文包	件	1036.00	自行车	彩云之月电动自行车	辆	1680.00
皮件	天津男士皮手套(李宁)	双	145.67	自行车	哈佛 6.0 自行车	辆	998.00
手表	飞亚达石英表(男士)	块	564.67	自行车	天津飞鸽 26 型女车	辆	369.58
手表	瑞士梅花机械女表	块	4516.67	轿车	武汉神龙富康 1.6IRP＋型	辆	75800.00
手表	上海飞亚达机械男表	块	1480.00	轿车	桑塔娜志俊	辆	98508.33
钟表眼镜及配件	深圳霸王挂钟 8128S702	个	103.00	轿车	红旗	辆	129800.00
钟表眼镜及配件	厦门圣泰保罗眼镜	副	530.00	其他	安阳三枪三轮车(24 型 650＊1000 半轴)	辆	436.67
钟表眼镜及配件	广州狄斯镜架	副	241.00	汽油	97＃乙醇	升	5.90
钟表眼镜及配件	北京同华老花镜	副	74.00	汽油	93＃乙醇	升	5.58
领带	雅戈尔领带	条	239.00	柴油	0＃柴油	升	5.45
领带	浙江罗蒙领带	条	191.33	柴油	－10＃柴油	升	5.75
其他	发夹	个	16.45	零配件	许昌 26 型自行车内胎	条	12.50
美容	皮肤护理	次	42.05	其他	北京 3.5 公升机油(润滑油)	桶	12.20
美容	绣眉	次	284.00	驾驶证	大货车 B 证	个	2650.00
理(烫)发	男理全活	次	16.87	驾驶证	小汽车 C 证	个	1903.33

4-3　续表 11

品　名	规　格	单位	本年平均价格（元）	品　名	规　格	单位	本年平均价格（元）
保险费	盗抢险费 25 万一年以内轿车	年	1010.00	移动电话机	天津摩托罗拉 E6	部	1554.00
保险费	车损险费 25 万轿车	年	2773.00	移动电话机	天津三星 U608	部	1832.67
停车费	小汽车路边停车（咪表刷卡）	辆/小时	3.75	移动电话机	诺基亚 N73	部	2134.00
停车费	电动车停车	次	0.50	传真机	松下传真机 KX－FP709CN	部	1499.00
车辆修理服务费	补内胎小孔（自行车）	孔	1.70	传真机	三洋传真机	部	1952.67
车辆修理服务费	桑塔纳 2000 型换三芯机油（中等）	次	153.33	移动通信费	联通大众卡（月租 25 元）主叫	分钟	0.20
其他	小汽车清洗	次	15.00	移动通信费	全球通（带 50 元基本费）主叫	分钟	0.40
公共汽车票	九路车单程票	张	1.00	市内电话费	住宅电话三分钟后	分钟	0.11
公共汽车票	成人月票	月	50.00	长途电话费	郑州－北京长途电话	分钟	0.70
出租汽车	桑塔纳出租车起步价（排气量 2.0 以下）	车公里	3.00	月租费	民用住宅电话	月	20.00
出租汽车	桑塔纳出租车	车公里	1.50	上网费	网吧上网	小时	2.00
其他	机动三轮车运费	车公里	1.00	上网费	网通宽带	月	100.00
飞机票	郑州－北京（687 公里）	人公里	1.09	信件邮寄	外阜（20g 以内）	封	1.20
飞机票	郑州－广州（1316 公里）	人公里	1.07	包裹邮寄	郑州－洛阳投递区（包裹邮寄）不含保价费	千克	3.60
火车票	郑州－北京西 180 次快速空调（座位）	人公里	0.14	其他	短信（小灵通）	条	0.08
火车票	郑州－北京西 180 次快速空调（卧铺下）	人公里	0.25	电视机	TCLNT29M12 彩电	台	1291.28
长途汽车	郑州－北京豪华车（43 座）700 公里	人公里	0.22	电视机	海信等离子彩电 TPW42M69	台	5703.64
长途汽车	郑州－北京豪华车（卧）37 铺	人公里	0.27	电视机	创维 TFT32L01HM	台	3179.18
其他	郑州－开封出租车单程（富康）	元/次	160.00	电视机	创维 TFT42L01HF	台	5465.10
固定电话机	广东 TCL 牌 HA868（3）P/TSD	部	168.50	激光视盘机	深圳新科 DVD816 影碟机	台	398.00
固定电话机	深圳步步高 HCD007（168）TS-DL	部	298.00	激光视盘机	步步高 DVDKD009 影碟机	台	582.00

4-3 续表 12

品 名	规 格	单位	本年平均价格（元）	品 名	规 格	单位	本年平均价格（元）
摄像机	北京 JVC 摄象机 GZ－MG330HACM	台	3316.00	参考书	初中生优秀作文	本	19.80
摄像机	上海索尼 HDR－SR10E 摄像机	台	7147.50	参考书	高中生优秀作文	本	45.00
照相机	三星 NV103HD 照像机	架	2288.61	教育软件	新概念英语（实践与进步）	册	24.00
照相机	索尼 DSC－H3CN2	架	2458.89	教育软件	新概念 2 同步讲解辅导	册	298.00
照相机	佳能 IXUSR5 照相机	架	1975.50	义务教育杂费	小学一年级（杂费、取暖费）	学期	100.00
家用音响	山水音响 F－2 旗舰影院套装	台	13556.67	义务教育杂费	初中一年级（杂费、取暖费、信息费）	学期	160.00
家用音响	奇声风雅家庭影院	台	4220.00	非义务教育学杂费	高中一年级学杂费	学期	211.00
便携式音响	东莞步步高复读机 BK905	台	240.22	非义务教育学杂费	中专一年级学费	学年	1900.00
便携式音响	索爱 MP4	台	750.00	非义务教育学杂费	大学专科一年级学杂费	学年	3600.00
电脑	联想家悦 H361017 寸宽屏	台	4399.33	技能培训学费	中式烹饪培训	学期	850.00
电脑	联想天逸 F41GT8100－P	台	7216.36	技能培训学费	计算机应用培训	学期	750.00
修理服务	照相机检验费（理光 30SD）	次	100.00	托幼费	公立托幼费	月	350.00
修理服务	25 寸彩电带摇控检修费	次	60.00	托幼费	私立托幼费	月	310.00
其他	新科便携式 SDP1735	台	1500.00	乐器	威臣吉它 382	件	280.00
工具书	现代汉语词典 32 开	本	78.00	乐器	珠江钢琴 121RG	件	13000.00
工具书	牛津高阶双解英汉词典	本	108.00	乐器	天津雅马哈电子琴 KB22061 键	件	2440.00
工具书	辞海 16 开（缩印本）	本	260.00	音响光盘和磁带	上海音响光盘 CD（单）	片	8.90
教材	高一语文 32 开（人民教育）普通班	本	7.66	音响光盘和磁带	广东四海空白带	盒	5.25
教材	初一语文（人民教育）普通班	本	4.29	照相胶卷和存储卡	金士顿存储卡 SD1G	个	85.04
教材	小学一年级语文（人民教育）普通班	本	5.40	照相胶卷和存储卡	日本富士 135 胶卷	卷	20.50
参考书	小学生优秀作文	本	19.80	录像磁带和视盘	索尼录像空白带 180 分	盒	27.38

4-3　续表 13

品　名	规　格	单位	本年平均价格（元）	品　名	规　格	单位	本年平均价格（元）
录像磁带和视盘	上海单面 VCD	盒	17.50	书籍	十万个为什么 32 开	套	79.20
录像磁带和视盘	广东歌碟 DVD	盒	18.27	报纸	大河报	份	0.79
儿童玩具	上海积木	件	26.35	报纸	郑州晚报	份	0.50
儿童玩具	广东电动小狗	件	25.90	报纸	人民日报	份	0.90
儿童玩具	上海环球小汽车	件	82.00	杂志	读者	本	4.00
纸张本册	英语本	张	1.00	杂志	家庭医生	本	5.00
纸张本册	小学六年完全试卷	张	6.00	杂志	女友	本	6.00
纸张本册	稿纸	本	2.33	电影票	进口片	张	32.19
文具	上海英雄墨水	瓶	2.67	电影票	国产片	张	31.35
文具	上海真彩 12 色彩笔	盒	9.60	景点门票	动物园	张	16.00
文具	上海英雄 616 依金笔	支	9.73	景点门票	世纪欢乐园	张	80.00
体育用品	天津红双喜成人篮球	个	118.50	有线电视	河南有线电视费	月	13.00
体育用品	天津红双喜足球	个	65.67	有线电视	郑州有线电视费	月	13.00
体育用品	上海红双喜羽毛球拍	付	78.00	健身活动	游泳	次	45.00
棋牌	宁波三 A 一级纸牌	副	3.25	健身活动	舞票夜场	次	5.39
棋牌	宁波金冠象棋	副	13.95	健身活动	健身	月	304.40
健身器材	双鱼强力拉力器	个	37.07	其他	戏曲票	张	50.00
健身器材	杭州三环哑铃五磅	对	64.00	旅行社收费	郑州－黄山（标准等、双卧）	次/人	780.42
书籍	草房子（32 开）	本	15.00	旅行社收费	郑州－桂林（标准等、双卧）	次/人	1167.92
书籍	淘气包马小跳（四个调皮蛋）32K	本	13.80	宾馆住宿	三星级宾馆标准间	天、间	298.00
书籍	操作系统（第三版）	本	55.00	宾馆住宿	普通宾馆标准间	天、套	170.00

品 名	规 格	单位	本年平均价格（元）	品 名	规 格	单位	本年平均价格（元）
其他住宿	普通招待所两人间	天、床	35.00	电工电料	三相插头	个	7.05
其他住宿	招待所两人间	天、床	45.00	电工电料	三相插座	个	29.57
木材	东北木龙骨白松原木 3 * 5	根	4.25	电工电料	单相开关	个	17.73
木地板	东北恒德木地板 400mm * 900mm	平方米	265.00	水暖器材	阀门 6 分	个	13.67
木地板	吉象强化木地板 400mm * 900mm	平方米	102.50	水暖器材	不锈钢水笼头	个	26.50
砖	民用砖	块	0.50	其他	上海螺口灯头	只	4.30
砖	地板砖 300 * 300	块	3.10	公房房租	一级砖混楼房	平方米	1.70
砖	地板砖 600 * 600	块	17.17	私房房租	砖混楼房	平方米	10.36
水泥	新乡水泥 500 号(32.5)	袋	16.66	其他费用	卫生费	月	5.00
水泥	新乡水泥 400 号(标外)	袋	14.43	房屋贷款利率	6 – 30 年住房公积金贷款利率%	年	3.87
涂料	郑州 888 涂料(千克)	千克	1.00	房屋贷款利率	5 年房屋贷款利率%	年	5.76
涂料	郑州 106 涂料	千克	0.65	房屋贷款利率	20 年房屋贷款利率%	年	5.94
胶合板	三合板 1.22m * 2.44	张	26.00	物业管理费用	小区一级物业管理	平方米	0.41
胶合板	五合板 1.22m * 2.44	张	32.67	维护修理费用	疏通下水道	次	30.00
玻璃	洛阳玻璃 3MM	平方米	13.07	其他	暖气费	10 平方米/日	1.90
玻璃	洛阳玻璃 5MM	平方米	25.13	水	居民用水	吨	2.40
粘胶	哥俩好白乳胶	瓶	10.39	电	居民生活用电	度	0.56
粘胶	万能胶	瓶	19.08	液化石油气	液化气	千克	5.41
油漆	郑州调和漆	千克	15.83	管道燃气	天燃气	立方米	1.88
油漆	顺德聚脂漆	千克	53.97	其他燃料	蜂窝煤(12 孔)	块	0.42
其他	江西中挡瓷片 150 * 150MM	平方米	13.00				

主要统计指标解释

居民消费价格指数 居民消费价格是居民购买并用于日常生活消费的商品和服务项目的价格。居民消费价格指数是度量消费商品及服务项目的价格水平随时间而变动的相对数,反映居民家庭购买的消费品及服务价格水平的变动情况。它是宏观经济分析和调控、价格总水平监测以及国民经济核算的重要指标。其变动率在一定程度上反映了通货膨胀(或紧缩)的程度。编制居民消费价格指数是根据各调查商品和服务项目的基期和报告期的平均价格采用加权算术平均公式计算。目前,编制居民消费价格指数的商品和服务项目计 8 个大类,263 个基本分类。权数根据住户调查中居民的实际消费构成计算。

商品零售价格指数 商品零售价格是工业、商业、餐饮业和其他零售企业向城乡居民、机关团体出售生活消费品和办公用品的价格。商品零售价格指数是反映市场商品零售价格的变动趋势和变动程度。编制商品零售价格指数是根据各调查商品的基期和报告期的平均价格采用加权算术平均公式计算。目前,编制商品零售价格指数的商品计 16 个大类,229 个基本分类。权数根据典型调查、商品流转统计中商品销售构成及商品零售额计算。

五、人民生活

5-1 全市及县(市)城镇居民家庭基本情况

(2009 年)

指　　标	单位	全市	市区	中牟县	巩义市	荥阳市	新密市	新郑市	登封市
现住房总建筑面积	平方米/人	29.29	27.32	31.26	35.12	37.23	37.32	54.92	60
家庭人口数	**人**	**2.93**	**2.89**	**3.28**	**2.98**	**3.07**	**3.34**	**2.87**	**3.17**
有收入者人数	人	2.11	2.07	1.99	2.01	2.18	2.16	2.04	1.94
就业人口数	人	1.39	1.33	1.5	1.68	1.91	1.66	1.77	1.58
国有经济单位职工人数	人	0.72	0.67	1.02	0.76	1.1	0.46	0.47	0.48
城镇集体经济单位职工人数	人	0.07	0.05	0.1	0.22	0.07	0.24	0.23	0.15
其它经济类型单位职工人数	人	0.13	0.13	0.04	0.14	0.21	0.21	0.28	0.18
城镇个体或私营企业主人数	人	0.13	0.12	0.14	0.14	0.24	0.2	0.29	0.36
城镇个体或私营企业被雇人数	人	0.22	0.24	0.09	0.25	0.18	0.35	0.33	0.39
离退休再就业人数	人	0.03	0.02	0.04	0.01	0.06	0.01	0.01	0.01
其它就业人数	人	0.08	0.1	0.07	0.16	0.04	0.19	0.17	0.01
离退休人数	人	0.7	0.72	0.4	0.29	0.23	0.45	0.2	0.29
其它有收入者人数	人	0.02	0.01	0.09	0.03	0.04	0.05	0.07	0.07
无收入者人数	人	0.82	0.83	1.29	0.97	0.89	1.18	0.83	1.23
在外就学人数	人	0.04	0.02	0.29	0.15	0.16	0.01	0.21	0.34
非家庭人口在家用餐	人次	1.22	0.48	4.02	2.91	7.67	0.35	1	8.61
家庭人口在外用餐	人次	3.51	2.04	4.02	8.18	19.02	5.55	1.73	12.77
家庭总收入	**元**	**18584.4**	**18813.04**	**14161.85**	**15510.09**	**15641.47**	**15412.48**	**15448.6**	**14592.19**
#可支配收入	元	17117.00	17417.00	13140.00	14409.00	14401.00	14402.00	14401.00	13910.00
家庭总支出	**元**	**13921.44**	**13213.22**	**11815.67**	**12299.49**	**14475.95**	**13426.09**	**14368.1**	**14062.58**
消费支出	**元**	**10803.9**	**10223.78**	**8937.26**	**8335.07**	**10873.85**	**11326.89**	**11299.41**	**11489.45**
#服务性消费支出	元	2375.78	2167.79	1800.37	2277.13	2858.18	2597.96	2390.23	2581.86
通过互联网购买商品或服务支出	元	0.72		2.74	10.44	9.86		0.11	9.09
旅游人次	人次	0.77	0.59	0.87	1.25	0.83	0.16	0.46	0.86
旅游花费总额	元	145.15	137.83	102.85	309.31	144.14	85.96	87.45	197.21
恩格尔系数	**%**	**34.81**	**35.80**	**28.14**	**31.02**	**30.78**	**24.74**	**29.91**	**28.45**

5-2 全市及县(市)城镇居民家庭每人全年现金收入情况

(2009年)

单位:元

指　标	全市	市区	中牟县	巩义市	荥阳市	新密市	新郑市	登封市
期初手存现金	544.56	499.02	1970.65	820.34	1039.79	827.25	1099.19	236.71
家庭总收入	18584.40	18813.04	14161.85	15510.09	15641.47	15412.48	15448.60	14592.19
#可支配收入	17117.00	17417.00	13140.00	14409.00	14401.00	14402.00	14401.00	13910.00
工资性收入	11049.93	11336.32	9331.32	10050.17	11040.08	9489.01	10289.34	7155.48
工资及补贴收入	10853.39	11190.06	8685.47	9733.87	10832.16	8627.92	9592.23	6538.74
其它劳动收入	196.54	146.26	645.84	316.30	207.91	861.09	697.12	616.74
经营性收入	1492.47	1418.82	1891.28	2599.34	2111.34	2112.99	2520.87	3027.98
财产性收入	233.21	119.39	156.38	219.74	246.80	739.44	735.11	2010.42
利息收入	82.87	61.81	30.33	81.62	30.85	130.45	33.67	78.75
股息与红利收入	24.93	4.84		46.98	101.06		7.28	9.79
保险收益	4.79	5.44		6.71				
其它投资收入	5.69		30.53		68.99		162.42	
出租房屋收入	113.40	47.30	2.75	84.43	45.90	608.98	517.57	1921.87
其它财产性收入	1.53		92.78				14.17	
转移性收入	5808.78	5938.51	2782.87	2640.84	2243.25	3071.05	1903.27	2398.31
养老金或离退休金	5186.43	5253.26	2340.13	1774.41	1582.44	2572.03	1286.70	1611.41
社会救济收入	22.67	30.18	16.15	18.05	12.21		4.64	14.18
#最低生活保障收入	0.37			18.05				
保险收入	3.06		3.48				0.17	0.31
#失业保险金	2.85		3.48				0.17	0.31
赡养收入	218.90	239.80	137.39	73.93	96.96	105.27	302.57	314.21
捐赠收入	307.83	351.13	250.73	628.78	467.94	291.83	177.84	349.37
记帐补贴	64.35	61.33	26.32	73.07	79.70	74.07	110.10	77.20
其它转移性收入	2.26	0.70	8.67	8.83	4.00		19.87	31.64
出售财物收入	19.02	15.96	12.93	8.69	199.98	32.15	66.99	39.40
出售住房收入	3.90				153.01			
出售其它物品收入	15.11	15.96	12.93	8.69	46.96	32.15	66.99	39.40
借贷收入	2225.67	1765.95	2233.48	1519.80	3586.66	1155.99	1968.67	2199.59
提取储蓄存款	2161.98	1733.42	1818.32	1301.68	3340.05	1152.10	1864.11	2191.06
借入款	61.95	31.99	415.16	201.34	201.19		104.56	8.53
收回借出款	0.41			16.78		3.89		
收回投资本金	0.29				11.43			
其它借贷收入	0.82				32.03			

5-3 全市及县(市)城镇居民家庭每人全年现金支出情况

(2009 年)

单位:元

指　标	全市	市区	中牟县	巩义市	荥阳市	新密市	新郑市	登封市
家庭总支出	13921.44	13213.22	11815.67	12299.49	14475.95	13426.09	14368.10	14062.58
消费性支出	10803.90	10223.78	8937.26	8335.07	10873.85	11326.89	11299.41	11489.45
#服务性消费支出	2375.78	2167.79	1800.37	2277.13	2858.18	2597.96	2390.23	2581.86
通过互联网购买商品或服务支出	0.72		2.74	10.44	9.86		0.11	9.09
旅游人次	0.77	0.59	0.87	1.25	0.83	0.16	0.46	0.86
旅游花费总额	145.15	137.83	102.85	309.31	144.14	85.96	87.45	197.21
财产性支出	9.80	9.25	22.40	9.73	69.15		9.16	1.61
非生产性贷款利息支出	6.51	5.42	10.15	9.73	59.24		0.50	1.58
其它	3.29	3.84	12.26		9.91		8.66	0.03
转移性支出	1350.48	1086.72	1804.62	2059.81	2321.09	1172.60	2069.69	1987.64
交纳所得税	36.07	32.41	20.02	13.23	13.59	9.46	52.11	17.57
捐赠支出	904.54	719.68	1093.55	852.91	1540.15	854.33	1192.36	1017.88
购买彩票	15.44	10.07	8.30	21.00	22.81	10.14	15.26	78.07
赡养支出	317.37	259.60	601.90	971.13	669.44	287.71	738.56	822.70
#在外就学子女费用	85.23	37.68	421.03	803.97	320.84	57.19	491.85	611.29
各种非储蓄性保险支出	48.63	42.73	24.42	190.37	55.04	0.60	55.29	38.32
#车辆保险支出	12.31	13.87		15.77	20.22		4.71	7.59
其它转移性支出	28.44	22.24	56.43	11.17	20.06	10.35	16.11	13.11
社会保障支出	1261.93	1302.48	944.53	1014.79	1146.75	926.61	885.29	583.88
个人交纳的养老基金	522.41	558.92	287.63	549.91	375.21	475.24	330.39	353.96
个人交纳的住房公积金	549.26	549.99	394.32	393.92	543.67	235.70	457.80	186.42
个人交纳的医疗基金	169.49	173.63	185.82	65.72	174.57	205.54	80.47	36.11
个人交纳的失业基金	19.89	19.94	23.64	5.23	53.26	4.24	16.63	3.74
其它社会保障支出	0.88		53.13		0.05	5.90		3.64
购房与建房支出	495.33	590.99	106.84	880.09	65.11		104.56	
购房	493.06	590.99	106.84	880.09	65.11			
借贷支出	6081.20	6475.76	4322.62	3820.45	4992.49	2270.50	472.97	1153.26
存入储蓄款	5715.41	6251.71	4035.93	3680.18	4187.19	2269.61	328.32	881.23
借出款	22.00	27.31	6.11	53.69	51.28		1.74	1.26
归还借款	48.47	25.33	61.66	33.56	141.45	0.90	50.19	192.73
储蓄性保险支出	26.47	22.27			230.01		51.63	62.23
购买有价证券	138.79	10.50	85.47					
其它投资支出	2.52	0.17			94.44			
归还住房贷款	120.11	138.46	129.17	53.02	199.72		12.83	15.80
其它借贷支出	2.51		4.27		72.11		28.27	

5-4　全市及县(市)城镇居民家庭年人均消费支出

（2009 年）

指　　标	单位	全市	市区	中牟县	巩义市	荥阳市	新密市	新郑市	登封市
消费支出	元	**10803.90**	**10223.78**	**8937.26**	**8335.07**	**10873.85**	**11326.89**	**11299.41**	**11489.45**
#服务性消费支出	元	**2375.78**	**2167.79**	**1800.37**	**2277.13**	**2858.18**	**2597.96**	**2390.23**	**2581.86**
通过互联网购买商品或服务支出	元	0.72		2.74	10.44	9.86		0.11	9.09
旅游人次	人次	0.77	0.59	0.87	1.25	0.83	0.16	0.46	0.86
旅游花费总额	元	145.15	137.83	102.85	309.31	144.14	85.96	87.45	197.21
食品	元	**3760.72**	**3662.68**	**2514.67**	**2585.40**	**3347.19**	**2801.99**	**3379.23**	**3269.29**
粮油类	元	621.83	630.87	425.10	448.13	427.13	524.39	647.35	697.79
粮食	元	423.69	436.87	311.05	315.24	267.62	348.01	414.18	466.13
大米	元/千克	3.74	3.73	3.44	4.04	3.68	3.83	3.91	3.91
数量	千克	20.73	21.37	13.71	10.10	9.76	10.16	12.14	13.20
金额	元	77.56	79.76	47.15	40.81	35.90	38.93	47.44	51.64
面粉.单价	元/千克	2.78	2.84	2.38	2.40	2.56	2.47	2.38	2.53
数量	千克	19.92	18.73	31.66	26.08	8.84	13.92	31.13	38.88
金额	元	55.33	53.09	75.49	62.59	22.60	34.44	74.23	98.32
其它粮食及制品	元	290.79	304.02	188.41	211.84	209.12	274.64	292.50	316.17
淀粉及薯类	元	33.50	33.04	6.49	22.52	32.34	37.39	43.31	49.75
干豆类及豆制品	元	55.53	55.11	58.02	44.97	55.88	56.60	61.86	64.87
油脂类	元	109.11	105.84	49.55	65.40	71.28	82.40	128.00	117.04
食用植物油.单价	元/千克	14.75	14.74	15.43	11.15	12.44	15.69	12.78	13.68
数量	千克	7.39	7.18	3.21	5.87	5.73	5.25	10.01	8.56
金额	元	109.09	105.84	49.55	65.38	71.28	82.40	128.00	117.04
食用动物油	元	0.02			0.02				
肉禽蛋水产品类	元	893.48	923.28	585.54	473.25	584.91	383.23	791.60	587.63
肉类	元	529.25	540.00	317.02	305.31	365.96	245.68	509.67	398.88
猪肉	元/千克	20.51	20.60	19.09	20.01	19.40	21.36	19.64	20.19
数量	千克	13.76	13.81	9.17	6.80	11.09	7.15	15.77	10.71
金额	元	282.35	284.39	175.18	136.12	215.21	152.61	309.62	216.18
牛肉	元/千克	28.60	28.29	30.57	29.31	30.73	48.08	32.79	30.59
数量	千克	2.06	2.46	0.51	0.37	0.51	0.01	0.45	0.10
金额	元	58.98	69.61	15.45	10.90	15.66	0.37	14.86	3.11
羊肉	元/千克	29.86	29.28	23.43	29.85	29.03	33.05	32.82	33.54
数量	千克	1.97	2.12	0.90	0.91	0.93	0.60	1.73	0.99
金额	元	58.73	62.20	21.14	27.24	27.07	19.83	56.62	33.28
其它肉及制品	元	129.20	123.81	105.25	131.05	108.03	72.87	128.57	146.30
禽类	元	144.26	152.83	119.37	68.46	92.73	54.17	93.35	70.80
鸡	元/千克	14.23	14.19	12.79	14.99	12.11	12.58	13.92	12.68
数量	千克	4.81	5.38	3.97	1.38	2.33	0.79	4.05	0.72
金额	元	68.42	76.40	50.73	20.66	28.16	9.89	56.40	9.18

5-4 续表1 （2009年）

指　　标	单位	全市	市区	中牟县	巩义市	荥阳市	新密市	新郑市	登封市
鸭	元/千克	13.26	13.36	14.14	11.19	8.05	27.20	13.78	10.00
数量	千克	0.82	0.96	0.52	0.10	0.08	0.01	0.12	0.01
金额	元	10.94	12.77	7.29	1.10	0.67	0.20	1.69	0.08
其它禽类及制品	元	64.90	63.65	61.34	46.70	63.89	44.08	35.26	61.54
蛋类	元	91.11	90.81	78.76	71.86	87.20	55.42	111.57	87.71
鲜蛋	元/千克	6.78	6.79	6.68	6.58	6.68	6.39	6.69	6.35
数量	千克	12.33	12.33	11.43	10.18	12.41	8.36	15.97	12.82
金额	元	83.59	83.79	76.35	67.01	82.87	53.39	106.89	81.33
蛋制品	元	7.52	7.01	2.41	4.85	4.33	2.03	4.68	6.39
水产品类	元	128.86	139.64	70.40	27.62	39.02	27.97	77.02	30.23
鱼	元/千克	13.09	13.18	11.29	11.73	11.52	10.59	11.87	12.09
数量	千克	5.80	6.36	3.90	1.33	1.92	1.76	4.25	1.52
金额	元	75.95	83.81	44.02	15.58	22.09	18.66	50.40	18.40
虾	元/千克	30.52	30.52	19.79	31.04	27.64	35.26	26.89	22.33
数量	千克	0.98	1.04	0.42	0.22	0.23	0.15	0.39	0.14
金额	元	29.91	31.68	8.39	6.79	6.36	5.34	10.46	3.08
其它水产品及制品	元	23.00	24.16	18.00	5.25	10.57	3.96	16.15	8.75
蔬菜类	元	446.60	458.46	296.20	322.56	330.19	351.02	432.94	426.45
鲜菜	元/千克	2.85	2.92	2.53	2.44	2.47	2.54	2.58	2.55
数量	千克	146.16	146.40	113.63	125.21	128.89	129.06	158.47	158.49
金额	元	416.73	427.81	287.86	305.36	318.44	328.02	409.10	404.16
干菜	元	22.05	22.93	7.48	11.80	7.21	19.67	19.30	10.88
菜制品	元	7.83	7.72	0.86	5.40	4.54	3.33	4.54	11.40
调味品	元	66.60	66.45	27.57	38.43	44.79	45.77	67.26	76.28
糖烟酒饮料类	元	579.77	571.71	339.33	232.82	325.80	441.91	555.02	538.89
糖类	元	27.66	28.15	13.87	19.90	21.02	20.28	29.31	31.80
烟草类	元	221.06	207.34	130.23	75.42	134.06	152.77	297.71	233.30
酒类	元	202.57	204.04	127.49	45.72	82.35	151.09	122.49	128.94
白酒	元/千克	52.71	52.63	35.03	49.41	37.13	249.22	42.78	50.40
数量	千克	2.99	3.02	3.28	0.51	1.65	0.49	2.20	1.43
金额	元	157.40	158.79	114.85	25.34	61.24	121.63	94.25	72.08
果酒.单价	元/千克	49.40	46.41	35.67	7.27	31.62	30.35	4.47	30.18
数量	千克	0.30	0.33	0.02	0.50	0.08	0.03	0.43	0.39
金额	元	14.86	15.08	0.65	3.65	2.42	0.91	1.91	11.77
啤酒	元/千克	4.77	4.67	5.86	5.66	4.17	6.39	4.27	7.79
数量	千克	4.17	4.32	1.76	2.70	4.39	2.75	5.74	5.79

5-4 续表2 （2009年）

指　标	单位	全市	市区	中牟县	巩义市	荥阳市	新密市	新郑市	登封市
金额	元	19.88	20.16	10.29	15.30	18.31	17.58	24.50	45.09
其它酒	元	10.44	10.02	1.70	1.44	0.38	10.97	1.83	
饮料	元	128.49	132.18	67.73	91.78	88.38	117.76	105.51	144.85
碳酸饮料	元/千克	5.51	5.73	8.04	4.32	5.12	6.93	5.59	6.70
数量	千克	4.49	4.48	0.33	1.19	2.08	0.08	1.42	3.70
金额	元	24.75	25.67	2.61	5.15	10.66	0.54	7.94	24.80
瓶装饮用水	元/千克	1.34	1.48	2.26	1.18	0.73	0.51	0.53	1.55
数量	千克	4.16	3.46	0.29	3.08	7.47	16.06	11.59	9.22
金额	元	5.59	5.13	0.66	3.63	5.42	8.15	6.12	14.29
茶叶	元/千克	123.77	114.74	155.69	164.12	85.26	290.31	159.28	124.66
数量	千克	0.44	0.52	0.09	0.07	0.16	0.18	0.18	0.26
金额	元	54.77	60.17	14.78	12.28	13.24	52.67	28.59	32.53
其它饮料	元	43.38	41.20	49.68	70.72	59.06	56.41	62.86	73.23
干鲜瓜果类	元	318.65	310.70	187.84	222.90	275.98	231.68	306.76	276.47
鲜果	元/千克	4.38	4.51	3.23	3.64	4.02	4.07	3.58	4.06
数量	千克	40.98	38.78	46.37	30.58	39.90	29.88	44.84	37.64
金额	元	179.62	175.07	149.87	111.33	160.59	121.67	160.63	152.85
鲜瓜	元/千克	1.74	1.81	2.09	1.75	1.60	1.63	1.34	1.70
数量	千克	23.27	21.77	8.06	17.71	26.71	31.07	37.49	23.49
金额	元	40.41	39.35	16.88	30.97	42.81	50.61	50.08	39.97
其它干鲜瓜果类及制品	元	98.62	96.27	21.10	80.60	72.59	59.39	96.06	83.66
糕点、奶及奶制品	元	250.03	236.85	187.48	248.25	237.76	148.62	242.15	290.41
糕点	元/千克	14.48	13.90	14.59	14.17	12.14	11.19	14.18	13.28
数量	千克	5.66	5.78	1.62	5.46	6.34	3.71	3.99	6.98
金额	元	81.91	80.39	23.59	77.32	76.90	41.47	56.54	92.67
奶及奶制品	元	168.12	156.46	163.89	170.93	160.86	107.14	185.61	197.74
鲜乳品	元/千克	6.03	6.04	6.22	8.01	4.83	6.52	7.17	7.88
数量	千克	16.29	17.18	2.09	9.47	12.74	0.14	10.64	8.83
金额	元	98.18	103.73	12.99	75.81	61.50	0.93	76.25	69.54
奶粉	元/千克	82.33	64.79	92.32	132.97	81.94	157.36	141.62	81.12
数量	千克	0.30	0.20	0.35	0.42	0.43	0.17	0.12	0.44
金额	元	24.48	13.01	32.41	55.82	35.24	26.29	16.88	35.45
酸奶	元/千克	5.83	5.80	8.14	6.41	5.25	6.42	5.57	7.61
数量	千克	5.04	4.79	2.63	5.15	11.35	1.25	10.60	4.94
金额	元	29.34	27.75	21.41	33.06	59.57	8.04	59.04	37.56
其它奶制品	元	16.11	11.97	97.07	6.24	4.55	71.89	33.44	55.20

5-4　续表3　　　　　　　　　　　　　　（2009年）

指　　标	单位	全市	市区	中牟县	巩义市	荥阳市	新密市	新郑市	登封市
其它食品	元	75.30	74.63	194.91	23.62	56.13	41.05	17.17	59.57
饮食服务	元	508.44	389.73	270.71	575.45	1064.50	634.32	318.98	315.81
食品加工服务费	元	0.87	1.05	1.66	0.82	0.09	0.04	0.71	0.98
在外饮食	元	507.57	388.68	269.05	574.63	1064.41	634.27	318.27	314.83
衣着	**元**	**1553.33**	**1528.54**	**1061.21**	**1403.60**	**1552.58**	**1590.62**	**1376.00**	**1526.69**
服装	元/件	133.84	137.30	116.70	129.64	102.82	119.19	112.88	103.67
数量	件	8.28	7.94	6.78	7.72	11.22	9.58	8.56	10.29
金额	元	1108.81	1089.63	790.88	1001.03	1153.79	1142.32	965.83	1067.21
衣着材料	元	10.19	10.49	1.46	5.95	7.46	1.40	3.19	4.73
鞋类	元/双	118.97	123.85	90.13	102.77	86.16	97.19	87.14	91.27
数量	双	3.28	3.11	2.46	3.40	3.97	4.33	4.13	4.48
金额	元	390.80	384.92	221.77	349.36	342.19	420.78	360.19	408.64
其它衣着用品	元	38.68	39.59	35.52	38.68	39.31	21.56	40.84	38.39
衣着加工服务费	元	4.85	3.91	11.58	8.59	9.84	4.57	5.95	7.72
居住	**元**	**1082.61**	**981.72**	**1024.03**	**1087.24**	**1007.97**	**1077.31**	**929.77**	**2263.62**
住房	元	296.47	182.89	396.40	443.67	219.00	384.83	190.94	1442.69
租赁房房租	元	14.85	13.74	5.47	3.12	21.49	11.80	1.05	6.32
住房装潢支出	元	232.00	145.05	180.92	287.25	155.06	370.39	157.00	594.81
维修用建筑材料	元	37.47	14.98	189.75	150.49	42.46	2.40	16.11	626.01
其它住房支出	元	12.15	9.13	20.25	2.82		0.25	16.78	215.56
水电燃料及其它	元	712.00	726.24	593.64	577.58	688.58	648.97	693.73	712.51
水	元/吨	2.39	2.40	1.83	2.37	2.39	3.16	2.15	2.23
数量	吨	38.60	40.76	42.57	21.14	28.62	26.44	45.58	15.85
金额	元	92.22	97.84	77.92	50.09	68.29	83.62	97.82	35.31
电	元/度	0.56	0.56	0.64	0.56	0.58	0.56	0.57	0.57
数量	度	618.37	626.54	476.77	509.94	571.65	577.37	665.24	629.44
金额	元	347.64	351.31	303.85	285.75	333.70	325.87	376.75	356.08
燃料	元	172.72	169.37	208.87	205.90	151.49	222.06	190.66	320.95
煤炭	元/千克	0.59	0.63	0.52	0.50	0.68	0.50	0.54	0.56
数量	千克	31.47	18.20	61.03	103.61	36.18	78.30	103.16	317.89
金额	元	18.71	11.45	31.78	52.29	24.68	39.00	55.62	179.21
液化石油气	元/千克	5.02	4.95	5.24	6.80	4.72	5.56	4.81	4.59
数量	千克	5.73	3.80	10.38	5.69	15.77	32.03	22.32	30.46
金额	元	28.76	18.80	54.44	38.67	74.40	178.02	107.23	139.90
管道天然气	元/立方米	1.86	1.86	1.65			2.50	1.68	
数量	立方米	64.35	73.77	60.79			0.36	8.83	

5-4 续表4 (2009年)

指　　标	单位	全市	市区	中牟县	巩义市	荥阳市	新密市	新郑市	登封市
金额	元	119.76	137.55	100.03			0.91	14.80	
其它燃料	元	1.61	0.13	19.39	43.51	1.76	2.78	12.25	0.16
取暖费	元	93.30	102.96	2.95	19.69	76.27	17.43	16.97	
其它相关支出	元	6.13	4.75	0.05	16.16	58.84		11.53	0.17
居住服务费	元	74.14	72.59	34.00	65.98	100.39	43.51	45.10	108.42
物业管理费	元	46.71	49.57	14.18	25.93	30.41	3.72	4.69	11.34
维修服务费	元	9.39	5.34	0.34	16.55	46.17	21.20	18.78	63.12
其它居住服务费	元	18.05	17.68	19.48	23.51	23.80	18.59	21.62	33.95
家庭设备用品及服务	**元**	**769.31**	**705.78**	**644.43**	**565.33**	**795.42**	**753.32**	**964.22**	**981.10**
耐用消费品	元	342.35	279.01	317.54	321.45	475.25	489.87	600.64	454.99
家具	元	94.77	63.91	0.97	70.64	164.15	134.28	140.10	38.04
家庭设备	元	247.58	215.10	316.57	250.81	311.10	355.59	460.54	416.95
洗衣机	元/台	1423.99	1527.39	744.00	1549.60	838.00	816.25	1695.36	1283.33
数量	台	4.94	4.68	2.00	5.00	1.00	4.00	14.00	3.00
金额	元	24.02	24.69	4.54	26.00	2.73	9.78	82.72	12.16
电冰箱	元/台	2860.69	3299.40	2325.00	2790.00	1996.67	3164.00	1972.86	2124.60
数量	台	2.59	2.43	4.00	3.00	3.00	3.00	7.00	10.00
金额	元	25.26	27.70	28.39	28.09	19.50	28.42	48.13	67.13
微波炉	元/台	504.13	479.06	415.00	614.67	715.00	600.00	695.10	
数量	台	4.18	4.08	2.00	3.00	2.00	1.00	10.00	
金额	元	7.19	6.76	2.53	6.19	4.66	1.80	24.23	
空调器	元/台	2558.93	2491.75	2267.00	1977.27	2482.00	3700.00	2554.75	2220.53
数量	台	7.34	6.07	7.00	11.00	19.00	19.00	8.00	17.00
金额	元	64.14	52.22	48.44	72.99	153.53	210.48	71.23	119.27
淋浴热水器	元/台	1317.68	1191.76		2438.25	1431.43	2150.00	2130.00	2026.00
数量	台	4.56	3.63		4.00	7.00	10.00	11.00	6.00
金额	元	20.49	14.96		32.73	32.62	64.37	81.66	38.41
消毒碗柜	元/台	218.08					328.00		
数量	台	0.22					1.00		
金额	元	0.16					0.98		
其它家庭设备	元	105.92	88.76	232.66	84.82	98.07	39.76	152.57	179.98
室内装饰品	元	14.51	15.75	3.41	16.10	20.46		11.19	1.10
床上用品	元	114.26	116.86	48.41	54.34	46.33	32.00	141.24	102.45
家庭日用杂品	元	261.86	265.23	236.17	144.72	230.43	225.51	184.65	254.79
家具材料	元	8.31	6.46	0.37	1.44	0.55		6.87	13.20
家庭服务	元	28.01	22.46	38.53	27.28	22.41	5.94	19.63	154.57

5-4　续表 5　　　　　　　　　　　　（2009 年）

指　　标	单位	全市	市区	中牟县	巩义市	荥阳市	新密市	新郑市	登封市
家政服务	元	15.84	14.26	2.02	11.35	7.10	0.12	1.29	42.69
加工维修服务费	元	12.17	8.20	36.51	15.93	15.31	5.82	18.34	111.88
医疗保健	**元**	**819.56**	**713.61**	**601.93**	**421.96**	**718.78**	**1042.28**	**742.80**	**771.09**
医疗器具	元	9.95	6.17	0.44	0.57	18.32	3.02	21.89	3.10
保健器具	元	34.33	28.95	0.27	4.10	4.91	10.15	9.70	11.23
药品费	元	483.81	409.93	505.72	292.86	390.53	635.19	239.10	438.00
滋补保健品	元	70.13	52.64	66.74	21.64	21.94	102.22	34.82	60.72
医疗费	元	216.14	213.30	27.84	93.30	282.69	291.71	413.68	248.97
其它医疗保健支出	元	5.20	2.63	0.92	9.50	0.39		23.61	9.08
交通和通讯	**元**	**1203.35**	**1133.27**	**1848.01**	**830.68**	**1509.91**	**1640.97**	**2145.59**	**1136.13**
交通	元	515.91	455.51	1397.12	313.22	885.37	981.59	1505.09	433.76
家庭交通工具	元	323.88	300.91	1040.02	68.79	513.43	818.87	1198.50	83.28
摩托车	元/辆	4094.77		4800.00			5000.00	5600.00	3432.50
数量	辆	0.13		1.00			1.00	1.00	4.00
金额	元	1.85		14.65			14.97	19.52	43.38
助力车	元/辆	2921.10	2700.60	2616.67		1900.00	2600.00	3400.00	2660.00
数量	辆	6.63	5.32	3.00		4.00	2.00	8.00	3.00
金额	元	66.08	49.59	23.96		24.74	15.57	94.80	25.21
家用汽车	元/辆	22486.69	118935.93	1507.54		72500.00	65826.00	102666.67	
数量	辆	3.10	0.57	199.00		2.00	4.00	3.00	
金额	元	237.82	234.76	915.80		472.06	788.34	1073.48	
其它交通工具	元	18.14	16.56	85.61	68.79	16.64		10.70	14.68
车辆用燃料及零配件	元	58.66	36.42	116.70	91.61	198.02	59.34	197.08	214.68
燃料	元	48.78	25.39	115.54	83.96	179.31	57.76	186.04	191.06
零配件	元	7.07	7.11	1.03	7.51	15.69	0.33	10.44	20.44
其它	元	2.81	3.92	0.14	0.14	3.02	1.25	0.60	3.18
交通工具服务支出	元	27.07	14.29	132.08	21.26	89.44	24.96	57.02	65.27
维修费	元	20.75	11.34	131.17	13.53	27.73	24.84	26.54	52.84
车辆使用税费	元	3.56	0.90		6.06	55.51		12.62	9.73
其它车辆使用费用	元	2.76	2.04	0.91	1.67	6.20	0.12	17.86	2.70
交通费	元	106.29	103.89	108.31	131.56	84.48	78.42	52.48	70.53
飞机	元	17.27	21.72		10.57	4.20	9.88	0.02	
火车	元	24.64	25.60	6.09	33.43	12.15	3.96	7.28	2.52
长途汽车	元	7.91	5.91	3.12	21.43	18.62	16.94	14.25	26.37
市内公共交通	元	25.62	23.71	0.25	49.19	14.77	5.42	11.68	24.17
出租汽车费	元	29.37	26.94	17.60	16.29	30.28	41.82	15.29	13.62

5-4　续表 6　　　　　　　　　　（2009 年）

指　　标	单位	全市	市区	中牟县	巩义市	荥阳市	新密市	新郑市	登封市
其它交通费	元	1.49	0.01	81.26	0.65	4.46	0.40	3.95	3.85
通信	元	687.44	677.76	450.89	517.46	624.54	659.38	640.50	702.38
通信工具	元	120.65	118.51	27.72	59.31	129.40	148.10	94.70	95.44
电话机	元/部	165.60	139.83		258.33	97.00	650.00	55.75	128.50
数量	部	3.45	4.04		3.00	1.00	7.00	4.00	2.00
金额	元	1.95	1.95		2.60	0.32	13.62	0.78	0.81
移动电话	元/部	1427.41	1426.03	987.44	994.12	1028.59	1352.73	1073.96	940.97
数量	部	24.29	23.64	9.00	17.00	37.00	33.00	25.00	31.00
金额	元	118.34	116.44	27.13	56.71	123.90	133.65	93.58	92.16
其它通信工具	元	0.36	0.12	0.59		5.18	0.82	0.35	2.46
通信服务	元	566.80	559.24	423.17	458.15	495.15	511.28	545.80	606.93
电信费	元	564.98	557.80	419.11	458.15	489.92	509.74	543.93	601.40
#上网费	元	34.54	34.48	21.31	43.33	47.12	15.60	35.67	25.16
邮费	元	0.87	0.88			0.64	0.04	0.31	0.47
其它通信服务费	元	0.94	0.56	4.06		4.59	1.50	1.55	5.06
教育文化娱乐服务	**元**	**1234.14**	**1166.34**	**982.12**	**1141.78**	**1499.99**	**1696.40**	**1255.27**	**1117.14**
文化娱乐用品	元	337.08	324.90	228.54	180.80	468.30	883.74	421.91	271.27
彩色电视机	元/台	4033.34	4107.25	8650.00	5766.67	5212.33	3375.60	2842.86	2916.67
数量	台	4.45	4.78	1.00	3.00	3.00	5.00	7.00	3.00
金额	元	61.23	67.85	26.41	58.05	50.91	50.53	69.36	27.65
家用电脑	元	83.10	85.49	39.99	44.84	219.35	215.97	123.07	114.76
购买整机	元/台	4038.48	4278.58	10000.00	4283.33	3903.13	4595.93	3758.89	3961.67
数量	台	5.53	5.24	1.00	3.00	16.00	15.00	9.00	9.00
金额	元	76.21	77.43	30.53	43.12	203.31	206.40	117.91	112.65
计算机外部设备	元	2.15	2.17	7.90	0.97	5.37		3.80	
各种零配件及耗材	元	4.74	5.88	1.57	0.76	10.67	9.57	1.36	2.11
照相机	元/架	2258.83	2127.58	2300.00		1200.00	2877.78	2285.00	1650.00
数量	架	3.05	2.68	1.00		1.00	9.00	2.00	2.00
金额	元	23.49	19.72	7.02		3.91	77.54	15.93	10.43
其它中高档乐器	元/件	2511.27	3200.00	4200.00	1000.00	260.00			
数量	件	0.31	0.31	1.00	1.00	1.00			
金额	元	2.69	3.37	12.82	3.36	0.85			
健身器材	元/件	1844.06	1732.22			95.00	3546.15		
数量	件	1.15	1.08			1.00	13.00		
金额	元	7.23	6.46			0.31	138.02		
电子辞典	元/部	855.73	656.20						874.62

5-4 续表7 （2009年）

指　　标	单位	全市	市区	中牟县	巩义市	荥阳市	新密市	新郑市	登封市
数量	部	2.54	3.25						
金额	元	7.42	7.37						3.57
音像制品及软件	元	3.03	2.10	1.27	0.32	5.03	1.69	0.63	3.52
体育用品	元	3.02	3.21		1.98	3.62	0.65	2.07	2.20
书报杂志	元	44.09	45.07	5.30	11.72	35.16	99.92	13.01	19.67
纸张文具	元	8.66	7.65	55.71	19.05	18.80	9.89	4.17	11.55
其它文娱用品	元	79.48	68.38	80.02	40.81	119.95	47.60	61.24	77.92
文化娱乐服务	元	267.80	246.31	244.64	410.43	189.49	475.54	171.31	307.76
参观游览	元	54.22	47.26	183.34	26.60	12.51	374.40	38.29	1.83
健身活动	元	10.28	10.10	4.52	0.96	1.90		1.01	
团体旅游	元	132.25	119.67	9.22	302.09	120.96		74.44	202.64
其它文娱活动	元	69.16	67.65	47.09	75.35	48.76	99.48	52.35	101.82
文娱用品修理服务费	元	1.90	1.63	0.47	5.42	5.36	1.66	5.23	1.47
教育	元	629.25	595.14	508.94	550.55	842.20	337.12	662.04	538.11
教材	元	54.78	56.51	39.25	36.73	81.42	21.55	40.23	35.95
课本及参考书	元	52.44	54.16	39.25	29.35	81.11	18.45	35.01	32.75
教育软件	元	1.09	0.76				0.10	4.15	3.10
其它教材	元	1.25	1.58		7.38	0.32	3.00	1.07	0.09
教育费用	元	574.48	538.63	469.69	513.82	760.77	315.57	621.81	502.16
非义务教育学杂费	元	103.32	92.19	102.04	133.79	301.27	196.19	214.58	142.50
义务教育学杂费	元	0.13	0.26						
托幼费	元	83.23	79.07	71.14	126.97	76.44	43.69	38.37	155.69
成人教育费	元	58.29	52.35	85.71	17.01	133.82	5.05	39.35	89.54
家教费	元	52.68	49.10	28.05	17.60	36.12	3.05	61.20	23.10
培训班	元	228.39	219.16	178.51	165.79	155.80	64.25	71.76	74.00
学校住宿费	元	28.38	35.21		12.72	55.18		0.84	7.05
其它教育费用	元	20.06	11.29	4.24	39.93	2.13	3.34	195.70	10.29
其它商品和服务	**元**	**380.88**	**331.83**	**260.87**	**299.07**	**441.99**	**724.00**	**506.54**	**424.39**
其它商品	元	232.99	205.82	164.34	158.45	234.26	354.67	272.78	317.51
金银珠宝饰品	元	38.88	19.95	23.64	18.87	32.81	97.37	87.43	98.44
手表	元/只	536.23	429.06	20.00	740.00	101.67	1158.75	55.00	150.00
数量	只	0.02	0.01	0.01	0.01	0.01	0.01	0.01	
金额	元	10.63	6.00	0.18	4.97	0.99	13.88	0.38	0.47
理发美容用具	元	7.20	8.74	0.52	0.07	0.93	0.23	0.71	0.32
化妆品	元	116.84	112.27	58.60	81.56	135.36	130.45	94.56	115.46
其它杂品	元	59.44	58.86	81.40	52.98	64.18	112.75	89.69	102.81
服务	元	147.89	126.01	96.52	140.62	207.73	369.33	233.76	106.88
旅馆住宿费	元	5.40	4.69	0.68	10.45	6.98			
理发洗澡费	元	80.49	73.88	38.73	75.23	111.91	112.29	115.01	96.75
美容费	元	33.60	30.13	26.37	23.36	47.60	254.49	59.91	8.53
其它服务	元	28.40	17.30	30.73	31.57	41.25	2.55	58.84	1.60

5-5　全市及县(市)城镇居民家庭年人均实物收入

(2009 年)

单位:元

指　　标	全市	市区	中牟县	巩义市	荥阳市	新密市	新郑市	登封市
非现金(实物与服务)收入总计	**173.87**	**155.60**	**240.92**	**169.08**	**466.65**	**190.39**	**121.40**	**205.72**
食品	**94.94**	**79.63**	**88.02**	**94.55**	**232.35**	**137.43**	**60.41**	**183.52**
粮油类	25.96	19.97	24.73	28.86	80.09	50.03	21.43	58.40
肉禽蛋水产品类	12.14	11.69	9.44	3.68	29.15	11.12	5.59	26.15
蔬菜类	3.27	2.44	2.34	2.93	9.86	0.88	0.17	5.45
糖烟酒饮料类	17.33	14.37	19.05	12.67	28.41	33.92	15.64	29.03
干鲜瓜果类	11.57	9.27	8.96	3.02	18.85	8.25	2.64	30.51
糕点、奶及奶制品	17.75	15.95	6.09	15.58	40.03	24.41	13.85	29.08
其它食品	5.06	5.27	17.40	7.96	4.70	8.82	0.24	4.89
饮食服务	1.87	0.68		19.85	21.27		0.85	
衣着	**7.79**	**6.87**	**3.30**	**3.52**	**32.04**	**5.72**	**7.59**	**12.70**
居住	**0.29**		**9.07**		**2.10**			
水电燃料及其它	0.28		9.07		2.10			
家庭设备用品及服务	**2.43**	**1.81**	**1.54**	**1.01**	**43.06**		**3.07**	**0.85**
医疗保健	**53.90**	**51.85**	**113.24**	**36.40**	**117.94**	**40.39**	**50.20**	**1.33**
#医疗基金	9.34	11.14				30.23		
医疗器具	0.82	0.24			0.34	0.02		
保健用品	0.70	0.92	0.38			1.50	0.47	0.12
药品费	26.69	19.95	11.46	29.18	115.90	8.17	36.43	0.48
滋补保健品	0.96	0.26			0.33	0.47	4.95	0.73
医疗费	14.98	18.80	101.40	7.21	1.38		7.62	
其它医疗保健	0.40	0.55					0.73	
交通和通讯	**2.83**	**3.03**		**10.08**	**12.96**			**1.14**
交通	2.00	2.34		4.71	12.40			1.14
通信	0.83	0.70		5.37	0.55			
教育文化娱乐服务	**1.63**	**1.72**	**0.75**	**0.17**	**9.69**	**0.59**		**0.19**
文化娱乐用品	1.22	1.61	0.75		5.46			0.19
文化娱乐服务	0.34	0.11		0.17	4.23	0.47		
教育	0.07					0.12		
其它商品和服务	**10.05**	**10.68**	**25.01**	**23.36**	**16.51**	**6.27**	**0.12**	**6.00**

5-6　全市及县(市)城镇居民家庭每百户年末主要耐用消费品拥有量

(2009 年底)

指　　标	单位	全市	市区	中牟县	巩义市	荥阳市	新密市	新郑市	登封市
摩托车	辆	7.58	2.44	21.00	35.00	39.00	17.00	39.00	88.24
助力车	辆	52.44	56.82	24.00	10.00	60.00	6.00	33.00	19.61
家用汽车	辆	7.60	7.11	9.00	16.00	10.00	21.00	9.00	7.84
洗衣机	台	97.15	96.58	98.00	102.00	103.00	104.00	100.00	101.96
电冰箱	台	96.34	97.17	87.00	95.00	96.00	86.00	89.00	80.39
彩色电视机	台	124.33	119.13	116.00	136.00	153.00	147.00	139.00	153.92
家用电脑	台	63.08	62.65	45.00	82.00	70.00	62.00	41.00	50.00
组合音响	套	21.29	18.74	24.00	22.00	26.00	27.00	16.00	18.63
摄像机	架	9.30	9.51	3.00	5.00	8.00	14.00	7.00	2.94
照相机	架	44.84	43.79	28.00	38.00	51.00	47.00	18.00	29.41
钢琴	架	3.29	2.81	2.00	1.00	3.00	8.00	2.00	
其它中高档乐器	件	3.16	2.64	6.00	5.00	7.00	9.00	3.00	1.96
微波炉	台	60.17	61.47	31.00	42.00	56.00	43.00	39.00	19.61
空调器	台	132.30	128.83	98.00	161.00	162.00	132.00	93.00	99.02
淋浴热水器	台	85.17	88.28	89.00	47.00	68.00	77.00	66.00	31.37
消毒碗柜	台	9.24	8.87	8.00	13.00	13.00	16.00	7.00	8.82
洗碗机	台	0.37	0.39						
健身器材	套	4.80	3.87	1.00	3.00	6.00	23.00	4.00	0.98
固定电话	部	76.70	77.85	67.00	64.00	46.00	62.00	62.00	68.63
移动电话	部	165.85	154.46	173.00	224.00	242.00	229.00	172.00	211.76

5-7 全市及县(市)城镇居民家庭住房情况

(2009 年)

指　标	单位	全市	市区	中牟县	巩义市	荥阳市	新密市	新郑市	登封市
家庭居住人口	人	2.93	2.89	3.27	2.98	3.07	3.34	2.86	3.15
现住房总建筑面积	平方米/人	29.29	27.32	31.26	35.12	37.23	37.32	54.92	60.00
房屋产权									
租赁公房	%	2.13	2.50	1.00	6.00	3.00			
租赁私房	%	2.04	2.05	1.00		1.00		1.00	
原有私房	%	3.10	0.27	3.00	3.00			51.00	77.45
房改私房	%	71.84	79.14	51.00	25.00	18.00	2.00	17.00	0.98
商品房	%	19.37	14.62	39.00	58.00	78.00	98.00	25.00	21.57
其它	%	1.53	1.42	5.00	8.00			6.00	
住宅建筑式样									
四居室	%	2.83	1.51	11.00	17.00	11.00	30.00	15.00	2.94
三居室	%	39.98	39.22	65.00	61.00	76.00	51.00	23.00	17.65
二居室	%	48.92	54.33	17.00	10.00	11.00	8.00	8.00	0.98
一居室	%	2.24	2.90	1.00		1.00	2.00		
普通楼房	%	5.80	2.04	5.00	12.00	1.00	7.00	49.00	74.51
平房及其它	%	0.24		1.00			2.00	5.00	3.92
建筑年份	%	16.70	16.91	14.03	13.90	13.23	13.56	14.12	15.96
装修状况									
有装修	%	53.81	54.79	35.00	43.00	63.00	36.00	26.00	24.51
未装修	%	46.19	45.21	65.00	57.00	37.00	64.00	74.00	75.49
如果装修过最近一次装修年份	年	4.76	4.71	2.55	2.66	4.73	2.99	2.00	1.41
如果装修过最近一次装修花费	元	11264.94	12073.78	3970.00	12360.00	17108.00	6840.00	4776.40	6490.20
现有住房按市场价估计值	元	240357.58	260299.66	93315.00	121280.00	141640.00	100100.00	179580.00	318431.37
租赁房房租	元	181.13	197.04	48.00	80.40	346.80		48.00	
自有房房租折算	元	8039.77	8414.11	2993.28	3901.56	6889.32	4066.50	5653.92	6475.74
购房时间	年	10.96	11.27	9.91	10.49	9.66	11.76	5.52	1.92
购房总金额	元	69580.45	71523.34	56201.00	72624.90	72245.00	68040.00	42533.44	22792.16
购房实际支出金额	元	68631.12	70471.00	55538.00	72161.90	72215.00	67840.00	41401.00	22772.55
饮水情况									
自来水	%	91.41	95.94	83.00	82.00	77.00	66.00	92.00	16.67

5-7 续表 (2009年)

指　　标	单位	全市	市区	中牟县	巩义市	荥阳市	新密市	新郑市	登封市
矿泉水	%	3.52	2.78	1.00	5.00	1.00	10.00	2.00	5.88
纯净水	%	3.91	1.28	16.00	13.00	22.00	23.00	6.00	23.53
井、河水	%	1.14							53.92
其它	%	0.01					1.00		
用水情况									
独用自来水	%	98.38	100.00	100.00	96.00	99.00	100.00	100.00	28.43
公用自来水	%	0.15			4.00	1.00			1.96
井、河水	%	1.48							69.61
卫生设备									
有厕所浴室	%	86.52	88.22	89.00	44.00	92.00	76.00	72.00	73.53
有厕所无浴室	%	13.15	11.48	10.00	51.00	7.00	24.00	28.00	26.47
公用	%	0.34	0.30	1.00	5.00	1.00			
取暖设备									
空调设备	%	29.10	31.28	14.00	29.00	43.00	50.00	32.00	13.73
暖气	%	45.96	45.68	28.00	20.00	14.00	5.00	11.00	
其它	%	24.94	23.04	58.00	51.00	43.00	45.00	57.00	86.27
炊用燃料使用情况									
煤炭	%	5.82	3.66	24.00	27.00	7.00		7.00	63.73
罐装液化石油气	%	19.20	13.65	39.00	27.00	56.00	97.00	86.00	35.29
管道液化石油气	%	0.02							0.98
管道煤气	%	2.40	1.13	1.00	37.00	37.00			
管道天然气	%	71.88	80.95	35.00			3.00	4.00	
其他燃料	%	0.69	0.61	1.00	9.00			3.00	
除了现住房,还有几处其它住房	套	0.08	0.05	0.10	0.14	0.11	0.23	0.34	0.46
出租房	套	0.05	0.03	0.03	0.06	0.06	0.19	0.27	0.46
#建筑面积	平方米	3.94	2.14	2.03	4.63	4.23	18.15	25.71	34.10
偶尔居住房	套	0.02	0.02	0.03	0.05	0.03	0.04	0.02	
#建筑面积	平方米	2.13	1.50	2.63	6.52	2.94	3.82	1.80	
其它用途房	套	0.01		0.04	0.03	0.02		0.05	
#建筑面积	平方米	1.01	0.12	3.18	2.61	2.01		8.50	

5-8 全市按相对收入分的城镇居民家庭生活基本情况

（2009 年）

指　标	单位	合计	最低10%	更低5%	低10%	较低20%	中间20%	较高20%	高10%	最高10%	更高5%
现住房总建筑面积	平方米/人	29.29	23.05	22.82	22.72	26.29	25.85	31.21	34.79	41.14	46.22
家庭人口数	人	2.93	3.43	3.27	3.49	3.25	3.14	2.76	2.63	2.27	2.07
有收入者人数	人	2.11	1.53	1.31	2.15	2.10	2.24	2.24	2.10	2.03	1.93
就业人口数	人	1.39	1.13	1.04	1.62	1.41	1.58	1.35	1.30	1.25	1.20
国有经济单位职工人数	人	0.72	0.60	0.46	0.55	0.67	0.73	0.75	0.75	0.86	0.83
城镇集体经济单位职工人数	人	0.07	0.04	0.04	0.10	0.09	0.09	0.05	0.07	0.02	0.03
其它经济类型单位职工人数	人	0.13	0.12	0.14	0.11	0.15	0.17	0.16	0.07	0.07	0.07
城镇个体或私营企业主人数	人	0.13	0.07	0.13	0.10	0.13	0.16	0.11	0.14	0.15	0.10
城镇个体或私营企业被雇人数	人	0.22	0.16	0.16	0.57	0.27	0.29	0.19	0.15	0.07	0.11
离退休再就业人数	人	0.03			0.01	0.01	0.02	0.04	0.05	0.07	0.06
其它就业人数	人	0.08	0.14	0.12	0.17	0.09	0.12	0.05	0.08		
离退休人数	人	0.70	0.33	0.17	0.49	0.66	0.65	0.86	0.79	0.78	0.74
其它有收入者人数	人	0.02	0.06	0.09	0.04	0.03		0.03			
无收入者人数	人	0.82	1.91	1.96	1.33	1.14	0.90	0.52	0.54	0.24	0.14
在外就学人数	人	0.04	0.02	0.01	0.05	0.03	0.02	0.04	0.11	0.02	0.04
非家庭人口在家用餐	人次	1.22	1.02	0.76	0.84	1.15	0.88	0.97	1.53	2.16	2.08
家庭人口在外用餐	人次	3.51	2.47	2.30	2.62	3.62	3.07	3.44	3.93	4.71	4.20
家庭总收入	元	18584.40	7145.80	6240.61	10038.94	12779.19	15893.02	20961.89	25673.13	36873.33	43326.48
#可支配收入	元	17117.00	6338.72	5341.84	9206.24	11727.04	14697.77	19339.41	24056.80	34599.20	40895.47
家庭总支出	元	13921.44	6746.66	6145.36	8668.21	9898.36	12087.62	15014.21	17639.98	27701.02	33619.81
消费支出	元	10803.90	5447.57	4863.08	7215.59	8166.67	9905.32	11797.17	13786.57	18818.39	19822.23
#服务性消费支出	元	2375.78	1096.10	908.59	1696.99	1780.21	2420.99	2495.53	2900.54	4025.27	3967.33
通过互联网购买商品或服务支出	元	0.72	1.72	3.71		0.61	0.11	1.49	0.68	0.39	0.38
旅游人次	人次	0.77	0.38	0.38	0.51	0.64	0.66	1.03	1.08	0.72	0.50
旅游花费总额	元	145.15	56.13	8.64	74.44	89.37	183.30	192.47	157.85	187.90	136.07

5-9　全市按相对收入分的城镇居民家庭年人均收入情况

（2009 年）

单位：元

指　　标	合计	最低10%	更低5%	低10%	较低20%	中间20%	较高20%	高10%	最高10%	更高5%
期初手存现金	544.56	310.99	255.62	572.73	496.09	585.03	520.94	510.64	790.12	1209.15
家庭总收入	18584.40	7145.80	6240.61	10038.94	12779.19	15893.02	20961.89	25673.13	36873.33	43326.48
#可支配收入	17117.00	6338.72	5341.84	9206.24	11727.04	14697.77	19339.41	24056.80	34599.20	40895.47
工资性收入	11049.93	4871.06	4172.98	7113.39	7945.77	10014.83	12568.84	14816.24	19224.47	22151.54
工资及补贴收入	10853.39	4738.86	4028.84	6859.25	7767.74	9883.08	12375.22	14649.20	18832.94	21566.95
其它劳动收入	196.54	132.20	144.13	254.14	178.03	131.75	193.62	167.05	391.53	584.59
经营性收入	1492.47	379.93	811.26	453.81	1096.59	1624.34	1248.53	1931.19	3542.48	3293.44
财产性收入	233.21	45.53	39.91	62.67	140.41	144.78	274.96	270.02	710.11	1028.10
利息收入	82.87	26.01	35.18	7.36	38.22	36.07	71.08	124.55	323.94	438.43
股息与红利收入	24.93	2.47		10.17	6.54	1.18	3.43	48.45	144.14	313.59
保险收益	4.79					0.65	2.78		36.35	5.28
其它投资收入	5.69	1.38	3.17	9.45			8.48		27.00	
出租房屋收入	113.40	15.62	1.48	27.56	94.52	106.55	186.41	97.03	178.68	270.80
其它财产性收入	1.53	0.03	0.08	8.13	1.12	0.33	2.78			
转移性收入	5808.78	1849.28	1216.47	2409.07	3596.42	4109.08	6869.56	8655.67	13396.27	16853.39
养老金或离退休金	5186.43	1392.52	631.28	1984.68	3173.11	3718.90	6139.78	8133.66	11830.47	14020.15
社会救济收入	22.67	92.79	210.40	93.43	1.81	0.11	22.40	16.09		
#最低生活保障收入	0.37	4.22	9.64							
保险收入	3.06	13.48		0.28	0.06	0.02	7.97	0.40	1.28	
#失业保险金	2.85	13.48		0.28	0.06	0.02	6.95	0.40	1.28	
赡养收入	218.90	38.18	44.37	141.31	222.87	130.82	360.40	180.57	352.07	453.27
捐赠收入	307.83	254.13	262.72	147.30	142.43	200.57	263.79	227.93	1106.58	2248.60
提取住房公积金	3.28						3.74	12.92	9.17	20.20
记帐补贴	64.35	55.17	63.16	42.06	51.39	57.09	70.34	83.56	92.41	103.07
其它转移性收入	2.26	3.01	4.54		4.76	1.56	1.15	0.54	4.29	8.09
出售财物收入	19.02	21.98	45.60	4.19	4.95	6.68	47.99	22.47	16.97	21.65
出售住房收入	3.90						18.81			
出售其它物品收入	15.11	21.98	45.60	4.19	4.95	6.68	29.18	22.47	16.97	21.65
借贷收入	2225.67	1069.22	1171.96	901.71	893.77	1494.27	1453.10	2995.40	8331.80	9829.93
提取储蓄存款	2161.98	968.02	940.69	768.37	890.83	1458.64	1411.52	2959.40	8125.87	9823.20
借入款	61.95	101.06	230.96	133.34	1.32	35.25	39.43	31.08	202.88	
收回借出款	0.41					0.31			3.06	6.73
收回投资本金	0.29						1.40			
其它借贷收入	0.82	0.04	0.09		1.63	0.06	0.54	3.37		

5-10 全市按相对收入分的城镇居民家庭年人均支出情况

(2009 年)

单位:元

指标	合计	最低10%	更低5%	低10%	较低20%	中间20%	较高20%	高10%	最高10%	更高5%
家庭总支出	13921.44	6746.66	6145.36	8668.21	9898.36	12087.62	15014.21	17639.98	27701.02	33619.81
消费性支出	10803.90	5447.57	4863.08	7215.59	8166.67	9905.32	11797.17	13786.57	18818.39	19822.23
#服务性消费支出	2375.78	1096.10	908.59	1696.99	1780.21	2420.99	2495.53	2900.54	4025.27	3967.33
通过互联网购买商品或服务支出	0.72	1.72	3.71		0.61	0.11	1.49	0.68	0.39	0.38
旅游人次	0.77	0.38	0.38	0.51	0.64	0.66	1.03	1.08	0.72	0.50
旅游花费总额	145.15	56.13	8.64	74.44	89.37	183.30	192.47	157.85	187.90	136.07
财产性支出	9.80				9.65	16.82	12.40	14.06	2.61	5.74
非生产性贷款利息支出	6.51				8.64	7.79	6.57	14.06	2.61	5.74
其它	3.29				1.01	9.03	5.83			
转移性支出	1350.48	439.43	195.91	669.61	693.58	1024.01	1645.65	1677.31	3387.20	4451.04
交纳所得税	36.07	1.96		7.61	6.89	15.52	30.51	76.06	140.11	145.33
捐赠支出	904.54	274.80	118.62	450.01	460.93	580.82	1101.57	1082.39	2528.03	3143.22
购买彩票	15.44	1.62	2.10	18.40	15.89	20.39	16.50	7.40	20.27	10.51
赡养支出	317.37	143.56	54.68	162.49	181.62	340.14	407.77	446.68	451.69	729.00
#在外就学子女费用	85.23	35.29	18.63	61.10	56.53	56.26	136.36	151.93	81.34	152.74
各种非储蓄性保险支出	48.63	2.22	4.75	26.21	14.73	48.15	63.81	12.50	167.39	313.09
#车辆保险支出	12.31	1.95	4.46		2.59	3.19	4.51	4.60	84.97	187.24
其它转移性支出	28.44	15.25	15.76	4.90	13.52	19.00	25.50	52.29	79.72	109.89
社会保障支出	1261.93	749.95	835.61	783.01	993.87	1122.63	1521.64	1456.71	2041.62	2182.61
个人交纳的养老基金	522.41	449.86	530.68	345.31	480.96	547.02	569.49	533.26	634.31	644.53
个人交纳的住房公积金	549.26	202.36	179.97	295.75	372.00	419.81	720.41	669.57	1104.28	1193.77
个人交纳的医疗基金	169.49	78.21	100.97	125.05	127.29	141.96	202.83	228.39	273.39	308.04
个人交纳的失业基金	19.89	19.48	23.96	16.15	13.25	13.13	26.31	25.44	29.12	36.26
其它社会保障支出	0.88	0.03	0.03	0.76	0.37	0.71	2.59	0.04	0.51	
购房与建房支出	495.33	109.72	250.76		34.58	18.83	37.35	705.34	3451.20	7158.20
购房	493.06	109.72	250.76		34.58	18.83	26.40	705.34	3451.20	7158.20
借贷支出	6081.20	853.32	831.11	1917.88	3215.63	4595.24	6308.77	9979.73	16379.35	18570.66
存入储蓄款	5715.41	785.39	679.57	1895.02	3058.10	4400.33	6033.06	9541.37	14770.08	17886.82
借出款	22.00	4.75	10.85	8.80	0.43	0.14	1.19	42.76	139.27	306.91
归还借款	48.47	25.79	55.23	0.96	9.06	1.02	53.04	164.16	129.10	
储蓄性保险支出	26.47	4.07	9.30	13.10	15.24	56.86	37.85	7.99	13.57	5.87
购买有价证券	138.79				7.60	32.93	5.42		1153.48	
其它投资支出	2.52	19.94	45.57				3.74			
归还住房贷款	120.11				124.90	100.77	174.47	180.39	168.38	371.06
归还汽车贷款	4.50							39.42		
其它借贷支出	2.51	13.39	30.60		0.30	3.19			5.47	

5-11 全市按相对收入分的城镇居民家庭年人均消费情况

（2009 年）

指 标	单位	合计	最低10%	#更低5%	低10%	较低20%	中间20%	较高20%	高10%	最高10%	#更高5%
消费支出	**元**	**10803.90**	**5447.57**	**4863.08**	**7215.59**	**8166.67**	**9905.32**	**11797.17**	**13786.57**	**18818.39**	**19822.23**
#服务性消费支出	元	2375.78	1096.10	908.59	1696.99	1780.21	2420.99	2495.53	2900.54	4025.27	3967.33
食品	**元**	**3760.72**	**2356.10**	**2242.91**	**2750.58**	**3154.31**	**3424.07**	**4157.05**	**4590.74**	**5659.87**	**5827.31**
粮油类	元	621.83	516.71	549.16	514.54	593.20	572.76	662.13	691.22	776.89	820.28
粮食	元	423.69	353.19	357.30	359.11	416.53	398.54	450.56	461.23	497.13	517.67
淀粉及薯类	元	33.50	25.50	31.73	23.16	30.10	32.49	36.06	40.81	42.73	37.98
干豆类及豆制品	元	55.53	51.99	55.16	44.57	52.87	55.03	55.15	63.31	64.50	74.60
油脂类	元	109.11	86.03	104.96	87.69	93.69	86.70	120.36	125.87	172.53	190.03
肉禽蛋水产品类	元	893.48	581.95	497.73	723.05	787.16	836.88	1000.36	1067.38	1169.85	1282.87
肉类	元	529.25	330.98	281.21	417.59	468.97	513.50	608.37	617.02	660.15	739.45
禽类	元	144.26	99.84	88.17	133.85	124.58	125.89	154.35	180.92	197.60	228.91
蛋类	元	91.11	70.56	64.56	75.60	85.70	85.72	101.36	94.48	115.27	125.39
水产品类	元	128.86	80.56	63.78	96.00	107.92	111.76	136.28	174.97	196.83	189.12
蔬菜类	元	446.60	335.19	368.26	364.42	407.76	430.60	482.08	527.57	540.47	572.13
鲜菜	元/千克	2.85	2.66	2.61	2.80	2.74	2.84	2.89	2.94	2.99	3.04
数量	千克	146.16	119.75	134.92	121.76	139.75	140.75	154.85	167.20	167.99	173.91
金额	元	416.73	317.98	351.57	340.68	383.18	400.08	447.62	492.02	502.87	529.13
干菜	元	22.05	12.36	14.24	19.29	18.21	22.59	25.14	27.06	26.16	29.00
菜制品	元	7.83	4.84	2.45	4.46	6.38	7.92	9.32	8.50	11.44	14.00
调味品	元	66.60	55.53	64.26	50.76	64.24	62.80	64.78	81.01	86.63	81.82
糖烟酒饮料类	元	579.77	285.20	266.66	341.75	415.36	527.95	689.61	707.92	1021.69	899.20
糖类	元	27.66	15.83	15.06	19.09	21.85	26.56	35.00	28.58	40.38	34.02
烟草类	元	221.06	129.20	113.50	122.09	184.72	211.46	265.60	219.35	363.37	349.05
酒类	元	202.57	78.50	74.20	115.50	125.86	177.78	227.41	289.59	402.89	345.45
饮料	元	128.49	61.66	63.91	85.07	82.93	112.14	161.61	170.40	215.05	170.67
干鲜瓜果类	元	318.65	177.85	167.89	225.16	249.03	289.66	383.17	391.41	473.92	542.16
鲜果	元/千克	4.38	3.64	3.75	4.23	4.12	4.18	4.55	4.55	4.94	5.30
数量	千克	40.98	29.77	27.24	29.94	35.86	39.83	46.32	47.03	52.46	55.07
金额	元	179.62	108.36	102.24	126.53	147.74	166.70	210.64	213.83	259.29	291.94
鲜瓜	元/千克	1.74	1.48	1.40	1.93	1.67	1.64	1.78	1.74	1.93	2.24
数量	千克	23.27	16.50	17.87	19.03	19.39	23.48	26.35	28.45	26.75	21.90
金额	元	40.41	24.42	25.01	36.81	32.32	38.43	46.81	49.48	51.67	49.15
其它干鲜瓜果类及制品	元	98.62	45.06	40.64	61.82	68.97	84.54	125.72	128.11	162.96	201.07
糕点、奶及奶制品	元	250.03	151.23	122.85	171.76	224.20	213.51	310.71	304.34	328.36	356.16
糕点	元/千克	14.48	11.85	10.88	12.73	14.10	13.30	14.63	14.74	18.05	16.24
数量	千克	5.66	4.31	4.03	4.08	4.95	4.87	6.88	7.11	6.77	7.96

5-11 续表1　　　　　　　　（2009年）

指　　标	单位	合计	最低10%	#更低5%	低10%	较低20%	中间20%	较高20%	高10%	最高10%	#更高5%
金额	元	81.91	51.04	43.85	51.97	69.74	64.75	100.69	104.82	122.28	129.19
奶及奶制品	元	168.12	100.19	79.00	119.79	154.46	148.76	210.02	199.52	206.08	226.97
其它食品	元	75.30	35.20	24.77	64.14	59.42	66.55	85.44	111.32	102.13	117.21
饮食服务	元	508.44	217.26	181.33	295.00	353.94	423.36	478.77	708.56	1159.93	1155.49
食品加工服务费	元	0.87	0.17	0.24	0.18	0.05	0.64	0.32	3.34	2.21	4.73
在外饮食	元	507.57	217.09	181.09	294.82	353.90	422.71	478.45	705.23	1157.71	1150.76
衣着	**元**	**1553.33**	**726.54**	**633.81**	**1076.56**	**1184.56**	**1377.91**	**1800.65**	**1927.49**	**2652.32**	**2681.81**
服装	元/件	133.84	90.52	81.91	105.03	117.45	128.45	133.11	148.29	180.68	190.73
数量	件	8.28	5.67	5.32	7.10	7.24	7.77	9.50	9.36	10.53	9.90
金额	元	1108.81	513.28	435.96	745.95	850.91	998.37	1264.59	1388.63	1903.05	1888.02
衣着材料	元	10.19	4.13	3.98	4.31	5.69	8.63	13.36	10.15	23.84	28.22
鞋类	元/双	118.97	76.78	74.78	93.63	99.43	105.29	130.17	131.35	166.23	174.41
数量	双	3.28	2.43	2.35	3.09	2.88	3.13	3.68	3.59	4.02	4.08
金额	元	390.80	186.41	175.53	289.51	286.72	329.62	478.37	471.75	667.92	712.00
其它衣着用品	元	38.68	21.25	17.45	34.49	37.12	37.16	37.89	52.61	48.08	43.70
衣着加工服务费	元	4.85	1.48	0.88	2.31	4.12	4.13	6.44	4.35	9.44	9.86
居住	**元**	**1082.61**	**459.98**	**444.18**	**693.33**	**811.80**	**1121.41**	**1085.32**	**1192.57**	**2116.49**	**1627.47**
住房	元	296.47	27.29	38.79	136.91	177.37	405.56	164.17	214.48	946.87	254.70
租赁房房租	元	14.85	18.03	28.75	3.67	8.36	25.74	26.50	1.58	3.04	6.70
住房装潢支出	元	232.00	6.46	8.31	125.56	67.65	360.89	76.41	187.06	853.03	200.92
维修用建筑材料	元	37.47	2.00	0.05	7.64	77.32	13.70	58.89	25.84	37.29	47.08
其它住房支出	元	12.15	0.80	1.68	0.04	24.04	5.23	2.36		53.51	
水电燃料及其它	元	712.00	402.34	374.69	529.79	589.63	651.58	822.92	875.95	1032.16	1220.02
水	元/吨	2.39	2.38	2.37	2.39	2.40	2.39	2.38	2.39	2.39	2.40
数量	吨	38.60	25.81	24.31	28.87	31.21	35.21	43.53	48.28	55.40	54.95
金额	元	92.22	61.31	57.66	68.97	74.94	84.22	103.75	115.17	132.43	131.93
电	元/度	0.56	0.56	0.56	0.57	0.56	0.56	0.56	0.56	0.56	0.56
数量	度	618.37	349.24	301.82	485.09	529.05	613.84	710.18	698.08	832.58	948.36
金额	元	347.64	196.94	169.95	274.26	298.26	345.46	398.62	391.60	466.41	531.13
燃料	元	172.72	132.33	126.87	165.43	172.16	150.98	186.33	185.04	213.39	236.45
煤炭	元/千克	0.59	0.56	0.56	0.55	0.62	0.58	0.63	0.56	0.59	0.60
数量	千克	31.47	36.12	39.12	40.53	37.76	26.02	37.67	18.10	23.00	45.90
金额	元	18.71	20.19	21.85	22.32	23.22	15.14	23.63	10.13	13.66	27.41
液化石油气	元/千克	5.02	4.86	4.70	4.94	5.27	5.10	4.92	4.93	4.56	4.47
数量	千克	5.73	6.57	9.91	7.55	7.16	6.78	5.64	2.75	2.55	2.15
金额	元	28.76	31.92	46.56	37.28	37.70	34.56	27.77	13.58	11.62	9.59
管道天然气	元/立方米	1.86	1.87	1.87	1.86	1.86	1.86	1.86	1.87	1.86	1.87

5-11 续表2 （2009年）

指标	单位	合计	最低10%	#更低5%	低10%	较低20%	中间20%	较高20%	高10%	最高10%	#更高5%
数量	立方米	64.35	40.68	28.48	53.30	56.68	52.08	69.20	82.58	99.07	103.89
金额	元	119.76	76.27	53.34	98.90	105.70	96.89	128.43	154.14	184.08	194.58
其它燃料	元	1.61	0.30	0.28	3.59	0.81	2.61	1.96	1.47	0.09	
取暖费	元	93.30	10.98	20.18	18.82	38.67	53.80	130.81	183.56	215.75	320.11
其它相关支出	元	6.13	0.78	0.03	2.31	5.60	17.12	3.41	0.59	4.18	0.40
居住服务费	元	74.14	30.36	30.70	26.63	44.81	64.28	98.23	102.14	137.47	152.75
物业管理费	元	46.71	13.56	11.50	15.13	21.90	35.06	66.63	69.92	98.36	121.93
维修服务费	元	9.39	2.54	3.91	2.04	7.71	12.79	9.90	4.01	21.11	7.19
其它居住服务费	元	18.05	14.26	15.29	9.46	15.20	16.43	21.70	28.21	18.00	23.62
家庭设备用品及服务	**元**	**769.31**	**276.63**	**215.53**	**549.45**	**475.90**	**664.50**	**918.37**	**989.22**	**1500.17**	**1807.72**
耐用消费品	元	342.35	80.46	80.35	197.50	148.51	303.00	412.57	458.08	801.88	1035.18
家具	元	94.77	4.11	0.18	9.91	19.79	70.73	127.48	118.71	312.89	513.48
家庭设备	元	247.58	76.35	80.18	187.59	128.71	232.27	285.09	339.37	488.99	521.70
洗衣机	元/台	1423.99	1393.57	1511.26	1026.26	959.95	1999.54	1267.45	1497.23	1609.64	2245.69
数量	台	4.94	1.05	1.94	2.94	4.76	4.13	6.48	5.96	5.99	3.38
金额	元	24.02	4.26	8.98	8.67	14.07	26.26	29.81	33.86	42.40	36.69
电冰箱	元/台	2860.69	2276.22	2276.22	2500.00	2561.71	2407.56	2603.07	2357.48	4939.02	5273.33
数量	台	2.59	2.98	6.49	0.17	2.19	2.37	3.86	2.18	2.71	4.78
金额	元	25.26	19.79	45.23	1.22	17.29	18.17	36.46	19.56	58.86	121.81
微波炉	元/台	504.13	426.29	384.32	547.95	511.21	608.78	479.82	362.64	572.60	486.29
数量	台	4.18	2.06	3.78	3.51	2.56	3.25	7.67	3.64	3.89	3.94
金额	元	7.19	2.56	4.45	5.52	4.03	6.29	13.35	5.01	9.79	9.26
空调器	元/台	2558.93	2167.76	1700.00	1990.25	2624.61	2302.52	2630.20	2298.72	3960.86	4409.28
数量	台	7.34	1.50	0.58	6.36	6.40	8.65	5.87	15.45	5.31	4.59
金额	元	64.14	9.45	3.04	36.29	51.74	63.38	56.02	134.81	92.44	97.70
淋浴热水器	元/台	1317.68	1737.87	1696.81	1720.34	1441.93	1375.78	1034.60	920.29	2127.49	3106.32
数量	台	4.56	2.03	1.25	6.94	1.70	6.77	5.26	6.37	2.39	1.78
金额	元	20.49	10.30	6.51	34.28	7.55	29.65	19.74	22.25	22.35	26.75
消毒碗柜	元/台	218.08					328.00			210.00	0.00
数量	台	0.22					0.08			1.40	
金额	元	0.16					0.08			1.29	
室内装饰品	元	14.51	4.28	3.42	40.89	4.65	13.59	10.29	20.74	22.67	19.12
床上用品	元	114.26	44.38	21.48	90.34	101.62	96.97	109.54	174.65	186.94	187.56
家庭日用杂品	元	261.86	137.64	103.17	178.72	200.16	234.22	324.39	303.02	416.77	505.79
家具材料	元	8.31	1.37	2.97	1.81	1.29	2.84	13.20	1.14	38.72	4.84
家庭服务	元	28.01	8.50	4.14	40.19	19.67	13.89	48.38	31.58	33.19	55.25
家政服务	元	15.84	3.91	0.15	35.02	4.56	4.72	33.57	15.90	17.71	35.07

5-11 续表 3 （2009 年）

指 标	单位	合计	最低10%	#更低5%	低10%	较低20%	中间20%	较高20%	高10%	最高10%	#更高5%
加工维修服务费	元	12.17	4.59	3.99	5.17	15.11	9.17	14.81	15.68	15.48	20.17
医疗保健	**元**	**819.56**	**413.47**	**347.74**	**324.10**	**593.09**	**765.88**	**961.42**	**1077.84**	**1453.00**	**1511.06**
医疗器具	元	9.95	2.64	5.62	2.96	3.42	5.87	5.43	11.43	46.13	31.16
保健器具	元	34.33	0.92	0.02	3.58	2.02	3.97	75.91	15.02	136.32	167.08
药品费	元	483.81	337.78	271.61	224.04	411.56	487.98	483.64	686.88	694.96	723.33
滋补保健品	元	70.13	16.28	9.83	2.42	30.77	30.16	135.13	86.22	165.56	170.10
医疗费	元	216.14	53.99	57.39	86.66	142.57	234.01	250.54	269.36	409.33	419.14
其它医疗保健支出	元	5.20	1.87	3.27	4.45	2.75	3.90	10.78	8.94	0.71	0.26
交通和通讯	**元**	**1203.35**	**411.61**	**327.13**	**675.67**	**712.87**	**883.41**	**1247.59**	**1836.42**	**2897.03**	**3854.22**
交通	元	515.91	83.83	52.29	245.28	205.53	243.05	426.60	1027.87	1722.27	2525.99
家庭交通工具	元	323.88	6.78	7.00	129.52	90.58	114.23	194.69	802.36	1245.93	1923.80
车辆用燃料及零配件	元	58.66	13.66	15.92	33.60	35.83	34.99	61.40	39.91	208.49	283.30
交通工具服务支出	元	27.07	9.37	2.74	15.34	11.44	20.34	32.56	38.70	66.08	43.65
交通费	元	106.29	54.02	26.64	66.82	67.68	73.49	137.96	146.91	201.77	275.24
通信	元	687.44	327.77	274.84	430.39	507.33	640.36	820.99	808.54	1174.75	1328.23
通信工具	元	120.65	17.17	26.27	33.02	54.55	99.11	171.44	164.81	277.24	333.91
通信服务	元	566.80	310.60	248.57	397.37	452.79	541.25	649.55	643.73	897.51	994.32
教育文化娱乐服务	**元**	**1234.14**	**648.78**	**549.75**	**956.30**	**952.96**	**1362.16**	**1229.73**	**1683.65**	**1674.91**	**1528.50**
文化娱乐用品	元	337.08	159.84	143.23	165.89	193.73	339.90	371.55	574.34	529.47	456.53
彩色电视机	元/台	4033.34	3312.86	3380.00	1403.47	3040.84	3721.91	2852.91	5588.48	4652.39	9434.08
数量	台	4.45	2.90	5.88	4.54	0.51	4.10	4.24	9.47	6.17	2.35
金额	元	61.23	28.04	60.90	18.26	4.78	48.53	43.92	200.96	126.16	107.06
家用电脑	元	83.10	48.70	12.03	21.89	42.04	117.68	105.94	93.34	106.17	103.35
购买整机	元/台	4038.48	3057.17	3129.81	4048.36	4225.85	4971.33	3888.05	3559.23	3642.51	6079.77
数量	台	5.53	5.24	1.25	1.84	2.98	6.87	6.60	6.22	6.37	3.38
金额	元	76.21	46.66	12.00	21.41	38.77	108.67	93.14	84.10	102.03	99.34
计算机外部设备	元	2.15	0.02	0.01	0.26	1.25	3.78	3.12	1.73	2.30	
各种零配件及耗材	元	4.74	2.02	0.02	0.22	2.01	5.23	9.67	7.51	1.84	4.02
照相机	元/架	2258.83	1800.00	1800.00	1500.00	2411.52	2426.48	2071.88	2194.75	2596.10	2336.62
数量	架	3.05	0.28	0.61	0.69	0.16	2.78	3.49	8.97	3.44	3.90
金额	元	23.49	1.46	3.34	2.97	1.17	21.50	26.27	74.74	39.31	43.98
其它中高档乐器	元/件	2511.27			1000.00	4200.00		500.00		2902.68	
数量	件	0.31			0.29	0.07		0.19		1.66	
金额	元	2.69			0.83	0.90		0.34		21.25	
健身器材	元/件	1844.06			3800.00		3092.71	1338.13	1081.22	1459.55	
数量	件	1.15			0.21		1.64	1.13	1.78	2.34	
金额	元	7.23			2.33		16.14	5.48	7.31	15.04	

5-11 续表4 （2009年）

指　　标	单位	合计	最低10%	#更低5%	低10%	较低20%	中间20%	较高20%	高10%	最高10%	#更高5%
电子辞典	元/部	855.73	600.00			987.66	2196.00	622.35	384.25	837.86	498.00
数量	部	2.54	2.90			3.76	1.11	2.15	3.29	4.03	0.58
金额	元	7.42	5.06			11.45	7.74	4.85	4.80	14.83	1.39
音像制品及软件	元	3.03	0.32	0.11	0.88	1.83	0.61	2.43	10.99	6.24	7.86
体育用品	元	3.02	0.11	0.17	0.65	1.53	1.62	7.63	3.41	3.22	3.98
书报杂志	元	44.09	24.96	23.24	29.78	41.57	31.79	53.66	58.55	64.32	85.60
纸张文具	元	8.66	5.43	8.24	10.49	9.10	6.55	10.66	8.28	9.75	16.13
其它文娱用品	元	79.48	45.77	35.22	71.67	74.14	63.36	98.06	98.07	97.24	76.77
文化娱乐服务	元	267.80	84.22	48.33	159.25	154.83	298.30	347.32	359.27	381.93	446.41
参观游览	元	54.22	7.05	9.25	41.80	10.36	53.38	70.43	120.15	77.65	94.46
健身活动	元	10.28	1.91		16.52	3.68	2.42	25.79	6.79	12.75	5.19
团体旅游	元	132.25	28.87	2.18	32.41	87.52	175.40	175.95	127.45	204.36	226.35
其它文娱活动	元	69.16	44.48	35.82	68.16	52.52	65.51	71.20	102.79	85.64	119.19
文娱用品修理服务费	元	1.90	1.91	1.08	0.36	0.74	1.59	3.94	2.09	1.52	1.21
教育	元	629.25	404.72	358.19	631.16	604.41	723.96	510.87	750.05	763.51	625.56
教材	元	54.78	52.90	40.51	41.36	56.27	60.76	48.66	69.60	48.66	45.61
教育费用	元	574.48	351.82	317.68	589.80	548.14	663.20	462.21	680.45	714.85	579.95
非义务教育学杂费	元	103.32	84.54	71.91	102.90	87.16	93.89	66.82	165.04	167.44	221.59
义务教育学杂费	元	0.13				0.20		0.44	0.03		
托幼费	元	83.23	78.71	123.31	113.09	110.33	89.68	56.88	61.80	78.16	18.85
成人教育费	元	58.29	23.32	8.28	12.71	31.26	100.68	49.87	98.32	59.76	73.93
家教费	元	52.68	20.26	16.67	46.17	40.07	37.89	49.01	115.98	73.68	1.18
培训班	元	228.39	87.59	37.74	257.80	226.26	303.34	214.62	156.40	278.98	153.37
学校住宿费	元	28.38	40.47	33.33	32.89	25.02	22.57	13.94	37.88	49.13	98.12
其它教育费用	元	20.06	16.91	26.44	24.25	27.83	15.15	10.62	44.99	7.70	12.92
其它商品和服务	**元**	**380.88**	**154.45**	**102.03**	**189.59**	**281.18**	**305.98**	**397.03**	**488.63**	**864.60**	**984.13**
其它商品	元	232.99	92.04	53.37	78.45	159.42	179.96	231.29	296.94	616.22	660.54
金银珠宝饰品	元	38.88	25.66	0.04	1.03	37.11	30.76	24.49	29.09	131.76	168.76
手表	元/只	536.23	167.63	231.43	23.74	594.64	565.14	469.78	402.97	765.55	1581.89
数量	只	0.02	0.02	0.02		0.01	0.02	0.03	0.01	0.04	0.03
金额	元	10.63	2.82	4.73	0.06	6.37	11.43	13.79	5.13	29.84	47.28
理发美容用具	元	7.20	0.20	0.10	0.11	2.72	2.01	4.72	9.98	36.77	44.85
化妆品	元	116.84	37.10	27.52	54.35	72.32	84.58	116.11	173.53	303.04	237.40
其它杂品	元	59.44	26.26	20.99	22.90	40.90	51.17	72.18	79.21	114.81	162.25
服务	元	147.89	62.41	48.65	111.14	121.76	126.02	165.74	191.68	248.38	323.59
旅馆住宿费	元	5.40	0.16	0.37	0.30	0.23	3.34	5.84	4.20	26.08	57.32
理发洗澡费	元	80.49	46.48	41.08	87.76	91.65	81.93	73.91	79.25	93.84	146.48
美容费	元	33.60	10.89	0.83	9.87	14.80	24.45	24.06	56.57	111.40	108.33
其它服务	元	28.40	4.88	6.38	13.21	15.08	16.29	61.93	51.66	17.05	11.47

5-12 全市按人均可支配收入分

(2009 年)

指　　标	单位	合计	400 元以下	400—800 元	800—1000 元
调查户数	户	1200.00	42.17	216.33	172.58
现住房总建筑面积	平方米/人	29.29	25.79	25.60	24.80
家庭人口数	人	2.93	3.04	3.42	3.21
有收入者人数	人	2.11	1.45	1.86	2.15
就业人口数	人	1.39	1.25	1.38	1.47
国有经济单位职工人数	人	0.72	0.50	0.63	0.71
城镇集体经济单位职工人数	人	0.07	0.04	0.07	0.10
其它经济类型单位职工人数	人	0.13	0.13	0.12	0.19
城镇个体或私营企业主人数	人	0.13	0.12	0.10	0.12
城镇个体或私营企业被雇人数	人	0.22	0.21	0.33	0.24
离退休再就业人数	人	0.03		0.01	0.02
其它就业人数	人	0.08	0.24	0.13	0.10
离退休人数	人	0.70	0.16	0.45	0.66
其它有收入者人数	人	0.02	0.04	0.03	0.02
无收入者人数	人	0.82	1.59	1.56	1.06
在外就学人数	人	0.04	0.02	0.04	0.04
非家庭人口在家用餐	人次	1.22	0.67	1.09	1.09
家庭人口在外用餐	人次	3.51	1.67	2.82	3.65
家庭总收入	元	18584.40	4858.04	8280.33	11789.97
#可支配收入	元	17117.00	3257.90	7341.71	10774.23
家庭总支出	元	13921.44	7565.02	8247.10	10301.04
消费支出	元	10803.90	5739.84	6729.64	8482.64
#服务性消费支出	元	2375.78	1262.32	1500.60	2089.69
通过互联网购买商品或服务支出	人次	0.72	0.36	0.90	0.72
旅游人次	元	0.77	0.47	0.49	0.58
旅游花费总额	人次	145.15	136.27	77.69	79.61

组的城市居民家庭基本情况

1000—1500 元	1500—2000 元	2000—2500 元	2500—3000 元	3000—4000 元	4000—5000 元	5000 元以上
378.50	194.00	96.33	45.33	32.83	10.92	11.00
27.00	32.62	35.47	43.52	47.94	84.40	50.16
3.07	2.76	2.65	2.26	2.22	1.67	2.29
2.23	2.22	2.19	2.00	1.98	1.54	1.95
1.47	1.38	1.32	1.24	1.26	0.81	1.22
0.73	0.77	0.79	0.76	0.87	0.41	0.85
0.08	0.05	0.03	0.06	0.02	0.03	0.09
0.14	0.12	0.09	0.09	0.09	0.06	0.04
0.14	0.12	0.16	0.14	0.08	0.24	0.13
0.27	0.19	0.13	0.12	0.07	0.04	0.05
0.03	0.04	0.05	0.06	0.09	0.02	0.06
0.08	0.09	0.06		0.02		
0.73	0.83	0.86	0.76	0.70	0.73	0.72
0.02	0.02	0.02		0.02		0.01
0.84	0.54	0.45	0.27	0.23	0.13	0.34
0.03	0.05	0.07	0.03	0.03	0.07	0.06
1.06	1.26	1.59	1.13	2.14	2.65	1.61
3.46	3.40	4.57	3.20	4.46	4.77	5.73
16032.36	22158.07	28151.02	34638.63	42714.60	53914.12	93866.14
14757.20	20604.42	26476.46	32362.45	40481.80	52303.82	91636.91
12289.48	15418.62	18870.93	21795.65	26514.29	26493.91	88475.45
9978.00	11951.12	14962.21	17776.93	21135.39	22444.46	22472.23
2280.24	2571.96	3144.90	3546.07	3751.91	4979.95	5606.08
0.28	1.88	0.08	0.41	0.74	0.20	
0.89	0.70	1.48	0.74	0.37	0.24	0.10
173.05	202.22	153.22	161.68	137.47	155.91	47.59

5-13 全市按人均可支配收入

（2009 年）

指　　标	合计	400 元以下	400—800 元	800—1000 元	1000—1500 元
期初手存现金	544.56	866.50	450.80	399.25	521.03
家庭总收入	18584.40	4858.04	8280.33	11789.97	16032.36
#可支配收入	17117.00	3257.90	7341.71	10774.23	14757.20
工资性收入	11049.93	3722.00	5670.79	7727.34	9939.66
工资及补贴收入	10853.39	3640.48	5562.92	7584.81	9795.65
其它劳动收入	196.54	81.53	107.87	142.53	144.01
经营性收入	1492.47	437.00	497.36	731.64	1414.41
财产性收入	233.21	51.56	52.95	87.81	136.65
利息收入	82.87	40.30	13.37	18.99	41.31
股息与红利收入	24.93		0.83	0.64	0.56
保险收益	4.79				
其它投资收入	5.69			0.97	
出租房屋收入	113.40	11.26	36.83	67.22	93.32
其它财产性收入	1.53		1.92		1.46
转移性收入	5808.78	647.47	2059.23	3243.18	4541.64
养老金或离退休金	5186.43	412.50	1892.40	3089.99	4262.59
社会救济收入	22.67	110.51	51.76	10.53	14.95
#最低生活保障收入	0.37	0.59	2.12		
保险收入	3.06		8.49	0.08	2.61
#失业保险金	2.85		8.49	0.08	2.61
赡养收入	218.90	1.96	25.10	28.59	85.69
捐赠收入	307.83	55.31	32.63	61.59	113.56
记帐补贴	64.35	66.33	47.46	51.14	60.33
其它转移性收入	2.26	0.87	1.39	1.27	1.92
出售财物收入	19.02	31.20	11.92	10.61	6.95
出售住房收入	3.90				
出售其它物品收入	15.11	31.20	11.92	10.61	6.95
借贷收入	2225.67	1932.16	1151.48	1302.99	1330.14
提取储蓄存款	2161.98	1883.42	1034.66	1295.07	1292.42
借入款	61.95	48.75	116.75	5.49	37.00
收回借出款	0.41				0.20
收回投资本金	0.29				
其它借贷收入	0.82		0.02	2.43	0.39

分组的年人均现金收入情况

单位:元

1500—2000 元	2000—2500 元	2500—3000 元	3000—4000 元	4000—5000 元	5000 元以上
623.43	581.54	683.78	589.14	564.01	658.54
22158.07	28151.02	34638.63	42714.60	53914.12	93866.14
20604.42	26476.46	32362.45	40481.80	52303.82	91636.91
13408.32	15299.34	19591.91	24509.14	21798.84	38795.07
13190.22	15070.26	19297.05	23936.22	20246.17	37229.62
218.10	229.08	294.86	572.91	1552.67	1565.45
1415.26	2606.87	3038.83	2009.28	7849.83	13745.42
264.51	305.58	464.65	1132.48	2108.45	3338.69
85.05	107.92	173.99	588.78	559.35	1399.60
14.54	8.47	69.95	130.85	540.20	1417.89
	2.80		152.78	38.71	
0.18	9.06	18.28		119.75	400.04
163.92	172.50	202.43	255.73	850.43	121.17
0.82	4.82		4.34		
7069.98	9939.23	11543.25	15063.70	22157.00	37986.96
6488.84	8910.38	10319.71	12545.19	19114.14	20504.81
15.23	21.18	2.78	3.72	6.15	7.96
1.22	3.14	4.83	1.91		0.69
0.03	3.14	4.83	1.91		0.69
233.02	497.21	711.89	1083.54	2086.53	2430.62
257.03	426.73	397.41	1242.06	857.69	14795.94
72.27	77.83	89.11	116.78	92.50	102.00
2.20	2.77	0.34	17.41		9.11
27.01	66.12	19.57	11.05	40.05	3.46
	40.03				
27.01	26.09	19.57	11.05	40.05	3.46
1801.21	2788.06	3091.15	10646.17	2567.69	46824.59
1784.65	2749.83	3082.51	10646.17	2567.69	43818.72
12.91	36.42				3005.86
		7.89			
1.47		0.75			
2.19					

5-14　全市按人均可支配

（2009 年）

指　标	合计	400 元以下	400—800 元	800—1000 元	1000—1500 元
家庭总支出	13921.44	7565.02	8247.10	10301.04	12289.48
消费性支出	10803.90	5739.84	6729.64	8482.64	9978.00
财产性支出	9.80	1.01	2.07	4.32	15.83
非生产性贷款利息支出	6.51	1.01	0.95	4.32	9.77
其它	3.29		1.13		6.06
转移性支出	1350.48	318.18	570.61	851.18	1070.96
交纳所得税	36.07	27.82	3.86	12.94	17.96
捐赠支出	904.54	123.46	337.16	538.58	679.01
购买彩票	15.44	10.14	5.71	18.35	19.77
赡养支出	317.37	130.34	187.68	228.28	292.17
#在外就学子女费用	85.23	52.15	53.41	60.86	65.22
各种非储蓄性保险支出	48.63	22.55	19.09	42.24	38.22
#车辆保险支出	12.31			2.85	5.20
其它转移性支出	28.44	3.85	17.12	10.80	23.82
社会保障支出	1261.93	1505.99	887.29	951.66	1196.87
个人交纳的养老基金	522.41	1143.16	440.36	434.37	509.35
个人交纳的住房公积金	549.26	235.73	311.52	375.04	516.53
个人交纳的医疗基金	169.49	104.76	114.51	127.01	155.03
个人交纳的失业基金	19.89	22.34	17.05	14.79	15.41
其它社会保障支出	0.88		3.85	0.46	0.55
购房与建房支出	495.33		57.47	11.24	27.82
购房	493.06		57.47	11.24	27.82
借贷支出	6081.20	981.37	1413.23	3194.35	4173.01
存入储蓄款	5715.41	588.77	1299.52	3073.52	3981.86
借出款	22.00		4.89	2.97	1.37
归还借款	48.47	34.32	3.06	5.42	24.16
储蓄性保险支出	26.47	355.39	11.34	8.05	30.08
购买有价证券	138.79		15.25	55.10	
其它投资支出	2.52		10.44		2.05
归还住房贷款	120.11	2.89	61.72	48.85	130.24
归还汽车贷款	4.50				1.19
其它借贷支出	2.51		7.01	0.45	2.07
期末手存现金	1375.77	727.39	853.86	1001.32	1403.26

收入分组的年人均现金支出情况

单位:元

1500—2000 元	2000—2500 元	2500—3000 元	3000—4000 元	4000—5000 元	5000 元以上
15418.62	18870.93	21795.65	26514.29	26493.91	88475.45
11951.12	14962.21	17776.93	21135.39	22444.46	22472.23
14.71	6.94	4.77	5.36	3.58	15.48
9.27	5.05	4.77	5.36	3.58	15.48
5.44	1.88				
1767.15	1944.35	1940.40	3357.99	2671.04	12907.12
45.12	95.11	113.54	100.46	142.96	179.87
1282.83	1253.07	1309.84	2151.16	1451.14	11035.32
14.18	10.17	35.06	18.36	0.25	2.20
362.38	468.42	364.70	601.36	1010.58	1413.28
142.13	103.50	81.42	108.14	163.20	464.07
40.43	53.47	24.71	438.85	0.29	213.77
4.24	10.31	5.76	297.49		
22.20	64.10	92.56	47.80	65.82	62.68
1436.27	1501.62	2073.54	2015.55	1374.84	1947.36
543.11	514.60	679.38	663.93	450.40	527.11
655.21	747.09	1052.01	1066.72	711.99	1178.75
209.21	216.85	316.68	257.63	178.05	209.78
28.71	23.08	25.48	27.26	34.40	31.73
0.03					
249.37	455.81				51133.26
236.46	455.81				51133.26
7106.63	10756.43	12856.71	24493.66	27446.02	45259.82
6860.50	10595.03	12487.77	18706.48	27058.25	42455.55
0.94	7.03	34.30	152.50		1821.74
77.05	8.75	40.90	682.03		455.43
18.94	0.85	2.62		9.94	161.50
			4651.38		
	1.13				
134.50	135.78	282.31	287.49	377.83	229.64
14.69	7.87	8.83	13.79		
					81.11
1658.61	1909.25	2567.24	2368.05	1768.99	2606.52

5-15　市区按相对收入分的城镇居民家庭生活基本情况

（2009 年）

指　　标	单位	合计	最低10%	#更低5%	低10%	较低20%	中间20%	较高20%	高10%	最高10%	#更高5%
可支配收入	元	17417.00	6737.70	5680.82	9851.45	12989.52	16543.62	20908.54	26800.22	38577.85	44543.91
家庭总支出	元	13213.22	6611.81	6182.19	8197.52	9730.32	12923.50	15088.71	17313.44	31310.25	43187.61
#消费支出	元	10223.78	5523.00	4972.16	6736.14	8122.76	10652.10	11486.06	14404.75	18851.47	21451.23
#服务性消费支出	元	2167.79	1145.27	1030.95	1562.58	1752.58	2562.89	2290.26	2691.32	3820.34	3764.55
旅游人次	次/百人	0.59	0.70	0.41	0.28	0.47	0.72	0.54	0.85	0.65	0.43
旅游花费	元/百人	137.83	20.64	9.79	72.49	62.45	281.88	167.84	149.21	180.00	100.64
家庭人口数	人	2.89	3.43	3.23	3.33	3.32	2.88	2.68	2.63	1.96	1.90
有收入者人数	人	2.07	1.59	1.30	2.02	2.23	2.18	2.14	2.10	1.83	1.79
就业人口数	人	1.33	1.15	0.97	1.48	1.39	1.39	1.26	1.43	1.16	1.07
国有经济单位职工人数	人	0.67	0.65	0.58	0.57	0.57	0.65	0.67	0.93	0.77	0.78
城镇集体经济单位职工人数	人	0.05	0.03	0.01	0.08	0.10	0.04	0.05	0.02	0.03	0.05
其它经济类型单位职工人数	人	0.13	0.07	0.10	0.18	0.20	0.15	0.11	0.09	0.06	
城镇个体或私营企业主人数	人	0.12	0.03	0.06	0.14	0.08	0.15	0.14	0.15	0.15	0.09
城镇个体或私营企业被雇人数	人	0.24	0.24	0.07	0.37	0.29	0.30	0.19	0.16	0.10	0.05
离退休再就业人数	人	0.02					0.03	0.01	0.02	0.05	0.10
其它就业人数	人	0.10	0.13	0.15	0.14	0.15	0.08	0.09	0.06		
离退休人数	人	0.72	0.40	0.26	0.51	0.84	0.76	0.86	0.66	0.67	0.71
其它有收入者人数	人	0.01	0.03	0.06	0.03		0.03	0.01			
无收入者人数	人	0.83	1.84	1.94	1.30	1.10	0.70	0.55	0.53	0.14	0.10
非家庭人口在家用餐	人次	0.48	0.79	0.52	0.18	0.47	0.33	0.60	0.51	0.48	0.78
家庭人口在外用餐	人次	2.04	0.88	1.46	0.60	2.37	1.53	2.66	2.65	2.61	2.43

5-16 市区按相对收入分的城镇居民家庭年人均收入情况

（2009 年）

单位：元

指　　标	合计	最低10%	#更低5%	低10%	较低20%	中间20%	较高20%	高10%	最高10%	#更高5%
期初手存现金	499.02	190.76	172.04	487.79	355.55	561.31	591.78	496.16	1028.53	1211.13
家庭总收入	18813.04	7608.33	6709.29	10831.82	13978.88	17924.75	22624.06	28903.00	40922.52	46861.29
#可支配收入	17417.00	6737.70	5680.82	9851.45	12989.52	16543.62	20908.54	26800.22	38577.85	44543.91
工资性收入	11336.32	5412.75	4781.36	7245.71	8668.44	10483.06	13303.44	19016.85	21451.16	22699.24
工资及补贴收入	11190.06	5368.73	4744.56	7140.00	8597.73	10372.12	13102.97	18864.66	20922.75	21913.87
其它劳动收入	146.26	44.02	36.80	105.71	70.71	110.94	200.47	152.19	528.41	785.37
经营净收入	1418.82	41.82	90.82	934.82	867.23	1676.06	1672.83	2348.80	3369.06	2094.98
财产性收入	119.39	18.78	37.75	35.77	64.30	81.02	195.06	171.61	385.11	416.38
利息收入	61.81	18.78	37.75	6.19	23.28	41.57	92.12	96.40	249.54	416.38
股息与红利收入	4.84				0.33			52.12		
保险收益	5.44								72.42	
出租房屋收入	47.30			29.58	40.69	39.45	102.94	23.08	63.15	
转移性收入	5938.51	2134.99	1799.36	2615.52	4378.91	5684.60	7452.73	7365.74	15717.19	21650.70
养老金或离退休金	5253.26	1587.03	1088.68	2191.67	3866.16	5149.10	6826.57	6872.04	13174.13	16986.98
社会救济收入	30.18	156.89	233.06	57.70		32.21	6.90			
赡养收入	239.80	55.49	28.14	131.18	258.69	237.71	340.94	207.11	367.76	721.10
捐赠收入	351.13	283.92	389.72	196.12	201.34	213.57	191.23	210.83	2067.38	3804.90
提取住房公积金	2.11						10.68			
记帐补贴	61.33	50.03	58.75	36.29	51.84	51.72	76.38	75.76	107.93	137.72
其它转移性收入	0.70	1.63	1.01	2.57	0.87	0.30	0.03			
出售财物收入	15.96	11.76	24.65	4.00	7.53	4.55	36.92	29.67	21.63	44.81
出售其它物品收入	15.96	11.76	24.65	4.00	7.53	4.55	36.92	29.67	21.63	44.81
借贷收入	1765.95	808.10	769.27	638.82	692.82	1667.99	1442.29	2282.17	8534.39	17001.81
提取储蓄存款	1733.42	613.44	765.06	638.82	692.82	1667.99	1387.46	2276.27	8534.39	17001.81
借入款	31.99	194.66	4.21				54.83			
收回储蓄性保险本	0.54							5.90		

5-17 市区按相对收入分的城镇居民家庭年人均支出情况

（2009 年）

单位：元

指标	合计	最低10%	#更低5%	低10%	较低20%	中间20%	较高20%	高10%	最高10%	#更高5%
家庭总支出	13213.22	6611.81	6182.19	8197.52	9730.32	12923.50	15088.71	17313.44	31310.25	43187.61
消费性支出	10223.78	5523.00	4972.16	6736.14	8122.76	10652.10	11486.06	14404.75	18851.47	21451.23
财产性支出	9.25			1.61	1.20	26.42	12.36	10.72	5.37	5.10
非生产性贷款利息支出	5.42			1.61	1.20	12.12	6.60	10.72	5.37	5.10
其它	3.84					14.31	5.76			
转移性支出	1086.72	270.42	245.11	518.45	674.27	928.53	1643.49	968.70	3411.98	5306.41
交纳所得税	32.41	2.21	4.80	2.76	5.43	12.96	52.50	97.74	117.94	91.75
捐赠支出	719.68	198.68	155.57	351.31	410.90	531.55	1143.99	626.04	2416.97	3992.21
购买彩票	10.07	0.73	1.05	16.78	12.46	13.67	7.42	1.39	15.69	13.18
赡养支出	259.60	55.30	75.71	131.27	196.80	313.08	358.72	206.13	594.91	699.60
#在外就学子女费用	37.68	0.97		19.03		63.30	82.20	71.06	13.98	28.96
各种非储蓄性保险支出	42.73			8.02	42.29	35.70	63.03		167.79	347.50
#车辆保险支出	13.87						6.41		167.79	347.50
其它转移性支出	22.24	13.50	7.98	8.32	6.39	21.57	17.83	37.40	98.69	162.18
社会保障支出	1302.48	818.39	964.92	941.31	932.09	1316.45	1586.64	1929.27	2118.81	2087.91
个人交纳的养老基金	558.92	483.40	520.33	467.27	449.66	605.43	608.03	745.10	665.93	658.22
个人交纳的住房公积金	549.99	215.25	287.57	349.87	359.58	520.67	704.77	926.99	1115.14	1155.55
个人交纳的医疗基金	173.63	96.58	124.70	112.22	111.02	173.46	243.89	235.88	306.30	259.44
个人交纳的失业基金	19.94	23.16	32.32	11.96	11.83	16.89	29.95	21.30	31.43	14.69
购房与建房支出	590.99						360.15		6922.61	14336.96
购房	590.99						360.15		6922.61	14336.96
借贷支出	6475.76	1144.05	739.56	3018.41	4277.12	5733.68	7913.14	12501.05	16526.65	19400.85
存入储蓄款	6251.71	1144.05	739.56	2762.08	4193.61	5517.51	7486.89	12465.31	15852.85	18677.22
借出款	27.31						26.71		293.48	607.80
归还借款	25.33			0.32			128.20			
储蓄性保险支出	22.27				1.51	109.21	6.65			
购买有价证券	10.50				43.66					
其它投资支出	0.17						0.85			
归还住房贷款	138.46			256.01	38.33	106.96	263.83	35.74	380.32	115.83
期末手存现金	1360.74	815.09	738.95	670.91	1010.44	1486.75	1656.05	1837.55	2499.96	2286.61

5-18 市区按相对收入分的城镇居民家庭年人均消费情况

(2009 年)

指　　标	单位	合计	最低10%	#更低5%	低10%	较低20%	中间20%	较高20%	高10%	最高10%	#更高5%
消费支出	元	**10223.78**	**5523.00**	**4972.16**	**6736.14**	**8122.76**	**10652.10**	**11486.06**	**14404.75**	**18851.47**	**21451.23**
#服务性消费支出	元	2167.79	1145.27	1030.95	1562.58	1752.58	2562.89	2290.26	2691.32	3820.34	3764.55
食品	元	**3662.68**	**2415.48**	**2268.21**	**2756.75**	**3217.57**	**3588.38**	**4317.06**	**4464.57**	**5573.04**	**5728.37**
粮油类	元	630.87	524.47	510.71	552.45	583.33	608.75	689.15	672.82	891.37	892.96
粮食	元	436.87	355.87	338.10	390.07	417.46	428.90	469.82	473.71	566.31	570.03
淀粉及薯类	元	33.04	25.88	31.63	22.21	32.02	29.09	39.98	34.93	50.28	47.86
干豆类及豆制品	元	55.11	51.30	54.78	51.71	53.19	50.79	57.32	55.77	75.49	81.28
油脂类	元	105.84	91.42	86.19	88.47	80.66	99.96	122.03	108.40	199.29	193.80
肉禽蛋水产品类	元	923.28	652.61	546.95	773.89	815.66	915.50	1102.17	1025.47	1280.79	1319.39
肉类	元	540.00	364.44	318.37	456.66	480.38	552.48	657.79	573.91	712.31	737.68
禽类	元	152.83	118.39	99.44	128.74	129.41	140.75	175.79	180.70	245.35	241.76
水产品类	元	139.64	100.98	72.91	104.52	125.32	126.65	175.62	166.43	193.04	220.46
蔬菜类	元	458.46	350.42	366.77	377.28	433.39	429.73	536.39	515.78	599.28	568.06
鲜菜	元/千克	2.92	2.71	2.63	2.92	2.76	3.03	2.97	3.12	3.05	3.06
数量	千克	146.40	123.63	134.02	120.51	147.87	131.39	167.53	153.10	182.60	171.16
金额	元	427.81	334.57	352.54	351.51	408.50	398.31	496.76	478.37	556.10	523.27
干菜	元	22.93	11.58	11.78	20.65	19.35	24.09	29.66	25.73	29.83	31.48
菜制品	元	7.72	4.28	2.45	5.12	5.55	7.33	9.97	11.68	13.35	13.32
调味品	元	66.45	55.94	51.23	46.99	61.89	66.08	73.49	81.32	86.05	82.19
糖烟酒饮料类	元	571.71	291.99	297.84	341.18	452.18	609.99	710.01	815.44	905.66	888.69
糖类	元	28.15	16.34	11.37	21.54	21.36	39.71	27.08	38.33	37.05	35.68
烟草类	元	207.34	127.10	167.63	128.44	177.79	225.35	241.43	271.45	308.82	333.44
酒类	元	204.04	85.28	69.60	113.86	160.26	202.22	264.52	300.35	362.88	339.35
饮料	元	132.18	63.27	49.24	77.33	92.77	142.71	176.98	205.31	196.91	180.22
干鲜瓜果类	元	310.70	163.48	138.63	223.16	261.31	309.87	360.10	391.08	571.24	569.50
鲜果	元/千克	4.51	3.81	3.64	4.44	4.16	4.64	4.61	4.56	5.27	5.36
数量	千克	38.78	24.92	23.49	28.44	37.38	37.70	42.38	47.75	59.23	51.43
金额	元	175.07	94.84	85.58	126.33	155.66	174.96	195.35	217.93	312.13	275.69
鲜瓜	元/千克	1.81	1.68	1.53	2.10	1.60	1.75	1.86	1.88	2.19	2.50
数量	千克	21.77	13.48	13.60	15.27	22.99	24.18	24.32	21.74	25.66	25.10
金额	元	39.35	22.64	20.77	32.02	36.88	42.21	45.32	40.93	56.31	62.80
其它干鲜瓜果类及制品	元	96.27	46.00	32.28	64.81	68.77	92.71	119.43	132.23	202.79	231.00
糕点、奶及奶制品	元	236.85	129.19	104.17	177.50	208.90	228.79	300.10	294.32	344.15	403.87

5-18 续表1 （2009年）

指　标	单位	合计	最低10%	#更低5%	低10%	较低20%	中间20%	较高20%	高10%	最高10%	#更高5%
糕点	元/千克	13.90	11.59	10.72	14.03	12.56	14.85	13.69	15.72	15.28	18.70
数量	千克	5.78	3.91	3.61	4.45	5.16	4.92	7.48	7.15	8.27	8.04
金额	元	80.39	45.38	38.70	62.48	64.81	72.97	102.40	112.38	126.28	150.38
奶及奶制品	元	156.46	83.81	65.47	115.02	144.09	155.82	197.70	181.94	217.87	253.49
其它食品	元	74.63	31.28	17.53	66.90	61.14	66.39	99.91	105.76	107.14	135.29
饮食服务	元	389.73	216.10	234.38	197.40	339.76	353.26	445.75	562.58	787.37	868.42
食品加工服务费	元	1.05				0.14	0.39	2.96		4.77	
在外饮食	元	388.68	216.10	234.38	197.40	339.61	352.87	442.79	562.58	782.60	868.42
衣着	元	**1528.54**	**681.08**	**554.39**	**1034.63**	**1241.56**	**1486.25**	**1754.60**	**2482.25**	**2674.28**	**2858.79**
服装	元/件	137.30	92.17	66.39	99.14	122.33	137.83	137.29	192.62	174.97	200.28
数量	件	7.94	5.09	5.50	7.24	7.35	7.81	8.99	9.63	10.34	9.90
金额	元	1089.63	468.83	365.25	718.22	899.18	1076.03	1234.06	1854.47	1809.63	1983.50
衣着材料	元	10.49	4.82	4.93	7.11	4.91	12.64	12.13	15.32	25.43	42.54
鞋类	元/双	123.85	83.10	70.08	88.19	103.46	115.28	138.60	156.94	183.27	199.11
数量	双	3.11	2.23	2.40	3.04	2.84	3.07	3.34	3.59	4.22	3.95
金额	元	384.92	185.48	168.17	267.89	293.44	354.35	463.38	562.98	774.04	786.54
其它衣着用品	元	39.59	21.18	15.23	39.61	41.13	38.11	41.25	43.96	55.38	34.27
衣着加工服务费	元	3.91	0.76	0.81	1.79	2.90	5.12	3.77	5.52	9.80	11.94
居住	元	**981.72**	**640.72**	**504.50**	**540.99**	**688.36**	**1232.89**	**1162.17**	**1192.29**	**1631.25**	**1537.28**
住房	元	182.89	192.53	38.04	4.44	43.02	391.75	216.93	257.07	146.42	16.96
租赁房房租	元	13.74	23.67	38.04		36.73	5.64	2.06	2.69	8.19	16.96
住房装潢支出	元	145.05	167.02			1.96	381.29	173.74	146.05	91.49	
维修用建筑材料	元	14.98	1.84		4.44	1.43	4.82	41.14	16.00	46.74	
其它住房支出	元	9.13				2.89			92.33		
水电燃料及其它	元	726.24	414.74	425.02	502.43	597.37	758.26	855.18	846.80	1317.34	1393.63
水	元/吨	2.40	2.41	2.40	2.42	2.41	2.39	2.40	2.39	2.40	2.41
数量	吨	40.76	28.20	31.08	27.13	31.91	41.09	52.00	48.75	65.15	62.01
金额	元	97.84	67.95	74.48	65.62	76.83	98.37	124.68	116.36	156.30	149.17
电	元/度	0.56	0.56	0.56	0.56	0.56	0.56	0.56	0.56	0.56	0.56
数量	度	626.54	344.43	321.15	474.90	538.58	676.16	749.58	664.30	1021.61	1009.56
金额	元	351.31	192.98	179.79	266.59	302.18	379.48	420.04	372.35	572.00	565.33
燃料	元	169.37	128.49	146.15	162.20	149.60	168.54	190.95	151.45	268.44	255.75
煤炭	元/千克	0.63	0.56	0.56	0.60	0.64	0.58	0.70		0.60	0.60
数量	千克	18.20	16.74	11.37	23.88	22.61	9.47	22.74		30.90	16.98
金额	元	11.45	9.35	6.42	14.21	14.44	5.45	15.91		18.54	10.19

5-18 续表 2 （2009 年）

指 标	单位	合计	最低10%	#更低5%	低10%	较低20%	中间20%	较高20%	高10%	最高10%	#更高5%
罐装液化石油气	元/千克	4.95	4.47	3.99	4.28	5.36	5.04	4.82	4.42	4.30	0.00
数量	千克	3.80	3.37	4.12	2.08	4.57	6.55	2.86	2.60	1.21	
金额	元	18.80	15.10	16.41	8.88	24.49	33.02	13.80	11.51	5.21	
管道天然气	元/立方米	1.86	1.87	1.88	1.87	1.86	1.87	1.86	1.87	1.85	1.87
数量	立方米	73.77	54.66	63.65	74.47	59.40	68.18	85.03	73.80	130.95	129.14
金额	元	137.55	102.36	119.67	139.11	110.48	127.58	158.48	137.81	242.85	241.75
其它燃料	元	0.13					0.67				
取暖费	元	102.96	25.32	24.60	8.02	51.21	111.87	119.06	201.76	320.60	423.38
其它相关支出	元	4.75				17.55		0.45	4.87		
居住服务费	元	72.59	33.45	41.44	34.12	47.98	82.88	90.06	88.42	167.49	126.70
物业管理费	元	49.57	16.65	18.13	20.33	26.87	58.85	61.87	60.04	139.89	90.63
维修服务费	元	5.34	2.48	4.08	0.24	5.49	5.18	2.54	17.41	8.71	16.87
其它居住服务费	元	17.68	14.32	19.23	13.55	15.61	18.85	25.64	10.97	18.89	19.20
家庭设备用品及服务	**元**	**705.78**	**305.75**	**192.38**	**394.18**	**546.10**	**713.51**	**827.69**	**1033.12**	**1466.86**	**1611.54**
耐用消费品	元	279.01	63.13	66.97	125.23	202.22	296.73	281.33	497.81	722.36	971.04
家具	元	63.91	1.94		4.20	30.87	94.37	34.42	88.49	308.82	489.05
家庭设备	元	215.10	61.19	66.97	121.03	171.36	202.36	246.91	409.32	413.54	481.99
室内装饰品	元	15.75	61.58	3.26	1.37	1.00	8.66	7.44	33.26	33.85	19.16
床上用品	元	116.86	47.50	24.64	51.72	108.50	121.24	147.80	136.85	212.79	104.43
家庭日用杂品	元	265.23	125.51	87.29	206.40	219.97	265.77	325.17	316.46	468.48	482.50
家具材料	元	6.46			0.14	1.70	9.50	0.49	36.35	11.09	10.34
家庭服务	元	22.46	8.05	10.22	9.32	12.71	11.61	65.47	12.41	18.30	24.07
家政服务	元	14.26	4.36	7.37	4.17	4.24	6.29	53.94	1.62	5.03	6.52
加工维修服务费	元	8.20	3.68	2.85	5.14	8.47	5.32	11.53	10.79	13.26	17.55
医疗保健	**元**	**713.61**	**334.76**	**340.50**	**346.37**	**594.28**	**891.27**	**790.81**	**686.53**	**1509.36**	**1460.98**
医疗器具	元	6.17	2.88	6.25	4.63	5.16	1.49	5.64	5.39	30.28	46.43
保健器具	元	28.95			4.29	2.18	82.04	24.01	28.38	69.18	139.25
药品费	元	409.93	264.48	281.29	264.87	383.54	425.68	484.37	361.54	718.82	587.78
滋补保健品	元	52.64	9.70	15.22	5.03	26.07	117.56	43.35	67.27	105.82	121.83
医疗费	元	213.30	57.60	37.52	63.00	176.18	262.04	228.10	219.87	585.26	565.69
其它医疗保健支出	元	2.63	0.10	0.21	4.56	1.15	2.45	5.35	4.08		
交通和通讯	**元**	**1133.27**	**363.26**	**372.34**	**538.11**	**653.82**	**976.40**	**1073.59**	**2225.08**	**3786.37**	**5874.64**
交通	元	455.51	46.74	33.68	132.55	112.50	243.80	228.91	1543.27	2373.28	4341.84
家庭交通工具	元	300.91	3.05	1.05	16.43	27.03	129.81	39.20	1348.11	1825.76	3546.49
车辆用燃料及零配件	元	36.42	0.39	0.84	5.36	10.87	24.33	51.77	3.65	241.05	464.47

5-18 续表3 （2009年）

指　　标	单位	合计	最低10%	#更低5%	低10%	较低20%	中间20%	较高20%	高10%	最高10%	#更高5%
交通工具服务支出	元	14.29	8.80	0.23	4.76	5.31	23.44	20.42	6.47	33.93	49.64
交通费	元	103.89	34.50	31.57	105.99	69.29	66.21	117.53	185.05	272.54	281.24
通信	元	677.76	316.52	338.66	405.57	541.32	732.60	844.68	681.80	1413.09	1532.80
通信工具	元	118.51	20.70	29.05	18.52	84.29	111.88	207.56	51.87	364.45	562.95
通信服务	元	559.24	295.82	309.61	387.05	457.04	620.72	637.12	629.93	1048.63	969.85
教育文化娱乐服务	**元**	**1166.34**	**658.47**	**644.84**	**947.76**	**939.42**	**1447.88**	**1200.20**	**1736.47**	**1425.62**	**1481.10**
文化娱乐用品	元	324.90	161.45	189.66	158.10	202.52	366.44	455.45	643.85	336.77	379.33
文化娱乐服务	元	246.31	73.98	60.93	124.09	122.65	438.78	285.61	302.51	397.08	261.09
参观游览	元	47.26	20.62	3.85	0.74	15.11	76.33	63.02	50.41	131.46	75.74
健身活动	元	10.10	5.85		3.89	0.29	30.37	4.36	8.33	22.17	
团体旅游	元	119.67	10.90	9.79	34.66	44.46	258.65	150.70	154.80	156.14	82.03
其它文娱活动	元	67.65	36.01	47.29	84.59	60.88	71.29	64.59	88.65	86.29	102.10
文娱用品修理服务费	元	1.63	0.59		0.21	1.90	2.13	2.93	0.32	1.01	1.22
教育	元	595.14	423.04	394.24	665.57	614.25	642.66	459.14	790.11	691.77	840.67
教材	元	56.51	52.02	52.31	44.67	61.48	52.67	55.02	89.18	36.41	29.05
教育费用	元	538.63	371.02	341.93	620.89	552.77	589.99	404.12	700.93	655.36	811.63
其它商品和服务	**元**	**331.83**	**123.48**	**95.01**	**177.35**	**241.65**	**315.51**	**359.93**	**584.44**	**784.70**	**898.52**
其它商品	元	205.82	60.72	53.55	64.48	143.36	188.40	217.77	386.64	593.60	687.00
金银珠宝饰品	元	19.95	5.55	5.98	0.42	28.21	4.13	5.18	28.75	107.71	115.76
手表	元/只	429.06	260.00	260.00	45.00	677.40	328.05	880.57	242.35	143.92	80.00
数量	只	0.01	0.01	0.02	0.01	0.01	0.02	0.01	0.01	0.02	0.03
金额	元	6.00	2.51	5.45	0.48	7.53	7.18	10.18	2.80	3.35	2.32
理发美容用具	元	8.74	0.17		1.29	1.88	5.44	5.35	5.75	73.75	86.83
化妆品	元	112.27	31.02	24.55	40.66	66.84	96.73	131.35	287.39	245.21	239.28
其它杂品	元	58.86	21.47	17.57	21.63	38.90	74.93	65.71	61.94	163.57	242.80
服务	元	126.01	62.77	41.46	112.87	98.29	127.11	142.16	197.80	191.09	211.52
旅馆住宿费	元	4.69				0.44	7.22	3.68	1.49	31.45	65.13
理发洗澡费	元	73.88	50.25	36.31	89.26	70.66	89.52	66.33	68.24	85.68	81.50
美容费	元	30.13	9.55		10.12	10.00	21.85	34.68	107.32	65.66	57.38
其它服务	元	17.30	2.97	5.15	13.48	17.19	8.51	37.47	20.76	8.31	7.52

5-19 市内六区城市居民平均每人全年现金收支情况

（2009 年）

指　　标	单位	中原区	二七区	管城区	金水区	上街区	邙山区
调查户数	户	100.00	100.00	100.00	160.00	80.00	60.00
可支配收入	元	15675.00	16272.00	15584.00	20447.00	19996.00	13307.00
旅游人次	次/百人	1.29	0.11	0.67	0.85	0.99	0.22
旅游花费	元/百人	159.72	39.22	208.94	170.83	177.97	69.86
家庭总收入	元	16846.02	17282.60	16947.19	22268.76	21624.91	14429.97
工资性收入	元	9407.82	9617.87	11048.67	13647.35	11742.23	8946.70
经营净收入	元	1494.06	684.19	825.20	1736.48	2424.57	986.69
财产性收入	元	43.35	70.32	287.42	231.19	518.45	290.43
转移性收入	元	5900.78	6910.22	4785.90	6653.75	6939.66	4206.15
出售财物收入	元	0.28	4.38	0.30	30.37	1.34	5.06
借贷收入	元	796.34	3391.57	1882.45	2780.42	1994.96	1454.20
家庭总支出	元	11205.64	13363.23	12472.77	16945.22	14219.52	10389.90
消费性支出	元	9269.69	9685.42	9941.52	13114.62	10719.09	7704.58
#服务性消费支出	元	1983.81	1942.91	2152.79	2953.34	2472.07	1945.71
食品	元	3772.01	3290.34	3817.32	4332.14	3615.42	2981.65
衣着	元	1308.52	1484.79	1251.48	1950.38	1473.96	842.04
居住	元	765.46	749.99	1106.83	1411.82	1475.28	667.62
家庭设备用品及服务	元	606.31	528.75	885.55	981.05	783.53	700.11
医疗保健	元	643.88	1090.46	684.31	884.93	861.17	506.56
交通和通讯	元	735.90	1239.04	858.65	1587.76	715.59	865.91
教育文化娱乐服务	元	1168.85	970.39	997.19	1488.06	1284.18	1021.95
其它商品和服务	元	268.74	331.65	340.20	478.47	509.97	118.73
财产性支出	元	8.15	4.37	3.86	8.03	1.84	98.44
转移性支出	元	663.76	1368.13	1254.71	1596.21	1852.87	1222.89
社会保障支出	元	1072.95	981.18	1272.67	1668.83	1570.70	972.74
购房与建房支出	元	191.08	1324.12		557.55	75.01	391.24
借贷支出	元	4924.53	7211.60	5930.68	7298.36	9056.81	5041.92

5-20 市区按月人均可支配收入

（2009 年）

指　标	单位	合计	400 元以下	400—800 元	800—1000 元
可支配收入	元	17416.83	3495.35	7297.25	10747.56
家庭总支出	元	13213.22	6342.10	7685.74	9440.34
#消费支出	元	10223.78	4852.82	6356.11	7917.22
#服务性消费支出	元	2167.79	941.98	1467.10	2010.00
旅游人次	次/百人	0.59		0.56	0.51
旅游花费	元/百人	137.83		54.49	72.17
家庭人口数	人	2.89	2.89	3.46	3.25
有收入者人数	人	2.07	1.40	1.83	2.17
就业人口数	人	1.33	1.19	1.27	1.34
国有经济单位职工人数	人	0.67	0.46	0.61	0.56
城镇集体经济单位职工人数	人	0.05	0.04	0.05	0.11
其它经济类型单位职工人数	人	0.13	0.09	0.12	0.25
城镇个体或私营企业主人数	人	0.12	0.11	0.06	0.08
城镇个体或私营企业被雇人数	人	0.24	0.18	0.29	0.21
离退休再就业人数	人	0.02			0.01
其它就业人数	人	0.10	0.31	0.14	0.12
离退休人数	人	0.72	0.19	0.54	0.81
其它有收入者人数	人	0.01	0.02	0.02	0.02
无收入者人数	人	0.83	1.49	1.63	1.08
在外就学人数	人	0.02		0.02	0.02
非家庭人口在家用餐	人次	0.48	0.23	0.61	0.20
家庭人口在外用餐	人次	2.04	0.54	1.05	1.88

分组的城市居民家庭基本情况

1000—1500 元	1500—2000 元	2000—2500 元	2500—3000 元	3000—4000 元	4000—5000 元	5000 元以上
14870.83	20707.63	26609.15	32361.68	40891.29	52005.35	92561.42
11664.69	14286.39	16508.32	22138.74	24809.99	25871.75	118719.36
9504.60	11334.10	12831.33	18167.08	19796.10	21839.25	21399.09
2110.57	2332.41	2661.06	3349.92	2712.18	4920.10	5243.79
0.67	0.65	0.66	0.72	0.25		
184.75	222.34	113.72	142.59	128.43		
3.07	2.78	2.70	2.17	2.18	1.54	2.00
2.20	2.19	2.16	1.92	1.98	1.48	1.78
1.43	1.37	1.41	1.22	1.30	0.63	0.99
0.67	0.75	0.83	0.75	0.96	0.37	0.73
0.07	0.04	0.02	0.02	0.03	0.02	0.14
0.15	0.11	0.07	0.10	0.05	0.02	
0.13	0.12	0.19	0.15	0.05	0.16	0.02
0.32	0.22	0.19	0.15	0.09	0.06	0.05
0.02	0.01	0.01	0.05	0.09		0.05
0.08	0.12	0.09		0.04		
0.75	0.80	0.73	0.70	0.67	0.84	0.78
0.02	0.02	0.02		0.01	0.01	
0.87	0.60	0.55	0.25	0.20	0.06	0.22
0.02	0.02	0.06	0.01	0.02	0.06	
0.45	0.58	0.68	0.21	0.57	1.03	0.49
2.03	2.51	2.72	2.38	2.24	4.02	2.42

5-21 市区按月人均可支配收入

(2009 年)

指　　标	合计	400 元以下	400—800 元	800—1000 元	1000—1500 元
家庭总收入	18813.04	4959.31	8245.12	11701.20	16179.01
#可支配收入	17417.00	3495.35	7297.25	10747.56	14870.83
工资性收入	11336.32	3986.05	5516.70	7220.18	10102.87
工资及补贴收入	11190.06	3982.48	5477.08	7155.82	10011.64
其它劳动收入	146.26	3.57	39.62	64.35	91.23
经营净收入	1418.82	192.55	315.49	546.58	1323.05
财产性收入	119.39	31.42	12.69	31.08	80.35
利息收入	61.81	31.42	8.76	9.24	24.96
股息与红利收入	4.84				0.24
保险收益	5.44				
出租房屋收入	47.30		3.93	21.84	55.15
转移性收入	5938.51	749.29	2400.24	3903.36	4672.74
养老金或离退休金	5253.26	496.09	2230.08	3739.67	4360.79
社会救济收入	30.18	149.38	77.17	18.62	20.65
赡养收入	239.80		12.97	25.91	91.66
捐赠收入	351.13	40.12	35.51	78.71	144.69
提取住房公积金	2.11				
记帐补贴	61.33	61.56	42.42	40.46	54.17
其它转移性收入	0.70	2.14	2.09		0.78
出售财物收入	15.96	39.14	6.99	10.07	1.98
出售其它物品收入	15.96	39.14	6.99	10.07	1.98
借贷收入	1765.95	1070.53	821.89	1147.43	1123.31
提取储蓄存款	1733.42	1061.60	691.66	1147.43	1123.31
借入款	31.99	8.93	130.23		
收回储蓄性保险本	0.54				

分组的年人均现金收入情况

单位:元

1500—2000 元	2000—2500 元	2500—3000 元	3000—4000 元	4000—5000 元	5000 元以上
22368.42	28428.75	34743.96	43346.82	53627.30	94734.27
20707.63	26609.15	32361.68	40891.29	52005.35	92561.42
14136.39	16398.54	20266.97	27437.20	21938.37	39738.54
13963.70	16139.80	20084.77	26807.78	20505.01	37521.86
172.69	258.74	182.20	629.42	1433.37	2216.67
1518.31	3164.02	3332.63	940.71	5501.49	760.80
173.80	135.78	364.89	437.11	457.13	1659.48
82.14	93.46	157.02	200.77	457.13	1659.48
	18.26	65.79			
			210.54		
91.67	24.07	142.09	25.80		
6539.92	8730.40	10779.48	14531.80	25730.31	52575.45
5899.43	7386.69	9655.23	12443.65	22875.96	27793.87
22.55	6.58		6.10	20.14	
274.49	657.00	770.85	895.77	2192.48	2632.62
270.87	602.29	268.79	978.50	547.24	22012.85
			81.61		
72.25	77.84	84.60	126.17	94.49	136.11
0.33					
35.89	37.09	24.21	16.42	65.15	5.03
35.89	37.09	24.21	16.42	65.15	5.03
908.71	1672.28	3377.19	6482.50	881.63	71150.99
908.71	1545.17	3377.19	6482.50	881.63	71150.99
	121.09				
	6.03				

5-22 市区按月人均可支配收入

（2009 年）

指　标	合计	400 元以下	400—800 元	800—1000 元	1000—1500 元
家庭总支出	13213.22	6342.10	7685.74	9440.34	11664.69
消费支出	10223.78	4852.82	6356.11	7917.22	9504.60
#服务性消费支出	2167.79	941.98	1467.10	2010.00	2110.57
食品	3662.68	2316.41	2633.55	2904.42	3572.97
衣着	1528.54	607.98	811.19	1078.64	1393.26
居住	981.72	423.33	687.48	1065.88	804.51
家庭设备用品及服务	705.78	151.10	357.88	454.06	689.18
医疗保健	713.61	498.71	370.00	596.33	702.51
交通和通讯	1133.27	345.41	456.96	606.38	876.70
教育文化娱乐服务	1166.34	417.55	859.51	986.04	1207.48
其它商品和服务	331.83	92.35	179.56	225.47	257.98
家庭总支出	13213.22	6342.10	7685.74	9440.34	11664.69
消费性支出	10223.78	4852.82	6356.11	7917.22	9504.60
财产性支出	9.25	1.16	0.51	0.20	16.62
转移性支出	1086.72	95.08	424.54	612.31	903.76
交纳所得税	32.41	9.37	0.88	2.58	14.30
捐赠支出	719.68	47.33	261.48	388.00	544.30
购买彩票	10.07	11.97	4.83	6.74	17.05
赡养支出	259.60	20.53	125.33	172.64	269.47
#在外就学子女费用	37.68		17.75	8.98	26.44
各种非储蓄性保险支出	42.73		21.57	33.91	40.24
#车辆保险支出	13.87				3.90
其它转移性支出	22.24	5.89	10.46	8.44	18.40
社会保障支出	1302.48	1393.03	904.58	910.61	1239.71
个人交纳的养老基金	558.92	1108.99	508.45	433.51	533.93
个人交纳的住房公积金	549.99	166.20	278.66	358.84	525.89
个人交纳的医疗基金	173.63	88.94	100.57	104.84	165.77
个人交纳的失业基金	19.94	28.90	16.90	13.42	14.11
购房与建房支出	590.99				
购房	590.99				
借贷支出	6475.76	1179.71	1349.56	4009.18	4705.28
存入储蓄款	6251.71	615.06	1271.20	3863.40	4555.41
借出款	27.31				
归还借款	25.33		0.20		
储蓄性保险支出	22.27	562.86			23.62
购买有价证券	10.50			97.84	
其它投资支出	0.17				
归还住房贷款	138.46	1.79	78.16	47.94	126.25

分组的年人均现金收支情况

单位:元

1500—2000 元	2000—2500 元	2500—3000 元	3000—4000 元	4000—5000 元	5000 元以上
14286.39	16508.32	22138.74	24809.99	25871.75	118719.36
11334.10	12831.33	18167.08	19796.10	21839.25	21399.09
2332.41	2661.06	3349.92	2712.18	4920.10	5243.79
4161.31	4186.52	4963.43	5682.27	8107.13	5519.13
1877.40	2152.98	2860.74	2406.92	2469.84	2356.47
1064.33	1687.70	1125.95	1296.60	1781.57	1722.08
856.29	872.10	940.64	1471.59	1241.88	4797.68
626.47	1106.38	1321.32	1087.55	2333.59	1924.27
993.05	1042.60	4424.53	6206.13	3219.56	1795.74
1377.24	1359.30	1615.32	1041.76	2012.46	1899.46
378.02	423.75	915.16	603.28	673.22	1384.25
14286.39	16508.32	22138.74	24809.99	25871.75	118719.36
11334.10	12831.33	18167.08	19796.10	21839.25	21399.09
14.90	4.23	2.96	7.65	5.86	8.17
1355.15	1325.85	1779.85	2753.95	2618.21	14559.26
48.87	102.69	108.83	77.08	119.03	157.67
942.33	818.28	1266.43	1610.56	1347.10	13123.32
5.34	3.30	26.90	3.21		3.27
294.44	359.09	290.76	477.68	1062.26	1187.16
89.63	42.59	41.42	47.99	108.37	
42.94	6.05		546.64		
			487.82		
21.23	36.44	86.92	38.78	89.81	87.85
1539.67	1639.08	2188.85	2252.28	1408.42	1879.07
597.63	592.73	720.89	826.30	581.40	544.26
679.62	780.13	1114.42	1122.58	618.97	1107.28
230.73	238.94	329.16	278.73	184.63	203.65
31.70	27.27	24.38	24.67	23.42	23.89
42.57	707.83				80873.78
42.57	707.83				80873.78
7368.19	12109.63	13225.35	22619.46	27819.58	39116.95
7204.22	11938.46	13085.10	20933.59	27200.63	35637.57
			244.22		3267.02
			979.27		
7.14					
	1.88				
156.83	169.28	140.25	462.38	618.95	212.36

5-23 农村居民

（2009 年）

指　　标	单位	全市	中原区	二七区	管城区	金水区
调查户数	户	930	50	50	50	50
常住人口	人	3610	181	186	194	211
#整半劳动力	人	2539	136	135	132	152
男劳动力人数	人	1343	72	72	69	79
劳动力文化程度						
文盲半文盲	人	45	5	1		1
小学程度	人	246	23	31	12	16
初中程度	人	1421	51	67	81	90
高中程度	人	563	36	18	31	21
中专程度	人	148	12	14	2	12
大专以上程度	人	116	9	4	6	12
劳动力就业情况						
一产业就业劳动力	人	964	31	41	36	49
二产业就业劳动力	人	524	18	6	15	3
三产业就业劳动力	人	1004	84	59	79	99
劳动力就业地点						
乡内就业劳动力	人	2287	133	103	130	148
县内乡外就业劳动力	人	80				2
省内县外就业劳动力	人	87		3		1
国内省外就业劳动力	人	37				
年内人均新建(购)住房面积	平方米	3.05	6.63	3.31	24.58	
#钢筋混凝土结构面积	平方米	2.96	6.63	3.31	24.58	
砖木结构面积	平方米	0.09				
年内人均新建(购)住房价值	元	1485.37	3314.92	1399.01	8402.06	
人均新建楼房面积	平方米	2.58	6.63	3.31	24.58	
年末人均住房面积	平方米	49.65	94.02	64.25	118.56	45.52
#钢筋混凝土结构面积	平方米	39.78	88.88	56.80	116.52	41.35
砖木结构面积	平方米	9.42	5.14	7.45	1.37	3.74

家庭基本情况

上街区	惠济区	中牟县	巩义市	荥阳市	新密市	新郑市	登封市
30	50	150	100	100	100	100	100
99	194	627	407	358	398	344	411
63	144	390	278	269	290	268	282
34	78	208	145	140	150	142	154
	2	10	2	2	5	2	15
3	14	45	12	5	14	22	49
38	66	224	147	192	160	179	126
15	36	93	93	41	74	37	68
2	23	10	11	14	19	10	19
5	3	8	13	15	18	18	5
17	91	282	86	68	62	95	106
8	13	14	125	82	76	80	84
38	40	94	66	110	152	93	90
63	135	338	253	188	284	233	279
	1	5	10	39	3	19	1
	8	35	6	20	3	11	
		12	7	13		5	
	9.36	4.15	1.77	3.38	0.53	3.49	1.05
	9.36	4.15	1.77	3.38		3.49	1.00
		0.01			0.53		0.05
	4072.16	1947.37	945.95	2307.26	364.32	1835.64	328.47
	9.36	3.81	1.57	2.07		3.49	
64.04	74.92	43.96	42.14	44.17	44.03	52.83	47.08
63.03	68.96	36.33	38.61	43.87	7.24	52.22	35.38
	3.38	7.53	2.74	0.30	36.79	0.61	10.44

5-24 农民人均

（2009 年）

指　标	单位	全市	中原区	二七区	管城区	金水区
总收入	元	**11261.68**	**11522.48**	**11671.51**	**13664.95**	**12272.24**
工资性收入	元	**3552.88**	**1804.43**	**4289.27**	**3925.23**	**1469.99**
在非企业组织中劳动得到	元	249.92		282.73	68.51	301.97
在本乡地域内劳动得到的	元	2707.43	1804.43	4006.54	3805.18	1090.53
常住人口外出从业得到的	元	595.53			51.55	77.49
家庭经营收入	元	**6784.92**	**5755.06**	**4807.64**	**8044.23**	**4057.95**
农业收入	元	1993.85	327.58	405.89	1816.34	919.22
林业收入	元	57.23		20.97	130.41	15.88
牧业收入	元	1997.64	693.67	1250.86	154.03	380.19
渔业收入	元	284.67				2307.97
工业收入	元	867.24	2533.88		2859.24	
建筑业收入	元	112.22			143.32	263.60
交通、运输、邮电业收入	元	748.18	1704.10	2991.01	980.38	37.91
批发、零售贸易、餐饮业收入	元	498.26	146.41	138.91	1924.96	17.25
社会服务业收入	元	91.76	135.77		35.54	
文教卫生业收入	元	45.25				
其他家庭经营收入	元	88.64	213.63			115.93
财产性收入	元	**567.86**	**3528.94**	**1894.96**	**1596.57**	**6349.73**
土地征用补偿	元	94.74	336.74	9.68	298.50	912.66
转移性收入	元	**356.01**	**434.05**	**679.63**	**98.93**	**394.57**
家庭非常住人口寄回和带回	元	24.22				
城市亲友赠送	元	25.29				
农村亲友赠送	元	48.79	45.36	10.91	31.96	78.47
退耕还林还草补贴收入	元	22.77		376.34		
粮食直接补贴收入	元	44.57	29.07	5.31	47.13	29.91
可支配收入	元	**7802.01**	**8713.56**	**9286.16**	**10096.75**	**9809.48**
纯收入	元	**8121.00**	**8900.02**	**9484.12**	**10118.00**	**10173.95**

总收入纯收入

上街区	惠济区	中牟县	巩义市	荥阳市	新密市	新郑市	登封市
9634.28	**13320.29**	**10879.80**	**11575.08**	**11118.85**	**10843.26**	**12507.41**	**9732.75**
6399.22	**3573.76**	**1948.56**	**4801.49**	**3664.39**	**3719.82**	**2961.75**	**4510.64**
375.37	357.19	337.17	84.50	251.80	477.50	271.60	82.73
5949.60	2882.59	535.48	4001.05	1952.01	3073.45	2004.82	4390.45
74.24	333.98	1075.91	715.94	1460.58	168.87	685.33	37.47
1834.06	**8144.92**	**8585.75**	**6011.09**	**6593.15**	**6659.98**	**9099.12**	**4793.00**
755.99	3290.59	4806.17	991.86	2049.93	542.40	2641.07	1517.48
27.27	85.86	67.70	14.80	66.95	111.44	91.36	2.92
51.60	381.49	1234.43	3388.59	2233.46	1189.43	4463.44	1182.88
	2254.64	855.10					23.09
	636.53	128.99	1088.10	384.30	2035.46	427.88	841.56
		176.12	1.88			575.87	
460.61	202.16	614.52	166.08	767.63	1343.32	400.44	1018.59
409.09	1176.30	452.89	252.89	312.96	1304.30	309.20	115.96
92.93	116.79	32.22	17.23	311.36	133.57	33.08	90.29
	0.31	41.26	1.47	153.84		156.79	
36.57	0.25	176.35	88.18	312.72	0.07		0.23
904.44	**849.91**	**69.20**	**487.88**	**236.80**	**154.70**	**140.02**	**161.18**
417.90	162.58		90.90	55.45	107.23		30.64
496.56	**751.71**	**276.29**	**274.61**	**624.51**	**308.75**	**306.51**	**267.92**
	25.26	7.97	9.58	150.42	15.33		
41.33	103.51		4.91	168.05	1.26		0.05
33.25	226.49	73.09	6.32	38.66	23.69	56.58	60.72
26.48		4.93	6.66	15.48	24.67	19.88	35.26
45.20	67.08	74.72	39.36	24.31	21.24	45.01	65.46
8641.67	**9378.79**	**7198.87**	**8193.90**	**7087.30**	**7448.01**	**8175.64**	**7102.64**
8826.31	**9766.15**	**7445.17**	**8480.82**	**7972.82**	**7916.19**	**8315.22**	**7134.71**

5-25 农民人均

（2009 年）

指　　标	单位	全市	中原区	二七区	管城区	金水区
总支出	元	**9258.29**	**9267.81**	**6837.31**	**14457.74**	**8426.56**
家庭经营费用支出	元	**2772.73**	**2032.71**	**2066.08**	**3209.37**	**1906.37**
农业生产支出	元	512.32	73.37	62.69	512.23	216.14
林业生产支出	元	20.66		4.56	18.79	5.87
牧业生产支出	元	1144.69	332.66	162.04	90.51	233.48
渔业生产支出	元	166.57				1439.88
工业生产支出	元	417.14	941.99		1456.66	
建筑业支出	元	34.30			53.45	1.42
交通、运输和邮电业支出	元	296.49	594.70	1836.78	245.53	0.09
批发、零售贸易、餐饮	元	115.39	63.87		832.19	9.48
社会服务业支出	元	25.51	26.13			
文教卫生业支出	元	14.39				
其他家庭经营支出	元	25.27				
购置生产用固定资产支出	元	**688.04**	**3.92**			**23.22**
税费支出	元	**36.47**	**22.10**		**79.51**	**2.56**
第二产业税	元	25.73	11.05		42.39	
第三产业税	元	6.33	11.05		37.11	2.56
其他各种收费	元	4.40				
生活消费支出	元	**5371.60**	**6977.25**	**4567.85**	**11115.66**	**6055.26**
财产性支出	元	**15.18**				**104.67**
转移性支出	元	**354.08**	**231.82**	**203.39**	**53.21**	**334.48**
寄给和带给家庭非常住人口	元	72.02	2.21	0.54	34.64	7.76
赠送农村亲友	元	177.17	152.43	171.51	12.47	114.06
赠送城市亲友	元	20.11	6.94			0.90

总支出

上街区	惠济区	中牟县	巩义市	荥阳市	新密市	新郑市	登封市
6056.52	**11720.01**	**8910.38**	**7914.53**	**9252.62**	**9343.52**	**9271.30**	**10550.28**
574.71	**3206.20**	**3085.39**	**2848.11**	**2859.67**	**2397.52**	**3912.84**	**2058.54**
301.84	796.82	1118.42	224.98	538.57	191.85	777.67	405.10
22.17	80.06	21.13	6.42	40.58	16.29	38.28	2.79
23.26	220.11	558.21	2115.81	1316.28	828.38	2590.80	503.16
	572.26	654.71					0.51
	599.95	42.83	389.34	196.84	888.80	226.25	616.38
3.03		96.60	0.25			141.02	
44.39	47.83	411.18	80.86	334.28	320.30	67.73	454.34
137.81	859.64	178.81	30.46	48.78	132.71	36.44	13.58
7.07	29.52	1.99		95.35	19.19	2.63	62.69
		1.36		83.59		32.01	
35.14		0.15		205.39			
12.53	**6.34**	**447.26**	**37.21**	**798.17**	**680.80**	**376.55**	**2600.12**
		9.98	**80.34**	**48.36**	**31.91**	**4.77**	**59.61**
		3.19	58.48	13.13	30.15	2.15	58.39
		4.78	21.87	3.06	0.50	2.62	1.22
		2.01		32.17	1.26		
5233.86	**7895.43**	**4982.97**	**4655.26**	**4624.74**	**5746.44**	**4714.13**	**5732.91**
	1.55	**51.42**	**0.05**	**19.58**		**10.99**	**0.36**
217.90	**610.50**	**267.96**	**293.19**	**902.10**	**486.85**	**185.17**	**90.36**
87.16	139.51	39.11	58.50	305.70	1.88	96.98	0.73
33.21	160.12	133.50	217.81	228.63	409.50	38.26	60.84
0.61	2.06	1.37	1.23	160.69			

5-26 农民人均

（2009 年）

指　　标	单位	全市	中原区	二七区	管城区	金水区
生活消费支出	元	5371.60	6977.25	4567.85	11115.66	6055.26
#货币性消费	元	5184.51	6939.81	4482.76	11074.23	6023.29
食品性消费	元	1541.67	1648.47	1162.06	1801.98	1896.46
#货币性消费	元	1354.58	1611.02	1076.97	1760.55	1864.48
食品消费品支出	元	1150.21	1371.20	734.12	1500.98	1509.78
食品消费服务性支出	元	391.46	277.27	427.93	301.00	386.68
衣着消费支出	元	367.55	248.69	286.79	474.49	553.14
#货币性消费	元	367.55	248.69	286.79	474.49	553.14
居住消费支出	元	1832.78	3318.19	1674.32	6976.70	965.16
#货币性消费	元	1832.78	3318.19	1674.32	6976.70	965.16
居住消费品支出	元	1378.88	2340.09	1215.79	5433.54	261.48
居住消费服务性支出	元	453.89	978.10	458.53	1543.16	703.68
家庭设备用品及服务	元	263.09	272.36	155.06	294.65	390.43
#货币性消费	元	263.09	272.36	155.06	294.65	390.43
交通和通讯消费支出	元	584.04	923.24	263.67	604.50	523.70
#货币性消费	元	584.04	923.24	263.67	604.50	523.70
交通和通讯用品支出	元	380.23	750.98	90.30	368.17	277.11
交通和通讯服务消费支出	元	203.82	172.26	173.37	236.33	246.59
文教娱乐用品及服务支出	元	353.52	221.02	443.61	425.08	801.69
#货币性消费	元	353.52	221.02	443.61	425.08	801.69
文化教育娱乐用品支出	元	72.81	56.25	32.92	67.02	170.89
教育服务消费支出	元	243.86	145.60	330.58	299.36	403.41
文化娱乐服务消费支出	元	36.85	19.17	80.12	58.70	227.39
医疗保健消费支出	元	325.11	256.87	258.51	275.65	735.01
#货币性消费	元	325.11	256.87	258.51	275.65	735.01
医药卫生保健用品支出	元	86.52	75.89	100.33	50.20	156.42
医疗保健服务消费支出	元	238.60	180.98	158.17	225.45	578.59
其他商品和服务消费总支出	元	103.85	88.42	323.83	262.62	189.67
#货币性消费	元	103.85	88.42	323.83	262.62	189.67
其他商品性支出	元	55.14	50.37	74.54	197.78	125.70
其他消费服务支出	元	48.71	38.05	249.30	64.83	63.97

生活费支出

上街区	惠济区	中牟县	巩义市	荥阳市	新密市	新郑市	登封市
5233.86	7895.43	4982.97	4655.26	4624.74	5746.44	4714.13	5732.91
5190.31	7748.99	4823.54	4504.21	4415.90	5491.89	4492.42	5481.76
1096.21	1479.31	1131.75	1408.24	1254.28	1973.11	1458.49	1977.16
1052.66	1332.87	972.31	1257.19	1045.44	1718.55	1236.78	1726.00
927.99	1211.20	967.55	996.42	946.59	1388.83	1123.23	1367.31
168.22	268.11	164.20	411.81	307.70	584.28	335.26	609.85
433.53	380.78	210.09	427.68	360.23	435.74	308.37	424.65
433.53	380.78	210.09	427.68	360.23	435.74	308.37	424.65
372.54	3466.94	2542.52	1392.78	1645.85	1684.81	952.14	1618.12
372.54	3466.94	2542.52	1392.78	1645.85	1684.81	952.14	1618.12
195.61	2732.75	2022.92	1136.27	1295.64	1067.30	591.26	1363.00
176.93	734.18	519.60	256.52	350.21	617.50	360.87	255.12
240.92	499.69	171.23	232.07	208.03	323.27	281.73	292.11
240.92	499.69	171.23	232.07	208.03	323.27	281.73	292.11
1416.80	1034.79	416.44	528.94	383.23	446.41	1009.09	599.99
1416.80	1034.79	416.44	528.94	383.23	446.41	1009.09	599.99
1135.00	767.51	322.01	323.57	232.37	171.23	850.33	293.44
281.80	267.28	94.43	205.37	150.86	275.18	158.76	306.54
1231.49	711.77	277.84	365.75	367.30	332.09	200.71	314.51
1231.49	711.77	277.84	365.75	367.30	332.09	200.71	314.51
182.63	112.24	46.32	32.90	119.70	53.72	108.86	65.49
1025.57	528.02	187.55	323.30	212.57	230.54	70.34	241.28
23.28	71.52	43.97	9.55	35.04	47.84	21.50	7.73
344.63	288.58	204.97	229.96	363.03	388.20	414.68	330.32
344.63	288.58	204.97	229.96	363.03	388.20	414.68	330.32
146.21	42.86	21.94	53.87	98.44	142.31	107.63	100.68
198.42	245.73	183.03	176.09	264.59	245.89	307.04	229.64
97.75	33.57	28.13	69.83	42.78	162.82	88.93	176.06
97.75	33.57	28.13	69.83	42.78	162.82	88.93	176.06
14.01	11.52	9.04	42.23	29.23	84.92	69.41	73.75
83.74	22.06	19.09	27.60	13.55	77.90	19.52	102.31

5-27　农民人均消费品消费量

（2009 年）

指　　标	单位	全市	中原区	二七区	管城区	金水区	上街区
粮食	公斤	162.68	142.97	103.05	187.94	63.01	126.85
#小麦	公斤	118.39	20.48	48.41	110.76	44.94	107.76
稻谷	公斤	13.50	52.57	12.65	70.13	13.04	4.39
玉米	公斤	18.21	6.91	19.93	4.85	1.27	7.22
蔬菜及菜制品	公斤	87.50	91.57	76.11	87.67	67.74	42.51
油脂类	公斤	6.77	7.23	2.57	5.16	7.99	6.31
#植物油	公斤	6.77	7.23	2.55	5.16	7.99	6.26
动物油	公斤			0.03			0.05
肉禽及其制品	公斤	11.04	13.64	7.84	11.91	19.03	11.85
#猪肉	公斤	7.82	8.05	6.25	8.63	11.43	10.62
牛肉	公斤	0.38	0.43	0.10	0.10	1.32	0.25
羊肉	公斤	0.22	0.36	0.08	0.04	0.46	0.31
家禽	公斤	1.35	0.27	0.68	2.63	2.26	0.55
其他肉禽及制品	公斤	1.27	4.52	0.73	0.50	3.57	0.12
蛋类及蛋制品	公斤	8.33	13.34	7.32	7.91	9.20	7.54
奶和奶制品	公斤	5.21	5.07	3.36	17.67	4.22	6.36
水产品	公斤	1.10	2.31	1.34	1.93	3.81	0.77
食糖	公斤	0.99	0.46	0.47	0.40	0.72	0.28
酒	公斤	4.08	2.32	5.42	3.01	7.21	3.97
水果	公斤	15.13	16.77	13.20	7.98	19.47	7.56

5-27　续表　　（2009 年）

指　　标	单位	惠济区	中牟县	巩义市	荥阳市	新密市	新郑市	登封市
粮食	公斤	141.02	175.05	131.37	157.48	176.53	148.86	225.41
#小麦	公斤	122.97	147.91	113.50	112.53	138.13	105.95	128.30
稻谷	公斤	6.13	2.60	10.10	21.07	13.44	6.55	17.73
玉米	公斤	2.61	16.61	0.50	7.86	14.06	18.91	65.77
蔬菜及菜制品	公斤	71.43	84.84	75.97	83.40	122.07	85.36	83.81
油脂类	公斤	4.95	2.05	9.84	4.29	8.77	5.14	10.92
#植物油	公斤	4.95	2.05	9.84	4.28	8.77	5.14	10.92
动物油	公斤				0.01			
肉禽及其制品	公斤	26.46	9.02	9.89	9.83	10.56	10.12	11.37
#猪肉	公斤	10.07	6.80	6.75	6.65	7.28	7.94	10.23
牛肉	公斤	0.73	0.14	0.60	0.20	0.68	0.13	0.21
羊肉	公斤	0.14	0.09	0.12	0.17	0.48	0.32	0.16
家禽	公斤	14.25	1.47	1.09	1.25	0.44	0.43	0.24
其他肉禽及制品	公斤	1.26	0.52	1.34	1.56	1.68	1.30	0.53
蛋类及蛋制品	公斤	11.24	5.04	8.61	10.18	9.24	7.58	8.33
奶和奶制品	公斤	5.82	1.89	6.08	7.24	5.06	9.51	0.85
水产品	公斤	1.09	1.26	0.79	1.58	0.87	0.80	0.50
食糖	公斤	0.43	0.54	1.66	0.51	1.09	0.76	1.71
酒	公斤	6.10	7.15	3.26	2.91	2.74	3.84	3.36
水果	公斤	14.62	9.14	15.97	17.67	21.26	15.66	12.23

5-28 农民百户耐用消费品拥有量

（2009 年）

指　标	单位	全市总计	中原区	二七区	管城区	金水区	上街区
洗衣机	台	107	100	90	100	124	100
电冰箱	台	68	98	30	80	108	87
空调机	台	61	78	22	78	148	77
抽油烟机	台	17	38	14	6	78	17
吸尘器	台	2					7
微波炉	台	16	18	4	24	56	10
热水器	台	27	30	6	34	68	40
自行车	辆	113	210	142	146	130	120
摩托车	辆	62	38	52	4	30	103
汽车(生活用)	辆	8	12	2	14	38	13
电话机	部	48	90	64	34	32	43
移动电话	部	194	168	90	174	236	230
彩色电视机	台	127	140	112	118	138	123
黑白电视机	台	2	2	8			
摄像机	台	2	2		12	6	
影碟机	台	51	42	48	46	60	70
照相机	架	15	42	8	14	36	7
家用计算机	台	22	48	10	28	54	33
中高档乐器	件	2	4				3

5-28　续表　　（2009 年）

指　标	单位	惠济区	中牟县	巩义市	荥阳市	新密市	新郑市	登封市
洗衣机	台	106	97	107	100	104	101	144
电冰箱	台	82	35	82	55	83	57	79
空调机	台	76	20	85	39	59	24	104
抽油烟机	台	22	1	17	5	21	2	24
吸尘器	台	4	3	2	1	3		
微波炉	台	26	10	10	8	20	10	15
热水器	台	40	17	26	14	36	23	28
自行车	辆	170	142	92	135	19	113	43
摩托车	辆	56	31	57	89	101	68	92
汽车(生活用)	辆	8	4	6	4	7	4	9
电话机	部	54	36	83	32	43	43	37
移动电话	部	242	139	196	230	298	138	211
彩色电视机	台	124	109	137	128	137	109	157
黑白电视机	台		3		6		2	
摄像机	台			2		6	2	1
影碟机	台	50	18	55	60	72	31	85
照相机	架	26	3	17	11	31	1	12
家用计算机	台	34	2	22	23	18	8	32
中高档乐器	件	2		2	2	8		3

主要统计指标解释

城镇居民家庭就业人口　指城镇居民从事社会劳动并取得劳动报酬或经营收入的人口。就业人口包括通过国家统筹规划和指导由劳动部门介绍就业，自愿组织起来就业和自谋职业等方式，在国有制、集体所有制、中外合资、中外合、外资在华独资的企事业单位和私营企业单位工作或从事个体劳动的有固定性职业或临时性职业的人口。被聘用和留用的离退休人员也计入就业人口。

城镇居民家庭可支配收入　指被调查城镇居民家庭在支付个人所得税和社会保障支出之后，所余下的收入。

城镇居民家庭生活费收入　指调查户可用于最终消费支出和其他非义务性支出以及储蓄的总和，即居民家庭可用来自由支配的收入。它是家庭总收入扣除缴纳的所得税、个人交纳的社会保障费以及调查户的记帐补贴后收入。

城镇居民家庭消费性支出　指被调查的城镇居民家庭用于日常生活的全部支出，包括购买商品支出和文化生活、服务等非商品性支出。共分八类：食品、衣着、设备用品及服务、医疗保健、交通和通讯、娱乐文教服务、居住、杂项商品和服务。不论自用的或赠送亲友的都包括在内。不包括罚没、丢失款和缴纳的各种税款（如个人所得税、牌照税、房产税等），也不包括个体劳动者生产经营过程中发生的各项费用。

农村居民家庭常住人口　指全年经常在家或在家居住6个月以上，而且经济和生活与本户连成一体的人口。外出从业人员在外居住时间虽然在6个月以上，但收入主要带回家中，经济与本户连成一体，仍视为家庭常住人口；在家居住，生活和本户连成一体的国家职工、退休人员也为家庭常住人口。但是现役军人、中专及以上（走读生除外）的在校学生，以及常年在外（不包括探亲、看病等）且已有稳定的职业与居住场所的外出从业人员，不应当作家庭常住人口。

农民总收入　指农村住户年内从各种来源得到的全部实际收入（包括现金收入和实物收入）。由工资性收入、家庭经营收入、财产性收入和转移性收入四部分组成。

（一）工资性收入：指受雇于单位或个人，出卖劳动而得到的收入。包括在乡村组织中等非企业组织中劳动得到的收入、在企业劳动得到的收入、常住人口外出务工收入和其他单位劳动得到的收入。

（二）家庭经营收入：指农村住户从事各项生产的收入，包括种植业收入、林业收入、牧业收入、渔业收入、工业收入、建筑业收入、交通运输业收入、批发和零售贸易餐饮业收入、社会服务业收入和文教卫生业和其他家庭经营收入。

（三）财产性收入：指金融资产或有形非生产性资产的所有者向其他机构单位提供资金或将有形非生产性资产供其支配，作为回报而从中获得的收入。

（四）转移性收入：指农村住户和住户成员无须付出任何对应物而获得的货物、服务、资金或资产所有权等，不包括无偿提供的用于固定资本形成的资金。一般情况下，指农村住户在二次分配中的所有收入。

农民可支配收入　指农村住户可用于最终消费支出和其他非义务性支出以及储蓄的总和。是总收入扣除相对应的各项费用性支出后，归农民所有或支配的收入。计算公式为：

农村住户可支配收入 = 农村居民家庭总收入 - 家庭经营费用支出 - 税费支出 - 生产性固定资产折旧 - 财产性支出 - 转移性支出。

农民总支出　指农村住户全年用于生产、生活和再分配的全部支出。包括家庭经营费用支出、购置生产用固定资产支出、生产性固定资产折旧、税费支出、生活消费支出、财产性支出和转移性支出。

农民生活消费支出　指农民家庭年内用于物质生活和精神生活方面的消费支出。它直接反映农民的生活水平，是研究农民消费结构变化的基本指标。

它包括食品、衣着、居住、家庭设备用品及服务、医疗保健、交通和通讯、文化教育娱乐用品及服务、其他商品和服务等八大类支出。

六、城市公用事业和环保

6-1 城市设施水平

指　　标	计量单位	2008 年	2009 年
人口密度	人/平方公里	10920	10060
人均住宅使用面积	平方米	19.5	20.55
人均住宅居住面积	平方米	13.0	13.7
人均日生活用水量	升	107.7	114.8
用水普及率	%	100	100
每万人拥有公共交通车辆	标台	13	15
燃气普及率	%	68.7	88.0
人均拥有道路面积	平方米	6.09	6.91
排水管道密度	公里/平方公里	6.49	8.55
污水处理率	%	95.8	97.2
人均公共绿地面积	平方米	9.3	9.7
建成区绿地率	%	28.5	29.2
建成区绿化覆盖率	%	34.1	34.5
垃圾粪便无害化处理率	%	87.6	86.8

注:除人口密度及用水普及率指标外,该表数据由市建委搜集、整理提供。

6-2 城市建设用地情况

指　　标	单位	2008 年	2009 年
城市市区面积	平方公里	1010.3	1010.3
建成区面积	平方公里	328.7	336.7
#城市建设用地面积	平方公里	289.9	296.4
#工业	平方公里	48.1	42.3
仓库	平方公里	13.4	13.5
对外交通	平方公里	20.3	21.4
居住	平方公里	69.9	74.8
公共设施	平方公里	40.7	42.9
道路广场	平方公里	32.9	36.5
市政公共设施	平方公里	13.1	13.2
绿地	平方公里	50.0	50.1
特殊用地	平方公里	1.7	1.7
本年征用土地面积	平方公里	6.7	7.0

注:该表数据由市建委搜集、整理提供。

6-3 城市供水、供电情况

指　　标	单位	2008 年	2009 年
供水			
水厂数	个	6	6
自来水综合生产能力	万立方米/日	124	124
#地下水	万立方米/日	51	51
供水管道长度	公里	2360	2516
全年供水总量	万立方米	32204	35475
#生产用水	万立方米	6850	8999
生活用水	万立方米	17499	18508
#家庭用量	万立方米	12022	12521
用水人口	万人	427.7	442
节约用水			
取水量	万立方米	13335	24297
生产用水重复利用量	万立方米	85103	73542
节约用水量	万立方米	3100	3200
供电			
公用配电线路长度	公里	11596	12773
全年销售总量	亿千瓦时	285.9	300.2
#生活用电	亿千瓦时	23.5	27
售给居民每千度电售价	元	498.9	498.9

注：该表数据由市建委搜集、整理提供。

6-4　城市燃气及供热

指　　标	单位	2008 年	2009 年
液化石油气			
储气能力	吨	970	970
外购气量	吨	64200	65100
供气总量	吨	63800	64800
#家庭用量	吨	46870	47120
用气家庭户数	户	321000	330000
用气人口数	万人	45	55
天然气			
储气能力	万立方米	240	240
供气总量	万立方米	41535	47610
#家庭用量	万立方米	13390	14638
用气家庭户数	户	771787	874149
用气人口数	万人	282	331
输送管道长度	公里	2979	3155
供热能力			
蒸汽	吨/小时	868	868
热水	兆瓦	1296	1296
供热总量			
蒸汽	万吉焦	238	215
热水	万吉焦	650	683
管道长度			
蒸汽	公里	199	199
热水	公里	902	930
集中供热面积	**万平方米**	**2040**	**2051**
#住宅	万平方米	1428	1445

注:该表数据由市建委搜集、整理提供。

6-5 市政设施及公共交通

指 标	单 位	2008 年	2009 年
实有铺装道路长度	公里	1273	1304
实有铺装道路面积	万平方米	2922	3052
人行道面积	万平方米	642	668
实有桥梁数	座	166	175
#立交桥	座	43	44
路灯盏数	盏	62234	63660
排水管道长度	公里	2848	2880
污水年排放量	万立方米	27374	31031
污水处理厂	座	4	4
处理能力	万立方米/日	84	84
污水年处理量	万立方米	26224	30155
防洪堤长度	公里	58	58
公共汽、电车运营车数	辆	4260	4427
公共汽车数	辆	4179	4242
无轨电车数	辆	81	81
标准运营车数	标台	4976	5264
运营线路网长度	公里	1262	1314
全年客运总量	万人次	72769	78282
实有出租汽车数	辆	10859	10607

注:该表数据由市建委搜集、整理提供。

6-6 园林绿化及环境卫生

名　　称	单位	2008 年	2009 年
绿化覆盖面积	公顷	11984	12673
#建成区	公顷	11196	11628
园林绿地面积	公顷	9840	10299
#建成区	公顷	9376	9835
公园绿地面积	公顷	2559	2772
公园个数	个	59	59
公园面积	公顷	1623	1685
实际清扫面积	万平方米	2943	3143
生活垃圾清运量	万吨	129	131
垃圾无害化处理厂(场)	座	2	2
无害化处理能力	吨/日	3450	3450
公厕数量	座	922	929
市容环卫专用车辆总数	台	356	401

注:该表数据由市建委搜集、整理提供。

6-7　城市房屋面积及住宅

名　　称	单位	2008 年	2009 年
实有房屋建筑面积	万平方米	12896	15682
直管房	万平方米	50.68	49.95
#物业管理房	万平方米	5850	6000
实有住宅建筑面积	万平方米	7373	9480
直管房	万平方米	47	46.25
私房	万平方米	6601	8225
实有住宅使用面积	万平方米	5530	6690
实有住宅居住面积	万平方米	3687	4740
居住人口	万人	326.5	330.1
解决缺房户数	户	9799	16016
本年房屋减少建筑面积	万平方米	54.56	35.11
#住宅	万平方米	31.2	20.6
危险住宅建筑面积	万平方米	14	13

注:该表数据由市房管局搜集、整理提供。

6-8 房产市场交易

名 称	单 位	2008 年	2009 年
房产买卖			
成交面积	万平方米	791.3	1426.9
#住宅	万平方米	674.3	1259.6
办公用房	万平方米	35.8	63.1
商服用房	万平方米	75.6	97.1
成交金额	万元	3367700	6587334
#住宅	万元	2562300	5427161
办公用房	万元	176123.8	330359
商服用房	万元	604742.2	800425
房产租赁			
出租面积	万平方米	839.4	413.4
#住宅 *	万平方米	189.2	129.9
办公用房	万平方米	237	101
商服用房	万平方米	413.2	182.4
租金收入	万元		311128
#住宅	万元		38988
办公用房	万元		81600
商服用房	万元		190400
向个人出售住宅			
新建住宅出售			
面积	万平方米	568.1	998.6
销售额	万元	2269400	4573530
旧住宅出售			
面积	万平方米	106.1	261.0
销售额	万元	292900	853630

6-9 工业“三废”排放处理及综合利用情况

（2009 年）

指　　标	单位	数量
工业废水排放量	**万吨**	**11240.4**
工业废水排放达标量	万吨	11155.4
工业废气排放总量	**万标立方米**	**25808123**
燃料燃烧过程中废气排放量	万标立方米	17185146.0
生产工艺过程中废气排放量	万标立方米	8622977.0
工业二氧化硫排放量	**吨**	**112183**
燃料燃烧过程中排放量	吨	101502.6
生产工艺过程中排放量	吨	10680.4
工业烟尘排放量	**吨**	**51427.4**
工业烟尘去除量	**吨**	**2785564.8**
工业粉尘排放量	**吨**	**38246.9**
工业粉尘去除量	**吨**	**401277.5**
工业固体废物产生量、排放及处理利用情况		
工业固体废物产生量	万吨	915.0
工业固体废物储存量	万吨	1.3
工业固体废物综合利用量	万吨	755.9
工业固体废物处置量	万吨	159.1
工业锅炉	**台/蒸吨**	**597/20958.8**
烟尘排放达标的	台/蒸吨	594/20883.8
工业炉窑数	**座**	**1342**
烟尘排放达标的	座	1341
其他		
汇总工业企业数	个	593
汇总工业企业工业总产值	万元	9360647.5
汇总工业企业环保人员数	人	1851
“三废”综合利用产品产值	万元	28948.6

注：数据来源于市环保局。

6-10 全市工业污染治理项目建设情况

（2009 年）

指　　标	单位	数量	指　　标	单位	数量
工业企业数	**个**	**64**	**施工项目本年投资来源**	**万元**	**25702.3**
施工项目总数	**个**	**70**	政府其他补助	万元	33
废水治理项目	个	19	企业自筹	万元	25669.3
废气治理项目	个	44	**竣工项目数**	**个**	**61**
固体废物治理项目	个	1	废水治理项目	个	13
噪声治理项目	个	1	废气治理项目	个	41
其他治理项目	个	5	固体废物治理项目	个	1
施工项目完成投资额	**万元**	**25702.3**	噪声治理项目	个	1
废水治理项目	万元	9234.3	其他治理项目	个	5
废气治理项目	万元	14454	**竣工项目新增设计处理能力**		
固体废物治理项目	万元	161.9	治理废水	吨/日	2188
噪声治理项目	万元	2.1	治理废气	万标立方米/时	198.91
其他治理项目	万元	1850			

6-11 生活、其他污染排放情况及污水处理厂运行情况

（2009 年）

指　　标	单位	数值	指　　标	单位	数值
污染排放			**煤炭消费总量**	**万吨**	**2016.2**
城镇生活污水排放量	万吨	34240.5	工业煤炭消费量	万吨	1946.7
城镇生活污水中 COD 产生量	吨	106466.9	生活及其他煤炭消费量	万吨	159.5
城镇生活污水中 COD 排放量	吨	38400.3	**污水处理厂运行情况**		
城镇生活污水中 COD 去除量	吨	68066.6	污水处理厂数	座	11
城镇生活污水中氨氮产生量	吨	10646.7	污水处理能力	万吨/日	101.5
城镇生活污水中氨氮排放量	吨	4828.5	污水年处理量	万吨	28471.0
城镇生活污水中氨氮去除量	吨	5818.1	处理工业污水量	万吨	1004.0
生活及其他 S02 排放量	吨	14317.0	化学需氧量去除量	吨	72205.5
生活及其他烟尘排放量	吨	13577.0	本年运行费用	万元	21640.1

注：数据来源于市环保局。

主要统计指标解释

年底自来水生产能力 指年底城建部门管理的自来水厂和自备水源的社会单位取水、净化、送水、出厂输水干管等环节的实际生产能力。

年底供水管道长度 指从送水泵到用户水表之间所有管道的长度。

全年供水总量 指公用自来水厂和自备水源的社会单位全年的供水总量,包括有效供水量及损失水量。

生活用水量 指居民日常生活与公共福利设施的用水量。包括居民、饮食店、旅馆、医院、理发店、浴池、洗衣店、游泳池、商店、学校、机关、部队等单位的用水量。

城市人口用水普及率 指城市用水的非农业人口数(不包括临时人口和流动人口)与城市非农业人口总数之比。计算公式:

$$用水普及率 = \frac{城市用水的非农业人口数}{城市非农业人口数} \times 100\%$$

全年供气总量 指全年售给各类用户的全部煤气量。包括工业用量、家庭用量和其他用量。

城市供热管道长度 指热电厂、热力公司和达到标准的集中采暖锅炉房管理的集中供热热源到用户之间的全部供气、供热水的管道长度。

年底实有铺装道路长度 指除土路外,路面经过铺装宽度在3.5米以上的道路,包括高级、次高级道路和普通道路。

城市桥梁 指城市范围内,修建在河道上的桥梁和道路与道路立交、道路跨越铁路的立交桥,以及人行天桥。包括永久性桥和半永久性桥,不包括临时性桥、铁路桥、涵洞。

城市下水道总长度 指所有排水总管、干管、支管及暗渠、检查井、连接井进出水口等长度之和。

营运线路长度 指设置的固定营运线路长度,包括郊区营运线路长度。不包括临时行驶的线路长度。

城市园林绿地面积 指城市公共绿地、专用绿地、生产绿地、防护绿地、郊区风景名胜区的全部面积。

公共绿地 指供游览休息的各种公园、动物园、植物园、陵园以及花园、游园和供游览休息用的林荫道绿地、广场绿地。不包括一般栽植的人行道及林荫道的面积。

废气排放总量 指燃料燃烧和生产工艺过程中排放的各种废气总量,以标准状态下每年万标立方米表示。

工业固体废物产生量 指工业企业在生产过程中产生的固体状、半固体状和高浓度液体状废弃物的总量,包括冶炼废渣、粉煤灰、炉渣、煤矸石、化工废渣、尾矿、放射性废渣和其它废渣等;不包括矿山开采的剥离废石和掘进废石(煤矸石和呈酸性或碱性的废石除外)。酸性或碱性废石是指采掘的废石其流经水、雨淋水PH值小于4或PH值大于10.5者。

工业固体废物处置量 指以符合环境保护要求的方式将固体废物放置在不再回取的场所的固体废物量,如填埋、焚烧、经封场处理的专业贮存场(库)、深层灌注、回填矿井等(包括当年处置往年的堆存量)。

工业废水处理量 指报告期内各种水治理设施实际处理的工业废水量,包括处理后外排的和处理后回用的工业废水量。虽经处理但未达到国家或地方排放标准的废水量也应计算在内。计算时,如遇有车间和厂排放口均有治理设施,并对同一废水分级处理时,不应重复计算工业废水处理量。

工业废水处理率 工业废水处理量占需处理的工业废水量的百分率。

七、农　业

7-1 农村基本情况及从业人员

(2009 年)

指　　标	单位	总计	中原区	二七区	管城区	金水区	上街区	惠济区
农村基层组织情况								
乡镇个数	个	92	1	2	3	2	1	2
#镇个数	个	72	1	1	1	2	1	2
村民委员会个数	个	2249	46	40	37	61	30	54
乡村人口从业人员								
乡村户数	万户	106.76	2.34	1.73	2.14	3.24	1.39	3.76
乡村人口数	万人	412.63	8.98	7.95	8.2	12.34	4.63	13.46
乡村从业人员数	万人	233.76	4.05	5.26	3.82	6.9	2.08	7.78
按性别分								
#男劳动力	万人	125.75	2.14	2.78	2.06	3.54	1.04	4.27
女劳动力	万人	108.01	1.91	2.48	1.76	3.36	1.04	3.51
按行业分								
农业从业人员	万人	102.98	0.58	1.44	1.6	2.96	0.59	4.27
工业从业人员	万人	57.78	1.65	0.84	0.65	0.41	0.4	0.8
建筑业从业人员	万人	20.28	0.31	0.47	0.29	0.65	0.18	0.61
交通仓储邮电运输业人员	万人	13.75	0.22	0.41	0.33	0.44	0.09	0.28
信息传输计算机软件业	万人	1.74	0.04	0.02	0.09	0.14	0.01	0.08
批发零售业从业人员	万人	14.13	0.25	0.24	0.23	0.5	0.31	0.52
住宿餐饮业从业人员	万人	8.17	0.58	0.14	0.13	0.5	0.25	0.42
其它行业从业人员	万人	14.93	0.42	1.7	0.5	1.3	0.25	0.8

注:乡镇数不包括县(市)所在地的城关镇。

7-1　续表

指　　标	单位	中牟县	巩义市	荥阳市	新密市	新郑市	登封市	经济技术开发区	高新技术开发区
农村基层组织情况									
乡镇个数	个	16	15	12	12	12	12		2
#镇个数	个	12	15	9	10	9	8		1
村民委员会个数	个	420	292	283	303	325	303	16	39
乡村人口从业人员									
乡村户数	万户	15.13	17.27	13.13	16.01	13.36	13.88	1.11	2.27
乡村人口数	万人	62.67	64.71	48.3	62.01	50.76	55.39	4.57	8.66
乡村从业人员数	万人	38.85	31.49	30.88	31.37	31.8	32.73	2.33	4.42
按性别分									
#男劳动力	万人	20.5	17.34	16.29	17.34	16.89	17.97	1.23	2.36
女劳动力	万人	18.35	14.15	14.59	14.03	14.91	14.76	1.1	2.06
按行业分									
农业从业人员	万人	25.2	8.03	14.9	9.38	16.42	14.06	1.31	2.24
工业从业人员	万人	3.54	14.43	7.03	10.77	5.98	10.3	0.22	0.76
建筑业从业人员	万人	3.4	2.4	2.9	2.84	3.29	2.21	0.28	0.45
交通仓储邮电运输业人员	万人	1.85	1.86	1.61	2.73	1.95	1.6	0.12	0.26
信息传输计算机软件业	万人	0.27	0.14	0.1	0.31	0.14	0.31	0.04	0.05
批发零售业从业人员	万人	2.39	1.89	1.9	2.02	1.86	1.68	0.12	0.22
住宿餐饮业从业人员	万人	1.04	1.07	0.85	1.14	0.73	1.13	0.05	0.14
其它行业从业人员	万人	1.16	1.67	1.59	2.18	1.43	1.44	0.19	0.3

注:乡镇数不包括县(市)所在地的城关镇。

7-2 农业机械、电气、化学、水利情况

（2009 年）

指　　标	单位	合计	中原区	二七区	管城区	金水区	上街区	惠济区
农业机械化情况								
实际机耕面积	千公顷	235.70	2.20	1.27	2.92	3.70	2.10	6.51
当年机播面积	千公顷	292.68	1.71	1.66	2.90	3.50	2.90	4.55
当年机收面积	千公顷	199.27	1.90	1.32	1.53	6.00	2.81	3.15
农村用电量	**万千瓦时**	**396694**	**12997**	**6261**	**6305**	**17697**	**3742**	**7152**
农用化肥施用量								
按折纯量计算	吨	225036	1832	2319	2263	4500	3299	4486
氮肥	吨	81067	232	977	757	1400	1397	1666
磷肥	吨	42828	120	578	300	770	945	643
钾肥	吨	19559	22	139	44	240	423	325
复合肥	吨	81582	1458	625	1162	2090	534	1852
农田水利化情况								
有效灌溉面积	千公顷	191.81	1.73	2.03	4.14	3.7	1.53	6.3
机电井数量	眼	48077	386	747	1660	2068	335	3023

7-2　续表

指　　标	单位	中牟县	巩义市	荥阳市	新密市	新郑市	登封市	经济技术开发区	高新技术开发区
农业机械化情况									
实际机耕面积	千公顷	63.28	28.00	34.98	26.67	39.21	24.87		
当年机播面积	千公顷	51.15	38.06	52.93	44.52	59.69	29.12		
当年机收面积	千公顷	34.73	22.00	34.79	30.58	38.49	21.98		
农村用电量	**万千瓦时**	**23942**	**125756**	**30707**	**71973**	**41554**	**40535**	**2468**	**5605**
农用化肥施用量									
按折纯量计算	吨	52389	32745	29654	26541	37859	17893	2415	6841
氮肥	吨	16547	15835	12216	8932	14292	4497	509	1810
磷肥	吨	11382	5710	7065	6001	4073	3969	306	966
钾肥	吨	6755	1818	1858	1135	3853	2507	101	339
复合肥	吨	17705	9382	8515	10473	15641	6920	1499	3726
农田水利化情况									
有效灌溉面积	千公顷	57.84	15.46	28.05	19.71	30.71	14.68	1.94	3.99
机电井数量	眼	15478	1984	5792	2485	8544	2113	1800	1662

7-3　农业机械主要生产情况

（2009 年）

指　　标	单位	总计	中原区	二七区	管城区	金水区	上街区	惠济区	中牟县	巩义市	荥阳市	新密市	新郑市	登封市
农业机械总动力	**万千瓦**	**453.65**	**2.63**	**8.77**	**8.50**	**8.94**	**3.63**	**11.13**	**95.76**	**53.88**	**72.89**	**48.27**	**85.19**	**54.07**
拖拉机及配套机械														
拖拉机	万台	12.02	0.01	0.06	0.06	0.03	0.07	0.04	5.33	1.49	0.44	0.64	1.73	2.11
	万千瓦	142.60	0.42	0.95	1.02	0.46	1.47	1.33	55.11	15.56	8.05	11.35	20.88	26.00
大中型拖拉机	万台	0.87	0.01	0.01	0.02	0.01	0.02	0.03	0.24	0.12	0.11	0.09	0.16	0.05
	万千瓦	34.73	0.40	0.32	0.58	0.30	0.90	1.19	8.72	4.23	3.95	4.25	7.10	2.79
小型拖拉机	万台	11.15		0.06	0.04	0.02	0.05	0.02	5.08	1.37	0.33	0.54	1.57	2.06
	万千瓦	107.87	0.03	0.63	0.44	0.16	0.57	0.14	46.39	11.33	4.10	7.10	13.78	23.21
拖拉机配套农具	万部	18.74	0.03	0.16	0.11	0.06	0.12	0.13	7.59	1.87	1.02	0.75	2.75	4.15
种植业机械														
耕整地及种植业机械														
机引犁	万台	7.90	0.01	0.10	0.04	0.01	0.01	0.03	4.00	0.85	0.43	0.21	0.89	1.32
机引耙	万台	7.19	0.01	0.02	0.02	0.01	0.01		3.96	0.43	0.43	0.20	0.80	1.30
播种机	万台	2.31		0.01	0.02	0.01	0.03	0.01	0.15	0.30	0.15	0.15	0.36	1.13
化肥深施机	万台	0.24		0.01					0.14	0.02	0.01	0.01	0.03	0.03
秸秆粉碎还田机	万台	0.67	0.01			0.02	0.01	0.02	0.10	0.05	0.12	0.12	0.18	0.03
农用排灌动力机械														
排灌动力机械	万台	7.93	0.05	0.07	0.36	0.35	0.05	0.29	1.31	0.42	0.75	0.53	1.11	2.64
	万千瓦	60.65	0.80	1.22	2.17	2.10	0.70	1.27	7.22	4.72	10.47	6.88	8.15	14.96
#柴油机	万台	1.27		0.01	0.04	0.10	0.01		0.65	0.01	0.08	0.03	0.03	0.31
	万千瓦	12.37		0.09	0.39	0.90	0.01		5.25	0.06	0.87	0.31	0.31	4.18
电动机	万台	6.66	0.05	0.06	0.32	0.25	0.04	0.29	0.66	0.42	0.67	0.50	1.08	2.33
	万千瓦	48.28	0.80	1.14	1.78	1.20	0.69	1.27	1.97	4.65	9.59	6.57	7.84	10.78
农用水泵	万台	9.74	0.05	0.08	0.32	0.40	0.04	0.29	4.88	0.42	0.56	0.42	1.08	1.19
节水喷灌机械	万套	0.42		0.01			0.01		0.01	0.01	0.09	0.03	0.05	0.22
植保机械														
机动喷雾（粉）机	万台	1.04		0.02	0.01	0.01	0.01	0.01	0.04	0.04	0.07	0.09	0.70	0.04
	万千瓦	2.83		0.20	0.04	0.01	0.01	0.03	0.09	0.06	0.22	0.09	1.83	0.25
收获机械														
联合收获机	万台	0.44	0.01		0.01	0.01		0.01	0.07	0.05	0.07	0.07	0.10	0.04
	万千瓦	18.09	0.28	0.09	0.22	0.61	0.23	0.72	2.96	1.71	3.17	2.75	3.85	1.50

7-3 续表 (2009 年底)

指 标	单位	总计	中原区	二七区	管城区	金水区	上街区	惠济区	中牟县	巩义市	荥阳市	新密市	新郑市	登封市
脱粒烘干机械														
机动脱粒机	万台	3.32	0.01	0.04	0.01	0.04	0.01		0.13	1.10	0.31	0.43	0.11	1.14
农副产品加工机械														
动力机械	万台	4.29	0.01	0.04	0.11		0.04	0.02	0.94	1.05	0.77	0.64	0.36	0.32
	万千瓦	26.43	0.04	0.40	1.03		0.25	0.20	3.58	5.92	5.21	4.78	2.76	2.27
#柴油机	万台	0.05									0.04	0.01		
	万千瓦	0.48								0.01	0.37	0.10		
电动机	万台	4.24	0.01	0.04	0.11		0.04	0.02	0.94	1.05	0.73	0.63	0.36	0.32
	万千瓦	25.95	0.04	0.40	1.03		0.25	0.20	3.58	5.91	4.83	4.68	2.76	2.27
加工作业机械														
粮食加工机械	万台	2.16	0.01	0.03	0.10		0.03	0.01	0.32	0.33	0.31	0.50	0.28	0.24
棉花加工机械	万台	0.18					0.02		0.03	0.01	0.04	0.04	0.02	0.02
油料加工机械	万台	0.31		0.01			0.01		0.05	0.02	0.03	0.07	0.05	0.06
运输机械														
农用运输车	万辆	11.19	0.06	0.28	0.31	0.40	0.05	0.38	2.31	0.55	2.89	0.63	2.86	0.48
	万千瓦	150.54	0.83	3.95	3.43	4.40	0.77	5.23	23.72	10.88	43.95	8.84	38.81	5.73
#三轮运输车	万辆	9.42	0.06	0.14	0.29	0.30	0.03	0.31	2.31	0.35	2.61	0.42	2.41	0.20
	万千瓦	105.29	0.74	1.47	3.20	3.30	0.37	3.51	23.72	3.83	31.08	4.78	27.42	1.87
低速载货汽车	万辆	1.77	0.01	0.14	0.02	0.10	0.02	0.07		0.20	0.28	0.20	0.45	0.28
	万千瓦	45.25	0.09	2.48	0.23	1.10	0.40	1.71		7.06	12.87	4.06	11.40	3.86

7-4 水果产量

(2009 年)

单位:吨

指　标	总计	中原区	二七区	管城区	金水区	上街区	惠济区	中牟县	巩义市	荥阳市	新密市	新郑市	登封市	经济技术开发区	高新技术开发区
水果产量	**294647**	**1287**	**9182**	**2584**	**1895**	**2166**	**2057**	**72766**	**22000**	**34488**	**14072**	**103947**	**24652**	**3331**	**220**
苹果	63604	113	262	200	520	865	162	16570	12528	8216	5122	8811	9995	240	
#红富士	33782	78	190	140	520		136	9341	10864	3218	231	3153	5911		
国光	3581	35	43	47			26	1193	449	1298	26	87	377		
梨	21425	3	823	418	290	826	662	9257	1468	1316	1660	2312	2172	218	
#雪花梨	6406		374	96			16	4454	142		35	654	617	18	
鸭梨	2468		445	307			128	51	178			10	1349		
其它	209618	1171	8097	1966	1085	475	1233	46939	8004	24956	7290	92824	12485	2873	220
#桃子	41044	831	559	1323	280	230	206	13266	2627	5854	1884	8841	2317	2606	220
猕猴桃	819		31						2	538			248		
葡萄	35471	190	6926	217	50	245	607	4945	2355	1603	4320	12638	1375		
红枣	81770	150	115	409			45	22306	243	204	76	57795	160	267	
柿子	17513		63				255	3829	1469	10727	332	207	631		

7-5 果园面积

(2009 年)

单位:千公顷

指　标	总计	中原区	二七区	管城区	金水区	上街区	惠济区	中牟县	巩义市	荥阳市	新密市	新郑市	登封市	经济技术开发区	高新技术开发区
果园面积	**24.69**	**0.12**	**0.6**	**0.74**	**0.1**	**0.08**	**0.2**	**6.61**	**1.77**	**2.48**	**1.09**	**8.66**	**2.04**	**0.19**	**0.01**
苹果园	4.04	0.01	0.04	0.09	0.02	0.03	0.01	0.95	1.05	0.42	0.5	0.35	0.56	0.01	
梨园	1.65		0.08	0.04	0.02	0.03	0.03	0.74	0.16	0.09	0.12	0.17	0.16	0.01	
桃园	2.91	0.09	0.05	0.33	0.05	0.01	0.02	0.83	0.2	0.34	0.16	0.4	0.26	0.16	0.01
猕猴桃园	0.03								0.02	0.01					
葡萄园	2.02	0.01	0.34	0.04	0.01	0.01	0.06	0.2	0.1	0.09	0.27	0.59	0.3		
枣园	10.8	0.01	0.07	0.25			0.04	3.51	0.02	0.01	0.02	6.69	0.17	0.01	
柿园	0.78		0.02				0.04	0.15	0.13	0.14	0.02	0.01	0.27		

7-6 林业生产情况

（2009 年）

单位:公顷

县(市)区	当年造林面积	用材林	经济林	四旁植树(万株)	育苗面积	幼林抚育实际面积	成林抚育面积
总计	**21172**	**6518**	**1098**	**1363.6**	**4063**	**41040**	**27857**
中原区	12	12		45	375	43	
二七区	20		20	1.3	81		67
管城区	13	13		23	13		91
金水区	27			5	483		281
上街区	146			6.5		100	70
惠济区	129	33			1135	112	
中牟县	4481		70	177	767	12858	19838
巩义市	3034	2301	733		171	1333	1520
荥阳市	3462			280.8	242	1938	
新密市	4658	2417	275	245	183	5200	2581
新郑市	2104	1742		200	278	8967	1609
登封市	3086			380	335	10489	1800

7-7 渔业生产情况

（2009 年）

指　标	单位	合计	中原区	二七区	管城区	金水区	上街区	惠济区	中牟县	巩义市	荥阳市	新密市	新郑市	登封市	经济技术开发区	高新技术开发区
水产品总产量	**吨**	**131713**	**123**	**240**	**151**	**24426**		**22254**	**67844**	**1170**	**12143**	**689**	**696**	**1906**		**70**
#鱼类产量	吨	131336	123	240	151	24426		22220	67526	1165	12128	689	696	1902		70
虾蟹类产量	吨	198						1.5	187	5				4		
#养殖产量	吨	131659	123	240	151	24426		22247	67844	1139	12132	689	696	1902		70
天然捕捞产量	吨	54						7.5		31	11			4		
养殖面积	**公顷**	**8718**	**10**	**25**	**35**	**1480**		**945**	**3334**	**145**	**895**	**377**	**239**	**1223**		**9**
池塘	公顷	6673	10	25	15	1480		921	3334	85	650	93	47	3		9
湖泊																
水库	公顷	2011			20					60	235	284	192	1220		
河沟	公顷	34						24			10					

7-8 牧业主要产品产量

（2009 年）

指　　标	单位	合计	中原区	二七区	管城区	金水区	上街区	惠济区	中牟县	巩义市	荥阳市	新密市	新郑市	登封市	经济技术开发区	高新技术开发区
猪当年出栏头数	万头	192.80	2.74	1.74	2.59	4.06	0.52	3.88	45.02	22.86	36.48	14.96	34.35	17.67	3.60	2.34
牛当年出栏头数	万头	14.28	0.08	0.07	0.10	0.12	0.03	0.30	5.74	0.70	2.82	0.92	0.69	2.51	0.11	0.08
羊当年出栏只数	万只	57.40	0.20	0.12	0.40	0.27	0.02	0.32	34.42	2.34	4.96	2.33	6.11	5.56	0.28	0.07
禽当年出栏只数	万只	3970.91	55.65	66.67	33.71	8.44	15.38	264.22	735.20	177.54	708.07	373.03	1260.47	226.06	15.20	31.26
肉类总产量	吨	230780	2789	2173	2407	3242	815	6382	60543	22648	41281	18150	42600	22201	3256	2293
#猪肉产量	吨	147931	2024	1300	1840	2920	382	2831	35747	17743	27008	11060	26076	14350	2850	1800
牛肉产量	吨	20842	115	93	131	159	40	415	9114	970	3840	1073	980	3658	147	107
羊肉产量	吨	7462	24	16	49	33	2	39	4400	319	758	288	750	740	36	8
禽肉产量	吨	45894	624	727	380	94	178	3003	8900	2137	8246	4231	14290	2570	170	344
兔肉产量	吨	3100		30	3	1		14	835	115	600	997	232	273		
奶类总产量	吨	467551	6320	3102	1807	50382	592	29182	157654	4974	137245	24647	43120	4421	941	3164
#牛奶产量	吨	406694	6320	2827	1800	50382	592	28675	157654	4974	80035	21803	43120	4421	941	3150
山羊毛产量	吨	31291								8		64	3041	28178		
绵羊毛产量	吨	145025							103205	5	9	228	4867	36711		
蜂蜜产量	吨	3428							343	61	301	250	1109	1364		
禽蛋产量	吨	205700	850	7000	965	170	4156	5726	28265	9176	66991	24912	37326	19748	89	326

7-9 农作物主要

（2009年）

指　　标	总计	中原区	二七区	管城区	金水区	上街区
农作物总播种面积	**509.07**	**5.92**	**2.85**	**4.20**	**8.36**	**3.52**
粮食作物播种面积	**361.50**	**3.28**	**1.87**	**2.72**	**7.80**	**3.22**
总产量	1660795	15575	6173	13163	37329	16064
夏收粮食播种面积	176.37	1.76	1.06	1.53	3.82	1.63
总产量	795535	8370	3005	7574	18404	7845
秋收粮食播种面积	185.13	1.52	0.81	1.19	3.98	1.59
总产量	865260	7205	3168	5589	18925	8219
谷物合计播种面积	331.43	3.25	1.77	2.63	7.07	3.17
总产量	1554169	15508	6066	12845	35675	15799
稻谷播种面积	1.70				0.01	
总产量	11077			21	122	
小麦播种面积	176.02	1.76	1.06	1.53	3.82	1.63
总产量	795266	8370	3005	7574	18404	7845
玉米播种面积	151.50	1.49	0.71	1.10	3.24	1.50
总产量	743557	7138	3061	5250	17149	7867
谷子播种面积	2.10					0.04
总产量	4108					87
高粱播种面积	0.04					
总产量	52					
其它谷物播种面积	0.07					
总产量	109					
豆类合计播种面积	15.56	0.02	0.09	0.07	0.73	0.02
总产量	32467	45	92	207	1607	35
大豆播种面积	12.18	0.01	0.06	0.07	0.73	0.01
总产量	23303	29	73	207	1607	12
绿豆播种面积	2.49	0.01	0.03			0.01
总产量	2528	16	19			23

产品生产情况

单位:千公顷、吨

惠济区	中牟县	巩义市	荥阳市	新密市	新郑市	登封市	经济技术开发区	高新技术开发区
12.50	**131.23**	**50.57**	**77.54**	**63.79**	**80.57**	**56.94**	**3.49**	**7.59**
4.76	**60.52**	**44.98**	**60.82**	**54.80**	**58.03**	**49.74**	**2.57**	**6.39**
27141	351957	155529	321105	206371	289707	177067	11419	32195
2.47	26.28	22.93	30.85	26.79	30.29	22.35	1.39	3.22
14347	155515	78420	165687	99556	147556	65713	6564	16979
2.29	34.24	22.05	29.97	28.01	27.74	27.39	1.18	3.17
12794	196442	77109	155418	106815	142151	111354	4855	15216
4.57	52.69	42.61	56.83	50.45	54.98	42.58	2.45	6.38
26473	324251	149794	307774	197403	280548	138887	10988	32158
0.20	1.09		0.40					
1248	7286		2400					
2.47	26.28	22.93	30.85	26.77	30.29	22.02	1.39	3.22
14347	155515	78420	165687	99500	147556	65500	6564	16979
1.90	25.29	18.62	24.89	23.58	24.53	20.43	1.06	3.16
10878	161449	69965	137924	97702	132462	73109	4424	15179
		1.05	0.69	0.09	0.13	0.10		
		1402	1763	194	485	177		
				0.01	0.03			
				7	45			
	0.03	0.01				0.03		
	1	7				101		
0.15	3.96	1.15	1.79	2.49	1.53	3.55		0.01
400	9435	1182	2649	3461	2507	10810		37
0.15	3.90	0.63	1.11	1.95	1.43	2.12		0.01
400	9335	729	1812	2975	2309	3778		37
	0.06	0.52	0.68	0.50	0.10	0.58		
	100	453	736	429	198	554		

7-9　续表　　　　　　　　　　　　　　　　　　　　　　　　　　(2009 年)

指　　标	总计	中原区	二七区	管城区	金水区	上街区
红小豆播种面积	0.03					
总产量	23					
红薯播种面积	14.51	0.01	0.01	0.02		0.03
总产量	74159	22	15	111	47	230
油料合计播种面积	**53.92**	**0.95**	**0.48**	**0.59**	**0.06**	**0.19**
总产量	190165	1790	716	1509	104	257
花生播种面积	41.31	0.51	0.27	0.48	0.03	0.09
总产量	172157	1225	472	1362	70	178
油菜籽播种面积	10.95	0.44	0.20	0.11	0.03	0.05
总产量	16113	560	200	147	31	25
芝麻播种面积	1.64		0.01			0.05
总产量	1850	5	44		3	54
向日葵播种面积	0.02					
总产量	45					
棉花播种面积	**5.70**				**0.01**	
总产量	4211	1			10	1
烟叶播种面积	**1.02**					
总产量	2197					
药材播种面积	**0.45**					
蔬菜(含菜用瓜)播种面积	**74.27**	**1.34**	**0.50**	**0.66**	**0.45**	**0.11**
总产量	2743865	57975	15041	37319	14009	4424
瓜类(果用瓜)播种面积	10.27	0.12		0.23	0.01	
总产量	452838	2522		4605	221	
#西瓜播种面积	9.50	0.08		0.03	0.01	
总产量	433065	1827		1270	221	
其他作物播种面积	**1.94**	**0.23**			**0.03**	

单位:千公顷、吨

惠济区	中牟县	巩义市	荥阳市	新密市	新郑市	登封市	经济技术开发区	高新技术开发区
				0.01		0.02		
				1		22		
0.04	3.87	1.22	2.20	1.86	1.52	3.61	0.12	
268	18271	4553	10682	5507	6652	27370	431	
0.45	**22.07**	**3.31**	**5.29**	**3.64**	**12.47**	**3.38**	**0.63**	**0.41**
1720	101446	4749	13529	9597	47347	4427	2037	937
0.36	19.24	1.70	3.32	1.97	10.66	1.66	0.63	0.39
1580	95587	3709	10494	6762	44717	3057	2032	912
0.06	2.66	1.12	1.47	1.49	1.68	1.62		0.02
85	5672	649	2400	2600	2440	1275	5	24
0.01	0.17	0.49	0.50	0.18	0.13	0.10		
10	187	391	635	235	190	95		1
0.02								
45								
0.33	**3.17**	**0.80**	**0.66**	**0.05**	**0.07**	**0.61**		
185	2359	652	525	42	51	385		
						1.02		
						2197		
0.11		**0.03**	**0.11**	**0.20**				
6.66	**37.27**	**0.95**	**10.17**	**4.63**	**9.15**	**1.64**	**0.05**	**0.69**
236470	1305268	42258	404301	196980	332269	74035	896	22620
0.08	7.79	0.37	0.08	0.14	0.64	0.49	0.24	0.08
2523	375557	7143	3106	3937	23792	15379	11579	2474
0.08	7.57	0.37	0.08	0.05	0.56	0.43	0.16	0.08
2523	367440	7138	3090	1852	22111	14319	8800	2474
0.11	**0.41**	**0.13**	**0.41**	**0.33**	**0.21**	**0.06**		**0.02**

7-10 农林牧渔业总产值

(2009 年)

指　　标	全　市	中原区	二七区	管城区	金水区	上街区
农林牧渔业总产值	**1841238**	**20016**	**15152**	**14727**	**50521**	**8719**
农业	**920070**	**11623**	**5214**	**8828**	**9229**	**4927**
谷物及其他作物	422596	3343	1584	2986	6642	3626
谷物	262623	2630	1016	2209	6017	3407
#小麦	151896	1599	574	1446	3515	1498
稻谷	2147			4	24	
玉米	107444	1032	442	758	2478	1188
薯类	37554	6	4	28	12	58
油料	75920	686	308	590	42	142
#花生	68123	484	187	539	28	70
油菜籽	5623	195	70	51	11	9
豆类	11644	19	37	71	551	17
棉花	8633	2			21	2
烟草	2871					
其他农作物	23351		219	88		
蔬菜园艺作物	387408	7753	1464	4103	2339	957
蔬菜(含菜用瓜)	383048	7702	1464	4061	2339	957
花卉	2856	51		42		
水果、坚果、饮料和香料作物	107215	527	2166	1739	248	344
水果、坚果(含果用瓜)	107215	527	2166	1739	248	344
#苹果	6424	11	26	20	53	87
梨	4863	1	187	95	66	188
中药材	2850					
林业	**35799**	**770**	**455**	**161**	**1438**	**384**
林木的培育和种植	24861	730	286	79	1338	338
竹木采运	5218	40	35	82	100	46
林产品	5720		134			
牧业	**757781**	**7018**	**8562**	**5450**	**21619**	**3407**
牲畜饲养	262644	2551	1221	1290	16713	222
牛的饲养	82271	455	392	518	656	24
羊的饲养	28412	99	61	203	137	11
其他牲畜饲养	3476		2			
奶产品	147746	1997	766	569	15921	187
猪的饲养	236267	3232	2076	2939	4680	295
肉猪	236267	3232	2076	2939	4680	295
家禽饲养	182891	1235	5259	1049	226	2715
肉禽	52343	704	821	446	102	118
禽蛋	130548	531	4438	603	124	2598
狩猎和捕捉动物	9208					175
其他畜牧业	66771		6	172		
渔业	**100885**	**92**	**121**	**128**	**18085**	
鱼类	99936	92	121	128	18085	
虾蟹类	297					
其他	648					
农林牧渔服务业	**26703**	**513**	**800**	**160**	**150**	

渔业总产值

单位:万元

惠济区	中牟县	巩义市	荥阳市	新密市	新郑市	登封市	经济技术开发区	高新技术开发区
76923	**645433**	**95672**	**307224**	**163454**	**278279**	**143696**	**9077**	**12924**
33200	**353354**	**42059**	**128269**	**72612**	**161432**	**53224**	**4946**	**7936**
5821	107184	31159	63454	40164	75266	39358	2808	5811
4554	54445	25467	52516	33187	47463	23203	1893	5437
2740	29703	14979	31646	19015	28183	12511	1136	2937
242	1412		465			19		
1572	23330	10110	19930	14118	19140	10564	606	2080
68	4626	1153	2705	1394	1684	6930	109	
683	40021	2150	5770	3857	18768	1794	806	370
625	37823	1467	4192	2676	17694	1210	780	350
30	1979	227	838	907	852	445	2	8
137	3256	510	1034	1266	857	3770		4
379	4836	1337	1429	86	105	790		
						2871		
		542		374	6389			
26222	202827	5907	57244	24624	45216	9638	57	1941
26222	202827	5374	53310	23524	44933	9054	57	1941
		211	1094	780	283	584		
556	43343	4409	4425	3024	40950	4141	2081	184
556	43343	4409	4425	3024	40950	4141	2081	184
16	1674	1265	830	517	890	1009	24	
150	2101	333	299	377	525	493	49	
600		584	3146	4800		87		
4100	**7349**	**5242**	**3013**	**9257**	**6018**	**7014**		
4044	5985	2854	2042	6807	5985	2479		
57	1364	505	164	389	33	132		
		1883	807	2061		4403		
22330	**224336**	**46047**	**162214**	**72523**	**107469**	**76920**	**4111**	**4925**
11036	107176	7335	62750	19146	21302	19246	588	1448
1650	38345	4145	15987	5280	4386	14439	230	423
164	18029	1314	3111	1168	3183	3084	58	30
	777	36	265	4086	95	125	3	
9222	49819	1572	43369	8104	13626	1397	297	995
4521	57253	28418	43189	21214	41695	22919	3319	2874
4521	57253	28418	43189	21214	41695	22919	3319	2874
6752	28437	8138	49598	23008	42808	32224	204	603
3173	10702	2355	7405	6606	17440	17749	148	399
3579	17735	5783	42193	16402	25368	14475	56	204
			1500	3882				
20	31470	2156	5177	5273	1664	2531		
16893	**53894**	**975**	**9576**	**862**	**505**	**1538**		
16810	53114	967	9519	552	505	1348		
	281	8		5				
83	499		57	305		190		
400	**6500**	**1349**	**4152**	**8200**	**2855**	**5000**	**20**	**63**

7-11 农林牧

（2009 年）

指	标	全 市	中原区	二七区	管城区	金水区
合计	农林牧渔业总产值	1841238	20016	15152	14727	50521
	中间消耗	810334	8600	8322	6739	23471
	增加值	1030904	11416	6830	7988	27050
	固定资产折旧	56927	441	2165	621	6771
	劳动报酬	919717	10510	895	7287	20158
	生产补贴	24723	330	86		689
	营业盈余	78983	795	3856	80	810
农业	总产值	920070	11623	5215	8828	9229
	中间消耗	384976	4952	2857	3998	4621
	中间物质消耗	329519	4952	2734	3173	4021
	生产服务支出	55457		123	825	600
	增加值	535094	6671	2358	4830	4608
林业	总产值	35799	770	454	161	1438
	中间消耗	13911	268	250	72	523
	中间物质消耗	12220	268	216	56	471
	生产服务支出	1691		34	16	52
	增加值	21888	502	204	89	915
牧业	总产值	757781	7018	8562	5450	21619
	中间消耗	354998	3140	4709	2561	11256
	中间物质消耗	311621	3060	4083	2384	10985
	生产服务支出	43377	80	626	177	271
	增加值	402783	3878	3853	2889	10363
渔业	总产值	100885	92	121	128	18085
	中间消耗	46326	42	66	57	6989
	中间物质消耗	42051	42	43	54	6622
	生产服务支出	4275		23	3	367
	增加值	54559	50	55	71	11096
农林牧渔服务业	总产值	26703	513	800	160	150
	中间消耗	10123	198	440	51	82
	增加值	16580	315	360	109	68

渔业增加值

单位:万元

上街区	惠济区	中牟县	巩义市	荥阳市	新密市	新郑市	登封市	经济技术开发区	高新技术开发区
8719	76923	645431	95672	307224	163454	278279	143696	9077	12924
4049	38650	277992	40183	132598	71430	122170	66788	4247	6045
4670	38273	367439	55489	174626	92024	156109	76908	4830	6879
276	9484	8435	3120	8943	5350	7344	4465	267	380
4175	28234	354866	46210	165803	87319	145213	61526	4309	6137
168	580	1373	921	1191	4260	4823	5383	116	165
387	1135	5511	7080	1071	3615	8375	16300	370	527
4927	33200	353354	42059	128269	72612	161432	53224	4946	7936
2279	16422	152650	17665	55412	24025	67771	23897	2182	3564
2050	15698	152650	17186	52086	21573	51866	23131	1868	3051
229	724	56455	479	3326	2452	15905	766	314	513
2648	16778	200704	24394	72857	48587	93661	29327	2764	4372
385	4100	7349	5242	3013	9257	6018	7014		
190	1900	4233	2202	1302	3433	1932	2736		
179	1859	3130	2047	1191	3004	1754	2474		
11	41	1103	155	111	429	178	262		
195	2200	3116	3040	1711	5824	4086	4278		
3407	22330	224335	46047	162214	72523	107469	76920	4111	4925
1580	11844	94221	19340	70076	39039	51067	37101	2057	2457
1428	10997	66556	18340	60382	36987	49722	31335	1806	2157
152	847	27665	1000	9694	2052	1345	5766	251	300
1827	10486	130114	26707	92138	33484	56402	39819	2054	2468
	16893	53893	975	9576	862	505	1538		
	8294	24171	409	4137	377	255	754		
	7896	19889	359	3588	327	188	551		
	398	4282	50	549	50	67	203		
	8599	29722	566	5439	485	250	784		
	400	6500	1349	4152	8200	2855	5000	20	63
	190	2717	567	1671	4556	1145	2300	9	24
	210	3783	782	2481	3644	1710	2700	11	39

7-12 主要牲畜年末存栏情况

（2009 年）

单位：万头（只）

指　标	合计	中原区	二七区	管城区	金水区	上街区	惠济区	中牟县	巩义市	荥阳市	新密市	新郑市	登封市	经济技术开发区	高新技术开发区
大牲畜年末总头数	**29.48**	**0.24**	**0.14**	**0.10**	**1.14**	**0.01**	**0.85**	**12.92**	**0.88**	**3.08**	**2.16**	**3.92**	**3.65**	**0.19**	**0.21**
牛年末总头数	**28.49**	**0.24**	**0.14**	**0.10**	**1.14**	**0.01**	**0.85**	**12.38**	**0.83**	**2.90**	**2.07**	**3.86**	**3.59**	**0.17**	**0.21**
肉牛年末总头数	15.37	0.01	0.02	0.01	0.06		0.13	8.72	0.36	1.00	1.19	2.13	1.67	0.02	0.06
#能繁殖的母畜	7.30		0.01	0.01	0.02		0.09	3.80	0.12	0.81	0.48	1.04	0.90		0.01
当年生仔牛	4.61		0.01		0.01			2.33	0.10	0.56	0.32	0.71	0.55		0.01
奶牛年末总头数	9.12	0.23	0.12	0.10	1.08	0.01	0.71	3.53	0.11	1.73	0.36	0.69	0.20	0.09	0.15
#能繁殖母牛	5.97	0.16	0.11	0.06	0.79	0.01	0.55	2.49	0.07	1.00	0.25	0.37	0.05	0.05	0.02
当年生仔牛	3.61	0.05	0.07	0.02	0.41		0.15	1.60	0.03	0.88	0.17	0.16	0.03	0.03	0.01
役用牛年末总头数	4.00							0.12	0.36	0.18	0.52	1.04	1.72	0.06	
#能繁殖母牛	2.01							0.05	0.10	0.14	0.16	0.57	0.96	0.04	
当年生仔牛	1.34							0.02	0.07	0.10	0.08	0.34	0.73		
马年末存栏数	0.13							0.04	0.01	0.03	0.02		0.03		
#能繁殖的母畜	0.06							0.02		0.01	0.01		0.01		
当年生仔畜	0.02									0.01	0.01				
驴年末存栏数	0.64							0.37	0.02	0.10	0.05	0.04	0.03	0.02	
#能繁殖的母畜	0.27							0.16	0.01	0.04	0.02	0.02	0.01		
当年生仔畜	0.16							0.10		0.02	0.01	0.01	0.01		
骡年末存栏数	0.23							0.13	0.02	0.05	0.01	0.01			
#当年生仔畜															
猪年末总头数	**157.80**	**1.73**	**1.85**	**1.49**	**3.54**	**0.39**	**2.07**	**40.07**	**17.55**	**22.68**	**17.87**	**29.53**	**16.72**	**1.68**	**0.62**
#能繁殖母猪	18.86	0.12	0.11	0.03	0.33	0.03	0.16	3.73	3.45	3.28	1.59	2.80	2.79	0.25	0.19
羊年末总只数	**52.69**	**0.11**	**0.15**	**0.24**	**0.27**	**0.01**	**0.27**	**29.47**	**2.80**	**8.81**	**3.12**	**3.39**	**3.93**	**0.06**	**0.08**
#能繁殖母羊	32.08		0.13	0.04	0.13	0.01	0.20	15.95	1.01	6.62	1.84	2.98	3.09	0.05	0.03
山羊年末总只数	47.09	0.11	0.15	0.24	0.19	0.01	0.21	28.47	2.25	8.37	2.37	2.09	2.52	0.05	0.06
#能繁殖母羊	27.71		0.13	0.04	0.09	0.01	0.16	14.96	0.71	6.30	1.39	1.94	1.91	0.04	0.02
绵羊年末总只数	5.60				0.07		0.06	1.00	0.55	0.44	0.75	1.30	1.41	0.01	0.01
#能繁殖母羊	4.37				0.03		0.05	0.99	0.29	0.31	0.45	1.04	1.18	0.01	0.01
家禽期末存栏数	**3141.64**	**19.00**	**66.04**	**13.12**	**3.36**	**27.79**	**154.14**	**463.76**	**111.89**	**650.64**	**318.97**	**1007.23**	**282.79**	**5.40**	**17.50**
兔期末总只数	**100.73**		**0.28**		**0.06**		**0.08**	**29.37**	**6.10**	**25.94**	**18.49**	**4.10**	**16.30**		

7-13 全市粮经比

单位:%

县(市)区	1995年	2000年	2004年	2005年	2006年	2007年	2008年	2009年
全　市	**79.8:20.2**	**74.9:25.1**	**68.5:31.5**	**69.0:31.0**	**69.5:30.5**	**70.0:30.0**	**70.5:29.5**	**70.9:29.0**
中原区		59.0:41.0	50.1:49.9	51.3:48.7	51.7:48.3	53.6:46.4	55.0:55.0	55.4:44.6
二七区		73.4:26.6	60.4:39.6	59.9:40.1	62.1:37.9	62.4:37.6	67.3:32.7	65.6:34.4
管城区	79.0:21.0	76.4:23.6	53.3:46.7	55.2:44.8	55.3:44.7	58.3:41.7	60.4:39.6	64.8:25.2
金水区		87.9:12.1	79.7:20.3	83.5:16.5	87.5:12.5	90.4:9.6	91.9:8.1	93.2:6.8
上街区	46.1:53.9	66.7:33.3	56.5:43.5	86.8:13.2	88.0:12.0	87.3:12.7	88.0:12.0	91.5:8.5
惠济区		48.8:51.2	35.2:64.8	36.9:63.1	38.9:61.1	36.7:63.3	39.2:60.8	38.0:62.0
中牟县	65.9:34.1	56.6:43.4	47.2:52.8	47.3:52.7	45.4:54.6	45.1:54.9	45.1:54.9	46.1:53.9
巩义市	89.0:11.0	90.0:10.0	86.2:13.8	86.6;13.4	88.1:11.9	89.0:11.0	89.2:10.8	88.8:11.2
荥阳市	84.9:15.1	82.3:17.7	75.0:25.0	74.8:25.2	76.4:23.6	77.9:22.1	79.5:20.5	78.4:21.6
新密市	88.7:11.3	86.6:13.4	85.5:14.5	86.2:13.8	85.7:14.3	85.3:14.7	86.1:13.9	85.8:14.2
新郑市	78.6:21.4	71.8:28.2	70.4:29.6	71.0:29.0	71.4:28.6	72.3:27.7	72.9:27.1	71.9:28.1
登封市	86.1:13.9	84.8:15.2	81.4:18.6	81.4:18.6	82.4:17.6	84.9:15.1	83.5:16.5	87.3:12.8
经济技术开发区			66.7:33.3	64.2:35.8	64.0:36.0	75.2:24.8	70.7:29.3	73.6:26.4
高新技术开发区			73.1:26.9	76.2:23.8	78.4:21.6	80.9:19.1	82.6:17.4	84.1:15.9

主要统计指标解释

农林牧渔业总产值　是以货币表现的农林牧渔业全部产品的总量和对农林牧渔业生产活动进行的各种支持性服务活动的价值,它反映一定时期内农业生产的总规模和总成果。

农林牧渔五业统计范围是:1. 种植业:包括粮、棉、油、糖料、麻类、烟叶、蔬菜、药材、瓜类、采集野生植物和其他农作物的种植以及茶园、桑园、果园的生产经营。

2. 林业:包括林木的栽培、林产品的采集和竹木采伐。

3. 牧业:包括除渔业以外的一切动物饲养和放牧及捕猎野兽。

4. 渔业:包括水生动物和海藻类植物养殖和捕捞。

5. 农林牧渔服务业:包括农林牧渔服务业营业收入。

农业总产值的计算方法通常是以农林牧渔业产品的产量乘以该项单位价格而得该项产品产值。少数生产周期较长,当年没有产品或产品不易统计的则采用间接方法匡算产值。五业产品产值之和即为农业总产值。

农业增加值　指各单位生产经营或劳务活动提供最终产品的货币表现,即本单位或本行业对社会所做的贡献。农业增加值是社会各经济单位,即企业、事业单位和行政单位及个体经营户在报告期内生产经营和业务活动最终成果的货币表现。

农业增加值主要采用生产法和分配法(收入法)两种方法计算。

农作物种植业　包括谷物、豆类、薯类、棉、油料、糖料、麻类、烟叶、蔬菜、药材、瓜类和其他农作物的种植,以及茶园、桑园、果园的生产经营。

其他农业　包括采集野生植物的果实、纤维、树胶、树脂、油料以及柴草、野生药材、菌类等。

粮食产量　指全社会的产量。包括国有经济经营的、集体统一经营的和农民家庭经营的粮食产量,还包括工矿企业家属办的农场和其他生产单位的产量。粮食除包括稻谷、小麦、玉米、高梁、谷子及其他杂粮外,还包括薯类和大豆。其产量计算方法,豆类按去豆荚后的干豆计算;薯类(包括甘薯和马铃薯,不包括芋头和木薯)1963 年以前按每 4 公斤鲜薯折 1 公斤粮食计算,从 1964 年开始及以后改为按 5 公斤鲜薯折 1 公斤粮食计算。郑州辖区作为蔬菜的薯类(如:马铃薯等)按鲜品计算,并且不做为粮食统计。其他粮食一律按脱粒后的原粮计算。

油料产量　指全部油料作物的生产量。包括花生、油菜籽、芝麻、向日葵籽、胡麻籽(亚麻籽)和其他油料。不包括大豆,也不包括木本油料和野生油料。花生以带壳干花生计算。

水产品产量　指人工养殖的水产品和天然生长的水产品的捕捞量。包括海水的鱼类、虾蟹类、贝类和藻类以及内陆水域的鱼类、虾蟹类和贝类,不包括淡水生植物。

猪、牛、羊肉产量　指当年出栏并已屠宰后除去头蹄下水　后带骨肉(即胴体重)的重量。

耕地面积　指年初可以用来种植农作物、经常进行耕锄的田地,除包括熟地、当年新开荒地、连续撩荒未满三年的耕地和当年的休闲地(轮歇地)外,还包括以种植农作物为主并附带种植桑树、茶树、果树和其他林木的土地,以及沿海、沿湖地区已围垦利用的“海涂”、“湖田”等面积。但不包括属于专业性的桑园、茶园、果园、果木苗圃、林地、芦苇地、天然或人工草地面积。

农作物播种面积　指实际播种或移植有农作物的面积,凡是实际种植有农作物的面积,不论种植在耕地上还是种植在非耕地上,均包括在农作物播种面积中,同时还包括因遭灾而重新改种和补种的农作物面积,种一公顷算一公顷。

农用化肥施用量　指本年内实际用于农业生产的化肥数量。包括氮肥、磷肥、钾肥和复合肥。化肥施用量要求按折纯量计算数量。折纯法化肥施用量是把氮肥、磷肥和钾肥分别按含氮、含五氧化二磷、含氧化钾的百分之百有效成份计算。复合肥按其所含主要成分折算。

农业机械总动力　指主要用于农、林、牧、渔业的各种动力机械的动力总和。包括耕作机械、排灌机械、收获机械、农产品加工机械、运输机械、植物保护机械、牧业机械、林业机械、渔业机械和其他农业机械〔内燃机按引擎马力折成瓦(特)计算,电动机按功率折成瓦(特)计算〕。不包括专门用于乡、镇、村、组办工业、基本建设、非农业运输、科学试验和教学等非农业生产方面用的动力机械与作业机械。

八、工　业

8-1 历年工业总产值

单位:万元

年份	总产值	国有企业	集体企业	城乡个体	其他各种经济类型	轻工业	重工业
1949	2391					1442	949
1952	9245					5920	3325
1957	39610					31164	8446
1962	52525					36771	15754
1965	106270					78153	28117
1970	183222					100343	82879
1975	246211					129373	116838
1978	320288					172370	147918
1979	370045					202538	167507
1980	402306					237482	164823
1981	437552					267258	170294
1982	461194					269036	192158
1983	505017					284771	220246
1984	582897					307364	275533
1985	701472	451080	188981	61320	91	352272	349200
1986	776624	471644	201654	103104	222	376233	400391
1987	962439	572500	255739	133200	1000	455922	506517
1988	1296981	718879	378715	196431	2956	583835	713146
1989	1599014	879788	486687	228480	4059	654211	944803
1990	1744453	936757	532972	265956	8768	713715	1030738
1991	2063844	1025336	687014	340414	11080	823051	1240793
1992	2672758	1208014	932739	488193	43812	1016999	1655759
1993	3693136	1419814	1378271	747666	147385	1278879	2414257
1994	4803181	1459319	1755649	1061093	527120	1747437	3055774
1995	6479164	1799927	2188574	1711875	778788	2127630	4351534
1995	[6058858]	[1602463]	[2054439]	[1711875]	[690081]	[1940774]	[4118084]
1996	7919258	1832055	2738886	2019137	1329180	2362282	5556976
1997	8886488	1765398	3026673	2429311	1665106	2668548	6217940
1998	8777675	1260921	2462846	2478534	2575374	2753908	6023767
1999	8872394	1881049	2474148	2470286	2046911	2508519	6363875
2000	10052967	2066754	2686440	2885928	2413845	2900651	7152316
2001	11127574	2245286	2905406	3158835	2818047	3255391	7872183
2002	12122694	2265787	2660012	3346219	3850676	3355980	8766694
2003	14808572	3481702	2565446	3720254	5041170	3615378	11193194
2004	18788506	3324293	2779359	4199844	8485010	4355337	14433169
2005	24115175	4477743	3675587	4333800	11628045	5446798	18668377
2006	30724463	5594102	3176892	4936300	17017169	6717501	24006962
2007	39449890	6039166	2668328	5558403	25183993	8386083	31063808
2008	49300297	7226804	3714302	6024272	32334919	10485343	38814954
2009	53508157	8274604	1016578	7031736	37185239	12289258	41218899

注:1. 本表按当年价格计算。2. 1995 年以前为原规定,括号内及 1996 年始为新规定。3. 1999 年及以后国有企业为国有及国有控股企业。

8-2 历年工业总产值指数

（以1952年为100）

年份	总产值	国有企业	集体企业	城乡个体	其他各种经济类型	轻工业	重工业
1949	25.9					24.4	28.5
1952	100.0					100.0	100.0
1957	499.8					614.0	2963.3
1962	660.5					722.0	550.7
1965	1333.5					1531.4	980.9
1970	2291.5					1959.6	2881.7
1975	3054.8					2506.4	4030.2
1978	3955.3					3321.2	5082.9
1979	4562.8					3895.5	5749.6
1980	4954.7					4661.3	5865.4
1981	5369.9					5121.7	5810.4
1982	5655.5					5151.6	6551.1
1983	6193.0					5453.0	7508.9
1984	6937.8					5712.4	9117.4
1985	8097.0	100.0	100.0	100.0		6349.4	11206.1
1986	8891.7	104.6	106.7	163.5		6724.0	12748.6
1987	10068.7	116.7	135.3	172.8		7776.1	14147.7
1988	12274.4	130.7	200.4	243.0		8924.8	18234.7
1989	13415.9	135.8	257.5	268.3		9299.6	20933.4
1990	14636.7	140.1	281.9	308.0	100.0	10145.9	22838.4
1991	17081.1	149.4	363.4	395.7	127.6	11272.1	27862.8
1992	20804.8	166.3	493.5	550.1	501.7	13098.1	35246.5
1993	26713.3	174.1	729.4	767.9	1588.5	15901.1	47195.0
1994	30399.7	152.2	920.3	926.8	4848.0	17888.8	54179.9
1995	35506.9	164.7	1238.7	1254.0	6442.9	19767.1	65666.0
1996	42324.2	171.6	1651.2	1432.1	6713.6	21506.6	82148.2
1997	48588.2	165.8	1824.6	1722.8	8163.7	24367.0	92170.3
1998	50240.2	124.0	1554.6	1827.9	13225.2	26413.8	93737.2
1999	53321.5	194.2	1640.1	1913.8	11043.0	25263.2	103981.2
2000	58760.3	209.3	1736.9	2149.2	12710.5	27001.3	116084.6
2001	63913.5	222.6	1795.6	2329.1	14971.7	28575.5	127739.5
2002	70304.9	245.8	1788.4	2466.5	18385.2	29575.6	144090.2
2003	83142.6	299.6	2152.2	2606.6	23047.7	31104.7	177562.4
2004	98357.7	331.4	2490.1	2783.8	29915.9	35023.9	213252.4
2005	117153.9	351.9	3091.7	3323.9	36850.4	41027.0	255284.4
2006	140467.5	397.8	3765.4	3583.2	46486.8	50081.7	304120.3
2007	171595.1	442.2	3934.8	3945.1	60795.4	58996.2	375497.3
2008	199805.3	483.6	4333.0	4201.5	73635.4	70081.6	434976.1
2009	219586.0	464.3	4324.3	4655.3	83649.8	74847.1	481953.5

8-3　全部工业总产出、总产值及增加值

（2009 年）

项　　目	单位数（个）	工业总产出（万元）	工业总产值（万元）	工业增加值（万元）
总　　计	**55209**	**55719680**	**53508157**	**15518101**
按轻重工业分				
轻工业	21707	12792981	12289258	3629334
重工业	33502	42926699	41218899	11888767
按登记注册类型分				
国有及国有控股	1457	8676877	8274604	2485386
集体工业	957	1063061	1016578	296738
城乡个体工业	44764	7031736	7031736	1845423
其他各种经济类型	8031	38948006	37185239	10890554
年主营业务收入 500 万元以上工业	**2510**	**46088863**	**43953032**	**12985200**
按轻重工业分				
轻工业	628	9666437	9180272	2894225
重工业	1882	36422416	34772760	10090975
按登记注册类型分				
国有及国有控股	129	8628227	8227371	2472459
集体工业	82	992475	948048	271333
其他各种经济类型	2299	36468161	34777613	10241408
年主营业务收入 500 万元以下工业	**52699**	**9630817**	**9555125**	**2532901**
按轻重工业分				
轻工业	21079	3126544	3108986	735109
重工业	31620	6504283	6446139	1797792
按登记注册类型分				
国有及国有控股	1328	48650	47233	12927
集体工业	875	70586	68530	18306
城乡个体工业	44764	7031736	7031736	1845423
其他各种经济类型	5732	2479845	2407626	656245

注：本表工业总产出、总产值、增加值按当年价格计算。

8-4 各县(市)、区工业企业单位数

(2009 年底)

单位:个

县(市)区	合 计	规 模 以上企业	规 模 以下企业	城 乡 个体企业	大型 企业	中型 企业	小型 企业
全 市	**55209**	**2510**	**7935**	**44764**	**30**	**308**	**54871**
中原区	1988	77	622	1289	3	16	1969
二七区	1484	104	285	1095	1	13	1470
管城区	1617	28	145	1444	2	6	1609
金水区	1482	53	621	808	1	6	1475
上街区	589	79	156	354	2	8	579
惠济区	654	47	245	362	1	2	651
中牟县	7837	228	333	7276	1	17	7819
巩义市	8032	397	1366	6269	5	24	8003
荥阳市	7816	332	777	6707	1	25	7790
新密市	7748	412	997	6339		46	7702
新郑市	9690	278	1054	8358	3	33	9654
登封市	4558	241	494	3823	6	79	4473
经济技术 开发区	558	85	220	253		12	546
高新技术 开发区	1151	144	620	387		20	1131

8-5 各县(市)、区工业总产值

(2009 年)

单位:万元

县(市)区	合 计	规 模 以上企业	规 模 以下企业	城 乡 个体企业	轻工业	重工业	大型 企业	中型 企业	小型 企业
全 市	**53508157**	**43953032**	**2523389**	**7031736**	**12289258**	**41218899**	**7256795**	**15079540**	**31171822**
中原区	2718282	2533395	141352	43535	209713	2508569	870236	1296018	552028
二七区	1415346	1337722	52008	25616	365344	1050002	100002	877456	437889
管城区	1571887	1523210	27930	20747	631463	940424	864395	586694	120799
金水区	1030824	991212	38016	1596	866147	164677	443959	339644	247221
上街区	1770226	1703338	39464	27424	49549	1720677	494903	483429	791894
惠济区	598608	531738	46615	20255	370609	227999	147526	52761	398321
中牟县	4094799	2834921	190963	1068915	1330409	2764390	572308	664398	2858093
巩义市	9208063	7628857	501724	1077482	686501	8521562	930578	2400155	5877330
荥阳市	7588879	6048740	252324	1287815	1264072	6324807	182055	1760442	5646382
新密市	6532966	5189400	341130	1002437	2118900	4414066		1636584	4896383
新郑市	7397776	5619826	424741	1353209	3414183	3983593	348430	2141494	4907852
登封市	5518316	4696852	147890	673574	281527	5236789	1287053	1530554	2700709
经济技术 开发区	823800	775780	46560	1460	305102	518697		361565	462234
高新技术 开发区	1950563	1758177	182261	10125	395740	1554823		948346	1002217

8-6 各县(市)、区工业增加值

(2009 年)

县(市)区	全部工业		规模以上		规模以下		城乡个体	
	增加值(万元)	增加值率(%)	增加值(万元)	增加值率(%)	增加值(万元)	增加值率(%)	增加值(万元)	增加值率(%)
全　市	**15518101**	**29.00**	**12985200**	**29.54**	**687478**	**27.24**	**1845423**	**26.24**
中原区	654800	24.09	607100	23.97	36468	25.80	11232	25.80
二七区	362100	25.58	340900	25.48	14204	27.31	6996	27.31
管城区	496783	31.60	484083	31.78	7287	26.09	5413	26.09
金水区	281999	27.34	272000	27.43	9600	25.25	399	25.00
上街区	493855	27.93	477133	28.05	10535	26.70	6187	22.56
惠济区	152560	25.49	135360	25.46	12844	27.55	4356	21.51
中牟县	1101000	26.89	766000	27.02	50777	26.59	284223	26.59
巩义市	2526392	27.44	2075992	27.21	143095	28.52	307305	28.52
荥阳市	2107000	27.76	1691000	27.96	68203	27.03	347797	27.01
新密市	2252047	34.47	1812029	34.92	111720	32.75	328298	32.75
新郑市	2203000	29.78	1745000	31.05	109413	25.76	348587	25.76
登封市	1809277	32.79	1561277	33.24	44648	30.19	203352	30.19
经济技术开发区	208938	25.36	194538	25.08	13968	30.00	432	29.59
高新技术开发区	494000	24.78	445000	24.70	46536	25.53	2464	24.34

注:1. 本表按当年价格计算。2. 规模以上工业是指全部年主营业务收入 500 万元及以上的法人工业企业。3. 规模以下工业是指年主营业务收入 500 万元以下的工业企业。

8-7 规模以上工业企业单位数、总产值、增加值及销售产值

(2009 年)

项　　目	单位数(个)	工　业总产值(万元)	工业总产值指数(上年 = 100)	工　业增加值(万元)	工业销售产值(万元)
总　　计	**2510**	**43953032**	**110.8**	**12985200**	**42950633**
#国有及国有控股企业	129	8227371	96.0	2472459	8081274
集体企业	82	948048	99.9	271333	921734
港澳台商投资企业	64	1570316	105.9	450334	1522930
外商投资企业	84	2966399	109.2	697084	2855443
按轻重工业分					
轻工业	628	9180272	106.9	2894225	8959484
以农产品为原料	474	7455765	105.9	2378253	7324522
以非农产品为原料	154	1724507	111.7	515972	1634962
重工业	1882	34772760	111.8	10090975	33991149
采掘工业	218	3752597	113.3	1661165	3860691
原料工业	337	10185918	105.2	2504352	10260705
加工工业	1327	20834245	115.4	5925458	19869753
按企业规模分					
大型工业	30	7256795	103.7	2077712	7059419
中型工业	308	15079540	108.1	4404479	14741784
小型工业	2172	21616697	115.3	6503009	21149430

注:本表工业总产值、增加值、销售产值按当年价格计算,指数按可比价计算。

8-8 规模以上工业企业分行业单位数、总产值、增加值及销售产值

（2009 年）

行 业	单位数（个）	工 业 总产值（万元）	工 业 增加值（万元）	工 业 销售产值（万元）
总 计	**2510**	**43953032**	**12985200**	**42950633**
煤炭开采和洗选业	183	3189677	1473980	3331572
黑色金属矿采选业	5	21780	6730	21059
有色金属矿采选业	11	331424	97829	301016
非金属矿采选业	12	209716	82626	207045
农副食品加工业	90	1438676	406390	1397202
食品制造业	80	1645898	470709	1625021
饮料制造业	27	472045	135261	449535
烟草制品业	3	758997	419596	739619
纺织业	43	553049	149564	496670
纺织服装、鞋、帽制造业	49	442806	139639	434972
皮革、毛皮、羽毛（绒）及其制品业	8	39542	12624	34870
木材加工及木、竹、藤、棕、草制品业	19	149115	44259	147577
家具制造业	22	143348	40304	141819
造纸及纸制品业	93	1438274	422800	1428137
印刷业和记录媒介的复制	54	380123	125727	390991
文教体育用品制造业	6	47013	13107	46681
石油加工、炼焦及核燃料加工业	7	120206	26697	118514
化学原料及化学制品制造业	145	1571612	412659	1505815
医药制造业	51	657328	197127	642572
化学纤维制造业	3	46668	5908	45707
橡胶制品业	15	168886	48901	167106
塑料制品业	54	457966	136904	442133
非金属矿物制品业	734	10958787	3464902	10645838
黑色金属冶炼及压延加工业	55	1545473	410204	1470480
有色金属冶炼及压延加工业	94	3706867	762160	3522378
金属制品业	69	961665	288645	820413
通用设备制造业	136	2240242	646359	2070790
专用设备制造业	189	3298852	805388	3194115
交通运输设备制造业	63	2406563	539877	2328417
电气机械及器材制造业	91	970478	248557	887663
通信设备、计算机及其他电子设备制造业	20	146616	35545	130577
仪器仪表及文化、办公用机械制造业	21	155821	54341	147655
工艺品及其他制造业	15	304989	105216	275418
废弃资源和废旧材料回收加工业	1	3358	955	3182
电力、热力的生产和供应业	26	2810009	710175	3178939
燃气生产和供应业	7	106056	22686	107167
水的生产和供应业	9	53108	20850	51971

8-9 各县(市)、区规模以上工业企业单位数

(2009 年底)

单位:个

县(市)区	合计	#国有及国有控股	#集体	#港澳台投资	#外商投资	轻工业	重工业	#大型	#中型
全　市	**2510**	**129**	**82**	**64**	**84**	**628**	**1882**	**30**	**308**
中原区	77	17	1	2	3	19	58	3	16
二七区	104	12	2	1	3	36	68	1	13
管城区	28	8	5	3		13	15	2	6
金水区	53	10	3	6	6	34	19	1	6
上街区	79	8	2	1	2	4	75	2	8
惠济区	47	4	6	3	3	18	29	1	2
中牟县	228	5	2	1	6	113	115	1	17
巩义市	397	7	9	2	5	17	380	5	24
荥阳市	332	7	26	5	6	54	278	1	25
新密市	412	8	9	3	2	94	318		46
新郑市	278	7	6	10	12	136	142	3	33
登封市	241	4	8	3	3	15	226	6	79
经济技术开发区	85	7	1	13	17	33	52		12
高新技术开发区	144	20	2	11	16	42	102		20

8-10 各县(市)、区规模以上工业总产值

(2009 年)

单位:万元

县(市)区	合计	#国有及国有控股	#集体	#港澳台投资	#外商投资	轻工业	重工业	#大型	#中型
全　市	**43953032**	**8227371**	**948048**	**1570316**	**2966399**	**9180272**	**34772760**	**7256795**	**15079540**
中原区	2533395	1669671	5330	163588	33466	136351	2397044	870236	1296018
二七区	1337722	406104	4040	1088	175852	336932	1000790	100002	877456
管城区	1523210	1320223	31341	53951		600967	922243	864395	586694
金水区	991212	116270	8132	16572	415192	838231	152981	443959	339644
上街区	1703338	831078	42671	7380	64913	37168	1666170	494903	483429
惠济区	531738	29712	35873	156868	41611	339329	192409	147526	52761
中牟县	2834921	620073	6313		607163	745239	2089682	572308	664398
巩义市	7628857	214295	139722	220749	859808	377115	7251743	930578	2400155
荥阳市	6048740	82346	313057	77766	152301	1115825	4932915	182055	1760442
新密市	5189400	70942	95712	22189	5729	1387538	3801862		1636584
新郑市	5619826	457393	52827	216255	106423	2436882	3182944	348430	2141494
登封市	4696852	1207159	155457	177609	69362	204911	4491941	1287053	1530554
经济技术开发区	775780	146072	1640	203860	139849	283323	492457		361565
高新技术开发区	1758177	280260	42439	252441	294732	340461	1417716		948346

注:本表按当年价格计算。

8-11 各县(市)、区规模以上工业销售产值

(2009 年)

县(市)区	合计	#国有及国有控股	#集体	#港澳台投资	#外商投资	轻工业	重工业	#大型	#中型
全 市	**42950633**	**8081274**	**921734**	**1522930**	**2855443**	**8959484**	**33991149**	**7059419**	**14741784**
中原区	2451487	1635810	5180	163695	32976	133101	2318386	804203	1297610
二七区	1304209	410666	4395	1088	168579	325433	978777	101015	851981
管城区	1479513	1280976	29020	54443		600390	879123	821424	584614
金水区	1001292	122836	7375	16178	425393	839203	162089	453929	333525
上街区	1690910	820540	43510	7231	64739	46099	1644812	484531	482214
惠济区	504886	29312	35799	146139	43363	327707	177179	136815	52729
中牟县	2779382	603977	6128		591714	736393	2042989	556276	653427
巩义市	7373195	212795	135552	216507	812240	316693	7056502	896208	2319336
荥阳市	5879162	78321	300796	76547	141887	1075770	4803392	182276	1708330
新密市	5156617	70104	93791	22064	7080	1380826	3775792		1624855
新郑市	5527718	456916	52829	210180	100874	2378904	3148814	339886	2095643
登封市	4641914	1192147	155384	177400	69232	204407	4437507	1272041	1527619
经济技术开发区	703949	123188	1402	185257	124379	262150	441799		321836
高新技术开发区	1659173	269380	36552	246203	272987	332409	1326764		888067

注:本表按当年价格计算。

8-12 各县(市)、区规模以上工业增加值

(2009 年)

单位:万元

县(市)区	合计	#国有及国有控股	#集体	#港澳台投资	#外商投资	轻工业	重工业	#大型	#中型
全 市	**12985200**	**2472459**	**271333**	**450334**	**697084**	**2894225**	**10090975**	**2077712**	**4404479**
中原区	607100	371177	1497	56364	7645	41770	565330	231961	278156
二七区	340900	91629	866	340	43440	87119	253781	27661	216351
管城区	484083	423989	8464	15579		281078	203005	187637	274947
金水区	272000	33161	2550	5858	102674	232399	39601	108331	104477
上街区	477133	232908	11720	2506	13884	12090	465043	161308	114735
惠济区	135360	10386	9576	37020	10469	87107	48253	34305	12741
中牟县	766000	133410	2230		133571	216127	549873	123383	194949
巩义市	2075992	71593	33532	72366	196816	124741	1951251	222232	643259
荥阳市	1691000	21613	87795	15171	43706	325475	1365525	40359	457914
新密市	1812029	16459	31345	7330	1916	418206	1393823		522127
新郑市	1745000	225219	16961	73522	32168	831636	913364	100430	737665
登封市	1561277	374192	49884	47086	18363	65780	1495497	429706	533974
经济技术开发区	194538	30175	441	54715	28376	78113	116425		81966
高新技术开发区	445000	77690	10780	62477	64056	92583	352417		231217

注:本表按当年价格计算。

8-13 历年主要工业产品产量

产品名称	计量单位	1978年	1980年	1985年	1990年	1995年	2000年	2005年	2009年
原煤	万吨	868	897	1352	1628	2220	1830	6217	6660
配混合饲料	吨		5319	33381	53277	65580	215885	651306	1061907
方便主食品	吨				8228	32419	133124		
方便面	吨						68514	204948	304187
啤酒	千升			6685	69301	141565	381084	415622	489865
软饮料	吨		1590	13624	16084	44677	63745	254923	1633935
卷烟	万支	2430195	3504465	4431545	4560685	4763115	4286600	4083850	5595601
纱	吨	76695	85174	79366	88264	88391	69194	83531	32883
布	万米	41876	44804	38904	40510	40981	23391	24647	86063
印染布	万米	15086	19188	13210	8758	20321	14620	23949	67446
服装	万件		1529	1730	2260	1619	1132	2974	10117
人造板	立方米		1548	5622	3788	196849	51276	104698	118077
家具	件		232101	659500	721200	494176	99407	71838	2495839
机制纸机制纸板	吨	26940	36380	92237	67370	353613	923175	1834159	2668569
硫酸	吨	5089	8939	13321	28207	133400	93872	89962	100142
盐酸	吨		16129	31573	43597	64340	81140	97750	11722
烧碱	吨	14518	19665	26157	39702	90905	98771	106890	610
纯碱	吨	1641		11059	25057	94300	88799	281734	24981
化学农药	吨			435	768	1976	2684	5016	18255
中成药	吨	422	895	1851	1322	1763	3276	3972	106412
化学肥料	吨	89175	37836	34013	79752	117152	156862	138056	255735
肥皂	吨	9131	13828	22850	21165	17340	6639		
合成洗涤剂	吨		271	330	6445	19868	17240		
轮胎外胎	条		80059	197512	365400	500265	278349		
塑料制品	吨			15210	18997	55574	58394	75224	166234
水泥	万吨	38	55	119	227	737	932	1538	2198
工业陶瓷	吨					16244	11412		
工业陶瓷	万件							8844	37670
日用玻璃制品	吨		17049	32002	26344	72692	21017	6005	31841
磨具	吨	13426	15525	18006	19329	41958	52096	48011	204170
粗钢	吨	21755	37114	44666	59252	129927	16368	98261	194951
成品钢材	吨		19087	44666	74061	154566	140913	1596871	3397267
原铝(电解铝)	吨	17636	28975	33796	40282	59323	157612	492674	600667
氧化铝	吨	400200	406000	533000	600630	665680	965904	1713791	1672978
阀门	吨		584	1669	9717	38565	31939	98544	653148
内燃机	万千瓦		13	29	104	297	120		
小型拖拉机	台	8623	13954	34090	59661	41916	15048	3732	5861
汽车	辆	695	1577	1625	1043	16187	7689	35855	112874
变压器	千伏安	548660	368803	624600	501100	941719	1698622	1262716	2189094
电力电缆	千米	2513	3533	6318	7853	5732	7801	5758	91775
发电量	万千瓦小时	133304	110609	106411	183327	656946	851185	2045602	2668204
供热量	万百万千焦		451	468	464	1901	2862	3355	2229
自来水生产量	万吨		13127	17570	19435	30119	26079	24936	27744

8-14 各县(市)、区

（2009 年）

产 品 名 称	单位	全 市	市 直	中原区	二七区	管城区	金水区	上街区
原煤	吨	66601789	18361609					
配混合饲料	吨	1061907			30752	111537	28234	
精制食用植物油	吨	300743						
速冻米面食品	吨	908581			14596		379378	
饮料酒	吨	496939				246954	122997	
白酒	千升	6263						
啤酒	千升	489865				246954	122997	
软饮料	吨	1633935			387460			
卷烟	万支	5595601				2736488		
纱	吨	32883		14030	1130			
布	万米	86063		5435				
印染布	万米	67446		7817				
服装	万件	10117		371	74	5	815	
人造板	立方米	118077					16187	
家具	件	2495839		36501	14350	40762	1200	
机制纸及机制纸板	吨	2668569			26423			
润滑油	吨	40981			2258			
硫酸	（折 100%）	吨	100142					
盐酸(含量 31% 以上)	吨	11722				276		
氢氧化钠(烧碱)(折 100%)	吨	610				610		
碳酸钠(纯碱)	吨	24981		24981				
合成氨	吨	245005	65998	15797				
农用氮、磷、钾化学肥料总计	吨	255735	65998	11316				
氮肥(折含 N100%)	吨	222844	65998	11316				
磷肥(折合 P205100%)	吨	32891						
化学农药原药	吨	18255				2889		
油漆	吨	44452			3379			
化学原料	吨	15902						
中成药	吨	106411			307			
化学纤维	吨	17461						
塑料制品	吨	166234		9025	289	93	1520	426
水泥	万吨	21977871	379531		199990			740825
卫生陶瓷	万件	3433095						
工业陶瓷	万件	37670						

主要工业产品产量

惠济区	中牟县	巩义市	荥阳市	新密市	新郑市	登封市	经济技术开发区	高新技术开发区
		4061610	326978	18438420	1018704	24394468		
215811	232888				124548		38819	279318
	13208		74509		213026			
229551	16009				262386		6661	
	3686	19087	21611	1888	80716			
	3686		689	1888				
		19087	20111		80716			
	205840	191078	148525		180264	103726		417042
					2859113			
	1107				10318		6118	180
			74202		5542			884
1755	2430		51287					4157
	532	38	3761	3681	573	3		264
	44836		17866		13750	25438		
	2398966	4060						
	80193		22716	2539237				
								38723
			96112	4030				
			11446					
			73726		89484			
	105597	30887	41937					
	105597		39933					
		30887	2004					
	15366							
2162	5007		24257		1914		7733	
	5069	234	9358					1241
	4		103256		189			2655
	12567	4269						625
7367	5783	3661	6838		103413		6830	20989
	1722195	8906021	1246794	1718401	925613	6138501		
			40300		3392795			
		12926	24689					55

8-14 续表 (2009 年)

产 品 名 称	单位	全 市	市 直	中原区	二七区	管城区	金水区	上街区
耐火材料制品	吨	15333546			80723			
磨具	吨	204170		17384	1638			
粗钢	吨	194951	17584		149969			
钢材	吨	3397267		184754	484765			
焊接钢管	吨	256617		84752				
铁合金	吨	469498						
铝	吨	600667	4278					
铝材	吨	1507975		29538	985			
氧化铝	吨	1672978						1265819
工业锅炉	蒸发量吨	2593						
泵	台	171884				139		12643
阀门	吨	653148				4		114225
水泥设备	吨	1876					1710	
小型拖拉机	台	5861					4416	
汽车	辆	112874				26424		
载货汽车	辆	40815						
公路客车	辆	72059				26424		
改装汽车	辆	16044				1406		
变压器	千伏安	2189094		406555				
电力电缆	公里	91775			6068		28838	
通信及电子网络用电缆	公里	552356					49754	
电线	公里	712224					799	320
发电量	万千瓦小时	2668204	52871	532662				62588
供电量	万千瓦小时	4469474	3096905					
供热量	万百万千焦	2229		686	449			830
自来水生产量	万吨	27744		24136				

惠济区	中牟县	巩义市	荥阳市	新密市	新郑市	登封市	经济技术开发区	高新技术开发区
		6507076	1867	7418439	197392	1128049		
4545		48261	130987		40		50	1265
		27398						
64139	352289	309623	255180		1712181	2061		32275
64139					107726			
		175622				293876		
		413793	33872			148724		
		1188860	70928			91673	4564	121427
						407159		
								2593
		1494	152348					5260
			533695					5224
		166						
1445								
	84532		1918					
	40815							
	43717		1918					
	2107		9595		2936			
	262060			131110	651199		367795	370375
		2162			14126		1835	38746
		97798	404804					
		598778						112327
	105548	541506	48494	331415		811525		181595
	70089	252692	134899	151445	170137	593307		
			40			129		95
	652	648	440	1052	478		338	

8-15 规模以上工业企业全员劳动生产率

（2009 年）

单位:元/人·年

项目	合计	#国有及国有控股	#集体	#港澳台投资	#外商投资
全　市	**211327**	**151482**	**162601**	**235703**	**250021**
按企业规模分					
大型企业	132021	119398	84493	182338	358419
中型企业	209543	278529	145875	275669	145634
小型企业	263056	119630	196272	212350	232067
按轻重工业分					
轻工业	201928	275036	146395	199149	228242
以农产品为原料	204573	346588	115304	192991	218177
以非农产品为原	190656	64908	387152	224107	302086
重工业	214162	136187	167357	263166	264073
采掘工业	122228	78545	114545		
原料工业	254326	203750	132961	239514	248933
加工工业	250088	179896	190966	286371	283803

8-16 各县(市)、区规模以上工业企业全员劳动生产率

（2009 年）

单位:元/人·年

县(市)区	合计	#国有及国有控股	#集体	#港澳台投资	#外商投资	轻工业	重工业	大型	中型	小型
全　市	**211327**	**151482**	**162601**	**235703**	**250021**	**201928**	**214162**	**132021**	**209543**	**263056**
中原区	153712	191121	74850	242635	127417	28553	227341	161634	185314	95691
二七区	169898	122384	32434	25373	256434	145393	180332	77137	232485	135073
管城区	357997	451725	91109	390451		462223	272820	239884	733388	110195
金水区	178150	64191	47842	109906	294111	217297	86597	208730	202161	120554
上街区	174282	121986	70306	291395	196102	274773	172641	113749	146066	376503
惠济区	141059	158807	121677	123813	63333	141247	140720	122518	65675	181866
中牟县	169065	413931	187395		442875	141213	183273	509426	117744	170028
巩义市	285485	69555	100125	715786	263193	387756	280751	119134	314275	360311
荥阳市	321685	58891	256187	126425	556764	313832	323615	193474	305073	336254
新密市	222871	103127	172795	208239	57711	177356	241463		167386	257409
新郑市	297325	502497	146595	284088	179107	268686	329283	127807	373842	291609
登封市	179626	188957	255031	256460	201791	324039	176173	160530	123694	351921
经济技术开发区	152987	134530	35854	262674	144260	158348	149589		144027	160245
高新技术开发区	150842	106615	300279	177340	203805	115801	163869		167950	158487

8-17 规模以上工业企业分行业全员劳动生产率

(2009 年)

单位:元/人·年

行业	合计	#国有及国有控股	#集体	#港澳台投资	#外商投资
全市	**211327**	**151482**	**162601**	**235703**	**250021**
煤炭开采和洗选业	116187	77290	78085		
黑色金属矿采选业	170820	205127			
有色金属矿采选业	214255	146954			
非金属矿采选业	387190		244893		
农副食品加工业	251362	212444	291370	200283	227009
食品制造业	185479			155170	205691
饮料制造业	189097		199978	355065	280734
烟草制品业	675026	728326	168683		
纺织业	92753	15287		26733	96096
纺织服装、鞋、帽制造业	92171		55828	55163	88368
皮革、毛皮、羽毛(绒)及其制品业	91344				127403
木材加工及木、竹、藤、棕、草制品业	176051	29474			
家具制造业	164976	49802		51200	
造纸及纸制品业	238184		200879		
印刷业和记录媒介的复制	140760	83958	28382	226076	87735
文教体育用品制造业	176410				
石油加工、炼焦及核燃料加工业	250211	323941	21644		
化学原料及化学制品制造业	235375	89109	123827	111958	188162
医药制造业	187633	213485	264399		367567
化学纤维制造业	167355			70466	
橡胶制品业	253371				
塑料制品业	170088	570607	42514	302054	291386
非金属矿物制品业	271906	161132	305185	415440	189984
黑色金属冶炼及压延加工业	371326			274244	164690
有色金属冶炼及压延加工业	219972	148302	60828	207665	194330
金属制品业	192238	26921	43261		68716
通用设备制造业	219474	118460	311921	181818	121287
专用设备制造业	213393	161118	191095	121503	112819
交通运输设备制造业	237884	281294	63490		348288
电气机械及器材制造业	257813	45705	300778		
通信设备、计算机及其他电子设备制造业	85961	65151			
仪器仪表及文化、办公用机械制造业	278227	364337		267322	
工艺品及其他制造业	304268				
废弃资源和废旧材料回收加工业	318403				
电力、热力的生产和供应业	252731	219301		212961	340406
燃气生产和供应业	116337	105442			
水的生产和供应业	41246	39853		114898	85970

8-18 规模以上工业

（2009 年）

指　　标	合　计	#国有及国有控股	#集体
企业单位数(个)	2510	129	82
#亏损企业	183	41	6
工业总产值(现价)	43953032	8227371	948048
#新产品产值	1147008	491436	
工业增加值(生产法)	12985200	2472459	271333
工业销售产值	42950633	8081274	921734
#出口交货值	347297	131848	8263
资产总计	31850483	11528362	502230
应收帐款	2665661	648925	78988
存货	3292104	1393565	64910
#产成品	1131405	320302	30951
负债合计	17479427	7761275	270143
主营业务收入	47265825	9071048	1024610
#主营业务成本	38433547	7710228	817084
营业费用	1351176	199230	40901
主营业务税金及附加	679818	410874	6874
管理费用	1413790	594495	26029
财务费用	436804	139321	5368
#利息支出	378691	121994	4557
利润总额	4987927	128150	132592
亏损企业亏损额	394558	299788	715
利税总额	7803565	939880	183893
本年应交增值税	2135821	400856	44427
平均从业人数(人)	614460	163218	16687

企业主要经济指标

单位:万元

#股份制工　业	#外商及港澳台投资	按轻重工业分 轻工业	重工业	按企业规模分 大型企业	中型企业	小型企业
1658	148	628	1882	30	308	2172
114	27	58	125	5	36	142
24090742	4536715	9180272	34772760	7256795	15079540	21616697
911209	230751	18303	1128705	757954	276789	112265
7150856	1147418	2894225	10090975	2077712	4404479	6503009
23507792	4378373	8959484	33991149	7059419	14741784	21149430
238840	90030	75372	271925	134619	73449	139229
16878071	4653024	5091826	26758657	12067243	9865028	9918212
1633403	400053	406170	2259491	678357	879405	1107899
1979339	601559	811831	2480273	1444111	949841	898152
675456	201576	229160	902245	305135	377961	448309
8801039	2811576	2521651	14957776	8042832	5664030	3772565
26554802	4323763	9464659	37801166	10021951	13489625	23754249
21005832	3628098	7420655	31012892	8410792	11005905	19016850
731369	217775	311201	1039975	263396	447436	640344
524147	33855	390879	288939	407587	107224	165007
758959	155477	278663	1135127	538306	442236	433248
197245	71858	50646	386158	165340	157021	114443
172217	66588	47597	331094	141138	142173	95380
3265309	254548	989975	3997952	346045	1358970	3282912
206782	38082	31921	362637	184198	155565	54795
5045040	414073	1867018	5936547	1204649	1993930	4604986
1255585	125670	486165	1649656	451018	527736	1157067
364311	46631	142387	472073	157377	208615	248468

8-19 规模以上工业企业

（2009 年）

项　　目	企　业 单位数 （个）	资产总计	应收帐款
总　　计	**2510**	**31850483**	**2665661**
按轻重工业分			
轻工业	628	5091826	406170
以农产品为原料	474	4181218	329154
以非农产品为原料	154	910608	77016
重工业	1882	26758657	2259491
采掘工业	218	5248502	197596
原料工业	337	10567841	474238
加工工业	1327	10942314	1587657
按企业规模分			
大型企业	30	12067243	678357
中型企业	308	9865028	879405
小型企业	2172	9918212	1107899
按行业分			
煤炭开采和洗选业	183	4496917	167948
黑色金属矿采选业	5	10511	1559
有色金属矿采选业	11	289060	11412
非金属矿采选业	12	124890	8577
农副食品加工业	90	549212	34348
食品制造业	80	1084190	135359
饮料制造业	27	273363	15183
烟草制品业	3	607656	10556
纺织业	43	433738	16450
纺织服装、鞋、帽制造业	49	165870	15430

分行业主要经济指标

单位:万元

存货	#产成品	负债合计	主营业务收入	营业费用	主营业务税金及附加	利润总额	利税总额
3292104	**1131405**	**17479427**	**47265825**	**1351176**	**679818**	**4987927**	**7803565**
811831	229160	2521651	9464659	311201	390879	989975	1867018
726903	187165	2069688	7812683	245414	382490	789024	1568350
84928	41995	451963	1651976	65787	8389	200951	298668
2480273	902245	14957776	37801166	1039975	288939	3997952	5936547
393679	74531	2523070	4865876	87601	66014	908141	1281107
731575	192834	7506610	11087773	138609	29070	379978	715093
1355019	634880	4928096	21847517	813765	193855	2709833	3940347
1444111	305135	8042832	10021951	263396	407587	346045	1204649
949841	377961	5664030	13489625	447436	107224	1358970	1993930
898152	448309	3772565	23754249	640344	165007	3282912	4604986
235860	56648	2219380	4112956	73314	54326	807235	1127416
504	504	2439	24614	514	68	7189	8397
103248	13591	114928	311326	1957	4978	23475	49319
5706	3789	15363	224429	5070	2369	42739	59725
81471	32181	289386	1550019	24008	7325	130289	174510
141510	60879	630833	1698143	95419	6332	146912	220450
32036	14763	146885	456842	55995	11676	38075	70662
293178	2643	292593	802119	17794	340550	73125	500520
32869	14335	275842	552242	7136	4198	41861	72702
18497	6669	75127	480585	8232	1514	50110	76577

8-19 续表 (2009 年)

项目	企业单位数（个）	资产总计	应收帐款
皮革、毛皮、羽毛(绒)及其制品业	8	24873	2701
木材加工及木、竹、藤、棕、草制品业	19	46786	9692
家具制造业	22	47977	9629
造纸及纸制品业	93	520458	43264
印刷业和记录媒介的复制	54	342095	32519
文教体育用品制造业	6	12079	975
石油加工、炼焦及核燃料加工业	7	42938	5177
化学原料及化学制品制造业	145	595244	67021
医药制造业	51	423328	33846
化学纤维制造业	3	27216	1695
橡胶制品业	15	49578	3509
塑料制品业	54	224685	35433
非金属矿物制品业	734	4589177	606019
黑色金属冶炼及压延加工业	55	943110	48554
有色金属冶炼及压延加工业	94	4024836	171642
金属制品业	69	681891	74748
通用设备制造业	136	828386	126850
专用设备制造业	189	1947186	341577
交通运输设备制造业	63	2238718	270727
电气机械及器材制造业	91	472407	97232
通信设备、计算机及其他电子设备制造业	20	405560	57352
仪器仪表及文化、办公用机械制造业	21	177498	50721
工艺品及其他制造业	15	64376	8225
废弃资源和废旧材料回收加工业	1	1261	132
电力、热力的生产和供应业	26	4518819	134309
燃气生产和供应业	7	327123	8100
水的生产和供应业	9	237471	7190

单位:万元

存货	#产成品	负债合计	主营业务收入	营业费用	主营业务税金及附加	利润总额	利税总额
8753	6809	14260	36626	916	194	3544	5622
8678	3113	20940	161563	3496	755	24392	34709
7692	4142	13904	157225	3774	854	24100	32591
57505	28594	169156	1573282	45532	7448	224849	324597
38686	18206	121847	419789	5471	2765	47217	76128
2254	2081	3706	53586	607	175	4940	7381
11200	3257	26670	138217	2749	2530	5808	14224
78480	34759	276965	1678226	34968	9033	186690	283883
55225	19679	178043	676285	20840	3343	96862	134668
4436	3522	17013	46340	83	49	7880	8541
2906	1921	10147	198457	2390	998	24379	35528
25127	9491	117540	471029	8482	2693	60965	99274
453286	254603	1682889	11760821	475823	119996	1722538	2461812
87963	39389	657193	1604987	25314	6088	108797	172383
420099	86000	2809208	3661006	37952	7799	89173	164647
64072	29998	309363	868585	14102	4625	84798	116995
97591	52610	323734	2313165	64102	11438	245381	366295
346818	142508	1040359	3432788	130085	22190	377388	549480
285082	109279	1260816	2413545	110513	29088	226469	332788
56967	30693	181870	997648	20179	3533	96730	129021
43043	19626	229524	146158	13478	638	-5319	874
14527	6237	97632	160790	10273	1405	16300	25801
8655	2930	30135	300863	8261	782	32071	45269
19	16	2	3694	717	48	628	723
119111	15932	3514314	3531712	11559	3478	-94949	-7695
48361	-2	170961	192551	6744	4270	27501	36248
689	10	138460	53612	3327	267	-12215	-8500

8-20 国有及国有控股

（2009 年）

项　　目	企　业 单位数 （个）	资产 总计	应收帐款
总　　计	**129**	**11528362**	**648925**
按轻重工业分			
轻工业	31	1213134	32367
以农产品为原料	21	977458	25536
以非农产品为原料	10	235676	6831
重工业	98	10315228	616558
采掘工业	18	3193611	64035
原料工业	23	4402656	117295
加工工业	57	2718961	435228
按企业规模分			
大型企业	16	8602226	463964
中型企业	39	2195060	129544
小型企业	74	731076	55417
按行业分			
煤炭开采和洗选业	15	2711971	57469
有色金属矿采选业	1	188333	
农副食品加工业	3	52474	2964
饮料制造业	1	13532	669
烟草制品业	2	601437	9553
纺织业	4	101813	470
木材加工及木、竹、藤、棕、草制品业	1	1663	79
印刷业和记录媒介的复制	10	118104	6669
石油加工、炼焦及核燃料加工业	2	24707	2996

工业企业主要经济指标

单位:万元

存货	#产成品	负债合计	主营业务收入	营业费用	主营业务税金及附加	利润总额	利税总额
1393565	**320302**	**7761275**	**9071048**	**199230**	**410874**	**128150**	**939880**
333586	16364	623866	977678	26073	341292	64315	501807
331313	15663	484213	927451	22111	341039	77080	510729
2273	701	139653	50227	3962	253	-12765	-8922
1059979	303938	7137409	8093370	173157	69582	63835	438073
338891	51582	1874560	2032492	24265	34355	109710	271044
223869	32978	3551184	3595583	23307	6840	-204450	-113168
497219	219378	1711665	2465295	125585	28387	158575	280197
1144495	225410	5776141	7360923	159960	397841	176578	927006
193516	66194	1405800	1355608	29873	9369	-37434	10479
55554	28698	579334	354517	9397	3664	-10994	2395
188130	38432	1636281	1731032	17613	28053	105793	246495
102448	12863	86330	129283		2116	-20986	-8530
5693	4248	52845	24067	170	68	240	339
1929	464	7266	13822	1000	25	-3608	-3347
291788	1900	287867	790324	17794	340476	72453	499033
4264	1820	74888	12324	136	22	-1463	-1224
76	66	1513	534	16	3	72	112
15822	6309	27632	60231	1079	261	6947	11095
10181	2711	18235	70136	2057	2169	-5366	-1351

8-20 续表 (2009年)

项目	企业单位数(个)	资产总计	应收帐款
化学原料及化学制品制造业	3	24135	736
医药制造业	2	90099	5211
塑料制品业	1	9302	522
非金属矿物制品业	14	236597	23294
有色金属冶炼及压延加工业	4	1019103	29424
金属制品业	2	217739	7187
通用设备制造业	9	121133	31724
专用设备制造业	13	730632	143388
交通运输设备制造业	11	1233618	205951
电气机械及器材制造业	4	23846	7244
通信设备、计算机及其他电子设备制造业	4	173450	17277
电力、热力的生产和供应业	13	3314852	83598
燃气生产和供应业	1	291616	6170
水的生产和供应业	6	222222	4572

单位:万元

存货		负债合计	主营业务收入	营业费用	主营业务税金及附加	利润总额	利税总额
	#产成品						
5889	3637	19156	15282	561	31	-506	-240
11817	921	33714	26684	1932	187	2511	4833
900	340	5923	2496	118	6	-388	46
39583	22160	169799	80934	4064	323	-12838	-9727
101250	13163	896388	328740	9628	1442	-102980	-86529
7174	3767	91726	29607	994	1486	-965	1090
17756	11387	70144	103316	3267	385	5174	10933
169331	74067	495107	613627	19566	3364	79533	118355
231693	89997	723654	1552055	90884	22490	98607	167859
8526	5080	17334	20398	654	172	189	1302
19148	10503	164590	58352	6113	199	-25329	-23091
110785	15932	2596090	3189061	11283	3158	-81170	-11361
48026		151506	166425	6428	4174	24026	32068
661	10	131421	43582	3239	247	-12745	-9563

8-21 各县(市)、区规模以上工业企业主要经济指标

(2009 年)　　单位:万元

县(市)区	企业单位数(个)	资产总计	应收帐款	存货	#产成品	负债合计
全市	**2510**	**31850483**	**2665661**	**3292104**	**1131405**	**17479427**
中原区	77	2809854	225277	294123	112266	2090044
二七区	104	1230019	155383	88685	38013	857363
管城区	28	1066480	128613	263470	51566	607897
金水区	53	641403	112098	110913	56819	379466
上街区	79	1807873	99697	239767	47531	1289633
惠济区	47	389820	90533	48003	14989	239084
中牟县	228	1683905	120827	240206	101515	970237
巩义市	397	4656646	312202	433303	144303	2624625
荥阳市	332	2488366	151457	229767	106041	830382
新密市	412	2873543	181844	147862	75212	1067967
新郑市	278	2566213	186409	367660	85387	1267265
登封市	241	3998962	382265	264941	116142	1898128
经济技术开发区	85	874088	114828	100668	42680	556475
高新技术开发区	144	2523688	351616	279570	103289	1350091

8-21　续表　　(2009 年)　　单位:万元

县(市)区	主营业务收入	营业费用	主营业务税金及附加	利润总额	利税总额
全市	**47265825**	**1351176**	**679818**	**4987927**	**7803565**
中原区	2541348	58686	9323	38600	124904
二七区	1242391	33080	2186	16444	46258
管城区	1441709	63606	178666	111010	367784
金水区	997554	57905	2641	20087	43494
上街区	1737111	37226	7100	-90872	-9927
惠济区	439976	14665	700	12977	23097
中牟县	3088349	106096	33440	363988	524361
巩义市	7572299	281194	66503	608335	869014
荥阳市	6678468	93253	37755	846899	1183807
新密市	5865490	189904	22596	1119369	1471039
新郑市	6143358	120210	213877	779820	1494847
登封市	5642875	149997	74750	951565	1263918
经济技术开发区	618646	24085	1057	10766	26518
高新技术开发区	1739833	105415	8027	161064	232412

8-22 各县(市)、区国有及国有控股工业企业主要经济指标

(2009 年)

单位:万元

县(市)区	企业单位数(个)	资产总计	应收帐款	存货	#产成品	负债合计
全市	**129**	**11528362**	**648925**	**1393565**	**320302**	**7761275**
中原区	17	2022375	135557	198763	73230	1479565
二七区	12	690012	96851	26008	3101	517861
管城区	8	895632	108581	235252	39437	509562
金水区	10	224408	22585	45424	17234	135727
上街区	8	1539067	37630	212451	30511	1166397
惠济区	4	33771	7624	3806	1340	30660
中牟县	5	484439	15464	136799	54955	284912
巩义市	7	372874	26979	15591	11721	210814
荥阳市	7	77598	4084	5221	2449	45860
新密市	8	67491	854	234	128	33937
新郑市	7	407214	7948	151713	1734	217723
登封市	4	1530718	53416	96742	15283	965300
经济技术开发区	7	312992	18772	20265	11483	282059
高新技术开发区	20	630147	59967	62132	22133	430128

8-22 续表

(2009 年)

单位:万元

县(市)区	主营业务收入	营业费用	主营业务税金及附加	利润总额	利税总额
全市	**9071048**	**199230**	**410874**	**128150**	**939880**
中原区	1736341	27054	7343	37367	96663
二七区	423007	1418	635	-13249	-5295
管城区	1242941	56615	170082	101405	344182
金水区	118750	4578	719	-1375	5576
上街区	805019	11610	4829	-135175	-98019
惠济区	29192	142	33	837	1300
中牟县	601377	41855	18566	16250	50596
巩义市	223497	2673	3016	15007	32608
荥阳市	102603	2849	492	1809	6073
新密市	78873	625	178	-953	1206
新郑市	495983	9430	174359	37522	258102
登封市	1305096	9303	5456	56884	113982
经济技术开发区	76582	5977	143	-24698	-21691
高新技术开发区	315370	9248	3826	-1358	12559

8-23　规模以上集体工业

（2009 年）

项　　目	企　业 单位数 （个）	资产总计	应收帐款
总　　计	**82**	**502230**	**78988**
按轻重工业分			
轻工业	17	82165	8102
以农产品为原料	14	59068	6294
以非农产品为原料	3	23097	1808
重工业	65	420065	70886
采掘工业	17	22433	1938
原材料工业	6	170259	10716
加工工业	42	227373	58232
按企业规模分			
中型企业	11	149435	36871
小型企业	70	223018	38382
按行业分			
煤炭开采和洗选业	16	15613	712
非金属矿采选业	1	6819	1227
农副食品加工业	1	3538	4
饮料制造业	2	4444	204
烟草制品业	1	6219	1002
纺织服装、鞋、帽制造业	2	1881	706

企业主要经济指标

单位:万元

存货	#产成品	负债合计	主营业务收入	营业费用	主营业务税金及附加	利润总额	利税总额
64910	**30951**	**270143**	**1024610**	**40901**	**6874**	**132592**	**183893**
11245	4934	35526	201707	5941	551	30482	38039
9891	4219	25819	138875	5765	382	17871	23228
1354	715	9707	62832	176	169	12611	14811
53665	26017	234617	822903	34960	6323	102110	145854
3129	1948	12728	39435	2425	533	7224	10735
15265	5115	120510	195343	10541	481	21884	28567
35271	18954	101379	588125	21994	5309	73002	106552
30261	16420	64743	341628	18719	2925	59742	80966
28231	12479	101579	586030	21663	3855	72006	100819
1409	1364	10273	17887	160	453	2274	4548
1721	582	2454	21547	2262	81	4950	6187
847	-68	2786	17937	712		44	44
203	203	145	7056	14	39	1483	1925
1389	744	4725	11795		74	672	1488
201	201	1007	12191	190	59	66	507

8-23 续表 （2009 年）

项　　目	企　业 单位数 （个）	资产总计	应收帐款
造纸及纸制品业	4	19923	1608
印刷业和记录媒介的复制	6	27519	4115
石油加工、炼焦及核燃料加工业	1	894	543
化学原料及化学制品制造业	4	7928	727
医药制造业	1	18642	461
塑料制品业	4	28726	8947
非金属矿物制品业	16	110645	31767
有色金属冶炼及压延加工业	1	129777	3735
金属制品业	5	7188	1147
通用设备制造业	7	42866	5258
专用设备制造业	4	12103	1840
交通运输设备制造业	2	4683	1086
电气机械及器材制造业	4	52822	13899

单位:万元

存货		负债合计	主营业务收　　入	营业费用	主营业务税金及附加	利润总额	利税总额
	#产成品						
1551	171	5150	59473	4763	56	12427	14377
6238	3347	13280	35769	138	185	3528	5592
24		529	2286	14	7	25	104
621	208	4789	14321	1003	22	1911	2390
816	337	8432	57487	126	137	12262	14106
3137	249	17427	42699	997	402	4215	8200
18867	11730	40483	280749	15171	3567	53025	70438
6418	2052	103821	96953	520	94	844	2109
1931	912	6717	7663	160	19	-162	42
10672	3674	13188	169914	5426	976	22983	32391
1527	650	2774	71183	4130	413	9209	13136
630	399	3619	8558	520	150	834	1471
6708	4196	28544	89142	4595	140	2002	4838

8-24 各县(市)、区规模以上集体工业企业主要经济指标

(2009 年)　　单位:万元

县(市)区	企业单位数(个)	资产总计	应收帐款	存货	#产成品	负债合计
全　市	**82**	**502230**	**78988**	**64910**	**30951**	**270143**
中原区	1	2106	280	1086	369	1752
二七区	2	2461	987	367	322	1376
管城区	5	28716	4162	5514	3246	16973
金水区	3	4389	-22	866	12	2683
上街区	2	40934	17971	7492	3277	32733
惠济区	6	17310	4179	3557	923	12278
中牟县	2	4444	204	203	203	145
巩义市	9	148176	10341	7548	2955	117203
荥阳市	26	93662	9544	12745	5024	29691
新密市	9	31450	2183	3327	1561	9082
新郑市	6	16775	1663	1609	887	5869
登封市	8	88352	24929	18961	11040	34977
经济技术开发区	1	3200	504	523	378	66
高新技术开发区	2	20255	2062	1113	754	5317

8-24 续表　　(2009 年)　　单位:万元

县(市)区	主营业务收入	营业费用	主营业务税金及附加	利润总额	利税总额
全　市	**1024610**	**40901**	**6874**	**132592**	**183893**
中原区	5180	15	7	68	141
二七区	4074	114	19	79	274
管城区	31669	115	146	2931	4563
金水区	7274	7	33	118	473
上街区	55704	1280	176	295	1747
惠济区	32492	930	46	404	909
中牟县	7056	14	39	1483	1925
巩义市	137175	1422	1659	3013	7521
荥阳市	341477	11744	1794	52374	69313
新密市	105449	7696	219	17536	22093
新郑市	61128	761	549	8774	14860
登封市	197862	13265	2129	44096	56697
经济技术开发区	1402		12	233	366
高新技术开发区	36669	3537	46	1190	3011

8-25 规模以上工业企业主要经济效益指标

(2009 年)

单位:%

项目	总资产贡献率	成本费用利润率	资产负债率	产品销售率
总计	**25.69**	**11.98**	**54.88**	**97.72**
按轻重工业分				
轻工业	37.60	12.28	49.52	97.60
以农产品为原料	38.41	11.93	49.50	98.25
以非农产品为原料	33.88	13.90	49.63	94.81
重工业	23.42	11.91	55.90	97.75
采掘工业	25.31	23.07	48.07	102.88
原材料工业	8.41	3.58	71.03	100.73
加工工业	37.01	14.25	45.04	95.38
按企业规模分				
大型企业	11.15	3.69	66.65	97.28
中型企业	21.65	11.28	57.42	97.82
小型企业	47.39	16.25	38.04	97.80
按行业分				
煤炭开采和洗选业	26.07	24.50	49.35	104.45
黑色金属矿采选业	83.55	41.42	23.21	96.69
有色金属矿采选业	17.56	8.27	39.76	90.82
非金属矿采选业	48.81	23.80	12.30	98.73
农副食品加工业	33.17	9.23	52.69	97.12
食品制造业	21.35	9.52	58.18	98.73
饮料制造业	26.54	9.37	53.73	95.23
烟草制品业	83.20	18.74	48.15	97.45
纺织业	17.91	8.27	63.60	89.81
纺织服装、鞋、帽制造业	46.73	11.70	45.29	98.23
皮革、毛皮、羽毛(绒)及其制品业	22.80	10.79	57.33	88.18
木材加工及木、竹、藤、棕、草制品业	74.99	17.87	44.76	98.97
家具制造业	68.51	18.24	28.98	98.93
造纸及纸制品业	62.87	16.79	32.50	99.30
印刷业和记录媒介的复制	22.76	12.61	35.62	102.86
文教体育用品制造业	62.71	10.23	30.68	99.30
石油加工、炼焦及核燃料加工业	35.06	4.51	62.11	98.59
化学原料及化学制品制造业	48.80	12.72	46.53	95.81
医药制造业	32.86	16.82	42.06	97.76
化学纤维制造业	31.71	19.97	62.51	97.94
橡胶制品业	72.22	14.60	20.47	98.95
塑料制品业	45.06	14.96	52.31	96.54
非金属矿物制品业	55.02	17.35	36.67	97.14
黑色金属冶炼及压延加工业	19.47	7.45	69.68	95.15
有色金属冶炼及压延加工业	5.33	2.52	69.80	95.02
金属制品业	17.88	10.70	45.37	85.31
通用设备制造业	45.39	11.93	39.08	92.44
专用设备制造业	28.74	12.42	53.43	96.83
交通运输设备制造业	15.40	10.34	56.32	96.75
电气机械及器材制造业	27.87	10.88	38.50	91.47
通信设备、计算机及其他电子设备制造业	2.29	-3.26	56.59	89.06
仪器仪表及文化、办公用机械制造业	17.32	11.41	55.00	94.76
工艺品及其他制造业	71.38	13.26	46.81	90.30
废弃资源和废旧材料回收加工业	58.29	20.80	0.13	94.76
电力、热力的生产和供应业	2.05	-2.60	77.77	100.00
燃气生产和供应业	10.95	17.13	52.26	101.05
水的生产和供应业	-2.33	-17.89	58.31	97.86

8-26 国有及国有控股工业企业主要经济效益指标

(2009 年)

单位:%

项 目	总资产贡献率	成本费用利润率	资产负债率	产品销售率
总 计	**9.21**	**1.48**	**67.32**	**98.22**
按轻重工业分				
轻工业	42.24	11.08	51.43	97.61
以农产品为原料	53.02	14.96	49.54	97.54
以非农产品为原料	-2.45	-19.54	59.26	98.39
重工业	5.33	0.79	69.19	98.31
采掘工业	9.37	5.71	58.70	105.26
原材料工业	-1.04	-5.35	80.66	104.14
加工工业	10.88	6.83	62.95	88.95
按企业规模分				
大型企业	11.79	2.58	67.15	97.73
中型企业	1.52	-2.64	64.04	99.09
小型企业	1.97	-2.97	79.24	97.59
按行业分				
煤炭开采和洗选业	10.16	6.48	60.34	105.99
黑色金属矿采选业	63.05	18.05	26.24	99.70
有色金属矿采选业	-4.53	-14.10	45.84	100.00
农副食品加工业	1.03	0.96	100.71	99.58
饮料制造业	-23.33	-20.84	53.69	
烟草制品业	83.79	19.13	47.86	100.09
纺织业	-0.66	-10.46	73.56	70.16
木材加工及木、竹、藤、棕、草制品业	7.03	15.69	90.97	95.27
家具制造业	22.44	2.32	121.88	105.98
印刷业和记录媒介的复制	9.52	12.52	23.40	96.93
石油加工、炼焦及核燃料加工业	-3.35	-7.29	73.80	99.33
化学原料及化学制品制造业	-0.82	-3.15	79.37	37.52
医药制造业	7.01	10.22	37.42	95.87
塑料制品业	2.51	-13.06	63.68	48.23
非金属矿物制品业	-3.73	-14.48	71.77	24.67
有色金属冶炼及压延加工业	-8.08	-23.46	87.96	52.73
金属制品业	0.76	-2.44	42.13	133.14
通用设备制造业	9.10	5.04	57.91	94.73
专用设备制造业	16.66	14.85	67.76	91.51
交通运输设备制造业	13.88	6.80	58.66	96.48
电气机械及器材制造业	5.71	0.94	72.69	106.17
通信设备、计算机及其他电子设备制造业	-9.00	-30.02	94.89	83.36
仪器仪表及文化、办公用机械制造业	2.95	2.63	11.47	22.82
电力、热力的生产和供应业	1.54	-2.47	78.32	100.00
燃气生产和供应业	10.75	17.71	51.95	101.31
水的生产和供应业	-2.98	-21.75	59.14	97.40

8-27 集体工业企业主要经济效益指标

（2009 年）

单位：%

项　　　目	总资产贡献率	成本费用利润率	资　产负债率	产　品销售率
总　　计	**37.52**	**14.91**	**53.79**	**97.22**
按轻重工业分				
轻工业	46.92	17.71	43.24	102.72
以农产品为原料	40.12	14.66	43.71	98.68
以非农产品为原料	64.28	25.12	42.03	111.30
重工业	35.69	14.24	55.85	95.90
采掘工业	48.06	23.07	56.74	93.10
原材料工业	17.17	12.54	70.78	106.60
加工工业	48.33	14.27	44.59	92.66
按企业规模分				
大型企业	1.83	0.88	80.00	96.97
中型企业	55.51	21.21	43.33	96.48
小型企业	46.24	14.07	45.55	97.64
按行业分				
煤炭开采和洗选业	29.21	15.50	65.80	87.57
非金属矿采选业	91.21	29.75	35.99	98.48
农副食品加工业	1.30	0.24	78.75	99.56
饮料制造业	43.58	26.80	3.27	97.08
烟草制品业	25.80	5.92	75.98	27.87
纺织服装、鞋、帽制造业	28.94	0.55	53.53	100.00
造纸及纸制品业	73.70	26.44	25.85	100.05
印刷业和记录媒介的复制	20.32	10.79	48.26	261.61
石油加工、炼焦及核燃料加工业	11.68	1.12	59.21	100.00
化学原料及化学制品制造业	30.65	14.67	60.40	84.15
医药制造业	75.87	27.19	45.23	97.34
塑料制品业	28.99	10.97	60.66	124.15
非金属矿物制品业	65.51	23.41	36.59	91.68
有色金属冶炼及压延加工业	1.83	0.88	80.00	119.80
金属制品业	1.47	-2.04	93.45	97.59
通用设备制造业	76.28	15.54	30.76	93.65
专用设备制造业	113.87	14.79	22.92	96.15
交通运输设备制造业	34.71	11.01	77.27	87.98
电气机械及器材制造业	9.82	2.38	54.04	94.16

8-28　各县(市)区规模以上工业企业主要经济效益指标

(2009年)　　单位:%

县(市)区	总资产贡献率	成本费用利润率	资产负债率	产品销售率
全　市	**25.69**	**11.98**	**54.88**	**97.72**
中原区	4.44	1.14	67.62	96.77
二七区	6.15	2.93	65.27	97.49
管城区	34.83	9.54	57.00	97.13
金水区	9.82	2.18	57.89	101.02
上街区	0.23	-5.05	68.45	99.27
惠济区	6.32	3.10	61.33	94.95
中牟县	32.25	13.47	57.62	98.04
巩义市	20.29	8.88	56.36	96.65
荥阳市	48.36	14.64	33.37	97.20
新密市	52.36	23.65	37.17	99.37
新郑市	59.35	15.27	49.38	98.36
登封市	32.89	20.54	47.47	98.83
经济技术开发区	4.26	1.76	63.66	90.74
高新技术开发区	10.62	10.22	53.15	94.37

8-29　各县(市)、区国有及国有控股工业企业主要经济效益指标

(2009年)　　单位:%

县(市)区	总资产贡献率	成本费用利润率	资产负债率	产品销售率
全　市	**9.21**	**1.48**	**67.32**	**98.89**
中原区	3.65	3.93	57.31	97.19
二七区	1.34	-0.97	68.00	102.16
管城区	38.69	10.33	56.89	99.98
金水区	1.40	-2.40	55.93	94.37
上街区	-6.57	-18.57	73.10	98.60
惠济区	4.71	2.92	90.79	98.45
中牟县	10.77	2.83	58.81	99.36
巩义市	9.84	6.96	56.54	95.77
荥阳市	8.43	1.72	59.10	97.01
新密市	3.05	-1.19	50.28	99.12
新郑市	64.32	13.16	53.47	99.95
登封市	8.38	4.53	63.06	99.55
经济技术开发区	-4.47	-24.36	90.12	93.67
高新技术开发区	4.16	-0.50	68.59	98.15

8-30　各县(市)区集体工业企业主要经济效益指标

(2009年)　　单位:%

县(市)区	总资产贡献率	成本费用利润率	资产负债率	产品销售率
全　市	**37.52**	**14.91**	**53.79**	**97.22**
中原区	6.69	1.33	83.18	97.19
二七区	11.15	1.98	55.89	108.80
管城区	15.87	10.12	59.11	92.59
金水区	10.77	1.63	61.12	90.69
上街区	4.81	0.61	79.97	101.97
惠济区	5.67	1.24	70.93	99.79
中牟县	43.58	26.80	3.27	97.07
巩义市	5.38	2.26	79.10	97.02
荥阳市	75.48	18.02	31.70	96.08
新密市	70.79	20.00	28.88	97.99
新郑市	90.22	16.84	34.98	100.00
登封市	66.24	28.89	39.59	99.95
经济技术开发区	11.43	17.90	2.05	85.50
高新技术开发区	15.61	2.98	26.25	86.13

8-31 工业企业能源购进、消费与库存情况

（2009 年）

行业	计量单位	年初库存量	购进量		消费量			年末库存量
			实物量	金额（千元）	合计	工业生产消费	非工业生产消费	
原煤	**吨**	**1130225**	**23766468**	**11748497**	**23893577**	**23819073**	**74503**	**1319649**
采矿业	吨	40542	1180145	571393	1227437	1170119	57318	21728
煤炭开采和洗选业	吨	40522	1161451	560586	1208743	1158175	50568	21698
黑色金属矿采选业	吨		1664	912	1664	1664		10
有色金属矿采选业	吨	20	16732	9709	16732	9982	6750	20
非金属矿采选业	吨		298	186	298	298		
制造业	吨	359347	10466670	5713938	10658366	10643354	15012	412338
农副食品加工业	吨	1884	46354	28702	47105	47036	69	1175
食品制造业	吨	7152	187381	103387	183384	180512	2872	10678
饮料制造业	吨	2796	88644	52380	88577	88562	15	2471
烟草制品业	吨	286	1088	685	1161	1161		213
纺织业	吨	4402	129595	59978	128525	128462	63	5311
纺织服装、鞋、帽制造业	吨	92	41766	23294	41765	41696	69	51
皮革、毛皮、羽毛(绒)等	吨		512	341	512	512		
木材加工及木、竹、藤等	吨	28	1295	629	1243	1182	61	32
家具制造业	吨	5	116	70	105	2	104	17
造纸及纸制品业	吨	5888	724014	330563	724630	724470	160	4925
印刷业和记录媒介的复制	吨	902	13599	7632	13389	13296	93	1015
文教体育用品制造业	吨	2	3	1	3		3	
石油加工炼焦及核燃料	吨	12	1711	849	1717	1690	27	6
化学原料及化学制品制造	吨	33671	541830	395913	550564	550172	392	12237
医药制造业	吨	2457	57421	34031	56355	56006	349	3420
化学纤维制造业	吨		4605	1952	4605	4605		
橡胶制品业	吨	119	13600	6312	13730	13730		357
塑料制品业	吨	178	27206	14829	27359	27293	67	15
非金属矿物制品业	吨	73502	4480759	2810528	4451935	4445728	6207	101268
黑色金属冶炼及压延	吨	4958	197747	112720	198495	198327	168	4149
有色金属冶炼及压延	吨	189122	3595732	1558450	3806557	3805594	963	237960
金属制品业	吨	1442	121738	60636	114059	113732	327	9190
通用设备制造业	吨	5204	85868	44935	85250	85002	248	5813
专用设备制造业	吨	7948	26984	19437	31912	31614	297	3122
交通运输设备制造业	吨	16352	53515	30228	62037	61353	684	7830
电气机械及器材制造业	吨	120	16685	11243	16588	15576	1013	212
通信设备、计算机及其他	吨	726	3263	2128	3155	2425	730	834
仪器仪表及文化、办公用	吨	4	1827	1097	1829	1829		2
工艺品及其他制造业	吨	98	1781	976	1786	1756	30	35
废弃资源和废旧材料回收	吨		33	11	33	33		

8-31 续表1 （2009年）

行业	计量单位	年初库存量	购进量		消费量			年末库存量
			实物量	金额（千元）	合计	工业生产消费	非工业生产消费	
电力、煤气及水的生产等	吨	730336	12119653	5463166	12007774	12005600	2174	885584
电力、热力的生产和供应	吨	730336	12119405	5463079	12007574	12005594	1980	885536
燃气生产和供应业	吨		146	19	146	6	140	
水的生产和供应业	吨		102	68	54		54	48
洗精煤	**吨**	**1518**	**29281**	**26889**	**27997**	**27997**		**2802**
制造业	吨	518	10271	10465	10287	10287		502
非金属矿物制品业	吨	518	10271	10465	10287	10287		502
电力、煤气及水的生产等	吨	1000	19010	16424	17710	17710		2300
电力、热力的生产和供应	吨	1000	19010	16424	17710	17710		2300
其他洗煤	**吨**	**260**	**6890**	**4478**	**6890**	**6890**		**260**
制造业	吨	260	6890	4478	6890	6890		260
有色金属冶炼及压延	吨	260	6890	4478	6890	6890		260
煤制品	**吨**	**390**	**2652**	**1750**	**2633**	**2628**	**5**	**114**
制造业	吨	390	2652	1750	2633	2628	5	114
农副食品加工业	吨	10	1088	750	1090	1090		8
非金属矿物制品业	吨		840	525	841	841		
金属制品业	吨	58	342	200	330	330		70
通用设备制造业	吨	320	102	54	101	96	5	24
交通运输设备制造业	吨	3	280	221	271	271		13
型煤	**吨**	**3**	**8**	**4**	**11**	**11**		
制造业	吨	3	8	4	11	11		
交通运输设备制造业	吨	3	8	4	11	11		
水煤浆	**吨**	**10**	**426**	**313**	**428**	**428**		**8**
制造业	吨	10	426	313	428	428		8
农副食品加工业	吨	10	426	313	428	428		8
煤粉	**吨**	**377**	**2218**	**1432**	**2194**	**2189**	**5**	**106**
制造业	吨	377	2218	1432	2194	2189	5	106
农副食品加工业	吨		662	437	662	662		
非金属矿物制品业	吨		840	525	841	841		
金属制品业	吨	58	342	200	330	330		70
通用设备制造业	吨	320	102	54	101	96	5	24
交通运输设备制造业	吨		272	216	260	260		13
焦炭	**吨**	**37766**	**583042**	**867386**	**611697**	**611617**	**80**	**9512**
采矿业	吨		765	574	765	765		
非金属矿采选业	吨		765	574	765	765		
制造业	吨	37744	582242	866770	610892	610852	40	9495
纺织服装、鞋、帽制造业	吨		247	227	247	247		

行　　业	计量单位	年初库存量	购进量		消费量			年末库存量
			实物量	金额（千元）	合计	工业生产消费	非工业生产消费	
化学原料及化学制品制造	吨	10	1657	1647	1667	1667		
医药制造业	吨		64	86	64	64		
非金属矿物制品业	吨	32	93070	91364	93073	93073		29
黑色金属冶炼及压延	吨	33482	400742	651169	426596	426596		7627
有色金属冶炼及压延	吨	4107	62394	75252	65153	65153		1750
通用设备制造业	吨	113	16732	33153	16755	16715	40	89
专用设备制造业	吨		7335	13873	7335	7335		
电力、煤气及水的生产等	吨	22	35	42	40		40	17
水的生产和供应业	吨	22	35	42	40		40	17
其他焦化产品	**吨**		**123213**	**99768**	**123213**	**123213**		
制造业	吨		100	47	100	100		
非金属矿物制品业	吨		100	47	100	100		
电力、煤气及水的生产等	吨		123113	99722	123113	123113		
电力、热力的生产和供应	吨		123113	99722	123113	123113		
焦炉煤气	**万立方米**		**7**	**80**	**7**	**7**		
制造业	万立方米		7	80	7	7		
非金属矿物制品业	万立方米		7	80	7	7		
其他煤气	**万立方米**		**7026**	**80305**	**8032**	**8030**	**2**	
制造业	万立方米		7026	80305	7026	7024	2	
饮料制造业	万立方米		398	5039	398	397	2	
非金属矿物制品业	万立方米		1211	14614	1211	1211		
有色金属冶炼及压延	万立方米		4868	55147	4868	4868		
金属制品业	万立方米		541	5410	541	541		
通用设备制造业	万立方米		8	96	8	8		
天然气	**万立方米**		**64351**	**1038723**	**64351**	**63762**	**589**	
制造业	万立方米		28278	467713	28278	28223	55	
农副食品加工业	万立方米		80	1456	80	80		
食品制造业	万立方米		133	3164	133	129	4	
饮料制造业	万立方米		174	4348	174	170	3	
烟草制品业	万立方米		885	21851	885	844	42	
纺织业	万立方米		150	3366	150	150		
纺织服装、鞋、帽制造业	万立方米		74	1259	74	74		
印刷业和记录媒介的复制	万立方米		12	259	12	12		
石油加工炼焦及核燃料	万立方米		7	173	7	7		
医药制造业	万立方米		30	700	30	30		
非金属矿物制品业	万立方米		1626	32607	1626	1626		
黑色金属冶炼及压延	万立方米		20	420	20	20		

8-31 续表 3　　　　　　　　（2009 年）

行　　业	计量单位	年初库存量	购进量		消费量			年末库存量
			实物量	金额（千元）	合计	工业生产消费	非工业生产消费	
有色金属冶炼及压延	万立方米		22120	328474	22120	22120		
金属制品业	万立方米		31	745	31	31		
通用设备制造业	万立方米		13	296	13	11	2	
专用设备制造业	万立方米		102	2065	102	97	4	
交通运输设备制造业	万立方米		267	7046	267	267		
通信设备、计算机及其他	万立方米		2554	59484	2554	2554		
电力、煤气及水的生产等	万立方米		36072	571010	36072	35539	533	
电力、热力的生产和供应	万立方米		35411	559741	35411	35394	17	
燃气生产和供应业	万立方米		659	11221	659	145	514	
水的生产和供应业	万立方米		2	48	2		2	
液化天然气	吨		**2179**	**14890**	**2179**	**2179**		
采矿业	吨		2	12	2	2		
煤炭开采和洗选业	吨		2	12	2	2		
制造业	吨		199	993	199	199		
饮料制造业	吨		8	40	8	8		
非金属矿物制品业	吨		136	642	136	136		
有色金属冶炼及压延	吨		15	75	15	15		
交通运输设备制造业	吨		34	209	34	34		
电气机械及器材制造业	吨		6	27	6	6		
电力、煤气及水的生产等	吨		1978	13885	1978	1978		
电力、热力的生产和供应	吨		1978	13885	1978	1978		
原油	吨		**107**	**561**	**107**	**93**	**14**	
制造业	吨		107	561	107	93	14	
化学原料及化学制品制造	吨		14	101	14		14	
电气机械及器材制造业	吨		93	460	93	93		
汽油	吨	**276**	**62322**	**413176**	**62369**	**53448**	**8922**	**282**
采矿业	吨	117	4407	31541	4406	3330	1076	123
煤炭开采和洗选业	吨	30	3761	27357	3760	2684	1076	36
黑色金属矿采选业	吨		25	185	25	25		
有色金属矿采选业	吨	87	584	3746	584	584		87
非金属矿采选业	吨		37	254	37	37		
制造业	吨	155	54621	357033	54669	47602	7067	154
农副食品加工业	吨		1587	9954	1586	1518	68	1
食品制造业	吨		2281	15232	2281	2187	94	
饮料制造业	吨		374	2605	374	364	10	
烟草制品业	吨		160	1225	160	75	85	
纺织业	吨	9	645	4244	647	626	21	3

行业	计量单位	年初库存量	购进量		消费量			年末库存量
			实物量	金额（千元）	合计	工业生产消费	非工业生产消费	
纺织服装、鞋、帽制造业	吨	2	469	3000	469	343	126	2
皮革、毛皮、羽毛（绒）等	吨		96	664	96	96		
木材加工及木、竹、藤等	吨		232	1476	232	196	37	
家具制造业	吨		267	1692	267	215	52	
造纸及纸制品业	吨		2440	15630	2440	1407	1033	2
印刷业和记录媒介的复制	吨	12	1048	6797	1051	1018	33	8
文教体育用品制造业	吨		10	56	10	10		
石油加工炼焦及核燃料	吨		1436	10416	1436	1421	15	
化学原料及化学制品制造	吨	23	6098	37571	6053	5739	314	68
医药制造业	吨		2346	14386	2346	2232	113	
化学纤维制造业	吨		2	17	2	2		
橡胶制品业	吨		440	3171	440	440		
塑料制品业	吨	2	1527	9431	1527	1464	63	
非金属矿物制品业	吨	2	12525	78105	12551	9187	3364	1
黑色金属冶炼及压延	吨		7379	55519	7379	7354	25	
有色金属冶炼及压延	吨	74	2001	12641	2066	1917	149	41
金属制品业	吨		1183	7499	1183	911	271	
通用设备制造业	吨	4	2641	16777	2640	2451	188	3
专用设备制造业	吨	3	2986	20200	2983	2617	366	5
交通运输设备制造业	吨	23	1745	11238	1747	1598	149	21
电气机械及器材制造业	吨	1	1582	10207	1582	1340	243	
通信设备、计算机及其他	吨		433	2862	433	304	129	
仪器仪表及文化、办公用	吨		357	2234	357	329	28	
工艺品及其他制造业	吨		303	2048	303	212	91	
废弃资源和废旧材料回收	吨		27	136	27	27		
电力、煤气及水的生产等	吨	4	3294	24602	3295	2516	778	4
电力、热力的生产和供应	吨	2	2642	19884	2642	1938	704	2
燃气生产和供应业	吨		285	2094	285	257	27	
水的生产和供应业	吨	2	368	2624	368	321	47	2
煤油	**吨**	**42**	**310**	**1830**	**300**	**296**	**4**	**51**
制造业	吨	42	310	1830	300	296	4	51
印刷业和记录媒介的复制	吨	2	10	71	10	6	4	1
塑料制品业	吨		1	7	1	1		
非金属矿物制品业	吨		39	204	39	39		1
有色金属冶炼及压延	吨	39	223	1327	213	213		49
专用设备制造业	吨		20	106	20	20		
交通运输设备制造业	吨	1	11	86	11	11		

8-31 续表5 （2009年）

行业	计量单位	年初库存量	购进量		消费量			年末库存量
			实物量	金额（千元）	合计	工业生产消费	非工业生产消费	
电气机械及器材制造业	吨		6	28	6	6		
柴油	吨	**3128**	**93658**	**545669**	**94023**	**92558**	**1465**	**2436**
采矿业	吨	407	8040	50735	8058	7491	568	386
煤炭开采和洗选业	吨	21	5475	36151	5493	4926	568	
黑色金属矿采选业	吨		1	6	1	1		
有色金属矿采选业	吨	386	2039	10921	2039	2039		386
非金属矿采选业	吨		525	3657	525	525		
制造业	吨	659	54195	341980	53638	52808	830	543
农副食品加工业	吨		2211	13197	2211	2191	21	
食品制造业	吨	178	1621	10542	1650	1593	57	150
饮料制造业	吨	1	310	2053	310	310		1
烟草制品业	吨		473	2597	473	459	14	
纺织业	吨	5	1335	7850	1335	1335		3
纺织服装、鞋、帽制造业	吨	3	44	285	44	28	15	
皮革、毛皮、羽毛（绒）等	吨		7	44	7	7		
木材加工及木、竹、藤等	吨		25	153	25	1	24	
家具制造业	吨		178	1036	178	134	44	
造纸及纸制品业	吨		948	6658	948	946	2	1
印刷业和记录媒介的复制	吨	2	419	2684	432	428	4	2
石油加工炼焦及核燃料	吨	115	1471	11272	1540	1535	4	46
化学原料及化学制品制造	吨	8	1954	12249	1955	1815	141	7
医药制造业	吨		1081	6210	1081	1047	34	
橡胶制品业	吨		203	1550	203	203		
塑料制品业	吨		492	3258	493	486	7	
非金属矿物制品业	吨	67	21046	130805	21069	20786	283	43
黑色金属冶炼及压延	吨		9289	67187	9284	9284		5
有色金属冶炼及压延	吨	208	3350	17189	2681	2540	140	197
金属制品业	吨	33	317	1935	337	333	3	13
通用设备制造业	吨	4	360	2078	361	361		2
专用设备制造业	吨	14	2762	18270	2735	2718	17	41
交通运输设备制造业	吨	16	3644	19023	3636	3636		24
电气机械及器材制造业	吨		410	2347	409	406	4	1
通信设备、计算机及其他	吨	4	136	738	131	131	1	9
仪器仪表及文化、办公用	吨		53	346	53	42	11	
工艺品及其他制造业	吨		58	425	58	53	5	
电力、煤气及水的生产等	吨	2062	31423	152954	32327	32260	67	1508
电力、热力的生产和供应	吨	2062	30960	150154	31869	31805	64	1502

行业	计量单位	年初库存量	购进量		消费量			年末库存量
			实物量	金额（千元）	合计	工业生产消费	非工业生产消费	
燃气生产和供应业	吨		253	1478	253	253		
水的生产和供应业	吨		210	1322	204	202	2	6
燃料油	**吨**	**8215**	**42796**	**130088**	**42485**	**42471**	**14**	**9111**
制造业	吨	8215	42583	128690	42272	42258	14	9111
农副食品加工业	吨	69	1855	5676	1855	1855		
饮料制造业	吨	8	106	319	102	89	14	12
医药制造业	吨		24	147	24	24		
非金属矿物制品业	吨	543	9459	27444	9151	9151		851
有色金属冶炼及压延	吨	7595	31114	94991	31117	31117		8246
金属制品业	吨		25	112	22	22		3
电力、煤气及水的生产等	吨		213	1398	213	213		
电力、热力的生产和供应	吨		213	1398	213	213		
液化石油气	**吨**	**24**	**4590**	**20572**	**4581**	**4576**	**6**	**32**
制造业	吨	24	4589	20567	4580	4576	5	32
印刷业和记录媒介的复制	吨		16	115	16	14	2	
非金属矿物制品业	吨	12	1283	5850	1287	1287		8
金属制品业	吨		663	2727	663	663		
通用设备制造业	吨		53	395	53	52	1	
专用设备制造业	吨	12	2188	9641	2176	2174	2	24
交通运输设备制造业	吨		4	21	4	4		
通信设备、计算机及其他	吨		381	1817	381	381		
电力、煤气及水的生产等	吨		1	5	1		1	
水的生产和供应业	吨		1	5	1		1	
其他石油制品	**吨**	**498**	**354720**	**559344**	**339039**	**338987**	**52**	**7758**
制造业	吨	430	354357	558945	338690	338639	52	7675
石油加工炼焦及核燃料	吨			2				
非金属矿物制品业	吨		52458	63522	52428	52428		
有色金属冶炼及压延	吨	407	301225	487329	285597	285597		7644
金属制品业	吨		30	364	30	30		
通用设备制造业	吨		49	504	49	49		
专用设备制造业	吨	23	594	7223	586	534	52	31
电力、煤气及水的生产等	吨	68	363	399	348	348		83
电力、热力的生产和供应	吨	68	363	399	348	348		83
高炉煤气	**万立方米**		**4066**	**819**	**4066**	**4066**		
电力、煤气及水的生产等	万立方米		4066	819	4066	4066		
电力、热力的生产和供应	万立方米		4066	819	4066	4066		
热力	**百万千焦**		**2154781**	**101531**	**10920762**	**10426388**	**494374**	

8-31 续表 7 (2009 年)

行业	计量单位	年初库存量	购进量		消费量			年末库存量
			实物量	金额（千元）	合计	工业生产消费	非工业生产消费	
制造业	百万千焦		968240	54070	9734221	9239847	494374	
农副食品加工业	百万千焦		311315	17122	311315	311315		
食品制造业	百万千焦		27642	1723	27642	27642		
饮料制造业	百万千焦		49168	3698	49168	49168		
烟草制品业	百万千焦		81060	4500	81060	81060		
纺织业	百万千焦		227780	10602	227780	227780		
纺织服装、鞋、帽制造业	百万千焦		9417	747	9417	9417		
印刷业和记录媒介的复制	百万千焦		9579	582	9579	9579		
化学原料及化学制品制造	百万千焦		2687	190	2687	2687		
医药制造业	百万千焦		20603	1781	20603	20603		
非金属矿物制品业	百万千焦		1252	95	1252		1252	
黑色金属冶炼及压延	百万千焦		6445	485	6445	6445		
有色金属冶炼及压延	百万千焦		5724	889	8771705	8283758	487947	
金属制品业	百万千焦		10897	508	10897	10897		
专用设备制造业	百万千焦		194804	10489	194804	189629	5175	
交通运输设备制造业	百万千焦		9867	659	9867	9867		
电力、煤气及水的生产等	百万千焦		1186541	47462	1186541	1186541		
电力、热力的生产和供应	百万千焦		1186541	47462	1186541	1186541		
电力	**万千瓦时**		**2761727**	**15120756**	**3452687**	**3434367**	**18321**	
采矿业	万千瓦时		210315	1250172	230828	220591	10237	
煤炭开采和洗选业	万千瓦时		198774	1175337	219287	209456	9831	
黑色金属矿采选业	万千瓦时		442	2874	442	442		
有色金属矿采选业	万千瓦时		3382	22923	3382	2976	406	
非金属矿采选业	万千瓦时		7717	49039	7717	7717		
制造业	万千瓦时		2041788	11594933	2632186	2626337	5850	
农副食品加工业	万千瓦时		33153	190377	33153	32977	176	
食品制造业	万千瓦时		26711	164610	26711	26426	285	
饮料制造业	万千瓦时		19593	124425	19593	19495	98	
烟草制品业	万千瓦时		4075	27354	4075	4075		
纺织业	万千瓦时		23866	149897	23866	23628	239	
纺织服装、鞋、帽制造业	万千瓦时		9702	68878	9702	9675	27	
皮革、毛皮、羽毛(绒)等	万千瓦时		296	2133	296	296		
木材加工及木、竹、藤等	万千瓦时		2565	17216	2565	2555	10	
家具制造业	万千瓦时		1624	10881	1624	1604	20	
造纸及纸制品业	万千瓦时		91835	638731	92025	91972	53	
印刷业和记录媒介的复制	万千瓦时		9763	62812	9764	9520	243	
文教体育用品制造业	万千瓦时		1025	6952	1025	1024	1	

8-31 续表 8 （2009 年）

行业	计量单位	年初库存量	购进量		消费量			年末库存量
			实物量	金额（千元）	合计	工业生产消费	非工业生产消费	
石油加工炼焦及核燃料	万千瓦时		1686	11400	1686	1662	24	
化学原料及化学制品制造	万千瓦时		100759	550572	100759	100683	76	
医药制造业	万千瓦时		20794	139582	20794	20726	68	
化学纤维制造业	万千瓦时		956	5425	956	956		
橡胶制品业	万千瓦时		3134	18328	3134	3134		
塑料制品业	万千瓦时		15800	103703	15800	15741	59	
非金属矿物制品业	万千瓦时		931378	5330543	932224	931128	1096	
黑色金属冶炼及压延	万千瓦时		202688	1096439	202688	202287	401	
有色金属冶炼及压延	万千瓦时		340738	1596067	930099	928353	1746	
金属制品业	万千瓦时		32145	175939	32145	31970	175	
通用设备制造业	万千瓦时		38993	257539	38993	38834	160	
专用设备制造业	万千瓦时		75951	503276	75951	75511	440	
交通运输设备制造业	万千瓦时		21556	143910	21556	21282	274	
电气机械及器材制造业	万千瓦时		12550	79274	12550	12461	90	
通信设备、计算机及其他	万千瓦时		8661	53020	8661	8615	47	
仪器仪表及文化、办公用	万千瓦时		855	6053	855	827	28	
工艺品及其他制造业	万千瓦时		8877	59213	8877	8865	12	
废弃资源和废旧材料回收	万千瓦时		56	383	56	56		
电力、煤气及水的生产等	万千瓦时		509624	2275652	589673	587439	2234	
电力、热力的生产和供应	万千瓦时		497034	2195234	577083	575072	2011	
燃气生产和供应业	万千瓦时		1937	13362	1937	1936	2	
水的生产和供应业	万千瓦时		10652	67056	10652	10432	221	
其他燃料	**吨标准煤**		**58527**	**6471**	**58527**	**58527**		
制造业	吨标准煤		2644	1265	2644	2644		
非金属矿物制品业	吨标准煤		2644	1265	2644	2644		
电力、煤气及水的生产等	吨标准煤		55883	5206	55883	55883		
电力、热力的生产和供应	吨标准煤		55883	5206	55883	55883		
煤矸石	**吨**		**34570**	**5186**	**34570**	**34570**		
电力、煤气及水的生产等	吨		34570	5186	34570	34570		
电力、热力的生产和供应	吨		34570	5186	34570	34570		
工业废料	**吨标准煤**		**2644**	**1265**	**2644**	**2644**		
制造业	吨标准煤		2644	1265	2644	2644		
非金属矿物制品业	吨标准煤		2644	1265	2644	2644		
城市固体垃圾	**吨标准煤**		**49709**	**20**	**49709**	**49709**		
电力、煤气及水的生产等	吨标准煤		49709	20	49709	49709		
电力、热力的生产和供应	吨标准煤		49709	20	49709	49709		

主要统计指标解释

按照国家统计方法制度规定,1998 年独立核算工业统计范围由原乡及乡以上调整为全部国有及年销售收入 500 万元以上非国有工业企业(即新口径)。2007 年起为规模以上工业企业,即年主营业务收入在 500 万元以上的法人工业企业。同时,统计分类中的原经济组织类型分组相应地调整为按企业登记注册类型分组。

工业 指从事自然资源的开采,对采掘品和农产品进行加工和再加工的物质生产部门。具体包括:1. 对自然资源的开采,如采矿、晒盐、森林采伐等(但不包括禽兽捕猎和水产捕捞);2. 对农副产品的加工、再加工,如粮油加工、食品加工、轧花、缫丝、纺织、制革等;3. 对采掘品的加工、再加工,如炼铁、炼钢、化工生产、石油加工、机器制造、木材加工等,以及电力、自来水、煤气的生产和供应等;4. 对工业品的修理、翻新,如机器设备的修理,交通运输工具(包括小卧车)的修理等。1984 年以前农村的村及村以下办工业归属农业,1984 年以后划归工业。

工业统计调查单位工业统计调查单位分为两类:独立核算法人工业企业和工业活动单位。

1. 独立核算法人工业企业是指从事工业生产经营活动的单位。独立核算法人工业企业应同时具备以下条件:(1)依法成立,有自己的名称、组织机构和场所,能够承担民事责任;(2)独立拥有和使用资产,承担负债,有权与其他单位签订合同;(3)独立核算盈亏,并能够编制资产负债表。

2. 工业活动单位是指在一个场所从事一种或主要从事一种工业生产活动的经济单位。它包括独立核算工业企业按主营业务活动(即工业生产活动)划分的主营业务活动单位和非工业企业所属的工业生产活动单位(即原非独立核算工业生产单位)。工业活动单位,一般应同时具备以下三个条件:(1)具有一个场所,从事一种或主要从事一种工业活动;(2)单独组织工业生产、经营或业务活动;(3)单独核算收入和支出。

重工业 指为国民经济各部门提供物质技术基础的主要生产资料的工业。按其生产性质和产品用途,可以分为下列三类:1. 采掘(伐)工业,是指对自然资源的开采,包括石油开采、煤炭开采、金属矿开采、非金属矿开采和木材采伐等工业;2. 原材料工业,指向国民经济各部门提供基本材料、动力和燃料的工业。包括金属冶炼及加工、炼焦及焦炭化学、化工原料、水泥、人造板以及电力、石油和煤炭加工业等工业;3. 加工工业,是指对工业原材料进行再加工制造的工业。包括装备国民经济各部门的机械设备制造工业、金属结构、水泥制品等工业,以及为农业提供的生产资料如化肥、农药等工业。

根据上述划分原则,修理业中以重工业产品为修理作业对象的划为重工业,反之划为轻工业。

工业增加值 指工业行业在报告期内以货币表现的工业生产活动的最终成果。

固定资产原值 指企业在建造、购置、安装、改建、技术改造某项固定资产时所支出的全部货币总额。它一般包括买价、包装费、运杂费和安装费等。

流动资产 指可以在一年或者超过一年的一个营业周期内变现或者耗用的资产,包括现金及各种存款、短期投资、应收及预付货款、存货等。

工业成本利润率 指在一定时期内实现的利润与成本费用之比,是反映工业生产成本及费用投入的经济效益指标,同时也是反映降低成本的经济效益的指标。计算公式:工业成本费用

$$\text{利润率}(\%)=\frac{\text{利润总额}}{\text{成本费用总额}}\times 100\%$$

工业增加值率 指在一定时期内工业增加值占同期工业总产值的比重,反映降低中间消耗的经济效益,计算公式:

$$\text{工业增加值率}(\%)=\frac{\text{工业增加值(现价)}}{\text{工业总产值(现价)}}\times 100\%$$

流动资产周转次数 指在一定时期内流动资产完成的周转次数,反映流动资产的周转速度。计算公式:

$$\text{流动资产周转次数}=\frac{\text{报告期现价工业销售产值}}{\text{报告期现价工业总产值}}\times 100\%$$

全员劳动生产率 指根据产品的价值量指标计算的平均每个职工在单位时间内的产品生产量。是

考核企业经济活动的重要指标，是企业生产技术水平、经营管理水平、职工技术熟练程度和劳动积极性的综合表现。目前我国的全员劳动生产率是将工业企业的工业增加值除以同一时期全部职工的平均人数来计算的。计算公式：

$$全员劳动生产率 = \frac{工业增加值}{全部职工平均人数} \times 100\%$$

总资产贡献率 该指标反映企业全部资产的获利能力，是企业经营业绩和管理水平的集中体现，是评价和考核企业盈利能力的核心指标。计算公式为：

$$总资产贡献率 = (利润总额 + 税金总额 + 利息支出) / 平均资产总额 \times \frac{12}{累计月数}$$

#税金总额为产品销售税金及附加与应交增值税之和；平均资产总额为期初期末资产总计的算术平均值。

资本保值增值率 该指标反映企业净资产的变动状况，是企业发展能力的集中体现。计算公式为：

资本保值增值率 = 报告期期末所有者权益/上年同期期末所有者权益

所有者权益等于资产总计减负债总计。

资产负债率 该指标既反映企业经营风险的大小，也反映企业利用债权人提供的资金从事经营活动的能力。计算公式为：

资产负债率 = 负债总额/资产总额

产品销售率 该指标反映工业产品已实现销售的程度，是分析工业产销衔接情况、研究工业产品满足社会需求的指标。计算公式为：

产品销售率 = 工业销售产值/工业总产值（现价）

主营业务收入 指企业销售产品的销售收入和提供劳务等主要经营业务取得的业务收入总额。

主营业务成本 指企业销售产品和提供劳务等主要经营业务的实际成本。

营业费用 指企业在报告期内在产品销售和提供工业性劳务等主要经营业务过程中所发生的各项费用，包括运输费、装卸费、包装费、保险费、展览费、广告费，以及为销售本企业产品而专设的销售机构的职工工资、福利费、业务费等经常费用。

主营业务税金及附加指企业在报告期销售产品和提供工业性劳务等应负担的销售税金及附加，包括产品税、增值税、营业税、城市维护建设税、资源税和教育费附加。

利润总额 指企业在报告期内实现的利润，反映企业最终的财务成果。亏损以"—"表示，计算公式为：

利润总额 = 营业利润 + 投资收益 + 补贴收入 + 营业外收入 - 营业外支出 + 以前年度损益调整

利税总额 指企业产品销售税金及附加和利润总额之和。

资本金 指企业在工商行政管理部门登记的注册资金合计。企业资本金按投资主体可分为国家资本金、法人资本金、个人资本金和外商资本金等。资本金合计包括企业各种投资主体注册的全部资本金。

总资产 指企业拥有或控制的全部资产。包括流动资产、长期投资、固定资产、无形及递延资产、其他资产等，即为企业资产负债表的资产总计项。

1. 流动资产指企业可以在一年内或者超过一年的一个生产周期内变现或耗用的资产合计。包括现金及各种存款、短期投资、应收及预付款项、存货等。

2. 固定资产指企业固定资产净值、固定资产清理、在建工程、待处理固定资产损失所占用的资金合计。

3. 无形资产指企业长期使用而没有实物形态的资产。包括专利权、非专利技术、商标权、著作权、土地使用权、商誉等。

总负债 指企业承担并需要偿还的全部债务。包括流动负债和长期负债等。即为企业资产负债表的负债合计项。

1. 流动负债指企业在一年内或者超过一年的一个营业周期内需要偿还的债务合计，其中包括短期借款、应付及预收款项、应付工资、应交税金和应交利润等。

2. 长期负债指企业在一年以上或者超过一年的一个生产周期以上需要偿还的债务合计，其中包括长期借款、应付债务、长期应付款项等。

所有者权益 指企业投资人对企业净资产的所有权。企业净资产等于企业全部资产减去全部负债后的余额，其中包括投资者对企业的最初投入，以及公积金、盈余公积金和未分配利润，对股份制企业即为股东权益。

能源生产总量　指一定时期内，全国一次能源生产量的总和。该指标是观察全国能源生产水平、规模、构成和发展速度的总量指标。一次能源生产量包括原煤、原油、天然气、水电、核能及其他动力能（如风能、地热能等）发电量，不包括低热值燃料生产量、生物质能、太阳能等的利用和由一次能源加工转换而成的二次能源产量。

能源消费总量　指一定时期内，全国各行业和居民生活消费的各种能源的总和。该指标是观察能源消费水平、构成和增长速度的总量指标。能源消费总量包括原煤和原油及其制品、天然气、电力，不包括低热值燃料、生物质能和太阳能等的利用。能源消费总量分为终端能源消费量、能源加工转换损失量和能源损失量三部分。

九、建　筑　业

9-1 建筑业生产情况

（2009 年）

指　　标	合　计	内资企业	#国有	#集体	港澳台投资企业	外商投资企业
企业个数（个）	1179	1169	32	26	5	5
签订的合同额（千元）	203089632	202524703	49413624	1265583	458682	106247
上年结转合同额	68082839	67860538	12920688	497798	205696	16605
本年新签合同额	135006793	134664165	36492936	767785	252986	89642
承包工程完成情况（千元）						
直接从建设单位承揽工程完成的产值	111341643	111011034	27144712	852830	224362	106247
自行完成施工产值	110602137	110272348	26535254	852830	223542	106247
分包出去工程的产值	739506	738686	609458		820	
从建设单位以外承揽工程完成的产值	1994694	1994694	297115			
建筑业总产值（千元）	112596831	112267042	26832369	852830	223542	106247
#装饰装修产值	10819437	10762151	6264450	14302	19813	37473
建筑工程产值	94590156	94313708	20936851	710819	202803	73645
安装工程产值	14171912	14119434	5435611	123353	20739	31739
其他产值	3834763	3833900	459907	18658		863
建筑业竣工产值	54841897	54714755	7754896	545813	89669	37473
计算建筑业劳动生产率的平均人数（人）	477812	475441	50138	7013	1733	638
年末从业人数	514296	511597	49260	9236	1959	740
#工程技术人员	79538	78997	10620	1360	427	114
全员劳动生产率						
按总产值计算（元/人）	235651	236132	535170	121607	128991	166531
房屋建筑施工面积（平方米）	71066358	70688839	2061221	862049	377519	
#本年新开工面积	36786371	36617950	752171	426458	168421	
#实行投标承包面积	65542872	65165353	2044470	541151	377519	
#本年新开工	33645094	33476673	748171	167493	168421	
房屋建筑竣工面积（平方米）	22778317	22689343	941335	379962	88974	
房屋竣工率（%）	32.05	32.10	45.67	44.08	23.57	
招投标率						
按房屋施工面积计算（%）	92.23	92.19	99.19	62.77	100.00	
年末自有施工机械设备（净值）（千元）	5388930	5385368	1857822	76970	2522	1040
年末自有施工机械设备（总台数）（台）	141949	141539	22183	2474	253	157
年末自有施工机械设备（总功率）（千瓦）	2993485	2981725	638871	43956	11545	215
技术装备率（元/人）	10478	10527	37715	8334	1287	1405
动力装备率（千瓦/人）	5.82	5.83	12.97	4.76	5.89	0.29

注：本表统计范围为具有建筑业资质等级的所有独立核算的建筑业企业（下同）。

9-1　续表

指　　标	合　计	房屋和土木工程建筑业	#房屋工程建筑	#土木工程建筑	建筑安装业	建筑装饰业	其他建筑业
企业个数(个)	1179	362	189	173	267	383	167
签订的合同额(千元)	203089632	166175532	75520885	90654647	26616062	5198896	5099142
上年结转合同额	68082839	57502774	28224651	29278123	8638573	650492	1291000
本年新签合同额	135006793	108672758	47296234	61376524	17977489	4548404	3808142
承包工程完成情况(千元)							
直接从建设单位承揽工程完成的产值	111341643	89937752	42266650	47671102	13611458	3905257	3887176
自行完成施工产值	110602137	89354654	42200333	47154321	13484563	3894344	3868576
分包出去工程的产值	739506	583098	66317	516781	126895	10913	18600
从建设单位以外承揽工程完成的产值	1994694	1420524	187880	1232644	456375	65553	52242
建筑业总产值(千元)	112596831	90775178	42388213	48386965	13940938	3959897	3920818
#装饰装修产值	10819437	6923803	631708	6292095	791739	3015299	88596
建筑工程产值	94590156	81050182	38247077	42803105	8207567	2527179	2805228
安装工程产值	14171912	7381184	2677424	4703760	5263459	681412	845857
其他产值	3834763	2343812	1463712	880100	469912	751306	269733
建筑业竣工产值	54841897	43407005	24779579	18627426	7342756	2260720	1831416
计算建筑业劳动生产率的平均人数(人)	477812	343488	236774	106714	85958	25896	22470
年末从业人数	514296	379398	284999	94399	85028	27603	22267
#工程技术人员	79538	54181	31538	22643	13127	6124	6106
全员劳动生产率							
按总产值计算(元/人)	235651	264275	179024	453427	162183	152915	174491
房屋建筑施工面积(平方米)	71066358	59842979	58010436	1832543	10506769		716610
#本年新开工面积	36786371	31514313	30587944	926369	4940434		331624
#实行投标承包面积	65542872	55487306	54121516	1365790	9821493		234073
#本年新开工	33645094	28912375	28025529	886846	4564379		168340
房屋建筑竣工面积(平方米)	22778317	20091990	19656658	435332	2329755		356572
房屋竣工率(%)	32.05	33.57	33.88	23.76	22.17		49.76
招投标率							
按房屋施工面积计算(%)	92.23	92.72	93.30	74.53	93.48		32.66
年末自有施工机械设备(净值)(千元)	5388930	4251676	1287849	2963827	742701	129511	265042
年末自有施工机械设备(总台数)(台)	141949	87680	59802	27878	29797	14392	10080
年末自有施工机械设备(总功率)(千瓦)	2993485	2106868	927623	1179245	428500	218130	239987
技术装备率(元/人)	10478	11206	4519	31397	8735	4692	11903
动力装备率(千瓦/人)	5.82	5.55	3.25	12.49	5.04	7.90	10.78

9-2 建筑业主要经济指标

（2009 年）

单位：千元

指标	合计	内资企业	#国有	#集体	港澳台投资企业	外商投资企业
年末资产负债						
资产合计	**83121929**	**82689773**	**23331043**	**638086**	**177908**	**254248**
流动资产合计	62838234	62557833	18414626	422556	160877	119524
#存货	15298901	15203928	4037956	113931	67326	27647
#在建工程	2290464	2286595	263665	5731		3869
固定资产合计	14686039	14539170	3996719	185170	14581	132288
固定资产原价	18384650	18214082	6161975	252723	32277	138291
#生产经营用	13275490	13256488	3971529	159772	10188	8814
累计折旧	6294010	6245343	2433914	73918	17696	30971
#本年折旧	1244634	1236082	435603	12398	1602	6950
无形及递延资产小计	2811931	2809445	667203	24274	2450	36
#无形资产	2280369	2277883	501540	11306	2450	36
负债合计	53148985	52934924	18770387	266058	101295	112766
流动负债合计	50234879	50043475	17235959	263406	101295	90109
长期负债合计	2914106	2891449	1534428	2652		22657
所有者权益合计	29972944	29754849	4560656	372028	76613	141482
#实收资本	21305921	21210931	2782484	299499	43382	51608
国家资本	3757880	3757880	2621454			
集体资本	862467	862467		289499		
法人资本	6444568	6419638	161030	10000	14630	10300
个人资本	10174546	10170946			1000	2600
港澳台资本	27752				27752	
外商资本	38708					38708
损益及分配						
工程结算收入	108279727	107942171	28727827	861872	223542	114014
工程结算成本	96424497	96153789	25775485	709740	183629	87079
工程结算税金及附加	3719304	3708571	892134	30161	6670	4063
工程结算利润	7665958	7614395	2045711	85692	32161	19402
其他业务收入	917007	913815	209168	2450	189	3003
其他业务利润	140305	137113	19216	2046	189	3003
管理费用	3772333	3743963	1252983	45412	17814	10556
#税金	262415	260624	66139	2139	1535	256
#财产保险费	23203	23143	1309	99		60
劳动、失业保险费	695150	694628	527436	1495	482	40
财务费用	424918	424561	148598	1765	379	-22
#利息支出	225547	225369	14161	542	200	-22
营业利润	3609012	3582984	663346	40561	14157	11871
利润总额	3404544	3378490	619150	35772	14157	11897
应交所得税	635566	631104	52030	7280	3190	1272
应付利润	1178155	1168404	28315	18173	9469	282
利税总额	7386263	7347685	1577423	68072	22362	16216
工资、福利费						
本年应付工资总额（贷方累计发生额）	16049331	16003441	6053810	153604	34196	11694
本年应付福利费总额（贷方累计发生额）	753436	752330	86643	17666	180	926
亏损企业个数	168	167	8	1		1
应收工程款（千元）	12307365	12278548	4529886	78244	6688	22129
#竣工工程	3460463	3459373	630127	57651	1090	

指标	合计	房屋和土木工程建筑业	#房屋工程建筑	#土木工程建筑	建筑安装业	建筑装饰业	其他建筑业
年末资产负债							
资产合计	83121929	62036819	23116042	38920777	13699617	4081532	3303961
流动资产合计	62838234	47286739	15764216	31522523	9845803	3253251	2452441
#存货	15298901	11994723	4133658	7861065	2166199	642882	495097
#在建工程	2290464	1756200	1423637	332563	351168	130827	52269
固定资产合计	14686039	10830214	5077371	5752843	2498328	623491	734006
固定资产原价	18384650	13591572	4796962	8794610	3123694	656052	1013332
#生产经营用	13275490	10366730	3549578	6817152	1781061	422353	705346
累计折旧	6294010	4725356	1216148	3509208	1008928	204713	355013
#本年折旧	1244634	893631	258947	634684	228753	47009	75241
无形及递延资产小计	2811931	2475037	1561147	913890	279357	33523	24014
#无形资产	2280369	2056689	1317369	739320	181044	23269	19367
负债合计	53148985	43188833	12533777	30655056	7319094	1343267	1297791
流动负债合计	50234879	40405909	11905277	28500632	7242740	1330504	1255726
长期负债合计	2914106	2782924	628500	2154424	76354	12763	42065
所有者权益合计	29972944	18847986	10582265	8265721	6380523	2738265	2006170
#实收资本	21305921	13021938	7184632	5837306	4383502	2249068	1651413
国家资本	3757880	3159548	548950	2610598	306527	33321	258484
集体资本	862467	735291	586579	148712	94058	23118	10000
法人资本	6444568	3651220	2134173	1517047	1926536	431058	435754
个人资本	10174546	5438579	3914930	1523649	2046602	1742190	947175
港澳台资本	27752	10000		10000	9779	7973	
外商资本	38708	27300		27300		11408	
损益及分配							
工程结算收入	108279727	87854478	38215352	49639126	13234597	3652384	3538268
工程结算成本	96424497	79319618	34439411	44880207	11360826	2859283	2884770
工程结算税金及附加	3719304	2886976	1345359	1541617	469509	131608	231211
工程结算利润	7665958	5413090	2265273	3147817	1287261	605632	359975
其他业务收入	917007	579363	254262	325101	282015	20381	35248
其他业务利润	140305	95750	45066	50684	26027	7914	10614
管理费用	3772333	2562410	913943	1648467	702168	294684	213071
#税金	262415	160176	50844	109332	63409	20189	18641
#财产保险费	23203	14555	10537	4018	4708	2661	1279
劳动、失业保险费	695150	654265	75869	578396	30008	3487	7390
财务费用	424918	375642	93784	281858	29715	11289	8272
#利息支出	225547	187406	64642	122764	24905	6103	7133
营业利润	3609012	2570788	1302612	1268176	581405	307573	149246
利润总额	3404544	2425888	1164430	1261458	567725	256373	154558
应交所得税	635566	415071	226874	188197	124479	56482	39534
应付利润	1178155	756223	429088	327135	225759	131539	64634
利税总额	7386263	5473040	2560633	2912407	1100643	408170	404410
工资、福利费							
本年应付工资总额(贷方累计发生额)	16049331	13345608	5749401	7596207	1791335	471415	440973
本年应付福利费总额(贷方累计发生额)	753436	540724	387677	153047	166813	25678	20221
亏损企业个数	168	47	21	26	41	52	28
应收工程款(千元)	12307365	9683835	3569551	6114284	1657136	535332	431062
#竣工工程	3460463	1999215	1087590	911625	794403	375640	291205

9-3 劳务分包建筑企业生产经营情况

(2009年)

单位:千元、人

指　　标	合计	内资企业	#私营企业
企业个数	165	165	102
#有工作量企业个数	148	148	90
建筑业总产值	882737	882737	580321
#装饰装修产值	34882	34882	24487
计算建筑业劳动生产率的平均人数	27515	27515	22165
年末从业人数	28409	28409	22771
#管理人员	2395	2395	1817
#工程技术人员	3105	3105	1817
#现场施工工人	20303	20303	17063
固定资产原价	57549	57549	38608
本年折旧	6761	6761	3527
资产总计	418970	418970	290946
负债合计	85720	85720	62337
实收资本	227942	227942	159694
#集体资本	4845	4845	
#法人资本	11260	11260	4750
#个人资本	211837	211837	154944
营业收入合计	700549	700549	575130
#主营业务收入(工程结算收入)	696836	696836	574851
主营业务成本(工程结算成本)	583197	583197	489385
主营业务税金及附加(工程结算税金及附加)	25218	25218	18616
费用合计(营业费用、管理费用、财务费用)	46706	46706	33117
营业利润	54107	54107	43901
利润总额	51061	51061	43241
从业人员劳动报酬	417707	417707	356146
劳动、失业保险费	5895	5895	4446
住房公积金及住房补贴	1615	1615	829
全部从业人员年平均人数	28547	28547	22912

9-4 建筑业企业房屋建筑工程完成情况

（2009 年）

单位：万平方米

指　　标	2008 年	2009 年
合　计	**2058.43**	**2388.59**
厂房、仓库	218.98	334.27
住宅	1380.54	1379.25
办公用房	165.47	260.28
批发和零售用房	14.37	11.45
住宿和餐饮用房	21.28	23.17
居民服务业用房	5.69	16.16
教育用房	106.66	102.03
文化、体育和娱乐用房	5.12	22.02
卫生医疗用房	39.41	60.06
科研用房	6.60	8.28
其他用房	94.30	171.63

9-5 各县(市)区建筑业企业个数

（2009 年）

县(市)区	企业个数(个)	#国有	#集体	年末从业人数(人)	计算劳动生产率的平均人数(人)	#国有	#集体
郑州市	**1179**	**57**	**43**	**514296**	**477812**	**75877**	**26041**
中原区	161	14	6	84752	82337	24809	3463
二七区	109	8	4	40760	46807	7003	1564
管城区	131	9	1	48646	47683	19783	1144
金水区	583	14	6	209242	177839	16718	6588
上街区	18	4	1	9327	9241	4153	20
惠济区	50	3	3	41916	39730	508	1126
中牟县	22	4	5	14940	11021	2541	3782
巩义市	12		1	5477	4983		332
荥阳市	17	1	1	26660	30051	362	135
新密市	25		5	13802	11654		4218
新郑市	30		8	8093	6765		2236
登封市	21		2	10681	9701		1433

9-6 各县(市)区建筑业合同及承包工程完成情况

(2009 年)

单位:千元

县(市)区	签定的合同额	上年结转合同额	本年新签合同额	直接从建设单位承揽工程完成产值	自行完成施工产值	分包出去工程产值	从建设单位以外承揽工程完成产值
郑州市	**203089632**	**68082839**	**135006793**	**111341643**	**110602137**	**739506**	**1994694**
中原区	42759185	17687173	25072012	23216637	22907115	309522	531773
二七区	23048933	9706751	13342182	10420925	10060405	360520	613047
管城区	43671525	9501961	34169564	23722174	23722174		24536
金水区	65848414	21356886	44491528	36095205	36083512	11693	733391
上街区	2116466	319452	1797014	1631945	1575678	56267	
惠济区	10687613	4153716	6533897	6069600	6069600		45119
中牟县	4939521	2195668	2743853	2988722	2988722		
巩义市	1298869	477083	821786	703742	702238	1504	1224
荥阳市	3246970	1185468	2061502	2863645	2863645		
新密市	2587808	791859	1795949	1594376	1594376		43604
新郑市	1895597	478566	1417031	1356405	1356405		2000
登封市	988731	228256	760475	678267	678267		

9-7 各县(市)区建筑业企业总产值

(2009 年)

单位:千元

县(市)区	总产值	#国有	#集体	建筑工程产 值	#国有	#集体
郑州市	**112596831**	**36911454**	**4753608**	**94590156**	**30383125**	**4432085**
中原区	23438888	9702265	307969	17868230	6147051	235817
二七区	10673452	2990683	154908	9224413	2658762	28470
管城区	23746710	18968924	76520	22986096	18823224	76520
金水区	36816903	3147808	2421512	30867512	2236384	2417010
上街区	1575678	629943	453	800221	200103	
惠济区	6114719	94571	129752	4929012	91857	129752
中牟县	2988722	1349018	415788	1638492	225744	376962
巩义市	703462		71600	568707		71600
荥阳市	2863645	28242	14990	2453072		14990
新密市	1637980		763991	1454422		743336
新郑市	1358405		272361	1278426		226134
登封市	678267		123764	521553		111494

9-8 各县(市)区建筑业竣工产值

(2009 年)

单位:千元

县(市)区	竣工产值	#国有	#集体
郑州市	**54841897**	**13338153**	**3059526**
中原区	12046656	7075980	186199
二七区	7198296	1926675	112576
管城区	5832504	2678998	46520
金水区	20111838	1231665	1490713
上街区	1359896	384572	453
惠济区	3817811	5400	
中牟县	885026	34863	320788
巩义市	392290		104170
荥阳市	533070		14990
新密市	1070372		527109
新郑市	1198722		198294
登封市	395416		57714

9-9 各县(市)区建筑业全员劳动生产率

(2009 年)

单位:元/人

县(市)区	按总产值计算全员劳动生产率	#国有	#集体
郑州市	**235651**	**486464**	**182543**
中原区	284670	391078	88931
二七区	228031	427057	99046
管城区	498012	958850	66888
金水区	207024	188289	367564
上街区	170509	151684	22650
惠济区	153907	186163	115233
中牟县	271184	530900	109939
巩义市	141172		215663
荥阳市	95293	78017	111037
新密市	140551		181126
新郑市	200799		121807
登封市	69917		86367

9-10 各县(市)区建筑业房屋建筑施工、竣工面积

（2009 年）

单位：平方米

县(市)区	施工面积	#国有	#集体	竣工面积	#国有	#集体
郑州市	**71066358**	**3443479**	**7266456**	**22778317**	**1325790**	**2335737**
中原区	7971599	1269351	246168	3514206	698093	129603
二七区	3109799	35177	13072	1204223	2200	
管城区	6293773	967333	286425	1703157	315452	60536
金水区	33540159	1166938	4920956	9871637	305365	1109457
上街区	944565	4680		408789	4680	
惠济区	9905687		334636	2802124		
中牟县	1471997		490634	561245		425634
巩义市	1249798		107116	420243		77649
荥阳市	2844970		54412	498766		54412
新密市	1563053		368692	838371		272314
新郑市	1225871		356204	373692		126664
登封市	945087		88141	581864		79468

9-11 各县(市)区建筑业自有机械设备情况

（2009 年底）

单位：千瓦、千元

县(市)区	总功率	#国有	#集体	自有设备净值	#国有	#集体
郑州市	**2993485**	**923368**	**134462**	**5388930**	**2265437**	**174454**
中原区	692855	254077	44939	1282477	410082	9141
二七区	261409	102054	3734	427556	182597	6067
管城区	527987	400799	157	1291243	1125085	894
金水区	980269	128713	27831	1371009	243472	41853
上街区	27903	21721		79736	66474	
惠济区	220095	1613	3860	259128	5140	11793
中牟县	70455	11520	18946	290589	231059	19401
巩义市	20742		2284	20438		1075
荥阳市	44126	2871	1463	64489	1528	1033
新密市	29381		4474	92462		31256
新郑市	55431		14484	139447		38202
登封市	62832		12290	70356		13739

9-12 各县(市)区建筑业实收资本及资产合计

(2009 年)

单位:千元

县(市)区	实收资本	#国有	#集体	资产合计	#国有	#集体
郑州市	**21305921**	**4161474**	**872242**	**83121929**	**31605636**	**3240238**
中原区	3320150	852677	123790	15915783	6538907	279219
二七区	1873478	374796	54926	10415892	4194694	134487
管城区	3384374	1778250	20050	19593303	15564444	49874
金水区	9321647	751656	363733	26111652	3430615	1513238
上街区	312770	168894	1377	1224421	624840	1689
惠济区	1087149	48514	33317	3836648	87670	69956
中牟县	445909	184281	37492	1892207	1145864	315957
巩义市	253130		23660	731663		38351
荥阳市	374419	2406	6060	735192	18602	7243
新密市	360588		91715	1219246		601695
新郑市	347172		78142	1061127		152921
登封市	225135		37980	384795		75608

9-13 各县(市)区建筑业流动资产及固定资产

(2009 年底)

单位:千元

县(市)区	流动资产合计	#国有	#集体	固定资产合计	#国有	#集体
郑州市	**62838234**	**25307930**	**2163634**	**14686039**	**4817255**	**535032**
中原区	12172874	5219331	226101	2491922	896774	46911
二七区	8252731	3506016	95217	1410369	330142	38760
管城区	16149426	13203515	18870	2570015	1895992	31004
金水区	19357942	2051188	1040738	4761393	1201394	169041
上街区	879848	450599	214	284795	159749	156
惠济区	1981699	47814	48965	1641627	12204	18886
中牟县	1160560	814863	66495	458816	317095	50741
巩义市	555771		17390	158294		20961
荥阳市	475909	14604	3000	234682	3905	4243
新密市	889890		533810	273198		67036
新郑市	775484		87376	253644		51856
登封市	186100		25458	147284		35437

9-14 各县(市)区建筑业工程结算收入及负债合计

(2009年)

单位:千元

县(市)区	工程结算收入	#国有	#集体	负债合计	#国有	#集体
郑州市	**108279727**	**37986029**	**3873812**	**53148985**	**25670986**	**2016470**
中原区	22473989	9081487	328031	11631476	5637027	135048
二七区	10824162	2966824	146095	7956354	3775768	59335
管城区	25807787	20944172	79688	15236894	13289203	21288
金水区	33749491	2857898	1540838	13021180	1699873	1043487
上街区	1492733	669968	1147	782624	441418	312
惠济区	5224277	92436	146723	1512653	33059	17877
中牟县	2391544	1349018	366080	1109489	779349	166102
巩义市	687561		71909	346559		13491
荥阳市	2038994	24226	14990	293358	15289	1183
新密市	1699206		822222	676364		464060
新郑市	1285301		242063	448856		56659
登封市	604682		114026	133178		37628

9-15 各县(市)区建筑业利润、利税总额

(2009年)

单位:千元

县(市)区	利润总额	#国有	#集体	利税总额	#国有	#集体
郑州市	**3404544**	**801442**	**127395**	**7386263**	**2059975**	**264580**
中原区	605469	244788	8675	1354445	542726	17260
二七区	239438	16973	9721	651320	103401	18111
管城区	570228	406391	2242	1431908	1095622	4896
金水区	1059444	48281	36568	2271761	151705	87954
上街区	52898	9761		109413	40200	235
惠济区	282010	-1341	6035	646835	1021	11301
中牟县	224895	76469	27880	313130	124206	42905
巩义市	44849		270	79923		2757
荥阳市	47693	120	412	116548	1094	973
新密市	139783		20624	200787		49033
新郑市	87005		6401	134817		17005
登封市	50832		8567	75376		12150

主要统计指标解释

建筑业统计单位 指从事房屋、构筑物建造和设备安装活动的法人企业。建筑业法人企业应同时具备的条件是:①依法成立,有自己的名称、组织机构和场所,能够承担民事责任;②独立拥有和使用资产,承担负债,有权与其他单位签订合同;③独立核算盈亏,能够编制资产负债表。

建筑业总产值(即自行完成施工产值) 是以货币表现的建筑安装企业在一定时期内生产的建筑业产品的总和。建筑业总产值包括:

(1)建筑工程产值:指列入建筑工程预算内的各种工程价值。

(2)设备安装工程产值:指设备安装工程价值,不包括被安装设备本身价值。

(3)房屋、构筑物修理产值:指房屋、构筑物修理所完成的价值,但不包括被修理房屋、构筑物本身的价值和生产设备的修理价值。

(4)非标准设备制造产值:指加工制造没有定型的、非标准的生产设备的加工费和原材料价值,以及附属加工厂为本企业承建工程制作的非标准设备的价值。

建筑业增加值 指建筑业企业在报告期内以货币表现的建筑业生产经营活动的最终成果。目前建筑业增加值采用分配法(收入法)计算,即从收入的角度出发,根据生产要素在生产过程中应得的收入份额计算。具体计算公式为:

建筑业增加值 = 本年提取的固定资产折旧 + 应付工资 + 应付福利费 + 管理费用中的劳动待业保险金、税金 + 工程结算税金及附加 + 工程结算利润

房屋建筑施工面积 指在报告期内施工的全部房屋建筑面积,包括本期新开工的房屋面积、上期施工跨入本期继续施工的房屋面积、上期停缓建在本期恢复施工的房屋面积、本期竣工的房屋面积及本期施工后又停缓建的房屋面积。

房屋建筑竣工面积 指在报告期内房屋建筑按照设计要求全部完工,达到了住人和使用条件,经验收鉴定合格,正式移交使用单位的房屋建筑面积。

自有机械设备年末总台数 指归本企业所有,属于本企业固定资产的生产性机械设备年末总台数。包括施工机械、生产设备、运输设备以及其他设备。

自有机械设备年末总功率 指本企业自有施工机械、生产设备、运输设备以及其他设备等列为在册固定资产的生产性机械设备年末总功率,按设定能力或查定能力计算。包括机械本身的动力和为该机械服务的单独动力设备,如电动机等。计算单位用千瓦,动力换算可按 1 马力 =0.735 千瓦折合成千瓦数。电焊机、变压器、锅炉不计算动力。

工程结算收入 指企业承包工程实现的工程价款结算收入,以及向发包单位收取的除工程价款以外的按规定列作营业收入的各种款项,如临时设施费、劳动保险费、施工机械调迁费等以及向发包单位收取的各种索赔款。

工程结算利润 指已结算工程实现的利润,如亏损以“ - ”号表示。计算公式为:

工程结算利润 = 工程结算收入 - 工程结算成本 - 工程结算税金及附加

企业总收入 指与企业生产经营直接有关的各项收入,包括工程结算收入和其他业务收入。计算公式为:

企业总收入 = 工程结算收入 + 其他业务收入

十、交通运输、邮电通讯

10-1 公路里程、桥梁、涵洞年报

（2009 年）

指　　标	单位	合计	国道	省道	县道	乡道	专用道	村道
公路里程合计	**公里**	**11832**	**260**	**591**	**1010**	**3896**	**242**	**5834**
高速公路	公里	54		54				
一级公路	公里	73	68	6				
二级公路	公里	1635	192	441	667	252	24	58
三级公路	公里	1611		75	269	943	169	155
四级公路	公里	6403		16	68	2516	44	3760
等外公路	公里	2056			6	185	5	1861
按路面等级分	**公里**	**11832**	**260**	**591**	**1010**	**3896**	**242**	**5834**
有铺装路面	公里	5806	214	447	654	1915	127	2448
简易铺装路面	公里	3901	46	138	350	1769	110	1487
未铺装路面	公里	2125		5	6	212	5	1898
养护里程	**公里**	**11786**	**242**	**580**	**1010**	**3896**	**224**	**5834**
专用道班养护	公里	1833	242	580	1010			
#油路养护	公里	1827	242	580	1004			
群众养护	公里	9953				3896	224	5834
公路绿化里程	**公里**	**4710**	**240**	**440**	**871**	**2166**	**170**	**823**
涵洞	**米**	**64078**	**7618**	**14705**	**13241**	**18016**	**1748**	**8750**
	道	**6110**	**274**	**573**	**964**	**2551**	**221**	**1527**
隧道	**米**	**3211**			**863**	**1493**	**465**	**390**
	座	**14**			**2**	**6**	**2**	**4**
桥梁总计	**米**	**43890**	**5673**	**13112**	**6962**	**10877**	**518**	**6747**
	座	**1100**	**59**	**187**	**176**	**377**	**22**	**279**
#大中桥	米	30615	4067	11700	5288	6351	212	2998
	座	369	37	101	72	103	4	52
#大桥	米	15202	2593	7986	2163	1886		573
	座	75	12	35	9	14		5

附：1. 分县（市）公路通车里程（公里），全市合计 11832.428，市区 979.133，上街区 167.51，中牟县 1587.365，巩义市 2007.883，荥阳市 1568.877，新密市 2127.596，新郑市 1526.351，登封市 1867.713。

2. 数据来源：郑州市交通运输委员会。

10-2 民用车辆拥有量

（2009 年）

单位:辆

指　标	总 计	营运	非营运	#个人
合　计	**1301787**	**263576**	**1038211**	**1015225**
汽车	**762362**	**150885**	**611477**	**596414**
载客汽车	577511	26508	551003	468905
#大型	11341	9022	2319	818
中型	9772	2900	6872	3695
小型	497103	14415	482688	414922
微型	59295	171	59124	49470
#轿车	346239	14269	331970	294064
载货汽车	101132	75559	25573	48425
#重型	28082	24444	3638	11431
中型	19265	16432	2833	11231
轻型	51793	33559	18234	25076
微型	1992	1124	868	687
#普通载货	36293	23984	12309	21757
其它汽车	83719	48818	34901	79084
#三轮汽车	54259	28829	25430	53366
低速货车	24116	18813	5303	23501
电车	**81**	**81**		
摩托车	**420895**	**716**	**420179**	**417033**
普通	415259	714	414545	411420
轻便	5636	2	5634	5613
拖拉机	**111899**	**105936**	**5963**	**22**
大中型	7297	7297		
小型方向盘式	104602	98639	5963	22
挂车	**6478**	**5898**	**580**	**1755**
其他类型车	**72**	**60**	**12**	**1**

补充资料:机动车驾驶员 1583005 人,其中汽车驾驶员 1458736 人。

10-3　社会客货运输量

（2009 年）

指　标	单位	总 计	铁路	航空	公路	天然气管道
货运量	万吨	16967	2992	4	13938	33
货运周转量	万吨公里	4042683	1928460	5034	2109156	33
客运量	万人	26089	2720	395	22974	
客运周转量	万人公里	2633512	1031709	466565	1135238	
换算周转量	万吨公里	5221482	2960169	38600	2222680	33

注:1. 2009 年公路运输数据采用郑州市交通运输委员会专项调查数据;2. 天然气管道外购量 47667 万立方,换算货运周转量 33.4 万吨,换算比例 0.7 千克。

10-4　邮电通讯

（2009 年）

指　标　名　称	单位	总计	指　标　名　称	单位	总计
邮电业务总量(2000 不变价)	万元	2562019	#汽车邮路	公里	9078
#邮政业务总量	万元	78384	铁路邮路	公里	7545
电信业务总量	万元	2483635	航空邮路	公里	31724
函件	万件	7427	订销报纸期发数	万份	59.3
包裹	万件	68	订销杂志期发数	万份	51.2
汇票	万张	272	市话总容量	万门	415
特快专递	万件	508	长途直拔有权用户期末数	户	158882
集邮业务	万枚	1303	移动电话用户期末数	户	7415913
订销报纸累计数	万份	12917	本地电话用户期末数	户	2612189
订销杂志累计数	万份	787	#小灵通	户	589757
报刊流转额	万元	15072	固定电话	户	2022432
长途电话	万分钟	626240	#住宅电话	户	1255306
市话通话量	万分钟	1595828	公用电话	户	265223
邮路总长度	公里	48347	互联网用户期末数	户	1333612

10-5　电话用户

（2009 年底）

县(市)区	单位	移动电话用户	本地电话用户
市区	户	5150957	1863643
上街区	户	89536	52390
中牟县	户	400151	91704
巩义市	户	367991	150607
荥阳市	户	288935	104807
新密市	户	397174	127673
新郑市	户	397905	124665
登封市	户	323264	96700

主要统计指标解释

公路里程 指在一定时期内实际达到《公路工程技术标准 JTJ01—88》规定的等级公路，并经公路主管部门正式验收交付使用的公路里程数。其计算单位为：km。它包括大中城市的郊区公路以及通过小城镇街道部分的公路里程，也包括桥梁、渡口的长度，但不包括大中城市的街道、厂矿、林区生产用道和农业生产用道的里程。两条或多条公路共同经由同一路段，只计算一次，不得重复计算里程长度。公路里程是反映公路建设发展规模的重要指标，也是计算运输网密度等指标的基础资料。

货(客)运量 指在一定时期内，各运输部门实际运送的货物(旅客)数量。是反映运输业为国民经济和人民生活服务的数量指标，也是制定和检查运输生产计划，研究运输发展规模和速度的重要指标。货运按吨计算，客运按人计算。货物不论运输距离长短，货物类别，均按实际重量统计；旅客不论里程远近或票价多少，均按一人一次作为客运量统计。半价票、小孩票也按一人统计。

货物(旅客)周转量 指在一定时期内，由各种运输工具运送的货物(旅客)数量与其相应运输距离的乘积之总和，是反映运输业生产总成果的重要指标，也是编制和检查运输生产计划，计算运输效率、劳动生产率以及核算运输单位成本的主要基础资料。通常以吨公里和人公里为计算单位。计算货物周转量通常按发出站到达站之间的最短距离，也就是计费距离计算。

邮电业务总量 指以货币表现的邮电部门用于传递信息和提供其他邮电服务的总数量。它综合反映了一定时期邮电工作的总成果，是研究邮电业务量构成和发展趋势的重要指标。根据邮电管理体制不同，分为中央国营业务总量和地方国营业务总量。它用各种邮电分类业务量，如函件件数、电报份数、长话张数、市内电话和农村电话的年均户数、订销报刊累计份数等，分别乘以相应的平均单价(不变价)，加总后再加上出租电路和设备的收入、代用户维护电话交换机和线路等设备的收入、其他业务收入求得。

十一、国内贸易

11-1 社会消费品零售总额

(2009 年)

单位:万元

类别	合计	批发零售、住宿餐饮企业	批发零售、住宿餐饮个体	其他
社会消费品零售总额	**14347615**	**6254853**	**7852092**	**240670**
按销售地区分				
市的零售额	10217513	5820405	4263017	134091
县的零售额	648193	130275	493636	24282
县以下的零售额	3481909	304173	3095439	82297
按行业分				
批发零售业	11708558	5855749	5852809	
住宿餐饮业	2398387	399104	1999283	
其他	240670			240670

11-2 分县(市)区社会消费品零售总额

(2009 年)

单位:万元

县(市)区	合计	批发零售业	住宿餐饮业	其他
中原区	1016141	841615	150468	24058
二七区	1741426	1480578	237888	22960
管城区	1411240	1259260	144180	7800
金水区	3938581	3185203	718378	35000
上街区	192557	160106	32451	
惠济区	306007	235694	68793	1520
中牟县	649192	524756	105965	18471
巩义市	1078394	868394	189996	20004
荥阳市	932300	680848	218952	32500
新密市	987511	792632	174465	20414
新郑市	962440	802537	128703	31200
登封市	798465	589503	191362	17600

注:中原区、二七区、管城区、金水区零售额为在地口径。

11-3 批发和零售业商品

（2009 年）

指　　标	法人企业（个）	同行业附营产业活动单位（个）	外行业附营产业活动单位（个）	大个体（个）	年末从业人员（人）
限额以上企业总计	**1178**	**3397**	**4**	**203**	**79950**
批发	**585**	**1034**	**2**	**4**	**31635**
#国有及国有控股	77	397			13036
#个体				4	43
按登记注册类型分					
内资企业	**578**	**1020**	**2**		**31212**
国有企业	53	161			8226
集体企业	16	98			621
股份合作企业	1	1			10
有限责任公司	219	246	1		12458
国有独资公司	3	3			891
其他有限责任公司	216	243	1		11567
股份有限公司	17	229			2550
私营企业	264	277	1		7132
私营独资企业	14	14			671
私营合伙企业	3	3			55
私营有限责任公司	234	247	1		6086
私营股份有限公司	13	13			320
其他企业	8	8			215
港、澳、台商投资企业	**3**	**3**			**188**
港、澳、台商独资经营企业	3	3			188
外商投资企业	**4**	**11**			**192**
中外合资经营企业	2	9			137
中外合作经营企业	1	1			33
外商投资股份有限公司	1	1			22
按国民经济行业分					
批发业	**585**	**1034**	**2**	**4**	**31635**
农畜产品批发	**42**	**43**	**1**		**1673**
谷物、豆及薯类批发	11	11			523
种子、饲料批发	15	15			742
棉、麻批发	10	11			217
其他农畜产品批发	6	6	1		191
食品、饮料及烟草制品批发	**37**	**37**	**1**		**4010**
米、面制品及食用油批发	17	17			842
糕点、糖果及糖批发	1	1	1		135
肉、禽、蛋及水产品批发	3	3			208
盐及调味品批发	3	3			314
饮料及茶叶批发	6	6			224
烟草制品批发	2	2			1811
其他食品批发	5	5			476
纺织、服装及日用品批发	**46**	**49**		**1**	**1880**
纺织品、针织品及原料批发	20	23			691
服装批发	15	15			624
厨房、卫生间用具及日用杂货批发	1	1			27
化妆品及卫生用品批发	5	5		1	302
其他日用品批发	5	5			236

注：本表数据为按法人在地统计。

购进、销售、库存总额

单位:万元

商品购进总额	#进口	销售总额	批发额	#出口	零售额	年末商品库存总额	年末零售营业面积(万平方米)
21442632	**681639**	**18839793**	**12664247**	**601984**	**6175545**	**1546793**	**253.39**
16186021	**570785**	**13263295**	**12484507**	**601984**	**778789**	**1036412**	**38.42**
9492817	263785	6029871	5470935	182466	558936	457142	24.50
8640		8625	8565		60	913	0.02
16045373	**570785**	**13098068**	**12326729**	**601984**	**771339**	**1029488**	**38.36**
2915985	14072	3215558	3176846	115358	38712	151409	7.77
85819		95901	85964		9938	3775	1.32
2300		2532	2532			11	
5179722	24272	5527465	5353560	310867	173905	299561	9.68
23392		26830	26830	5680		7593	
5156330	24272	5500635	5326730	305188	173905	291967	9.68
5735541	250786	1947323	1425369	35016	521954	303235	16.78
2078088	281656	2251256	2224426	140743	26829	269074	2.81
100080	18500	99874	98474		1400	36931	0.80
10343		12737	12737	1338		1041	0.02
1900494	258910	2043890	2018461	138785	25429	223277	1.99
67171	4246	94755	94755	620		7826	
47918		58033	58033			2423	
12042		**14669**	**14669**			**333**	
12042		14669	14669			333	
119966		**141933**	**134543**		**7390**	**5679**	**0.04**
85068		89048	86431		2617	3817	0.03
1852		2611	2611			692	
33046		50274	45501		4772	1170	0.01
16186021	**570785**	**13263295**	**12484507**	**601984**	**778789**	**1036412**	**38.42**
432684	**201293**	**508745**	**501588**	**19433**	**7157**	**83553**	**0.30**
37701		34297	34297	835		8295	
79980	1603	111566	106307		5259	31734	0.02
42111	555	65851	63952	3776	1899	10065	0.27
272892	199135	297031	297031	14822		33460	0.02
626395	**94**	**892364**	**885900**	**51709**	**6464**	**58303**	**0.10**
129727	94	153345	152175	46029	1170	31115	0.01
10322		10467	10467			738	
10278		11962	11962			157	0.05
13261		19925	19861		64	510	0.01
17780		22259	21801		458	2990	0.02
347766		547798	547798	5680		17362	
97262		126610	121837		4772	5431	0.01
503493	**25337**	**525803**	**522337**	**210070**	**3467**	**43281**	**0.34**
326686	12078	329146	326096	146059	3050	22169	0.04
112441	734	123002	122669	36809	334	15650	0.27
1342		1770	1687		83	831	0.03
23426		26117	26117			3069	
39600	12526	45768	45768	27202		1562	

指标	法人企业（个）	同行业附营产业活动单位（个）	外行业附营产业活动单位（个）	大个体（个）	年末从业人员（人）
文化、体育用品及器材批发	**18**	**19**			**1271**
文具用品批发	8	9			281
图书批发	2	2			724
音像制品及电子出版物批发	1	1			15
首饰、工艺品及收藏品批发	1	1			40
其他文化用品批发	6	6			211
医药及医疗器材批发	**47**	**95**			**3798**
西药批发	22	58			2263
中药材及中成药批发	18	30			1379
医疗用品及器材批发	7	7			156
矿产品、建材及化工产品批发	**204**	**569**		**3**	**11003**
煤炭及制品批发	35	36			3304
石油及制品批发	18	300			3032
非金属矿及制品批发	10	11			319
金属及金属矿批发	56	56		1	1289
建材批发	31	31		2	1918
化肥批发	13	87			251
农药批发	4	11			60
其他化工产品批发	37	37			830
机械设备、五金交电及电子产品批发	**163**	**194**			**6877**
农业机械批发	5	6			107
汽车、摩托车及零配件批发	31	31			1727
五金、交电批发	15	15			282
家用电器批发	13	19			1390
计算机、软件及辅助设备批发	35	57			1028
通讯及广播电视设备批发	12	13			331
其他机械设备及电子产品批发	52	53			2012
贸易经纪与代理	**1**	**1**			**7**
贸易经纪与代理	1	1			7
其他批发	**27**	**27**			**1116**
再生物资回收与批发	4	4			157
其他未列明的批发	23	23			959
零售	**593**	**2363**	**2**	**199**	**48315**
#国有及国有控股	30	149			3923
#个体				199	3428
按登记注册类型分					
内资企业	**576**	**2312**	**2**		**40463**
国有企业	20	110	1		2083
集体企业	79	1052			4159
股份合作企业	2	3			25
联营企业	1	1			36
其他联营企业	1	1			36
有限责任公司	191	665			18566
国有独资公司	2	3			174
其他有限责任公司	189	662			18392
股份有限公司	21	23			3071
私营企业	258	454	1		12444

单位:万元

商品购进总额	#进口	销售总额	批发额	#出口	零售额	年末商品库存总额	年末零售营业面积（万平方米）
304339	**26**	**342612**	**335945**	**14123**	**6668**	**49326**	**0.73**
51795	26	57284	56527	298	757	2279	0.02
169975		190193	184344		5849	39329	0.71
8830		7851	7851			979	
13039		13825	13825	13825		1816	
60701		73458	73397		61	4923	
1338516	**22264**	**1415455**	**1402626**	**988**	**12829**	**105429**	**1.60**
802558		829569	827376		2194	66779	0.20
494480	121	534502	523867		10635	33200	1.35
41479	22143	51383	51383	988		5450	0.05
9527550	**47254**	**6102507**	**5523612**	**125218**	**578896**	**469245**	**26.39**
1311404		1346903	1345503		1400	40816	1.82
5864482	2284	2255219	1687237	494	567982	296079	22.55
147702	25218	150613	150613	96289		20164	0.01
869512	1190	947845	947399	6868	445	44746	0.22
909635	2686	934836	934557	7686	278	42013	0.50
113863		112486	103931		8555	10310	1.08
16200	4017	17738	17503		236	1540	0.15
294753	11860	336868	336868	13882		13578	0.06
3035961	**22342**	**3237005**	**3075078**	**95945**	**161927**	**199967**	**8.89**
7839		8966	8966	1338		1369	
1215288	19860	1294557	1175568	11309	118989	33274	6.57
40561		44159	43042	1609	1117	5360	0.04
1140768		1218340	1207445		10895	63605	0.58
227961		238223	217739		20484	22921	0.22
97170		102810	102709	6893	101	10440	0.02
306375	2482	329951	319610	74797	10341	62997	1.47
1961		**2265**	**2265**	**2265**		**310**	
1961		2265	2265	2265		310	
415122	**252175**	**236538**	**235158**	**82232**	**1380**	**26998**	**0.08**
26590		28457	28457			1193	
388532	252175	208081	206701	82232	1380	25805	0.08
5256611	**110854**	**5576497**	**179741**		**5396757**	**510381**	**214.97**
138603	23130	160725	11134		149591	23790	11.33
104452		119553	5625		113928	13831	20.75
4360275	110854	4655536	145845		4509691	450291	166.79
77925	23130	82816	1283		81534	17634	6.38
205415	602	220227	45699		174528	18865	11.15
6784		7985	640		7345	385	0.08
1375		1315			1315	60	0.20
1375		1315			1315	60	0.20
2340788	36573	2477850	63693		2414157	228539	94.67
2033		2120			2120	616	0.13
2338755	36573	2475730	63693		2412037	227922	94.54
111943		132488	3		132484	9581	12.22
1610719	#50550	1726399	34527		1691872	174915	41.83

指　　标	法人企业(个)	同行业附营产业活动单位(个)	外行业附营产业活动单位(个)	大个体(个)	年末从业人员(人)
私营独资企业	23	29			657
私营合伙企业	2	2			38
私营有限责任公司	220	401	1		11499
私营股份有限公司	13	22			250
其他企业	4	4			79
港、澳、台商投资企业	**3**	**17**			**2259**
合资经营企业(港或澳、台资)	1	8			368
港、澳、台商独资经营企业	2	9			1891
外商投资企业	**14**	**34**			**2165**
中外合资经营企业	5	6			1024
外资企业	4	23			586
外商投资股份有限公司	5	5			555
按国民经济行业分					
零售业	**593**	**2363**	**2**	**199**	**48315**
综合零售	**138**	**1293**		**30**	**19695**
百货零售	69	593		21	10905
超级市场零售	21	164		7	6675
其他综合零售	48	536		2	2115
食品、饮料及烟草制品专门零售	**19**	**64**	**1**	**6**	**1447**
粮油零售	3	6			125
糕点、面包零售	1	10			96
肉、禽、蛋及水产品零售	8	41		1	809
饮料及茶叶零售	3	3		3	134
其他食品零售	4	4	1	2	283
纺织、服装及日用品专门零售	**43**	**135**		**84**	**4222**
纺织品及针织品零售	6	8		5	324
服装零售	21	40		63	2636
鞋帽零售	6	39		4	635
钟表、眼镜零售	3	17		1	347
化妆品及卫生用品零售	1	1		1	18
其他日用品零售	6	30		10	262
文化、体育用品及器材专门零售	**25**	**64**		**4**	**1410**
文具用品零售	1	1			54
图书零售	10	46		1	924
音像制品及电子出版物零售	1	1			10
珠宝首饰零售	7	10		3	260
工艺美术品及收藏品零售	1	1			70
照相器材零售	2	2			19
其他文化用品零售	3	3			73
医药及医疗器材专门零售	**26**	**327**		**5**	**2427**
药品零售	20	321		5	2319
医疗用品及器材零售	6	6			108
汽车、摩托车、燃料及零配件专门零售	**191**	**205**	**1**	**26**	**10756**
汽车零售	158	158		7	9753
汽车零配件零售	5	6			71
摩托车及零配件零售	5	6		17	237
机动车燃料零售	23	35	1	2	695

单位:万元

商品购进总额	#进口	销售总额	批发额	#出口	零售额	年末商品库存总额	年末零售营业面积(万平方米)
39896		47037	556		46481	10174	2.46
913		1327			1327	117	0.06
1553894	50550	1659661	33701		1625960	163184	36.66
16016		18374	269		18104	1441	2.66
5326		6457			6457	313	0.27
425898		**427760**			**427760**	**11033**	**17.58**
13664		16332			16332	284	0.11
412234		411428			411428	10749	17.48
365985		**373649**	**28271**		**345378**	**35226**	**9.84**
74478		83618			83618	9355	2.86
52855		49185			49185	10391	4.29
238652		240845	28271		212575	15480	2.68
5256611	**110854**	**5576497**	**179741**		**5396757**	**510381**	**214.97**
1259840		**1304456**	**48030**		**1256426**	**89206**	**98.08**
976336		995158	28736		966422	55026	68.68
182371		201587	256		201332	24062	21.12
101133		107711	19038		88673	10118	8.29
49076		**58945**	**11221**		**47724**	**5808**	**1.85**
3859		4018	178		3840	71	0.31
603		1040			1040	72	0.10
15103		18298	369		17928	625	0.55
19916		25906	10670		15236	3221	0.23
9596		9684	4		9681	1818	0.67
190764		**239155**	**5018**		**234138**	**36497**	**10.73**
8052		10871	521		10350	2927	0.32
134707		166810	3268		163542	14455	8.01
19819		22802	348		22455	5273	1.23
15703		23881			23881	12231	0.72
379		677			677	36	0.02
12105		14114	881		13233	1574	0.44
74881		**81979**	**2047**		**79932**	**20406**	**3.40**
11506		13866			13866	2102	0.01
38000		40111	1277		38835	12010	2.62
588		629			629	50	0.04
9068		9833			9833	3065	0.45
856		1300	240		1061	710	0.20
1374		1543	531		1012	1041	0.01
13490		14697			14697	1428	0.09
121502	**602**	**120471**	**611**		**119860**	**17835**	**5.77**
114863	602	113106	611		112494	16226	5.65
6640		7366			7366	1609	0.13
2817544	**110104**	**2977598**	**68916**		**2908683**	**232654**	**41.00**
2722364	110104	2877277	65780		2811497	218186	37.99
3527		3960	193		3767	1370	0.09
41444		39712			39712	4746	0.47
50209		56649	2942		53707	8352	2.44

指 标	法人企业（个）	同行业附营产业活动单位（个）	外行业附营产业活动单位（个）	大个体（个）	年末从业人员（人）
家用电器及电子产品专门零售	**104**	**221**		**17**	**6153**
家用电器零售	32	74		15	3107
计算机、软件及辅助设备零售	43	61			1128
通信设备零售	13	70		2	1573
其他电子产品零售	16	16			345
五金、家具及室内装修材料专门零售	**25**	**32**		**26**	**1748**
五金零售	12	17		2	931
家具零售	7	9		21	528
其他室内装修材料零售	6	6		3	289
无店铺及其他零售	**22**	**22**		**1**	**457**
流动货摊零售				1	15
生活用燃料零售	4	4			94
旧货零售	1	1			5
其他未列明的零售	17	17			343
按零售业态分					
有店铺零售	587	2357		199	47937
食杂店	3	41			95
便利店	19	201		4	1178
折扣店				1	6
超市	35	198		23	3580
大型超市	14	73			6481
仓储会员店	2	2		1	124
百货店	93	918		15	10693
专业店	229	617		54	12644
专卖店	153	260		86	10506
家居建材商店	4	4		10	342
购物中心	7	15		4	1528
厂家直销中心	28	28		1	760
无店铺零售	6	6			200
电视购物	1	1			30
邮购	3	3			112
电话购物	2	2			58
限额以下企业	**8291**	**8926**			**173110**
批发业	5443	5690			65589
零售业	2848	3236			107521

单位:万元

商品购进总额	#进口	销售总额	批发额	#出口	零售额	年末商品库存总额	年末零售营业面积(万平方米)
655196	**149**	**692040**	**39915**		**652124**	**91886**	**30.97**
404284		415172	17702		397470	62663	25.42
117547	149	128551	11766		116785	10633	0.74
87095		102926	9953		92972	11631	4.19
46271		45391	494		44897	6960	0.63
52648		**60702**	**1253**		**59450**	**9897**	**21.78**
18930		25140	798		24342	4438	0.73
18616		19999	325		19674	2632	6.10
15102		15563	130		15433	2828	14.96
35160		**41150**	**2730**		**38420**	**6193**	**1.37**
2130		2410	810		1600	38	0.40
3155		4020	1043		2977	196	0.29
1899		1908	877		1031	18	0.20
27977		32812			32812	5941	0.48
5246607	110854	5564760	179741		5385019	509175	214.14
4638		4672	738		3934	129	0.69
36654		42824	3742		39083	8025	3.16
511		509			509	2	0.01
98220		109888	1142		108746	17862	5.63
211596		210728	130		210599	33706	27.08
9612		9511	400		9111	1575	0.27
1068117		1112927	43585		1069342	70969	70.25
1580105	9429	1667844	66044		1601800	181274	50.53
2047824	101408	2194660	59974		2134686	176121	32.78
19778		22959	1332		21627	2461	15.91
14979		19436	631		18805	3013	3.34
154575	18	168801	2024		166778	14040	4.48
7080		8174			8174	1120	0.13
2416		2975			2975	261	0.02
2435		2892			2892	568	0.09
2229		2307			2307	291	0.02
		4277649	3315157		962492		
		3778866	3245373		533493		
		498783	69784		428999		

11-4 分县(市)区限额以上批发和零售业商品购销存总额

(2009年)

单位:万元

县(市)区	购进总额	#进口	销售总额	批发	#出口	零售	年末库存额
中原区	1458609	16888	1702213	1295816	37955	406397	88581
二七区	1752329		1836231	1138357	2264	697874	98139
管城区	2513347	25494	2607385	1663821	141	943563	145087
金水区	5845862	535922	6082818	3481505	444596	2601312	495623
上街区	127713	11738	149420	118238	58274	31182	21892
惠济区	303839	7902	312358	51322		261035	23226
中牟县	688668		748903	671508		77394	21812
巩义市	91656	601	106518	29217	2001	77301	15860
荥阳市	65664		67812	16555		51256	5740
新密市	371900		383121	318729		64392	18904
新郑市	249689		275514	191007		84507	38557
登封市	121350		136262	52328		83934	41253
经济开发区	1851615	18500	1972196	1610559		361637	151601
高新区	170701		189492	185093	16271	4398	25782
郑东新区	5829682	64592	2269543	1840186	40479	429357	354730

注:本表数据为按法人在地统计。

11-5 分县(市)区限额以上批发和零售企业主要经济指标

(2009年)　　单位:万元

县(市)区	流动资产合计	#存货	固定资产原价	资产总计	所有者权益	#实收资本	主营业务收入
中原区	393751	63670	75035	498407	153775	40619	1447522
二七区	418106	71738	58090	536934	143019	68623	1412256
管城区	706578	118342	131828	894997	139125	175614	2199955
金水区	2363257	450330	360505	2999734	578266	567293	5315242
上街区	10815	1848	1348	14522	4366	7240	131580
惠济区	101528	19739	9931	118703	22456	16355	264477
中牟县	79034	10725	6114	108543	26764	17600	644964
巩义市	21933	1945	11286	59896	28397	15751	93736
荥阳市	13181	3680	5855	18791	5743	5284	59432
新密市	113597	15383	27321	145236	36132	29682	381288
新郑市	78384	13894	34133	114785	28627	17651	197081
登封市	22355	3132	12235	40520	16012	9969	124429
经济开发区	701514	116832	44479	777475	116401	57257	1715948
高新区	132051	24131	9606	154230	53591	33670	176960
郑东新区	605380	289392	247522	991210	220703	696646	1946814

11-5　续表　　(2009年)　　单位:万元

县(市)区	主营业务成本	主营业务税金及附加	主营业务利润	管理费用	#税金	利润总额	应缴增值税
中原区	1273135	19872	154515	56973	1392	71537	27313
二七区	1311237	3439	97579	45042	825	5592	14333
管城区	2038117	4075	157763	22801	1382	71656	29396
金水区	4913470	6254	395518	129985	3982	125786	60672
上街区	122057	704	8819	1113	107	326	268
惠济区	250347	111	14019	4810	239	1869	1627
中牟县	599615	883	44466	7093	104	3295	6459
巩义市	70147	386	23204	1388	159	1510	585
荥阳市	56023	246	3163	1296	159	506	530
新密市	359278	418	21592	6041	211	6460	3574
新郑市	177255	441	19385	5527	253	3167	961
登封市	92819	1407	30202	2355	335	3662	2386
经济开发区	1640647	1416	73884	20182	1018	30209	12044
高新区	156813	49	20096	6153	146	5769	831
郑东新区	1858678	1566	86569	48391	1327	-28783	14476

注:本表数据为按法人在地统计。

11-6 限额以上批发和零售业法人企业财务状况

（2009 年）

单位：万元

指标	法人企业个数	执行《2006 年企业会计准则》企业数	年初存货	流动资产合计	#应收账款	存货	流动资产年平均余额	长期投资合计	固定资产合计
总计	**1178**	**444**	**1027904**	**5761470**	**777244**	**1204788**	**5530642**	**394758**	**729350**
批发	**585**	**233**	**667353**	**3871230**	**659039**	**816963**	**3945563**	**326688**	**450279**
#国有及国有控股	77	44	278879	1273012	270039	383942	1626609	146444	340297
按登记注册类型分									
内资企业	**578**	**227**	**659741**	**3824909**	**654723**	**811589**	**3901864**	**326657**	**449843**
国有企业	53	31	135294	796621	203069	126199	1209943	86026	134499
集体企业	16	3	468	15340	565	538	14371	578	1939
股份合作企业	1			207	33	11	168		
有限责任公司	219	99	203147	1624756	285072	237078	1481664	113805	70869
国有独资公司	3	1	9876	23614	3896	7292	57434	9365	9317
其他有限责任公司	216	98	193272	1601142	281177	229787	1424231	104440	61552
股份有限公司	17	12	145988	401103	49256	257129	311642	44090	196334
私营企业	264	77	171637	965460	109990	188521	865629	82158	45974
私营独资企业	14	5	9213	31910	3712	9195	16190	636	2917
私营合伙企业	3		1245	2805	1960	447	2771		92
私营有限责任公司	234	67	148980	824827	81721	170498	745019	24715	37710
私营股份有限公司	13	5	12200	105918	22597	8380	101649	56807	5255
其他企业	8	5	3207	21422	6739	2113	18446		229
港、澳、台商投资企业	**3**	**3**	**461**	**1716**	**945**	**334**	**1449**		**103**
港、澳、台商独资经营企业	3	3	461	1716	945	334	1449		103
外商投资企业	**4**	**3**	**7151**	**44605**	**3370**	**5041**	**42250**	**31**	**333**
中外合资经营企业	2	1	3841	33669	2596	3267	33783		211
中外合作经营企业	1	1	723	2535	70	604	2535	31	42
外商投资股份有限公司	1	1	2587	8400	704	1170	5931		81
按国民经济行业分									
批发业	**585**	**233**	**667353**	**3871230**	**659039**	**816963**	**3945563**	**326688**	**450279**
农畜产品批发	**42**	**20**	**86411**	**403826**	**40714**	**67798**	**400394**	**84770**	**24603**
谷物、豆及薯类批发	11	4	17190	31288	5121	11018	32896	19154	8684
种子、饲料批发	15	7	40815	83437	7724	31700	79287	150	7072
棉、麻批发	10	6	13114	136681	35286	9518	139177	65377	7360
其他农畜产品批发	6	3	15293	152421	－7416	15562	149034	90	1487
食品、饮料及烟草制品批发	**37**	**13**	**59482**	**260796**	**11942**	**54071**	**264440**	**35089**	**54998**
米、面制品及食用油批发	17	6	32915	87895	3502	25773	103565	23238	15961
糕点、糖果及糖批发	1		16	1003	90	86	653		6
肉、禽、蛋及水产品批发	3		2183	4693	1035	1781	3995		137
盐及调味品批发	3	2	1364	4214	574	1730	3683	90	899
饮料及茶叶批发	6	2	3345	8005	672	2756	6303	15	170

注：本表数据为按法人在地统计。

指　标	法人企业个数	执行《2006 年企业会计准则》企业数	年初存货	流动资产合计	#应收账款	存货	流动资产年平均余额	长期投资合计	固定资产合计
烟草制品批发	2	2	13313	119787	3508	16556	115308	11215	30882
其他食品批发	5	1	6346	35200	2562	5389	30932	532	6942
纺织、服装及日用品批发	**46**	**15**	**25785**	**163691**	**21137**	**39508**	**123378**	**6208**	**9030**
纺织品、针织品及原料批发	20	8	9644	107287	5853	19693	82373	5184	4629
服装批发	15	3	12728	38940	10947	14663	25414	31	1203
厨房、卫生间用具及日用杂货批发	1		758	1132	301	831	1342		24
化妆品及卫生用品批发	5	3	1606	4426	1014	2881	3237		199
其他日用品批发	5	1	1049	11906	3022	1440	11012	993	2976
文化、体育用品及器材批发	**18**	**8**	**36144**	**122979**	**47516**	**27119**	**152723**	**7840**	**55239**
文具用品批发	8	3	3487	29591	2349	2123	24436		464
图书批发	2	1	21395	59006	29640	19017	60412	6600	48267
音像制品及电子出版物批发	1		3424	3719	2729	598	37538		28
首饰、工艺品及收藏品批发	1	1	2411	1302	74	1079	2223		247
其他文化用品批发	6	3	5427	29361	12724	4302	28114	1240	6233
医药及医疗器材批发	**47**	**13**	**84531**	**449451**	**221607**	**95676**	**322260**	**3861**	**16514**
西药批发	22	8	50533	252669	127277	59347	170685	174	11246
中药材及中成药批发	18	3	23415	172675	88970	31312	138539	3688	5061
医疗用品及器材批发	7	2	10584	24107	5360	5018	13037		206
矿产品、建材及化工产品批发	**204**	**102**	**226140**	**1420512**	**197720**	**353572**	**1700847**	**110856**	**259779**
煤炭及制品批发	35	15	12430	303888	95098	12273	739178	25917	14134
石油及制品批发	18	10	126141	418065	3364	247409	317335	25721	202673
非金属矿及制品批发	10	7	3913	38387	9757	6264	35413	1290	3654
金属及金属矿批发	56	30	25412	315891	32145	29481	289897	18363	16304
建材批发	31	19	43109	245569	45845	35872	229667	37830	12906
化肥批发	13	1	447	30622	1926	8054	36794	1357	1894
农药批发	4	2	955	5052	73	1437	4809	187	92
其他化工产品批发	37	18	13733	63038	9513	12783	47754	192	8123
机械设备、五金交电及电子产品批发	**163**	**51**	**128141**	**965232**	**91735**	**155382**	**885343**	**53629**	**23015**
农业机械批发	5		1372	4748	1492	286	3569		85
汽车、摩托车及零配件批发	31	15	26328	246759	16270	29873	206861	4868	4377
五金、交电批发	15	5	4588	25237	9937	4555	24320	1163	1517
家用电器批发	13	5	45603	424981	7214	60651	404510	20693	666
计算机、软件及辅助设备批发	35	1	11369	86192	11225	16493	89683	19430	703
通讯及广播电视设备批发	12	7	9498	50190	10742	8968	50929	4586	1278
其他机械设备及电子产品批发	52	18	29383	127125	34855	34557	105471	2890	14389
贸易经纪与代理	**1**	**1**	**525**	**458**	**88**	**265**	**565**		**29**
贸易经纪与代理	1	1	525	458	88	265	565		29
其他批发	**27**	**10**	**20195**	**84286**	**26580**	**23572**	**95613**	**24435**	**7072**

11-6 续表 2　　　　　　　　　　　　　　（2009 年）　　　　　　　　　　　　　　单位:万元

指　　标	法人企业个数	执行《2006 年企业会计准则》企业数	年初存货	流动资产合计	#应收账款	存货	流动资产年平均余额	长期投资合计	固定资产合计
再生物资回收与批发	4	4	1096	9057	3168	207	8845	1962	2204
其他未列明的批发	23	6	19099	75229	23412	23365	86769	22474	4868
零售	**593**	**211**	**360551**	**1890240**	**118205**	**387825**	**1585079**	**68069**	**279071**
#国有及国有控股	30	12	18756	106877	11826	19120	108644	16103	32543
按登记注册类型分									
内资企业	**576**	**201**	**321890**	**1611315**	**113314**	**345751**	**1325146**	**65472**	**180519**
国有企业	20	9	11623	25639	4725	12644	26554	1067	14060
集体企业	79	25	5584	29200	3948	5122	26156	6196	11766
股份合作企业	2	1	9	420	9	122	219		
联营企业	1	1	60						
其他联营企业	1	1	60						
有限责任公司	191	77	156614	786459	47443	163565	676851	14605	85701
国有独资公司	2	1	327	53346	4564	370	53373	6966	3563
其他有限责任公司	189	76	156287	733114	42879	163195	623478	7639	82137
股份有限公司	21	8	8499	53231	2664	8236	46425	7893	25390
私营企业	258	77	139381	716105	54409	155931	548730	35711	43521
私营独资企业	23	6	3076	19708	1996	3188	14169	239	2899
私营合伙企业	2	2	121	139	17	117	38		8
私营有限责任公司	220	64	134598	693039	52185	151231	531711	35471	39433
私营股份有限公司	13	5	1587	3220	211	1395	2811		1182
其他企业	4	3	120	260	116	132	213		82
港、澳、台商投资企业	**3**	**3**	**10818**	**184953**	**3367**	**10999**	**179268**		**82632**
合资经营企业(港或澳、台资)	1	1	118	797	171	250	765		126
港、澳、台商独资经营企业	2	2	10700	184156	3196	10749	178503		82506
外商投资企业	**14**	**7**	**27844**	**93973**	**1525**	**31075**	**80666**	**2597**	**15919**
中外合资经营企业	5	3	11987	22367	409	10908	12125		12171
外资企业	4	2	4333	9761	88	6361	8837		2066
外商投资股份有限公司	5	2	11524	61845	1028	13806	59703	2597	1683
按国民经济行业分									
零售业	**593**	**211**	**360551**	**1890240**	**118205**	**387825**	**1585079**	**68069**	**279071**
综合零售	**138**	**50**	**50256**	**440799**	**16191**	**48528**	**405227**	**19241**	**167479**
百货零售	69	32	23347	364938	13254	23853	347303	18944	135283
超级市场零售	21	9	23155	57506	1838	20347	39740	152	26508
其他综合零售	48	9	3754	18355	1098	4329	18184	145	5688
食品、饮料及烟草制品专门零售	**19**	**9**	**3931**	**11272**	**852**	**3182**	**10615**	**201**	**7591**
粮油零售	3	2	271	1161	94	222	913		408
糕点、面包零售	1	1	56	157	46	72	144		54
肉、禽、蛋及水产品零售	8	3	594	2653	57	428	2456		4063

指　标	法人企业个数	执行《2006 年企业会计准则》企业数	年初存货	流动资产合计	#应收账款	存货	流动资产年平均余额	长期投资合计	固定资产合计
饮料及茶叶零售	3	1	2818	6150	302	2142	6429	201	313
其他食品零售	4	2	192	1151	354	318	674		2754
纺织、服装及日用品专门零售	**43**	**17**	**28345**	**59826**	**9066**	**29662**	**54983**	**4576**	**5936**
纺织品及针织品零售	6	2	2492	6281	2035	2565	5364		179
服装零售	21	7	8058	25997	3774	10082	24030	1065	3836
鞋帽零售	6	4	5521	8114	452	5817	8357	20	1440
钟表、眼镜零售	3		11942	14943	677	10667	14168		242
化妆品及卫生用品零售	1		36	179	81	36	182		
其他日用品零售	6	4	296	4312	2047	496	2883	3491	239
文化、体育用品及器材专门零售	**25**	**7**	**13650**	**30117**	**4548**	**14349**	**30109**	**52**	**11511**
文具用品零售	1	1	1790	4257	193	2102	4310		68
图书零售	10	3	8469	17816	3770	8569	18584	52	10634
音像制品及电子出版物零售	1		63	84	-2	77	99		1
珠宝首饰零售	7	1	1225	5050	374	1507	3851		548
工艺美术品及收藏品零售	1	1	675	723		709	910		32
照相器材零售	2		146	432	74	136	433		
其他文化用品零售	3	1	1281	1755	139	1250	1921		228
医药及医疗器材专门零售	**26**	**9**	**13660**	**36919**	**13857**	**14995**	**32617**	**207**	**5834**
药品零售	20	7	12706	33430	12823	13654	29418	207	5758
医疗用品及器材零售	6	2	955	3489	1034	1341	3200		77
汽车、摩托车、燃料及零配件专门零售	**191**	**73**	**179039**	**953166**	**49761**	**202046**	**734089**	**34509**	**64084**
汽车零售	158	58	174846	930608	47701	196298	717698	33761	57119
汽车零配件零售	5	1	985	1377	140	937	1209	10	125
摩托车及零配件零售	5	2	1276	5073	289	1995	4549	102	712
机动车燃料零售	23	12	1932	16108	1631	2815	10632	636	6127
家用电器及电子产品专门零售	**104**	**28**	**62481**	**323444**	**16145**	**66528**	**283319**	**5435**	**13885**
家用电器零售	32	16	37653	228964	1455	38119	209289	3988	6855
计算机、软件及辅助设备零售	43	5	10048	46894	12064	11459	41455	755	2303
通信设备零售	13	2	9683	34737	1134	11573	20211	492	2428
其他电子产品零售	16	5	5097	12849	1492	5377	12364	200	2298
五金、家具及室内装修材料专门零售	**25**	**12**	**5793**	**20128**	**2826**	**4602**	**18081**	**3848**	**2139**
五金零售	12	5	2583	4909	1735	1968	3840	30	622
家具零售	7	4	526	8868	75	479	7395	967	584
其他室内装修材料零售	6	3	2684	6351	1016	2155	6847	2851	934
无店铺及其他零售	**22**	**6**	**3397**	**14570**	**4959**	**3933**	**16041**		**611**
生活用燃料零售	4		113	1948	64	500	1675		132
旧货零售	1	1	11	172	3	9	159		2
其他未列明的零售	17	5	3272	12450	4892	3425	14207		478

11-6 续表4 (2009年) 单位:万元

指标	固定资产原价	累计折旧	#本年折旧	资产总计	流动负债合计	#应付账款	长期负债合计	负债合计	所有者权益合计	#实收资本
总计	**1035296**	**305946**	**52427**	**7473989**	**5630003**	**1267928**	**130410**	**5900604**	**1573385**	**1759261**
批发	**639770**	**189491**	**25804**	**5070396**	**3680935**	**939374**	**74514**	**3881333**	**1189063**	**1361427**
#国有及国有控股	465078	124782	16293	2036179	1228620	509591	36743	1326381	709799	932498
按登记注册类型分										
内资企业	**639001**	**189158**	**25697**	**5023254**	**3643267**	**932425**	**74514**	**3843664**	**1179589**	**1357863**
国有企业	182223	47724	9417	1091420	629473	310197	13513	663508	427913	155953
集体企业	2608	670	4	18629	15418	2038	409	16010	2619	2943
股份合作企业				219	117	16		117	102	100
有限责任公司	126697	55829	6826	1921986	1579290	297159	5900	1621425	300562	231966
国有独资公司	14449	5132	664	42510	9244	6177		9244	33266	8227
其他有限责任公司	112248	50696	6162	1879476	1570047	290982	5900	1612181	267296	223740
股份有限公司	265246	68912	6384	835177	529082	182084	25423	595002	240175	760608
私营企业	61831	15857	3023	1133216	871126	139681	29270	928844	204373	201998
私营独资企业	4180	1263	197	37817	21711	7751	9	34720	3097	3354
私营合伙企业	129	37	15	2896	2409	2194		2409	487	600
私营有限责任公司	50535	12825	2637	908952	742448	118738	2361	760257	148696	134430
私营股份有限公司	6987	1732	175	183551	104559	10998	26900	131459	52092	63614
其他企业	396	167	43	22606	18760	1251		18760	3847	4295
港、澳、台商投资企业	**146**	**43**	**22**	**1821**	**2903**	**1590**		**2903**	**-1081**	**329**
港、澳、台商独资经营企业	146	43	22	1821	2903	1590		2903	-1081	329
外商投资企业	**624**	**290**	**85**	**45321**	**34766**	**5359**		**34766**	**10555**	**3235**
中外合资经营企业	425	214	55	34003	30029	2234		30029	3974	3072
中外合作经营企业	92	50	12	2729	22	18		22	2707	112
外商投资股份有限公司	108	27	19	8588	4715	3107		4715	3874	51
按国民经济行业分										
批发业	**639770**	**189491**	**25804**	**5070396**	**3680935**	**939374**	**74514**	**3881333**	**1189063**	**1361427**
农畜产品批发	**53655**	**29052**	**1126**	**594656**	**401980**	**30724**	**36485**	**444352**	**150304**	**123810**
谷物、豆及薯类批发	11031	2346	337	62175	29728	912	7179	37373	24801	14743
种子、饲料批发	9261	2189	472	97473	42029	13663	1932	49147	48327	18987
棉、麻批发	31200	23840	196	280450	180703	2149	27375	208275	72175	87499
其他农畜产品批发	2163	677	122	154558	149522	13999		149557	5002	2582
食品、饮料及烟草制品批发	**80387**	**25389**	**5113**	**382204**	**152014**	**26769**	**180**	**172125**	**210080**	**59942**
米、面制品及食用油批发	22226	6265	559	141619	68902	6813	113	88939	52680	47439
糕点、糖果及糖批发	8	2	1	1008	400	29		400	609	600
肉、禽、蛋及水产品批发	346	209	41	4833	3553	1645		3553	1280	1332
盐及调味品批发	1774	874	110	7115	4127	2673	92	4226	2889	648
饮料及茶叶批发	274	104	23	8203	7054	2449	75	7129	1074	1186
烟草制品批发	47201	16319	4352	173880	39687	8725		39687	134193	5886

11-6 续表5 （2009年） 单位:万元

指　　标	固定资产原价	累计折旧	#本年折旧	资产总计	流动负债合计	#应付账款	长期负债合计	负债合计	所有者权益合计	#实收资本
其他食品批发	8557	1615	27	45547	28292	4434	-100	28192	17355	2851
纺织、服装及日用品批发	**13662**	**4632**	**788**	**181171**	**159623**	**48191**	**3**	**159758**	**21413**	**20682**
纺织品、针织品及原料批发	7427	2798	398	119007	104692	19581		104740	14267	11296
服装批发	2178	975	298	40378	33418	19123	3	33421	6957	4395
厨房、卫生间用具及日用杂货批发	39	15	15	1283	1898	1898		1898	-614	100
化妆品及卫生用品批发	295	96	27	4626	4887	935		4887	-261	950
其他日用品批发	3724	748	51	15878	14729	6655		14812	1066	3941
文化、体育用品及器材批发	**68858**	**13619**	**3299**	**189730**	**128832**	**78962**	**448**	**129280**	**60450**	**16282**
文具用品批发	805	340	100	30335	27683	2710		27683	2652	3484
图书批发	58987	10720	2809	116734	72354	63792	448	72802	43932	10530
音像制品及电子出版物批发	70	42	42	3801	2791	2648		2791	1011	500
首饰、工艺品及收藏品批发	520	273	18	1549	1305	1146		1305	244	310
其他文化用品批发	8476	2243	329	37311	24699	8665		24699	12612	1458
医药及医疗器材批发	**23818**	**7305**	**1476**	**474683**	**391451**	**203083**	**808**	**394486**	**80197**	**58402**
西药批发	15744	4498	961	266125	228297	132860	348	228652	37473	25668
中药材及中成药批发	7562	2501	457	184237	143648	66726	94	145962	38276	29482
医疗用品及器材批发	512	306	58	24321	19506	3497	366	19872	4449	3252
矿产品、建材及化工产品批发	**353792**	**94012**	**10829**	**2060343**	**1422713**	**396930**	**34410**	**1550611**	**509732**	**956634**
煤炭及制品批发	19111	4977	1142	381847	212600	133907	3009	258804	123043	44723
石油及制品批发	274714	72040	6298	844689	542108	130234	24554	615658	229031	789185
非金属矿及制品批发	6691	3037	396	45846	33136	12398	86	33276	12570	6973
金属及金属矿批发	23310	7006	1332	363444	297612	31339	3108	301856	61588	43593
建材批发	17048	4142	1065	311465	253947	63985	3293	257240	54225	46502
化肥批发	2614	720	30	34272	29196	2342	361	29569	4704	4945
农药批发	283	191	40	5902	5060	2622		5060	842	1429
其他化工产品批发	10022	1900	528	72878	49056	20103		49150	23729	19285
机械设备、五金交电及电子产品批发	**35127**	**12112**	**2545**	**1069530**	**951688**	**132819**	**2132**	**956617**	**112913**	**101311**
农业机械批发	135	50	6	4843	4156	2071		4156	687	782
汽车、摩托车及零配件批发	7114	2736	542	274492	225919	26166	1460	227680	46812	28102
五金、交电批发	2106	589	162	29004	23214	4559		23221	5783	5506
家用电器批发	1032	366	162	446423	442197	27476	9	442206	4217	6952
计算机、软件及辅助设备批发	1546	844	116	107224	92291	14789		94388	12836	16978
通讯及广播电视设备批发	1782	504	116	61101	41471	3308	20	41884	19217	20100
其他机械设备及电子产品批发	21412	7023	1442	146444	122439	54450	643	123082	23362	22891
贸易经纪与代理	**38**	**9**	**4**	**498**	**231**	**113**		**231**	**267**	**301**
贸易经纪与代理	38	9	4	498	231	113		231	267	301
其他批发	**10434**	**3362**	**624**	**117580**	**72403**	**21784**	**48**	**73873**	**43707**	**24063**
再生物资回收与批发	2659	455	155	13971	8934	2010	48	10384	3587	3540

指　标	固定资产原价	累计折旧	#本年折旧	资产总计	流动负债合计	#应付账款	长期负债合计	负债合计	所有者权益合计	#实收资本
其他未列明的批发	7776	2907	469	103610	63469	19774		63489	40121	20523
零售	**395526**	**116455**	**26623**	**2403593**	**1949068**	**328554**	**55896**	**2019271**	**384322**	**397834**
#国有及国有控股	53498	20955	1671	168036	174495	19218	28317	203082	-35046	20628
按登记注册类型分										
内资企业	**269349**	**88830**	**18276**	**1970960**	**1615242**	**205874**	**55492**	**1684925**	**286035**	**334312**
国有企业	19332	5272	686	42061	30614	14446	686	31570	10491	7904
集体企业	15172	3405	108	55863	31079	5708	6520	40037	15826	17233
股份合作企业				420	45	45		45	375	250
联营企业				110				15	95	80
其他联营企业				110				15	95	80
有限责任公司	128042	42341	7935	928076	818300	106525	12909	840719	87357	140561
国有独资公司	10504	6941	348	63907	98789	413	307	99096	-35189	1744
其他有限责任公司	117537	35400	7587	864169	719511	106112	12602	741624	122546	138817
股份有限公司	43556	18166	1468	108301	77706	10528	32629	110393	-2092	14772
私营企业	63157	19636	8078	833286	657115	68483	2748	661764	171522	152691
私营独资企业	3469	570	118	24809	16368	776	350	17356	7453	4944
私营合伙企业	8			147	19	16		19	128	130
私营有限责任公司	58056	18623	7869	802717	639164	67429	2383	642530	160187	144024
私营股份有限公司	1625	443	92	5613	1564	262	15	1859	3754	3594
其他企业	92	10	1	2844	382	138		382	2462	821
港、澳、台商投资企业	**100526**	**17893**	**5053**	**312262**	**231277**	**104507**		**231277**	**80985**	**44187**
合资经营企业（港或澳、台资）	254	128	34	1457	1743	1051		1743	-285	300
港、澳、台商独资经营企业	100272	17765	5020	310805	229535	103456		229535	81270	43887
外商投资企业	**25651**	**9732**	**3294**	**120371**	**102550**	**18174**	**404**	**103069**	**17302**	**19335**
中外合资经营企业	19908	7738	2910	38523	34307	10848		34313	4210	9859
外资企业	2721	656	170	13276	13371	4293	404	13885	-608	3910
外商投资股份有限公司	3022	1338	215	68572	54872	3034		54872	13700	5566
按国民经济行业分										
零售业	**395526**	**116455**	**26623**	**2403593**	**1949068**	**328554**	**55896**	**2019271**	**384322**	**397834**
综合零售	**236510**	**69031**	**15553**	**719294**	**598275**	**166892**	**40024**	**640275**	**79020**	**111678**
百货零售	183987	48704	8014	595523	500715	138308	35743	537105	58418	85267
超级市场零售	44938	18430	7303	96944	80923	27030	1922	83133	13811	18732
其他综合零售	7586	1898	236	26828	16637	1553	2359	20037	6791	7679
食品、饮料及烟草制品专门零售	**11097**	**3507**	**328**	**23308**	**10496**	**1219**	**7696**	**18266**	**5042**	**4567**
粮油零售	548	140	10	1569	1423	162	6	1430	139	197
糕点、面包零售	116	63	13	225	236	201		236	-11	98
肉、禽、蛋及水产品零售	6836	2773	160	10817	3323	196	7690	11042	-225	933
饮料及茶叶零售	503	190	22	6718	4479	121		4479	2239	460

11-6 续表 7　　(2009 年)　　单位:万元

指　　标	固定资产原价	累计折旧	#本年折旧	资产总计	流动负债合计	#应付账款	长期负债合计	负债合计	所有者权益合计	#实收资本
其他食品零售	3094	341	124	3980	1034	538		1080	2900	2879
纺织、服装及日用品专门零售	**8767**	**2830**	**830**	**78840**	**77353**	**19570**	**5257**	**83025**	**-4185**	**17160**
纺织品及针织品零售	316	137	16	7137	6433	4651	200	6641	496	915
服装零售	5383	1547	661	36249	47501	10285	3588	51435	-15186	6925
鞋帽零售	2140	700	64	10915	7603	598	77	7679	3235	2730
钟表、眼镜零售	581	339	78	15731	11289	2693	404	11693	4038	3180
化妆品及卫生用品零售				215	133			133	82	56
其他日用品零售	347	108	12	8594	4394	1343	989	5445	3149	3354
文化、体育用品及器材专门零售	**15414**	**3903**	**487**	**44552**	**28349**	**13807**	**387**	**28767**	**15784**	**17087**
文具用品零售	211	143	35	4325	3316	3		3316	1009	10000
图书零售	14036	3402	388	29239	16790	11935	387	17177	12062	3757
音像制品及电子出版物零售	2	1		87	47	-6		47	40	50
珠宝首饰零售	764	216	53	7404	5460	817		5460	1943	2570
工艺美术品及收藏品零售	97	65	10	1071	880	212		880	191	50
照相器材零售				432	33	29		33	399	410
其他文化用品零售	305	77	1	1994	1822	817		1854	140	250
医药及医疗器材专门零售	**7812**	**1977**	**350**	**45618**	**32746**	**16105**	**11**	**35311**	**10307**	**13782**
药品零售	7702	1944	331	40775	30413	14948	11	32718	8057	12071
医疗用品及器材零售	110	34	19	4843	2333	1157		2593	2250	1711
汽车、摩托车、燃料及零配件专门零售	**91190**	**27107**	**7470**	**1083086**	**862331**	**59430**	**1907**	**872365**	**210721**	**167080**
汽车零售	83248	26129	7059	1051576	836857	45437	1401	846142	205434	160021
汽车零配件零售	204	79	14	1512	1016	45		1054	459	501
摩托车及零配件零售	778	65	6	5932	2751	-172		2751	3182	2336
机动车燃料零售	6961	834	392	24065	21708	14120	506	22419	1646	4222
家用电器及电子产品专门零售	**19347**	**5462**	**991**	**356405**	**308276**	**38492**	**156**	**308859**	**47546**	**50388**
家用电器零售	9480	2624	479	249264	229304	19876	68	229442	19823	19184
计算机、软件及辅助设备零售	3554	1251	207	50989	35257	7392	281	35582	15406	16797
通信设备零售	3475	1046	243	38732	30179	7019		30485	8248	10251
其他电子产品零售	2839	541	61	17420	13535	4204	-192	13351	4070	4156
五金、家具及室内装修材料专门零售	**4497**	**2357**	**539**	**34567**	**20495**	**7686**	**138**	**21146**	**13421**	**11415**
五金零售	1027	406	32	13099	4930	3942	138	5417	7683	3354
家具零售	807	223	26	11264	7103	414		7268	3996	3360
其他室内装修材料零售	2662	1728	481	10204	8462	3331		8462	1742	4701
无店铺及其他零售	**892**	**281**	**75**	**17923**	**10748**	**5355**	**320**	**11257**	**6666**	**4677**
生活用燃料零售	178	46	11	4797	1043	249		1231	3566	851
旧货零售	3	1		173	78			78	96	102
其他未列明的零售	711	233	64	12952	9628	5106	320	9948	3005	3724

(2009 年) 单位:万元

指标	国家资本	集体资本	法人资本	个人资本	港澳台资本	外商资本	主营业务收入	主营业务成本	主营业务税金及附加	主营业务利润
总计	**933079**	**58648**	**293725**	**412607**	**44336**	**16866**	**16111691**	**14919644**	**41267**	**1150780**
批发	**916497**	**42565**	**154102**	**244698**	**329**	**3235**	**11560037**	**10748682**	**30559**	**780796**
#国有及国有控股	913247	36	17948	1267			5281206	4793790	23618	463797
按登记注册类型分										
内资企业	**916497**	**42565**	**154102**	**244698**			**11424933**	**10632306**	**30559**	**762068**
国有企业	147299		8174	480			2873430	2574452	21024	277954
集体企业	6	2785	83	69			89660	80715	123	8822
股份合作企业		51		49			2532	2203	4	325
有限责任公司	23564	37801	94376	76224			4793632	4572007	4917	216708
国有独资公司	8227						22287	17336	75	4876
其他有限责任公司	15338	37801	94376	76224			4771345	4554671	4842	211832
股份有限公司	745370	1673	7472	6093			1660803	1518162	1559	141082
私营企业	30	255	41946	159768			1954250	1837027	2826	114398
私营独资企业			479	2875			93177	85870	633	6674
私营合伙企业			100	500			11212	10542	12	658
私营有限责任公司	30	255	40867	93279			1767381	1661307	2080	103995
私营股份有限公司			500	63114			82480	79308	101	3071
其他企业	228		2051	2016			50626	47741	106	2779
港、澳、台商投资企业					**329**		**14032**	**12140**		**1893**
港、澳、台商独资经营企业					329		14032	12140		1893
外商投资企业						**3235**	**121072**	**104236**		**16836**
中外合资经营企业						3072	75877	72908		2969
中外合作经营企业						112	2232	1671		561
外商投资股份有限公司						51	42963	29657		13306
按国民经济行业分										
批发业	**916497**	**42565**	**154102**	**244698**	**329**	**3235**	**11560037**	**10748682**	**30559**	**780796**
农畜产品批发	**20871**	**22737**	**5449**	**74529**	**224**		**445609**	**402622**	**153**	**42834**
谷物、豆及薯类批发	13175		300	1268			40002	38875	36	1092
种子、饲料批发	5965	52	4075	8671	224		105735	83249	24	22462
棉、麻批发	1531	22514	19	63434			59964	58256	22	1686
其他农畜产品批发	200	171	1055	1156			239908	222243	71	17595
食品、饮料及烟草制品批发	**50720**	**1000**	**2531**	**5636**	**5**	**51**	**757481**	**590648**	**18952**	**147881**
米、面制品及食用油批发	44286		95	3054	5		117527	112035	23	5470
糕点、糖果及糖批发				600			3713	3593	3	117
肉、禽、蛋及水产品批发			50	1282			10280	9355	8	918
盐及调味品批发	448			200			17520	12555	57	4908
饮料及茶叶批发	100		786	300			19155	17435	77	1644
烟草制品批发	5886						475888	348507	18634	108748

指　　标	国家资本	集体资本	法人资本	个人资本	港澳台资本	外商资本	主营业务收入	主营业务成本	主营业务税金及附加	主营业务利润
其他食品批发		1000	1600	200		51	113397	87170	151	26077
纺织、服装及日用品批发	**5732**	**474**	**2266**	**11998**	**100**	**112**	**465912**	**441323**	**392**	**24197**
纺织品、针织品及原料批发	2597	336	1011	7352			289433	279517	63	9852
服装批发		138	875	3270		112	110154	100611	274	9269
厨房、卫生间用具及日用杂货批发			100				1513	1266	6	242
化妆品及卫生用品批发			180	670	100		21439	19226	30	2183
其他日用品批发	3135		100	706			43374	40703	20	2651
文化、体育用品及器材批发	**11716**	**195**	**845**	**1455**		**2072**	**288582**	**261575**	**339**	**26669**
文具用品批发		15	645	753		2072	49046	47216	13	1818
图书批发	10510			20			168327	148716	242	19369
音像制品及电子出版物批发	500						4587	3911	19	657
首饰、工艺品及收藏品批发		180		130			12022	11338		684
其他文化用品批发	706		200	552			54600	50394	65	4142
医药及医疗器材批发	**4873**	**1290**	**29183**	**23056**			**1216635**	**1163332**	**1972**	**51330**
西药批发	1427	1290	12351	10600			712971	687271	875	24826
中药材及中成药批发	3446		15332	10704			458985	433789	1041	24155
医疗用品及器材批发			1500	1752			44679	42273	56	2350
矿产品、建材及化工产品批发	**805626**	**15865**	**74379**	**60764**			**5393335**	**5056703**	**6131**	**330501**
煤炭及制品批发	8078		21227	15418			1212190	1174334	1723	36132
石油及制品批发	761975	2000	20592	4618			1972472	1749588	1787	221097
非金属矿及制品批发	4401		1508	1064			142299	128544	769	12986
金属及金属矿批发	19715	150	6032	17696			850364	825448	838	24078
建材批发	9975	10000	14866	11661			796109	775982	467	19660
化肥批发	6	2696	1930	313			108578	107791	33	754
农药批发		729	176	524			16110	15293	23	794
其他化工产品批发	1476	290	8048	9470			295214	279722	491	15001
机械设备、五金交电及电子产品批发	**6809**	**923**	**34029**	**58551**		**1000**	**2787910**	**2640435**	**2308**	**145166**
农业机械批发			700	82			8207	7578	53	576
汽车、摩托车及零配件批发	5000		7622	15480			1124571	1063168	761	60642
五金、交电批发			1202	4304			38542	34531	77	3934
家用电器批发			3576	3376			1036389	997491	527	38371
计算机、软件及辅助设备批发	560		7576	7842		1000	195865	189051	174	6640
通讯及广播电视设备批发			3715	16385			89461	85492	74	3895
其他机械设备及电子产品批发	1249	923	9638	11081			294874	263125	641	31108
贸易经纪与代理			**181**	**120**			**2067**	**2017**		**50**
贸易经纪与代理			181	120			2067	2017		50
其他批发	**10151**	**81**	**5241**	**8590**			**202507**	**190026**	**313**	**12168**
再生物资回收与批发	1	81	2358	1100			27499	25148	229	2122

11-6 续表 10　　　　　　　　　　(2009 年)　　　　　　　　　　单位:万元

指　标	国家资本	集体资本	法人资本	个人资本	港澳台资本	外商资本	主营业务收入	主营业务成本	主营业务税金及附加	主营业务利润
其他未列明的批发	10150		2882	7490			175009	164879	84	10046
零售	**16581**	**16083**	**139623**	**167909**	**44007**	**13631**	**4551654**	**4170962**	**10708**	**369984**
#国有及国有控股	15951		2581	2096			124288	106132	392	17764
按登记注册类型分										
内资企业	**16408**	**16083**	**135269**	**166553**			**3865239**	**3557893**	**10116**	**297230**
国有企业	7904						72317	62950	182	9185
集体企业	457	6985	506	9285			209738	181890	1189	26659
股份合作企业		210	30	10			6845	6362	72	411
联营企业		80					1304	1075	78	150
其他联营企业		80					1304	1075	78	150
有限责任公司	5230	7914	62999	64419			1989363	1839282	5407	144674
国有独资公司	1744						2009	699	13	1297
其他有限责任公司	3486	7914	62999	64419			1987354	1838583	5394	143377
股份有限公司	2817	895	6076	4985			88834	80891	292	7652
私营企业			65037	87655			1491127	1380518	2895	107715
私营独资企业			978	3965			42579	34467	171	7941
私营合伙企业			30	100			1288	1139	3	146
私营有限责任公司			62023	82001			1430255	1331119	2624	96512
私营股份有限公司			2005	1589			17005	13792	97	3117
其他企业			621	200			5711	4925	2	784
港、澳、台商投资企业			**180**		**44007**		**365666**	**314092**	**460**	**51115**
合资经营企业(港或澳、台资)			180		120		14078	11538		2540
港、澳、台商独资经营企业					43887		351589	302554	460	48575
外商投资企业	**173**		**4174**	**1356**		**13631**	**320749**	**298978**	**132**	**21639**
中外合资经营企业			3882	640		5337	74909	67514	56	7338
外资企业						3910	40012	34895	58	5059
外商投资股份有限公司	173		293	716		4384	205828	196569	17	9242
按国民经济行业分										
零售业	**16581**	**16083**	**139623**	**167909**	**44007**	**13631**	**4551654**	**4170962**	**10708**	**369984**
综合零售	**5011**	**6196**	**26256**	**23512**	**43887**	**6816**	**933014**	**810888**	**4576**	**117550**
百货零售	4198	2748	20714	10784	43887	2936	657870	579165	3128	75578
超级市场零售		51	4036	10765		3881	174705	147738	557	26409
其他综合零售	813	3397	1506	1962			100439	83985	891	15564
食品、饮料及烟草制品专门零售	**3035**	**230**	**975**	**327**			**47767**	**36803**	**377**	**10587**
粮油零售	179	2		16			3993	3612	22	360
糕点、面包零售			98				889	515	2	371
肉、禽、蛋及水产品零售	66	228	428	211			16790	12488	137	4165
饮料及茶叶零售	90		370				20775	15808	70	4896

指　　标	国家资本	集体资本	法人资本	个人资本	港澳台资本	外商资本	主营业务收入	主营业务成本	主营业务税金及附加	主营业务利润
其他食品零售	2700		79	100			5321	4380	146	796
纺织、服装及日用品专门零售	**1733**	**658**	**5208**	**9267**	**120**	**174**	**156058**	**136686**	**1709**	**17662**
纺织品及针织品零售	100		164	651			7008	5527	347	1134
服装零售	1633	425	1812	2935	120		103140	92290	1294	9556
鞋帽零售			76	2654			17947	15937	30	1980
钟表、眼镜零售			3000	6		174	19975	15438	22	4515
化妆品及卫生用品零售			56				57	51	1	5
其他日用品零售		233	100	3021			7931	7443	16	472
文化、体育用品及器材专门零售	**2655**	**102**	**13120**	**1210**			**66884**	**55923**	**291**	**10671**
文具用品零售			10000				11851	11143	10	699
图书零售	2655	102	1000				32391	25472	90	6829
音像制品及电子出版物零售			20	30			538	311		227
珠宝首饰零售			2000	570			6960	5041	125	1795
工艺美术品及收藏品零售				50			1111	825	4	283
照相器材零售				410			1319	1262	1	56
其他文化用品零售			100	150			12714	11869	61	783
医药及医疗器材专门零售	**800**	**6058**	**5037**	**1887**			**102196**	**88851**	**430**	**12915**
药品零售	800	6058	4526	687			95686	83134	355	12198
医疗用品及器材零售			511	1200			6510	5718	75	717
汽车、摩托车、燃料及零配件专门零售	**2424**	**1878**	**60752**	**95886**		**6141**	**2600235**	**2465122**	**1874**	**133239**
汽车零售	2404	1750	58033	91694		6141	2521054	2392908	1712	126434
汽车零配件零售			101	400			3385	3140	25	220
摩托车及零配件零售			2197	139			25655	24476	41	1137
机动车燃料零售	20	128	421	3653			50141	44597	95	5449
家用电器及电子产品专门零售	**623**	**30**	**25671**	**23564**		**500**	**569896**	**516939**	**1029**	**51928**
家用电器零售		30	13942	4712		500	333413	300426	585	32402
计算机、软件及辅助设备零售	458		2423	13916			106201	100972	81	5148
通信设备零售	165		8230	1856			87161	76369	266	10525
其他电子产品零售			1076	3080			43121	39171	97	3853
五金、家具及室内装修材料专门零售	**300**	**928**	**1393**	**8794**			**40833**	**28358**	**310**	**12165**
五金零售		848	273	2233			22217	14295	45	7877
家具零售		80	320	2960			6606	4287	229	2090
其他室内装修材料零售	300		800	3601			12010	9777	36	2197
无店铺及其他零售		**2**	**1211**	**3464**			**34771**	**31393**	**112**	**3267**
生活用燃料零售			60	791			3833	3205	14	614
旧货零售			100	2			1638	1604	2	32
其他未列明的零售		2	1051	2671			29300	26584	96	2621

指　　标	其他业务收入	其他业务利润	营业费用	管理费用	#税金	差旅费	工会经费	财务费用	#利息支出	营业利润
总计	**186843**	**132920**	**544473**	**359156**	**11647**	**15299**	**2626**	**47610**	**29967**	**332461**
批发	**65441**	**22691**	**333960**	**210311**	**7080**	**10139**	**1654**	**33869**	**23887**	**225347**
#国有及国有控股	40994	13809	153945	132783	3971	3657	1202	17861	14110	173018
按登记注册类型分										
内资企业	**65349**	**22599**	**322178**	**208850**	**6983**	**9971**	**1644**	**33969**	**23997**	**219669**
国有企业	10580	7504	50831	79124	2693	2760	935	5423	3075	150080
集体企业	908	156	4919	473	39	10	1	121	16	3466
股份合作企业			152	170	13	2		1	1	2
有限责任公司	39405	12692	138928	53700	1898	3219	336	5682	2639	31090
国有独资公司	1077	513	2503	2647	87	18	26	9	7	230
其他有限责任公司	38328	12179	136426	51053	1810	3202	310	5672	2632	30860
股份有限公司	4790	-2182	57317	45386	1057	919	216	12302	10935	23896
私营企业	9665	4430	69332	28715	1254	2620	154	10462	7355	10319
私营独资企业	266	266	1993	1794	212	120	24	87	-10	3066
私营合伙企业			247	527	2	92		-1	-3	-114
私营有限责任公司	9362	4129	64976	24391	916	2340	127	8730	5782	10027
私营股份有限公司	38	35	2116	2004	123	68	3	1646	1585	-2660
其他企业			700	1282	30	441	3	-21	-23	818
港、澳、台商投资企业			**1039**	**293**	**53**	**104**				**560**
港、澳、台商独资经营企业			1039	293	53	104				560
外商投资企业	**93**	**93**	**10743**	**1168**	**45**	**64**	**10**	**-100**	**-110**	**5118**
中外合资经营企业	87	87	1440	627	28	38	9	-100	-109	1089
中外合作经营企业			237	168	1	3	1	1		156
外商投资股份有限公司	6	6	9066	373	15	22		-1	-1	3874
按国民经济行业分										
批发业	**65441**	**22691**	**333960**	**210311**	**7080**	**10139**	**1654**	**33869**	**23887**	**225347**
农畜产品批发	**1502**	**1454**	**19203**	**13032**	**416**	**553**	**64**	**6130**	**5380**	**5923**
谷物、豆及薯类批发	267	263	2249	2800	94	86	17	621	281	-4316
种子、饲料批发	55	53	7459	6856	69	330	36	339	308	7861
棉、麻批发	351	310	1161	2638	187	61	5	1995	1986	-3799
其他农畜产品批发	829	829	8334	737	66	76	6	3175	2806	6177
食品、饮料及烟草制品批发	**2581**	**1316**	**39877**	**46298**	**1106**	**429**	**392**	**2290**	**1025**	**60733**
米、面制品及食用油批发	877	823	5971	5737	123	88	28	2123	1230	-7539
糕点、糖果及糖批发			21	89	3					6
肉、禽、蛋及水产品批发			619	232	12	2		54	50	13
盐及调味品批发			2207	1929	60	27	18	5	4	767
饮料及茶叶批发	18	2	1050	454	8	24	3	25	12	118
烟草制品批发	878	413	10753	36007	869	247	342	-291	-291	62693

11-6 续表 13　　(2009 年)　　单位:万元

指　　标	其他业务收入	其他业务利润	营业费用	管理费用	#税金	差旅费	工会经费	财务费用	#利息支出	营业利润
其他食品批发	808	78	19256	1850	32	40	1	374	20	4675
纺织、服装及日用品批发	**1801**	**969**	**15959**	**7503**	**124**	**645**	**35**	**1799**	**1539**	**-95**
纺织品、针织品及原料批发	1255	698	6510	2967	83	216	15	1147	981	-74
服装批发	28	28	5890	2259	32	279	12	77	59	1071
厨房、卫生间用具及日用杂货批发			493	112		10	2			-364
化妆品及卫生用品批发		-85	1290	621	1	119	2	13		174
其他日用品批发	519	329	1775	1544	7	20	3	562	500	-902
文化、体育用品及器材批发	**2551**	**2382**	**10114**	**9900**	**1031**	**145**	**50**	**1262**	**1169**	**7775**
文具用品批发	10	10	1093	607	29	21	4	39	24	89
图书批发	1270	1196	7103	7088	804	23	26	659	639	5715
音像制品及电子出版物批发	3	3	287	78		3	1	2		293
首饰、工艺品及收藏品批发	57	54	537	188	2	87		11		2
其他文化用品批发	1211	1118	1094	1939	195	12	18	551	506	1677
医药及医疗器材批发	**2180**	**1324**	**17266**	**16076**	**641**	**2373**	**361**	**2736**	**1087**	**16576**
西药批发	1998	1181	7659	8971	510	415	89	1384	722	7993
中药材及中成药批发	108	71	8363	6232	125	1913	270	1310	338	8321
医疗用品及器材批发	74	72	1243	873	6	45	2	42	26	263
矿产品、建材及化工产品批发	**28349**	**9613**	**119421**	**84618**	**2803**	**2955**	**546**	**18007**	**13842**	**118068**
煤炭及制品批发	1683	1472	14206	11517	511	445	134	782	179	11100
石油及制品批发	12240	3530	73810	42004	1191	838	215	14294	12117	94520
非金属矿及制品批发	1589	1428	4097	4455	98	336	54	147	36	5715
金属及金属矿批发	3434	2727	11316	9114	591	531	37	1691	1170	4685
建材批发	9079	159	7909	12146	279	509	84	879	308	-1114
化肥批发	62	62	868	364	19	23	1	78	-26	-494
农药批发	29	27	513	181	33	65		11	10	116
其他化工产品批发	232	207	6703	4838	81	205	21	126	48	3540
机械设备、五金交电及电子产品批发	**26212**	**5404**	**103728**	**28738**	**872**	**2876**	**180**	**207**	**-1306**	**17897**
农业机械批发	2		153	401	4	84		23	17	-1
汽车、摩托车及零配件批发	19467	3337	44636	9212	217	446	52	295	-91	9836
五金、交电批发	36	35	1678	1214	31	129	7	75	47	1001
家用电器批发	1405	94	35271	3772	121	328	10	-1089	-1297	511
计算机、软件及辅助设备批发	442	358	4195	3197	91	226	14	-358	-381	-36
通讯及广播电视设备批发	210	88	1479	1720	36	146	4	797	135	-12
其他机械设备及电子产品批发	4651	1491	16316	9222	374	1516	93	464	263	6598
贸易经纪与代理			**19**	**41**	**1**	**2**				**-9**
贸易经纪与代理			19	41	1	2				-9
其他批发	**265**	**230**	**8374**	**4106**	**88**	**163**	**27**	**1440**	**1151**	**-1522**
再生物资回收与批发	38	38	1089	584	5	6	9	172	33	315

指　　标	其他业务收入	其他业务利润	营业费用	管理费用	#税金	差旅费	工会经费	财务费用	#利息支出	营业利润
其他未列明的批发	227	193	7285	3522	84	157	18	1268	1118	-1836
零售	**121402**	**110229**	**210514**	**148846**	**4567**	**5161**	**971**	**13740**	**6080**	**107114**
#国有及国有控股	3506	3219	6506	10883	332	190	115	769	329	2825
按登记注册类型分										
内资企业	**93725**	**84931**	**181105**	**120238**	**3757**	**4464**	**777**	**14613**	**7822**	**66204**
国有企业	1160	873	3961	4308	207	103	56	269	236	1520
集体企业	794	625	6223	3598	213	116	55	525	271	16937
股份合作企业			100	96	38	12	2	3	2	213
联营企业			36	29	7			1		85
其他联营企业			36	29	7			1		85
有限责任公司	71130	65092	109875	70680	2334	1594	371	6617	3431	22593
国有独资公司	339	339	63	1929	92	19	16	3		-359
其他有限责任公司	70791	64753	109812	68751	2242	1575	355	6614	3431	22953
股份有限公司	5941	5793	4720	10043	172	71	50	790	124	-2110
私营企业	14698	12548	56168	31439	786	2568	244	6407	3758	26249
私营独资企业	63	63	1410	715	45	52	5	238	148	5641
私营合伙企业			79	62	7	1		2		2
私营有限责任公司	14623	12473	54348	30063	693	2474	238	6126	3593	18449
私营股份有限公司	12	12	331	599	40	41	1	40	17	2158
其他企业	2		22	45	1	1		1		716
港、澳、台商投资企业	**23272**	**21052**	**11220**	**22779**	**731**	**514**	**123**	**-922**	**-1585**	**39090**
合资经营企业(港或澳、台资)	75		2317	596	3	70	1	16		-389
港、澳、台商独资经营企业	23198	21052	8903	22183	728	444	122	-938	-1585	39479
外商投资企业	**4404**	**4246**	**18188**	**5829**	**79**	**183**	**71**	**49**	**-157**	**1819**
中外合资经营企业	3523	3522	8983	2156	44	36	29	109	-15	-388
外资企业	12	12	5933	1576	32	22	7	8	-4	-2446
外商投资股份有限公司	870	713	3273	2097	3	126	36	-68	-138	4653
按国民经济行业分										
零售业	**121402**	**110229**	**210514**	**148846**	**4567**	**5161**	**971**	**13740**	**6080**	**107114**
综合零售	**87831**	**82123**	**82274**	**68941**	**2088**	**840**	**417**	**2555**	**-162**	**45904**
百货零售	60343	56558	35588	60043	1384	654	258	1768	-544	34736
超级市场零售	26784	25037	42263	6143	579	111	109	269	58	2771
其他综合零售	705	528	4423	2754	125	76	50	517	325	8397
食品、饮料及烟草制品专门零售	**1263**	**1161**	**3565**	**2538**	**127**	**27**	**28**	**249**	**96**	**5396**
粮油零售	31	31	170	198	25	1	2	7	5	16
糕点、面包零售			223	57	1	2	2			91
肉、禽、蛋及水产品零售	1212	1119	1535	803	93	2	20	54	-3	2892
饮料及茶叶零售			1508	1414	4	1		188	93	1787

指　标	其他业务收入	其他业务利润	营业费用	管理费用	#税金	差旅费	工会经费	财务费用	#利息支出	营业利润
其他食品零售	20	11	128	66	6	22	5	1	1	611
纺织、服装及日用品专门零售	**3583**	**3439**	**16234**	**14229**	**215**	**285**	**77**	**738**	**272**	**-10100**
纺织品及针织品零售	1	1	1036	409	1	14	1	17	2	-327
服装零售	3525	3382	12873	12633	123	205	30	321	-42	-12891
鞋帽零售	20	19	950	423	41	16	42	8	-8	618
钟表、眼镜零售			1139	578	14	22	3	328	260	2471
化妆品及卫生用品零售			30							-25
其他日用品零售	37	37	206	186	37	27		63	60	54
文化、体育用品及器材专门零售	**777**	**672**	**3724**	**4363**	**169**	**75**	**47**	**381**	**305**	**2874**
文具用品零售			111	446	1		3	98	74	45
图书零售	556	465	2572	2819	139	54	40	80	61	1823
音像制品及电子出版物零售			17	5						205
珠宝首饰零售	184	170	315	727	24	1	1	184	156	740
工艺美术品及收藏品零售			16	264		8	2			3
照相器材零售	5	5	10	49	1	2		1		2
其他文化用品零售	32	31	684	54	5	10		18	15	57
医药及医疗器材专门零售	**760**	**755**	**6526**	**3568**	**105**	**247**	**72**	**720**	**639**	**2855**
药品零售	759	755	6109	3305	105	160	69	717	639	2821
医疗用品及器材零售	1		417	264	1	87	4	3		34
汽车、摩托车、燃料及零配件专门零售	**5519**	**5088**	**60793**	**38196**	**1387**	**2133**	**274**	**7464**	**4241**	**31875**
汽车零售	4971	4592	58698	36788	1298	1770	262	7279	4199	28260
汽车零配件零售			88	104	3	5	1	7		21
摩托车及零配件零售	358	323	422	122	10	25	1	6		911
机动车燃料零售	189	174	1586	1181	77	333	9	172	42	2683
家用电器及电子产品专门零售	**21271**	**16631**	**32835**	**13558**	**417**	**1415**	**38**	**1294**	**393**	**20872**
家用电器零售	17823	14188	22478	6089	198	136	17	814	316	17208
计算机、软件及辅助设备零售	1270	597	2447	2719	101	179	10	372	67	207
通信设备零售	2146	1815	6363	2558	25	40	6	142	46	3276
其他电子产品零售	32	31	1547	2192	93	1059	5	-34	-36	181
五金、家具及室内装修材料专门零售	**390**	**356**	**3545**	**1761**	**25**	**50**	**14**	**232**	**218**	**6982**
五金零售	130	121	919	493	13	21	7	17	13	6570
家具零售	13	8	456	791	12	15	6	225	214	627
其他室内装修材料零售	248	226	2170	477	1	15	1	-9	-9	-215
无店铺及其他零售	**8**	**6**	**1018**	**1692**	**33**	**90**	**6**	**108**	**78**	**456**
生活用燃料零售			18	306	16	3		-3	-3	293
旧货零售			9	18		1				5
其他未列明的零售	8	6	991	1368	16	86	6	111	82	157

11-6 续表 16 （2009 年） 单位:万元

指 标	补贴收入	营业外收入	利润总额	应交所得税	劳动、失业保险费	养老保险和医疗保险费	住房公积金和住房补贴	本年应付工资总额
总计	**18196**	**28362**	**302569**	**97495**	**6149**	**24973**	**6757**	**187011**
批发	**17405**	**24062**	**239775**	**73100**	**4738**	**15435**	**5399**	**101965**
#国有及国有控股	13484	14295	198656	61748	4315	10140	4086	54765
按登记注册类型分								
内资企业	**17405**	**24039**	**234138**	**72406**	**4715**	**15316**	**5342**	**100946**
国有企业	11214	12497	172555	43281	2931	6910	2716	34861
集体企业		400	－143	38	1	140		3214
股份合作企业			2		2	6		14
有限责任公司	2479	2876	26580	9414	694	5084	1153	34684
国有独资公司	220	21	457	215	79	464	128	3312
其他有限责任公司	2259	2856	26123	9199	615	4620	1025	31372
股份有限公司	2358	1830	26809	17002	917	1882	896	11926
私营企业	1354	6429	8402	2666	154	1203	573	15794
私营独资企业	655	542	1247	379	29	48	470	1356
私营合伙企业			－116	14		6	1	95
私营有限责任公司	659	5339	9547	2231	117	1134	102	13854
私营股份有限公司	40	548	－2276	42	8	15		489
其他企业		8	－65	6	16	91	5	453
港、澳、台商投资企业			**552**	**47**	**3**	**24**	**8**	**214**
港、澳、台商独资经营企业			552	47	3	24	8	214
外商投资企业		**23**	**5084**	**648**	**19**	**95**	**48**	**805**
中外合资经营企业		1	1089	280	4	75	42	673
中外合作经营企业		19	121	30	14	5		65
外商投资股份有限公司		3	3874	338	1	15	6	66
按国民经济行业分								
批发业	**17405**	**24062**	**239775**	**73100**	**4738**	**15435**	**5399**	**101965**
农畜产品批发	**4710**	**1997**	**6610**	**1599**	**100**	**707**	**241**	**4062**
谷物、豆及薯类批发	3512	68	－801	5	74	264	76	921
种子、饲料批发	316	1231	8977	1561	9	232	60	2364
棉、麻批发	826	666	－2341	6	12	140	78	491
其他农畜产品批发	56	32	776	27	5	71	27	286
食品、饮料及烟草制品批发	**7531**	**4882**	**72822**	**18151**	**2066**	**3985**	**1661**	**23989**
米、面制品及食用油批发	7088	3830	3099	513	33	570	148	1988
糕点、糖果及糖批发			6	2		2		38
肉、禽、蛋及水产品批发			12	3	17	50		356
盐及调味品批发		3	735	184	7	183	59	925
饮料及茶叶批发		4	119	31	2	39	9	645
烟草制品批发	443	641	63777	16860	2006	3012	1440	16841

指　　标	补贴收入	营业外收入	利润总额	应交所得税	劳动、失业保险费	养老保险和医疗保险费	住房公积金和住房补贴	本年应付工资总额
其他食品批发		403	5075	559	1	130	6	3196
纺织、服装及日用品批发	**778**	**217**	**597**	**454**	**146**	**723**	**155**	**4066**
纺织品、针织品及原料批发	594	73	552	187	44	282	73	1715
服装批发	18	32	885	231	29	133	2	1284
厨房、卫生间用具及日用杂货批发			-364					62
化妆品及卫生用品批发		22	188	23	33	109	11	490
其他日用品批发	166	90	-663	13	39	199	68	517
文化、体育用品及器材批发		**968**	**8716**	**2088**	**174**	**509**	**208**	**3174**
文具用品批发		12	88	25	5	51	11	403
图书批发		185	5899	1475	50	164	102	1480
音像制品及电子出版物批发			286	71		6	9	68
首饰、工艺品及收藏品批发			2		1	38		117
其他文化用品批发		771	2442	516	118	251	87	1106
医药及医疗器材批发	**-5**	**1909**	**16094**	**3709**	**63**	**1316**	**82**	**9258**
西药批发	-8	795	8337	1757	28	993	31	4794
中药材及中成药批发	3	1081	7500	1892	32	306	51	3985
医疗用品及器材批发		33	257	61	3	17	1	478
矿产品、建材及化工产品批发	**3846**	**13080**	**119073**	**41046**	**1902**	**5858**	**2541**	**34210**
煤炭及制品批发	655	940	7819	2640	342	1850	998	8168
石油及制品批发	1992	1742	97509	35336	893	2148	943	11310
非金属矿及制品批发	2	138	2041	534	15	219	83	1168
金属及金属矿批发	323	409	4329	1388	74	537	185	3363
建材批发	256	9842	4213	207	564	733	232	7612
化肥批发	593	-4	85	72	2	50	5	261
农药批发			110	50		15	5	166
其他化工产品批发	26	14	2968	820	12	307	91	2161
机械设备、五金交电及电子产品批发	**231**	**687**	**17222**	**5675**	**200**	**1975**	**402**	**20796**
农业机械批发		-1	-4	10		4		172
汽车、摩托车及零配件批发	2	111	9371	3734	89	288	43	6594
五金、交电批发		8	519	76	25	172	5	708
家用电器批发	3	227	718	486	27	552	141	4993
计算机、软件及辅助设备批发		16	-66	340	11	234	108	2519
通讯及广播电视设备批发		160	112	85	8	109		919
其他机械设备及电子产品批发	227	166	6571	944	39	615	105	4891
贸易经纪与代理	**5**		**-4**					**13**
贸易经纪与代理	5		-4					13
其他批发	**309**	**324**	**-1356**	**380**	**87**	**362**	**109**	**2397**
再生物资回收与批发		310	314	151	1	79	25	548

11-6　续表 18　　　　　　　　（2009 年）　　　　　　　　单位:万元

指　　标	补贴收入	营业外收入	利润总额	应交所得税	劳动、失业保险费	养老保险和医疗保险费	住房公积金和住房补贴	本年应付工资总额
其他未列明的批发	309	14	-1669	229	86	283	84	1849
零售	**791**	**4300**	**62794**	**24394**	**1411**	**9537**	**1358**	**85046**
#国有及国有控股		208	1508	997	491	2249	448	6520
按登记注册类型分								
内资企业	**358**	**3805**	**21659**	**13240**	**1279**	**8055**	**1018**	**73402**
国有企业		116	1610	429	151	1293	168	3424
集体企业	2	122	5370	1099	3	249		4035
股份合作企业		-7	62	1				29
联营企业								42
其他联营企业								42
有限责任公司	331	2714	5843	8061	713	3792	708	37085
国有独资公司		5	-1351	1	229	53	229	694
其他有限责任公司	331	2709	7194	8060	484	3739	480	36391
股份有限公司		94	-2069	97	242	1338	65	3840
私营企业	25	766	10826	3549	170	1382	77	24835
私营独资企业	2	5	456	92		22		1003
私营合伙企业			2	1				53
私营有限责任公司	22	695	10441	3437	170	1356	77	23468
私营股份有限公司	1	66	-73	19		4		312
其他企业			17	3				112
港、澳、台商投资企业		**207**	**38650**	**9714**	**30**	**681**	**158**	**6636**
合资经营企业(港或澳、台资)		2	-399			54		603
港、澳、台商独资经营企业		205	39049	9714	30	627	158	6033
外商投资企业	**433**	**288**	**2486**	**1440**	**103**	**802**	**182**	**5007**
中外合资经营企业		53	-360	205	16	357	71	1678
外资企业	3	166	-2278	5	10	196	73	951
外商投资股份有限公司	431	70	5124	1231	77	249	38	2379
按国民经济行业分								
零售业	**791**	**4300**	**62794**	**24394**	**1411**	**9537**	**1358**	**85046**
综合零售	**67**	**1096**	**28611**	**12195**	**621**	**4019**	**724**	**29456**
百货零售	64	764	29620	10332	572	2937	555	17446
超级市场零售	3	314	-5164	908	44	758	127	10009
其他综合零售		18	4155	955	6	325	42	2002
食品、饮料及烟草制品专门零售		**508**	**2193**	**549**	**25**	**263**	**41**	**2005**
粮油零售			14	1	3	59	1	142
糕点、面包零售			91	23		5		176
肉、禽、蛋及水产品零售		422	142	34	15	159	25	1064
饮料及茶叶零售		75	1855	464	1	40	15	455

指　　标	补贴收入	营业外收入	利润总额	应交所得税	劳动、失业保险费	养老保险和医疗保险费	住房公积金和住房补贴	本年应付工资总额
其他食品零售		11	92	27	5			167
纺织、服装及日用品专门零售	**84**	**122**	**-10701**	**813**	**149**	**566**	**69**	**5091**
纺织品及针织品零售	4	-2	-336	4	8	11	11	399
服装零售		55	-12852	219	138	342	41	2608
鞋帽零售		67	209	44		105	5	1104
钟表、眼镜零售		2	2169	543	4	108	12	786
化妆品及卫生用品零售			-25					8
其他日用品零售	80		134	4				187
文化、体育用品及器材专门零售		**49**	**704**	**301**	**112**	**1006**	**75**	**3242**
文具用品零售			40	13	2	19	1	145
图书零售		48	858	229	106	878	75	2446
音像制品及电子出版物零售			1					14
珠宝首饰零售			-256	40	2	103		296
工艺美术品及收藏品零售			3	1				124
照相器材零售			2	1	2			34
其他文化用品零售			57	17		6		183
医药及医疗器材专门零售	**2**	**43**	**2180**	**179**	**128**	**334**	**19**	**4669**
药品零售	2	43	2146	169	127	321	19	4458
医疗用品及器材零售			34	10		13		211
汽车、摩托车、燃料及零配件专门零售	**415**	**885**	**28963**	**7545**	**246**	**1834**	**238**	**28614**
汽车零售	415	831	27849	7308	243	1762	228	27471
汽车零配件零售			21	5	1	11		94
摩托车及零配件零售		1	272	65				125
机动车燃料零售		53	822	166	2	61	10	924
家用电器及电子产品专门零售	**221**	**1578**	**9542**	**2555**	**124**	**1252**	**175**	**8873**
家用电器零售	221	1507	5839	1588	102	860	148	4095
计算机、软件及辅助设备零售		2	196	80	11	261	20	1932
通信设备零售		62	3320	827	4	102	8	2389
其他电子产品零售		7	187	61	6	28		457
五金、家具及室内装修材料专门零售	**2**	**18**	**850**	**141**	**5**	**211**	**18**	**2304**
五金零售	2	12	653	123	2	134		1223
家具零售			406	17		3		544
其他室内装修材料零售		6	-209	1	3	74	18	537
无店铺及其他零售		**2**	**452**	**116**	**2**	**54**		**791**
生活用燃料零售			293	73	1	14		140
旧货零售			5	1		3		4
其他未列明的零售		2	153	42	1	37		647

11-6 续表20 (2009年) 单位:万元

指 标	本年应付福利费总额	本年应交增值税	全部从业人员年平均人数(人)	资产减值损失	公允价值变动收益	投资收益	执行《2006年企业会计准则》企业的投资
总计	**11104**	**175460**	**78425**	**3368**	**2**	**6808**	**5820**
批发	**7667**	**110885**	**33118**	**2491**		**6128**	**5140**
#国有及国有控股	5410	59106	12565	2547		4919	4919
按登记注册类型分							
内资企业	**7583**	**110284**	**32838**	**2491**		**6128**	**5140**
国有企业	3616	35988	8008	941		2924	2924
集体企业	3	671	781				
股份合作企业		12	12				
有限责任公司	1953	47349	12246	-49		980	12
国有独资公司	316	519	890				
其他有限责任公司	1638	46830	11356	-49		980	12
股份有限公司	1142	15401	2402	1599		1992	1992
私营企业	858	10592	9143			231	212
私营独资企业	10	2425	2598				
私营合伙企业	7	122	54				
私营有限责任公司	839	7692	6175			231	212
私营股份有限公司	3	354	316				
其他企业	10	271	246				
港、澳、台商投资企业	**13**	**65**	**86**				
港、澳、台商独资经营企业	13	65	86				
外商投资企业	**71**	**536**	**194**				
中外合资经营企业	71	412	140				
中外合作经营企业		124	32				
外商投资股份有限公司		1	22				
按国民经济行业分							
批发业	**7667**	**110885**	**33118**	**2491**		**6128**	**5140**
农畜产品批发	**1027**	**759**	**1617**	**199**		**18**	**18**
谷物、豆及薯类批发	38	70	500				
种子、饲料批发	456	218	757	-7			
棉、麻批发	14	104	217	206		18	18
其他农畜产品批发	519	368	143				
食品、饮料及烟草制品批发	**2647**	**22608**	**4020**			**1108**	**1108**
米、面制品及食用油批发	188	294	791			1108	1108
糕点、糖果及糖批发		27	20				
肉、禽、蛋及水产品批发		84	207				
盐及调味品批发	105	607	314				
饮料及茶叶批发	14	315	218				
烟草制品批发	2338	20605	1811				

指　　标	本年应付福利费总额	本年应交增值税	全部从业人员年平均人数(人)	资产减值损失	公允价值变动收益	投资收益	执行《2006年企业会计准则》企业的投资
其他食品批发	2	677	659				
纺织、服装及日用品批发	**164**	**2042**	**1862**			**172**	**172**
纺织品、针织品及原料批发	27	533	675			172	172
服装批发	82	1095	636				
厨房、卫生间用具及日用杂货批发		50	27				
化妆品及卫生用品批发	2	126	272				
其他日用品批发	54	238	252				
文化、体育用品及器材批发	**141**	**2598**	**919**	**1**		**8**	**8**
文具用品批发	10	206	212			8	8
图书批发	121	1742	449				
音像制品及电子出版物批发	5	19	15				
首饰、工艺品及收藏品批发			40				
其他文化用品批发	5	631	203	1			
医药及医疗器材批发	**322**	**13289**	**3832**	**135**			
西药批发	186	8387	2274	16			
中药材及中成药批发	110	4376	1401	119			
医疗用品及器材批发	26	526	157				
矿产品、建材及化工产品批发	**2685**	**38212**	**12870**	**2231**		**3756**	**3816**
煤炭及制品批发	339	10494	5142				
石油及制品批发	1407	16865	2984	1487		2013	1994
非金属矿及制品批发	20	696	324				
金属及金属矿批发	208	3071	1325	1061		1938	1938
建材批发	539	3973	1977	-317		-195	-116
化肥批发	3	1493	233				
农药批发	10	11	57				
其他化工产品批发	159	1608	828				
机械设备、五金交电及电子产品批发	**634**	**30406**	**6994**	**-74**		**1067**	**19**
农业机械批发	5	41	107				
汽车、摩托车及零配件批发	242	9044	1716			1049	1
五金、交电批发	17	341	323				
家用电器批发	75	15893	1238	-75		11	11
计算机、软件及辅助设备批发	106	1113	1176				
通讯及广播电视设备批发	11	428	378			6	6
其他机械设备及电子产品批发	178	3546	2056	1			
贸易经纪与代理			**8**				
贸易经纪与代理			8				
其他批发	**47**	**970**	**996**				
再生物资回收与批发	29	413	167				

指　　标	本年应付福利费总额	本年应交增值税	全部从业人员年平均人数(人)	资产减值损失	公允价值变动收益	投资收益	执行《2006年企业会计准则》企业的投资
其他未列明的批发	18	557	829				
零售	**3437**	**64576**	**45307**	**877**	**2**	**680**	**680**
#国有及国有控股	361	2577	3923	675		237	237
按登记注册类型分							
内资企业	**3072**	**40192**	**40966**	**877**	**2**	**250**	**249**
国有企业	279	1289	1919				
集体企业	72	886	4042	10			
股份合作企业	1	22	25				
联营企业		26	44				
其他联营企业		26	44				
有限责任公司	1682	24527	19458	851	2	244	243
国有独资公司	14	55	183	675		237	237
其他有限责任公司	1669	24473	19275	175	2	7	6
股份有限公司	111	1167	3085	2			
私营企业	927	12254	12314	14		6	6
私营独资企业	59	141	642	14			
私营合伙企业	2	15	42				
私营有限责任公司	849	11975	11378			6	6
私营股份有限公司	17	124	252				
其他企业		22	79				
港、澳、台商投资企业	**142**	**21090**	**2214**				
合资经营企业(港或澳、台资)		398	323				
港、澳、台商独资经营企业	142	20692	1891				
外商投资企业	**223**	**3294**	**2127**			**431**	**431**
中外合资经营企业	74	1402	1039				
外资企业		565	517				
外商投资股份有限公司	149	1327	571			431	431
按国民经济行业分							
零售业	**3437**	**64576**	**45307**	**877**	**2**	**680**	**680**
综合零售	**1126**	**31172**	**18637**	**850**		**237**	**237**
百货零售	821	28137	10179	1019		237	237
超级市场零售	234	2289	6310	-169			
其他综合零售	71	745	2148				
食品、饮料及烟草制品专门零售	**101**	**1065**	**1162**	**2**	**2**		
粮油零售	11	47	118				
糕点、面包零售	14	62	100	2	2		
肉、禽、蛋及水产品零售	41	173	775	1			
饮料及茶叶零售	4	747	91				

指 标	本年应付福利费总额	本年应交增值税	全部从业人员年平均人数(人)	资产减值损失	公允价值变动收益	投资收益	执行《2006年企业会计准则》企业的投资
其他食品零售	31	36	78				
纺织、服装及日用品专门零售	**192**	**2413**	**3257**				
纺织品及针织品零售	18	130	258				
服装零售	171	1770	1877				
鞋帽零售	1	278	609				
钟表、眼镜零售		197	342				
化妆品及卫生用品零售		2	8				
其他日用品零售	1	37	163				
文化、体育用品及器材专门零售	**220**	**1173**	**1290**				
文具用品零售	22	215	40				
图书零售	197	712	904				
音像制品及电子出版物零售		2	10				
珠宝首饰零售	1	78	175				
工艺美术品及收藏品零售		41	70				
照相器材零售		9	20				
其他文化用品零售		116	71				
医药及医疗器材专门零售	**129**	**1466**	**2536**	**11**			
药品零售	125	1406	2432	11			
医疗用品及器材零售	4	60	104				
汽车、摩托车、燃料及零配件专门零售	**1385**	**20160**	**10670**	**14**		**436**	**436**
汽车零售	1328	19547	9861			436	436
汽车零配件零售	2	42	68				
摩托车及零配件零售		68	72				
机动车燃料零售	56	503	669	14			
家用电器及电子产品专门零售	**207**	**5967**	**5882**			**1**	
家用电器零售	137	3891	2990				
计算机、软件及辅助设备零售	51	594	1112			1	
通信设备零售	17	1039	1504				
其他电子产品零售	3	443	276				
五金、家具及室内装修材料专门零售	**48**	**672**	**1423**			**6**	**6**
五金零售	36	260	884			6	6
家具零售	12	63	306				
其他室内装修材料零售		349	233				
无店铺及其他零售	**28**	**489**	**450**				
生活用燃料零售	8	94	94				
旧货零售		20	6				
其他未列明的零售	20	375	350				

11-7 限额以上住宿和餐饮业法人企业财务状况

（2009 年）

单位：万元

指标	法人企业个数	执行《2006 年企业会计准则》企业数	年初存货	流动资产合计	#应收账款	存货	流动资产年平均余额	长期投资合计	固定资产合计
总计	**405**	**145**	**24665**	**356292**	**35110**	**25333**	**314865**	**9493**	**385440**
住宿	**173**	**68**	**16014**	**238497**	**25391**	**16405**	**218668**	**5660**	**317443**
#国有及国有控股	59	28	4746	56799	7466	4525	50779	1468	154795
按登记注册类型分									
内资企业	**162**	**61**	**9164**	**132138**	**21905**	**9547**	**120155**	**5660**	**271550**
国有企业	43	21	3710	39794	6192	3502	35243	1231	126519
集体企业	9	5	669	7308	1392	699	7819	270	14970
股份合作企业	1			27			26		321
联营企业	2		8	190		14	178		22
国有联营企业	1		5	43		4	43		18
其他联营企业	1		3	147		10	135		4
有限责任公司	48	20	2468	39117	3101	2934	36503	248	59723
国有独资公司	1		85	1160	316	89	97		4269
其他有限责任公司	47	20	2382	37956	2785	2846	36406	248	55454
股份有限公司	7	1	313	17972	1046	282	15969	3225	15431
私营企业	45	13	1805	23330	8434	1880	20871	602	50567
私营独资企业	9	3	282	1662	362	380	1597	300	5726
私营合伙企业	2	1	98	1377	578	113	1281		3695
私营有限责任公司	32	8	1402	16439	3776	1354	14073	302	39531
私营股份有限公司	2	1	23	3852	3718	33	3921		1615
其他企业	7	1	192	4401	1740	235	3545	84	3997
港、澳、台商投资企业	**8**	**4**	**1798**	**98586**	**2472**	**1816**	**90520**		**28465**
合资经营企业（港或澳、台资）	5	1	1549	83148	2086	1463	82209		21660
合作经营企业（港或澳、台资）	1	1	149	12236	357	168	5145		6260
港、澳、台商独资经营企业	1	1	101	235	29	91	266		240
港、澳、台商投资股份有限公司	1	1		2968		94	2900		306
外商投资企业	**3**	**3**	**5053**	**7772**	**1014**	**5042**	**7993**		**17428**
中外合资经营企业	2	2	5050	7592	1008	5039	7780		17358
外资企业	1	1	3	180	6	3	213		71
按国民经济行业分									
住宿业	**173**	**68**	**16014**	**238497**	**25391**	**16405**	**218668**	**5660**	**317443**
旅游饭店	101	35	9390	198223	20134	9683	180063	4728	257850

注：本表数据为按法人在地统计。

11-7 续表 1 （2009 年） 单位:万元

指　　标	法人企业个数	执行《2006 年企业会计准则》企业数	年初存货	流动资产合计	#应收账款	存货	流动资产年平均余额	长期投资合计	固定资产合计
一般旅馆	65	31	6546	37031	4994	6603	35415	783	57007
其他住宿服务	7	2	78	3244	263	119	3191	149	2586
餐饮	**232**	**77**	**8651**	**117795**	**9719**	**8928**	**96197**	**3833**	**67996**
#国有及国有控股	3	1	238	7662	172	152	7576		1112
按登记注册类型分									
内资企业	**223**	**75**	**6397**	**105588**	**8722**	**6810**	**84082**	**2593**	**50384**
国有企业	2	1	237	7620	171	150	7538		1076
集体企业	1	1	5	41		5	29		575
股份合作企业	1		22	43	4	39	42		85
联营企业	1		1	4		1	4		15
其他联营企业	1		1	4		1	4		15
有限责任公司	50	22	2510	65522	3629	2602	46546	2167	27864
其他有限责任公司	50	22	2510	65522	3629	2602	46546	2167	27864
股份有限公司	5	3	206	1622	650	251	451	93	702
私营企业	152	42	3080	30239	4175	3585	29097	272	19601
私营独资企业	58	18	878	4438	1942	670	3701	22	5642
私营合伙企业	3	1	27	134	4	18	132		155
私营有限责任公司	84	19	2142	24758	2037	2772	24463	250	13291
私营股份有限公司	7	4	33	909	192	125	801		513
其他企业	11	6	336	498	94	178	374	60	468
港、澳、台商投资企业	**3**		**102**	**1162**	**731**	**182**	**1141**		**140**
港、澳、台商独资经营企业	3		102	1162	731	182	1141		140
外商投资企业	**6**	**2**	**2152**	**11046**	**266**	**1937**	**10974**	**1241**	**17472**
中外合作经营企业	1		378	984	62	339	879		4946
外资企业	5	2	1774	10062	204	1598	10095	1241	12526
按国民经济行业分									
餐饮业	**232**	**77**	**8651**	**117795**	**9719**	**8928**	**96197**	**3833**	**67996**
正餐服务	216	74	7083	114568	9705	7650	92979	3833	59557
快餐服务	12	3	1441	2774		1173	2749		7957
饮料及冷饮服务	1		29	78		27	78		32
其他餐饮服务	3		98	375	14	79	391		450

11-7 续表 2 （2009 年） 单位:万元

指标	固定资产原价	累计折旧	#本年折旧	资产总计	流动负债合计	#应付账款	长期负债合计	负债合计	所有者权益合计	#实收资本
总计	**645895**	**260455**	**33556**	**952754**	**483590**	**56474**	**153721**	**664469**	**288286**	**344884**
住宿	**544074**	**226631**	**25792**	**709482**	**322527**	**39734**	**140960**	**483054**	**226428**	**283753**
#国有及国有控股	264984	110189	11095	242248	94479	18602	27598	133379	108869	125659
按登记注册类型分										
内资企业	**441709**	**170159**	**19946**	**513966**	**237562**	**30723**	**48932**	**306049**	**207916**	**203469**
国有企业	224259	97740	9159	181357	65980	16086	22803	93180	88177	102778
集体企业	23421	8451	1083	24897	12722	313	2458	17902	6995	10996
股份合作企业	452	131		348					348	42
联营企业	32	10		212	222	21		322	－110	137
国有联营企业	28	10		62	28			28	34	37
其他联营企业	4	1		150	194	21		294	－144	100
有限责任公司	95687	35965	3582	136768	67380	8011	17429	95717	41050	55352
国有独资公司	4634	366	249	5829	796	680		796	5033	5000
其他有限责任公司	91053	35599	3333	130939	66584	7331	17429	94922	36018	50352
股份有限公司	29731	14301	2045	40046	11766	668	307	12088	27958	9200
私营企业	62223	11656	3865	121345	74314	4832	5935	81663	39682	22340
私营独资企业	8012	2286	85	16880	6502	1323		7911	8970	8937
私营合伙企业	4065	370	168	7465	8228	83		8228	－763	160
私营有限责任公司	48210	8679	3492	91054	54781	2883	5669	60456	30598	10143
私营股份有限公司	1937	321	120	5946	4803	543	265	5068	878	3100
其他企业	5904	1907	212	8994	5178	792		5178	3816	2623
港、澳、台商投资企业	**81092**	**52627**	**5474**	**170030**	**61405**	**4704**	**79913**	**141319**	**28711**	**73021**
合资经营企业(港或澳、台资)	52407	30747	2348	116947	55850	3595	31613	87463	29484	50866
合作经营企业(港或澳、台资)	27098	20838	2678	19221	3309	668	23274	26583	－7362	13367
港、澳、台商独资经营企业	958	718	133	872	1092	150		1092	－220	1060
港、澳、台商投资股份有限公司	630	324	315	32991	1154	291	25027	26181	6810	7728
外商投资企业	**21273**	**3845**	**372**	**25486**	**23560**	**4308**	**12115**	**35686**	**－10200**	**7263**
中外合资经营企业	21150	3793	348	25002	23323	4251	12115	35449	－10447	6773
外资企业	123	52	24	484	237	56		237	247	490
按国民经济行业分										
住宿业	**544074**	**226631**	**25792**	**709482**	**322527**	**39734**	**140960**	**483054**	**226428**	**283753**
旅游饭店	462386	204536	22308	588760	246086	27046	120756	385326	203434	245420

指　　标	固定资产原价	累计折旧	#本年折旧	资产总计	流动负债合计	#应付账款	长期负债合计	负债合计	所有者权益合计	#实收资本
一般旅馆	78756	21749	3408	111654	74498	12313	16523	92104	19550	35139
其他住宿服务	2933	347	76	9068	1944	375	3680	5624	3445	3195
餐饮	**101820**	**33824**	**7764**	**243273**	**161063**	**16740**	**12761**	**181415**	**61858**	**61130**
#国有及国有控股	3914	2803	180	9359	2133	262		2133	7226	1455
按登记注册类型分										
内资企业	**76731**	**26348**	**5768**	**191720**	**127202**	**13280**	**8994**	**143785**	**47936**	**51485**
国有企业	3869	2793	172	9210	2084	261		2084	7126	1355
集体企业	783	208	4	891	859			859	32	78
股份合作企业	120	35	4	127	127	20	27	154	-27	82
联营企业	39	24	7	20	6			6	14	50
其他联营企业	39	24	7	20	6			6	14	50
有限责任公司	42219	14355	3267	105622	83089	3745	5247	89412	16210	19888
其他有限责任公司	42219	14355	3267	105622	83089	3745	5247	89412	16210	19888
股份有限公司	1060	358	44	2634	1694	304	106	1949	685	668
私营企业	27937	8337	2188	71510	38496	8783	3978	48639	22871	28488
私营独资企业	6730	1089	295	15334	5781	592	388	6965	8370	7405
私营合伙企业	177	22	7	489	182	175		292	196	1350
私营有限责任公司	20409	7118	1861	54144	32074	7612	3528	40782	13362	17997
私营股份有限公司	621	108	25	1543	459	403	63	600	943	1736
其他企业	704	237	83	1706	847	169	-364	681	1025	875
港、澳、台商投资企业	**406**	**265**	**37**	**1548**	**-460**	**-1673**	**167**	**-291**	**1839**	**2632**
港、澳、台商独资经营企业	406	265	37	1548	-460	-1673	167	-291	1839	2632
外商投资企业	**24684**	**7211**	**1959**	**50005**	**34321**	**5133**	**3600**	**37921**	**12084**	**7013**
中外合作经营企业	8333	3387	669	12487	11221	853		11221	1267	2070
外资企业	16351	3825	1290	37518	23100	4280	3600	26701	10817	4944
按国民经济行业分										
餐饮业	**101820**	**33824**	**7764**	**243273**	**161063**	**16740**	**12761**	**181415**	**61858**	**61130**
正餐服务	89826	30268	6645	218651	146109	15488	12759	165951	52700	57177
快餐服务	10592	2635	859	23340	15220	1594	3	15312	8029	3022
饮料及冷饮服务	36	5	5	110				1	109	30
其他餐饮服务	1367	917	256	1171	-266	-342		151	1021	901

11-7 续表4 （2009年） 单位:万元

指　　标	国家资本	集体资本	法人资本	个人资本	港澳台资本	外商资本	主营业务收入	主营业务成本	主营业务税金及附加	主营业务利润
总计	**141833**	**13095**	**71626**	**51033**	**60030**	**7267**	**529971**	**197583**	**28219**	**304170**
住宿	**140346**	**11663**	**50714**	**22067**	**57398**	**1566**	**281694**	**83512**	**14939**	**183243**
#国有及国有控股	123516	850	603	690			111734	34534	5895	71306
按登记注册类型分										
内资企业	**130907**	**11663**	**38832**	**22067**			**233110**	**74460**	**12562**	**146088**
国有企业	101285	848	75	570			81277	26334	4212	50731
集体企业	3816	7180					8218	2297	460	5461
股份合作企业		42					281	132	39	110
联营企业	86	2		49			918	316	51	551
国有联营企业	35	2					399	270	22	107
其他联营企业	51			49			519	46	29	445
有限责任公司	22519	1877	24885	6072			78638	26620	4289	47729
国有独资公司	5000						2277	564	125	1587
其他有限责任公司	17519	1877	24885	6072			76361	26056	4164	46141
股份有限公司	100	125	7742	1233			23712	5655	1246	16811
私营企业	3000	1590	4830	12921			32956	10584	1863	20510
私营独资企业	3000		549	5389			7181	3217	328	3636
私营合伙企业			60	100			782	196	35	552
私营有限责任公司		1590	4221	4332			23908	6854	1439	15615
私营股份有限公司				3100			1085	318	61	707
其他企业	100		1301	1222			7111	2523	403	4185
港、澳、台商投资企业	**5297**		**10681**		**56017**	**1026**	**45276**	**8143**	**2211**	**34922**
合资经营企业（港或澳、台资）	5297		1581		42963	1026	32604	6479	1587	24538
合作经营企业（港或澳、台资）			8714		4653		9472	1133	464	7875
港、澳、台商独资经营企业					1060		2106	334	105	1667
港、澳、台商投资股份有限公司			386		7342		1094	198	55	842
外商投资企业	**4143**		**1200**		**1381**	**540**	**3307**	**908**	**166**	**2233**
中外合资经营企业	4143		1200		1381	50	2981	585	150	2246
外资企业						490	326	323	16	－13
按国民经济行业分										
住宿业	**140346**	**11663**	**50714**	**22067**	**57398**	**1566**	**281694**	**83512**	**14939**	**183243**
旅游饭店	120442	8939	44259	14197	56017	1566	222115	69598	11660	140858

指　　标	国家资本	集体资本	法人资本	个人资本	港澳台资本	外商资本	主营业务收入	主营业务成本	主营业务税金及附加	主营业务利润
一般旅馆	17748	2723	6335	6953	1381		55554	13398	3028	39128
其他住宿服务	2156	2	120	917			4025	516	251	3258
餐饮	**1487**	**1432**	**20912**	**28966**	**2632**	**5701**	**248278**	**114071**	**13280**	**120927**
#国有及国有控股	1455						5692	1744	309	3639
按登记注册类型分										
内资企业	**1487**	**1432**	**19600**	**28966**			**182037**	**90179**	**9934**	**81924**
国有企业	1355						5223	1459	279	3485
集体企业		78					872	720	8	144
股份合作企业		2	8	72			982	570	66	347
联营企业				50			365	198	22	145
其他联营企业				50			365	198	22	145
有限责任公司	132	1000	9753	9003			55137	24082	3087	27968
其他有限责任公司	132	1000	9753	9003			55137	24082	3087	27968
股份有限公司			288	380			3578	1800	200	1579
私营企业		352	9431	18705			108537	57401	5971	45165
私营独资企业			1365	6040			27285	13525	1253	12508
私营合伙企业			50	1300			1005	671	44	290
私营有限责任公司		352	7917	9729			77717	41808	4545	31365
私营股份有限公司			100	1636			2529	1397	129	1003
其他企业			119	756			7343	3950	302	3091
港、澳、台商投资企业					**2632**		**1929**	**1044**	**105**	**780**
港、澳、台商独资经营企业					2632		1929	1044	105	780
外商投资企业			**1313**			**5701**	**64312**	**22849**	**3241**	**38222**
中外合作经营企业						2070	18439	6895	922	10622
外资企业			1313			3631	45873	15954	2319	27600
按国民经济行业分										
餐饮业	**1487**	**1432**	**20912**	**28966**	**2632**	**5701**	**248278**	**114071**	**13280**	**120927**
正餐服务	1487	1432	20834	26829	2632	3962	201425	96948	10840	93637
快餐服务			48	1236		1738	42181	15574	2100	24507
饮料及冷饮服务			30				205	120	12	73
其他餐饮服务				901			4467	1429	328	2710

指　　标	其他业务收入	其他业务利润	营业费用	管理费用	#税金	差旅费	工会经费	财务费用	#利息支出	营业利润
总计	**9549**	**5411**	**169643**	**117498**	**4216**	**1596**	**662**	**12809**	**8814**	**9622**
住宿	**3766**	**1421**	**96937**	**84627**	**2847**	**644**	**431**	**9033**	**6741**	**-5942**
#国有及国有控股	2471	797	41912	30827	1261	245	216	1581	1118	-2226
按登记注册类型分										
内资企业	**3574**	**1229**	**83470**	**61843**	**2540**	**551**	**422**	**4731**	**3391**	**-2736**
国有企业	2273	661	29703	23752	1016	182	173	994	683	-3066
集体企业	17	10	3007	2367	253	27	17	447	444	-349
股份合作企业				9	1			15		86
联营企业	22		497	75	2		1	3	3	-23
国有联营企业	22		92	28	2					-14
其他联营企业			405	47			1	3	3	-10
有限责任公司	871	303	25448	20855	801	231	177	1149	716	580
国有独资公司			551	824		2		9	-4	204
其他有限责任公司	871	303	24897	20031	801	229	177	1140	720	377
股份有限公司			7612	5892	179	17	24	547	453	2760
私营企业	392	256	15139	7470	260	88	23	1467	1082	-3311
私营独资企业	73	39	1717	881	14	20	12	213	207	865
私营合伙企业			590	212		1		2		-252
私营有限责任公司	320	217	12130	6040	207	60	10	868	493	-3206
私营股份有限公司			702	337	39	8	2	385	382	-717
其他企业			2065	1424	28	5	6	109	10	586
港、澳、台商投资企业	**133**	**133**	**12259**	**21091**	**305**	**89**	**5**	**3668**	**3351**	**-1964**
合资经营企业（港或澳、台资）	133	133	9712	11619	216	84	5	2551	2249	790
合作经营企业（港或澳、台资）			1997	5733	83	5		1016	1016	-871
港、澳、台商独资经营企业			139	2154				16		-641
港、澳、台商投资股份有限公司			412	1586	6			85	85	-1241
外商投资企业	**59**	**59**	**1207**	**1693**	**3**	**4**	**5**	**634**		**-1243**
中外合资经营企业	59	59	1201	1693	3	4	5	632		-1221
外资企业			7	1				2		-22
按国民经济行业分										
住宿业	**3766**	**1421**	**96937**	**84627**	**2847**	**644**	**431**	**9033**	**6741**	**-5942**
旅游饭店	3640	1323	72068	70343	2352	527	316	7135	5852	-7374

指　　标	其他业务收入	其他业务利润	营业费用	管理费用	#税金	差旅费	工会经费	财务费用	#利息支出	营业利润
一般旅馆	105	98	22703	13317	484	114	102	1788	784	1418
其他住宿服务	22		2166	967	11	3	13	110	105	15
餐饮	**5783**	**3990**	**72707**	**32871**	**1369**	**951**	**231**	**3776**	**2073**	**15564**
#国有及国有控股	266	1	1663	2167	97	4	30	1	-1	-190
按登记注册类型分										
内资企业	**2735**	**1518**	**43143**	**26392**	**1346**	**500**	**205**	**2745**	**1489**	**11161**
国有企业	266	1	1562	2130	97	3	30	-1	-1	-205
集体企业	658	15	87	61	5		1			12
股份合作企业			215	51	1	4				81
联营企业			105	5				2		34
其他联营企业			105	5				2		34
有限责任公司	1410	1243	17292	9573	246	159	47	1326	828	1020
其他有限责任公司	1410	1243	17292	9573	246	159	47	1326	828	1020
股份有限公司			1262	297	86	10	5	96		-75
私营企业	401	259	21346	13673	836	322	104	1300	662	9105
私营独资企业	174	98	3390	1632	315	41	2	482	299	7102
私营合伙企业	2	1	12	138	5	15	1			141
私营有限责任公司	226	160	17587	11557	486	266	100	809	363	1571
私营股份有限公司			358	346	30	1	1	9		290
其他企业			1276	603	76	2	19	22		1190
港、澳、台商投资企业			**373**	**369**	**3**			**-2**	**-4**	**40**
港、澳、台商独资经营企业			373	369	3			-2	-4	40
外商投资企业	**3048**	**2473**	**29190**	**6109**	**20**	**451**	**26**	**1032**	**588**	**4363**
中外合作经营企业			9096	608	1	38	2	453	30	465
外资企业	3048	2473	20095	5501	19	413	24	579	558	3897
按国民经济行业分										
餐饮业	**5783**	**3990**	**72707**	**32871**	**1369**	**951**	**231**	**3776**	**2073**	**15564**
正餐服务	5783	3990	54021	28661	1364	788	223	3187	1547	11759
快餐服务			16610	3487	5	163	4	534	527	3877
饮料及冷饮服务			20	43				1		10
其他餐饮服务			2057	681			4	54		-81

指　　标	补贴收入	营业外收入	利润总额	应交所得税	劳动、失业保险费	养老保险和医疗保险费	住房公积金和住房补贴	本年应付工资总额
总计	**410**	**1701**	**-1617**	**5192**	**1733**	**9728**	**2032**	**82297**
住宿	**314**	**1085**	**-9188**	**2179**	**900**	**6693**	**1572**	**47425**
#国有及国有控股	162	423	-3963	683	498	2743	810	19758
按登记注册类型分								
内资企业	**314**	**846**	**-5687**	**1931**	**833**	**5083**	**1403**	**39357**
国有企业	162	370	-4826	356	473	2327	752	14121
集体企业	150	1	-350	13	2	258	120	1639
股份合作企业			86	12				93
联营企业			-25		10	5		149
国有联营企业			-15		10			68
其他联营企业			-10			5		81
有限责任公司	2	211	593	664	201	1456	370	14212
国有独资公司			203	67		12		407
其他有限责任公司	2	211	389	597	201	1443	370	13805
股份有限公司		140	2782	730	64	808	154	2054
私营企业		98	-4513	77	82	198	5	5867
私营独资企业		35	36	22				832
私营合伙企业		1	-251					234
私营有限责任公司		62	-3581	56	74	194	5	4615
私营股份有限公司			-717		8	5		186
其他企业		26	565	79	1	32	3	1223
港、澳、台商投资企业		**135**	**-2363**	**248**	**51**	**1122**	**129**	**7150**
合资经营企业(港或澳、台资)		92	358	248	34	616	46	5408
合作经营企业(港或澳、台资)			-881		17	496	82	728
港、澳、台商独资经营企业		21	-620		1	10		846
港、澳、台商投资股份有限公司		22	-1219					168
外商投资企业		**104**	**-1138**		**16**	**488**	**40**	**918**
中外合资经营企业		104	-1117		13	479	39	871
外资企业			-22		4	9	1	47
按国民经济行业分								
住宿业	**314**	**1085**	**-9188**	**2179**	**900**	**6693**	**1572**	**47425**
旅游饭店	314	685	-9457	1606	738	5239	1373	36635

指　　标	补贴收入	营业外收入	利润总额	应交所得税	劳动、失业保险费	养老保险和医疗保险费	住房公积金和住房补贴	本年应付工资总额
一般旅馆		365	221	567	151	1322	181	9403
其他住宿服务		35	48	6	12	132	18	1388
餐饮	**97**	**616**	**7571**	**3014**	**833**	**3035**	**461**	**34872**
#国有及国有控股		30	-230	5	271	35	96	1529
按登记注册类型分								
内资企业	**97**	**462**	**3089**	**2050**	**370**	**1867**	**143**	**27111**
国有企业		30	-245		271	35	96	1481
集体企业			11	4	4	70		114
股份合作企业			81	26				98
联营企业			34	9		5		300
其他联营企业			34	9		5		300
有限责任公司	90	182	278	539	35	181	4	9558
其他有限责任公司	90	182	278	539	35	181	4	9558
股份有限公司		1	-148		3	19		456
私营企业	7	248	2351	1378	47	1556	43	14232
私营独资企业		22	876	361	5	209	1	2934
私营合伙企业			32	33				217
私营有限责任公司	7	226	1362	943	42	1343	42	10684
私营股份有限公司			81	41		4		397
其他企业		1	727	96	9			874
港、澳、台商投资企业		**-32**	**8**	**40**		**1**		**174**
港、澳、台商独资经营企业		-32	8	40		1		174
外商投资企业		**186**	**4475**	**924**	**463**	**1168**	**318**	**7587**
中外合作经营企业			421	19	417	390	58	2250
外资企业		186	4054	905	46	778	259	5337
按国民经济行业分								
餐饮业	**97**	**616**	**7571**	**3014**	**833**	**3035**	**461**	**34872**
正餐服务	97	502	4203	2200	785	2390	243	30112
快餐服务		109	3440	732	48	645	218	3886
饮料及冷饮服务			10	2				28
其他餐饮服务		5	-82	78				846

11-7 续表 10 （2009 年） 单位:万元

指 标	本年应付福利费总额	本年应交增值税	全部从业人员年平均人数(人)	资产减值损失	投资收益	执行《2006 年企业会计准则》企业的投资
总计	**4408**	**187**	**47953**	**28**	**20**	**20**
住宿	**2774**	**135**	**26882**	**28**	**20**	**20**
#国有及国有控股	1368	9	10667	26	20	20
按登记注册类型分						
内资企业	**2575**	**135**	**22662**	**28**	**20**	**20**
国有企业	1060	4	7458	26	20	20
集体企业	216	1	1115			
股份合作企业			43			
联营企业	12		93			
国有联营企业	12		38			
其他联营企业			55			
有限责任公司	567	5	7824	2		
国有独资公司			190			
其他有限责任公司	566	5	7634	2		
股份有限公司	143	12	1469			
私营企业	558	113	3799			
私营独资企业	14		719			
私营合伙企业			176			
私营有限责任公司	522	113	2802			
私营股份有限公司	21		102			
其他企业	20		861			
港、澳、台商投资企业	**198**		**3652**			
合资经营企业(港或澳、台资)	96		2372			
合作经营企业(港或澳、台资)	102		450			
港、澳、台商独资经营企业			480			
港、澳、台商投资股份有限公司			350			
外商投资企业	**1**		**568**			
中外合资经营企业			543			
外资企业	1		25			
按国民经济行业分						
住宿业	**2774**	**135**	**26882**	**28**	**20**	**20**
旅游饭店	2024	23	20739	28		

指　　标	本年应付福利费总额	本年应交增值税	全部从业人员年平均人数(人)	资产减值损失	投资收益	执行《2006年企业会计准则》企业的投资
一般旅馆	608	112	5585		20	20
其他住宿服务	142		558			
餐饮	**1634**	**52**	**21071**			
#国有及国有控股		1	610			
按登记注册类型分						
内资企业	**930**	**52**	**16707**			
国有企业		1	560			
集体企业			146			
股份合作企业	7		96			
联营企业			60			
其他联营企业			60			
有限责任公司	414		5515			
其他有限责任公司	414		5515			
股份有限公司			337			
私营企业	501	52	9341			
私营独资企业	130	42	2426			
私营合伙企业			134			
私营有限责任公司	366	10	6429			
私营股份有限公司	5		352			
其他企业	8		652			
港、澳、台商投资企业			**165**			
港、澳、台商独资经营企业			165			
外商投资企业	**704**		**4199**			
中外合作经营企业	315		589			
外资企业	389		3610			
按国民经济行业分						
餐饮业	**1634**	**52**	**21071**			
正餐服务	1387	52	17166			
快餐服务	232		3379			
饮料及冷饮服务			20			
其他餐饮服务	15		506			

11-8 住宿和餐饮业

（2009 年）

指 标	法人企业（个）	同行业附营产业活动单位（个）	外行业附营产业活动单位（个）	大个体（个）
限额以上企业总计	**405**	**502**	**9**	**299**
住宿	**173**	**198**	**7**	**21**
#国有及国有控股	59	71		
按登记注册类型分				**21**
内资企业	**162**	**187**	**7**	
国有企业	43	47	4	
集体企业	9	14		
股份合作企业	1	1		
联营企业	2	2		
国有联营企业	1	1		
其他联营企业	1	1		
有限责任公司	48	56	1	
国有独资公司	1	1		
其他有限责任公司	47	55	1	
股份有限公司	7	15	1	
私营企业	45	45		
私营独资企业	9	9		
私营合伙企业	2	2		
私营有限责任公司	32	32		
私营股份有限公司	2	2		
其他企业	7	7	1	
港、澳、台商投资企业	**8**	**8**		
合资经营企业(港或澳、台资)	5	5		
合作经营企业(港或澳、台资)	1	1		
港、澳、台商独资经营企业	1	1		
港、澳、台商投资股份有限公司	1	1		
外商投资企业	**3**	**3**		
中外合资经营企业	2	2		
外资企业	1	1		
按国民经济行业分				
住宿业	**173**	**198**	**7**	**21**

注:本表数据为按法人在地统计。

经营情况

单位:万元

年末从业人员(人)	营业额					年末餐饮营业面积(万平方米)	年末床位数(万个)	年末餐位数(万个)
		客房收入	餐费收入	商品销售收入	其他收入			
62637	**659022**	**151978**	**415342**	**43997**	**47706**	**77.91**	**5.82**	**15.15**
27962	**290764**	**137181**	**96292**	**21943**	**35348**	**21.29**	**5.10**	**5.74**
10712	112392	54255	34487	10573	13076	9.26	1.98	2.16
648	**5876**	**4326**	**987**	**291**	**273**	**0.53**	**0.21**	
23228	**236252**	**113016**	**77232**	**18497**	**27507**	**19.22**	**4.53**	**5.18**
7541	83020	37741	26285	8462	10532	6.37	1.46	1.56
1133	8424	3354	2397	160	2513	0.62	0.19	0.28
35	281	144	137			0.04	0.01	0.04
91	939	613	281	1	44	0.08	0.03	0.02
40	420	199	199		22	0.03	0.01	0.02
51	519	414	82	1	23	0.05	0.02	0.01
8085	80594	41663	25375	6254	7301	6.74	1.48	1.63
200	2277	903	1248		126	0.26	0.02	0.10
7885	78317	40760	24127	6254	7176	6.48	1.46	1.53
1458	24739	10058	8834	1672	4175	1.16	0.34	0.33
3954	30639	15611	10610	1695	2723	3.03	0.82	0.97
763	7245	3633	2306	405	901	0.50	0.17	0.19
183	782	396	367	8	12	0.20	0.03	0.03
2908	21527	10848	7623	1261	1796	2.13	0.59	0.73
100	1085	735	314	22	14	0.20	0.04	0.03
931	7616	3832	3315	251	218	1.18	0.20	0.34
3494	**45276**	**17658**	**17085**	**3142**	**7390**	**1.36**	**0.25**	**0.47**
2170	32604	12160	13006	2680	4759	1.03	0.15	0.29
450	9472	4739	3465	412	856	0.30	0.03	0.15
480	2106	370	233	50	1453	0.03	0.01	0.03
394	1094	390	381		323		0.06	
592	**3360**	**2181**	**987**	**13**	**179**	**0.18**	**0.11**	**0.09**
568	3034	1855	987	13	179	0.18	0.09	0.09
24	326	326					0.01	
27962	**290764**	**137181**	**96292**	**21943**	**35348**	**21.29**	**5.10**	**5.74**

指　　标	法人企业（个）	同行业附营产业活动单位（个）	外行业附营产业活动单位（个）	大个体（个）
旅游饭店	101	112		5
一般旅馆	65	79	7	14
其他住宿服务	7	7		2
餐饮	**232**	**304**	**2**	**278**
#国有及国有控股	3	3		
按登记注册类型分				**278**
内资企业	**223**	**229**	**2**	
国有企业	2	2		
集体企业	1	1		
股份合作企业	1	1		
联营企业	1	1		
其他联营企业	1	1		
有限责任公司	50	51	1	
其他有限责任公司	50	51	1	
股份有限公司	5	5		
私营企业	152	157	1	
私营独资企业	58	58	1	
私营合伙企业	3	3		
私营有限责任公司	84	88		
私营股份有限公司	7	8		
其他企业	11	11		
港、澳、台商投资企业	**3**	**3**		
港、澳、台商独资经营企业	3	3		
外商投资企业	**6**	**72**		
中外合作经营企业	1	27		
外资企业	5	45		
按国民经济行业分				
餐饮业	**232**	**304**	**2**	**278**
正餐服务	216	250	2	264
快餐服务	12	50		11
饮料及冷饮服务	1	1		
其他餐饮服务	3	3		3
限额以下企业总计	**655**	**687**		
住宿业	312	332		
餐饮业	343	355		

单位:万元

年末从业人员(人)	营业额					年末餐饮营业面积(万平方米)	年末床位数(万个)	年末餐位数(万个)
		客房收入	餐费收入	商品销售收入	其他收入			
20938	225093	94472	80650	20124	29847	16.72	3.23	4.41
6389	61114	39297	15077	1744	4996	4.21	1.77	1.27
635	4558	3413	564	75	506	0.36	0.10	0.06
34675	**368258**	**14796**	**319050**	**22054**	**12358**	**56.62**	**0.72**	**9.42**
772	5971	1825	3075	224	847	0.36	0.07	0.24
12813	**114523**	**701**	**107944**	**5210**	**669**	**21.76**	**0.09**	
17402	**184461**	**14096**	**148756**	**12955**	**8655**	**29.52**	**0.63**	**7.29**
722	5502	1825	2622	208	847	0.28	0.07	0.23
150	804		61	662	81	0.02		0.02
96	982		872	111		0.21		0.06
60	365		321	44		0.10		0.04
60	365		321	44		0.10		0.04
5490	56786	6847	39614	4745	5580	10.71	0.32	2.16
5490	56786	6847	39614	4745	5580	10.71	0.32	2.16
362	3578	113	3026	439		0.42	0.01	0.11
9974	109099	5295	95552	6108	2144	16.58	0.22	4.26
2598	27622	1092	24804	976	749	5.00	0.07	1.42
136	1005	119	862	16	8	0.24	0.01	0.09
6909	77942	4034	67782	4900	1226	10.99	0.13	2.61
331	2530	50	2104	216	160	0.36	0.01	0.14
548	7345	15	6689	639	2	1.19	0.01	0.42
200	**1929**		**1929**			**0.25**		**0.12**
200	1929		1929			0.25		0.12
4260	**67346**		**60423**	**3889**	**3035**	**5.10**		**2.00**
744	18439		16964	1475		2.12		0.70
3516	48907		43459	2414	3035	2.97		1.30
34675	**368258**	**14796**	**319050**	**22054**	**12358**	**56.62**	**0.72**	**9.42**
30480	317449	13712	271769	19625	12342	53.20	0.69	8.05
3591	45074		42788	2285		2.71		1.21
25	205		205			0.08		
579	5531	1084	4287	144	15	0.64	0.03	0.15
21633	**133806**	**52520**	**69803**	**5246**	**6237**			
11784	76060	47602	21312	1810	5336			
9849	57746	4918	48491	3436	901			

11-9 分县(市)区限额以上住宿和餐饮企业主要经济指标

(2009 年)　　单位:万元

县(市)区	流动资产合计	#存货	固定资产原价	资产总计	所有者权益	#实收资本	主营业务收入
中原区	53747	1796	61758	95773	44691	46100	38389
二七区	54171	7327	110881	161333	23183	62638	66382
管城区	4059	421	14363	24181	11035	10073	17158
金水区	198592	10762	266599	427049	86497	130315	311593
上街区	966	170	1209	2078	1428	1583	5845
惠济区	22574	1561	74448	79152	43763	31635	19273
中牟县	1345	164	6889	9802	-2507	331	3809
巩义市	2111	249	3907	18512	12873	9301	14886
荥阳市	2437	309	24157	35037	28307	1513	5345
新密市	2041	475	14531	25001	415	2417	6346
新郑市	3415	663	14660	18720	11528	11566	9128
登封市	6550	1120	36181	37478	16787	24714	20894
经济开发区	2254	97	4803	7009	6011	6250	2870
高新区	966	161	10039	7825	2527	5000	3511
郑东新区	1058	51	1463	3798	1742	1442	4536

11-9　续表　　(2009 年)　　单位:万元

县(市)区	主营业务成本	主营业务税金及附加	主营业务利润	营业费用	管理费用	#税金	营业利润	利润总额
中原区	12448	2058	23884	12491	11777	212	-747	-1385
二七区	24756	3593	38032	22619	14950	806	-776	-754
管城区	6793	1134	9230	4468	2785	225	1621	8
金水区	113253	16922	181417	104621	69930	2209	2854	2098
上街区	3415	298	2132	1081	610	129	428	-1
惠济区	5000	982	13291	6767	7657	51	-1332	-1111
中牟县	1416	199	2192	1515	660	45	-174	-173
巩义市	7812	466	6608	1128	536	83	4919	579
荥阳市	2845	223	2277	1834	802	112	-704	-707
新密市	2585	379	3382	3415	1618	50	-1659	-1526
新郑市	4683	463	3982	1489	709	77	1647	1621
登封市	8129	866	11899	5825	2619	119	3208	-628
经济开发区	732	151	1986	766	1013		195	195
高新区	1162	217	2131	654	1523	92	-267	-248
郑东新区	2546	268	1722	964	303		408	416

注:本表数据为按法人在地统计。

11-10 限额以上批发、零售贸易业商品销售类值

单位:万元

指标	合计		批发额		零售额	
	2008年	2009年	2008年	2009年	2008年	2009年
类值合计	**16065863**	**18603267**	**12159845**	**13710010**	**3906018**	**4893257**
食品、饮料、烟酒类	1318530	1260037	957560	863113	360970	396924
食品类	537671	531773	283564	258320	254107	273453
饮料类	53378	53550	6217	4100	47161	49450
烟酒类	727481	674714	667779	600693	59702	74021
服装、鞋帽、针纺织品类	685589	876815	237113	248364	448476	628451
服装类	433758	592105	122194	127530	311564	464575
鞋帽类	106762	147407	18967	34295	87795	113112
针、纺织品类	145069	137303	95952	86539	49117	50764
化妆品类	77903	94513	112	4545	77791	89968
金银珠宝类	63105	83325		254	63105	83071
日用品类	260534	269818	121588	87560	138946	182258
#洗涤用品类	111677	118697	58198	49375	53479	69322
儿童玩具类	11201	10969	2651	1037	8550	9932
五金、电料类	50011	45472	25915	17778	24096	27694
体育、娱乐用品类	21740	53912	2027	33268	19713	20644
书报杂志类	224375	235894	182622	183572	41753	52322
电子出版物及音像制品类	8170	14147	3543	8138	4627	6009
家用电器和音像器材类	937349	1030072	477882	592045	459467	438027
中西药品类	981771	1252058	875884	1141138	105887	110920
#西药	722670	849994	632488	790046	90182	59948
中草药及中成药	67178	108235	59473	79964	7705	28271
文化办公用品类	412498	313685	291523	196934	120975	116751
家俱类	8797	16076	1214	5750	7583	10326
通讯器材类	197009	196405	104177	83611	92832	112794
煤炭及制品类	408846	1030503	408846	1030503		
木材及制品类	37012	22710	36688	22710	324	
石油及制品类	6761125	6127325	6181880	5627700	579245	499625
化工材料及制品类	292196	329828	291177	329670	1019	158
#化肥类	48216	52695	48216	52695		
金属材料类	837248	828735	837248	828735		
建筑及装潢材料类	43703	82732	35580	67653	8123	15079
机电产品及设备类	355186	504359	337201	458236	17985	46123
#农机类	20782	14243	20782	14243		
汽车类	1614266	3126077	339610	1135890	1274656	1990187
种子饲料类	43334	248956	43334	248956		
棉麻类	146837	181385	146624	181385	213	
其他类	278729	378428	220497	312502	58232	65926

注:本表数据为按产业在地统计。

11-11 限额以上批发、零售贸易业商品销售数量

指　标	单位	合　计		批发		零售	
		2008 年	2009 年	2008 年	2009 年	2008 年	2009 年
粮食	吨	589659	399676	575308	382284	14351	17392
食用植物油	吨	27108	31050	12200	13385	14908	17665
肉及肉制品	吨	136764	226534	119656	206823	17108	19711
卷烟	万支	1988487	1757549	1950883	1708932	37604	48617
白酒	吨	10097	11843	1882	2176	8215	9667
棉花	吨	46064	15158	45960	15126	104	32
布	百米	194760	279528	161353	250341	33407	29187
各种服装	百件	721328	567538	463006	322876	258322	244662
#童装	百件	218437	189508	167719	140749	50718	48759
鞋	百双	181611	192274	21573	11231	160038	181043
照相机	台	98956	137192	14625	15515	84331	121677
#数码照相机	台	81628	120624	6335	4062	75293	116562
彩色电视机	台	684800	831506	411587	448707	273213	382799
组合音响	台	15094	18869	2		15092	18869
摄像机	台	11908	11954	595	131	11313	11823
影碟机	台	64456	44461	728	589	63728	43872
家用电冰箱	台	750517	999471	609501	810049	141016	189422
家用洗衣机	台	172661	211626	16095	17058	156566	194568
房间空调器	台	592177	638015	361694	314543	230483	323472
微波炉	台	65683	93374	1921	588	63762	92786
微型计算机	台	266144	200704	159453	122510	106691	78194
热水器	台	69066	108040	3204	743	65862	107297
普通电话机	台	43766	50824	13	131	43753	50693
移动电话机	台	1107779	824229	566145	110930	541634	713299
化学肥料	吨	223040	266434	223040	266434		
化学农药	吨	6880	3038	6880	3038		
农用薄膜	吨	2156	1988	2156	1988		
煤炭	吨	5194403	23897613	5194403	23897613		
木材	立方米	76068	57115	75865	57115	203	
汽油	吨	3120719	3073564	2596591	2575408	524128	498156
煤油	吨	145381	176515	145381	176515		
柴油	吨	6517817	6604377	6517817	6604377		
钢材	吨	906771	1017871	906771	1017871		
铜	吨	56006	48029	56006	48029		
铝	吨	88325	123264	88325	123264		
水泥	吨	566795	433461	566795	433461		
汽车	辆	136987	291928	43207	123303	93780	168625
#轿车	辆	68058	98546	5601	5358	62457	93188
摩托车	辆	83844	64118	63041	42084	20803	22034

注:本表数据为按产业在地统计。

11-12　全市批发、零售贸易企业年销售额前50名排序

（2009年）　　单位：万元

序号	批发企业		零售企业	
	单位名称	销售额	单位名称	销售额
1	中国石油化工股份有限公司河南郑州石油分公司	788046	郑州丹尼斯百货有限公司	404545
2	中国石油天然气股份有限公司河南销售分公司	736428	大商集团郑州新玛特购物广场有限公司	218686
3	大唐河南电力燃料有限公司	661464	河南永乐生活电器有限公司	148278
4	郑州日产汽车销售有限公司	602617	河南省国美电器有限公司	109981
5	河南省烟草公司郑州市公司	536751	河南威佳汽车贸易有限公司	106342
6	郑州煤电物资供销有限公司	521742	河南长江汽车销售服务有限公司	87916
7	河南日日顺电器有限公司	518956	河南裕华金阳光汽车销售服务有限公司	82613
8	河南诚信格力电器市场营销有限公司	313281	郑州之星汽车销售服务有限公司	81067
9	河南九州通医药有限公司	274433	河南中德宝汽车销售服务有限公司	80528
10	郑州煤炭工业（集团）正运煤炭销售有限公司	261945	河南丰之元汽车销售服务有限公司	75493
11	中国石油天然气股份有限公司河南郑州销售分公司	237822	河南新纪元汽车销售服务有限公司	74338
12	河南阳光国际贸易有限公司	208274	河南骏驰实业有限公司	63529
13	河南裕华江南汽车销售有限公司	207633	河南豫海汽车销售有限公司	59690
14	郑州海尔工贸有限公司	189449	郑州富达诚诚汽车销售服务有限公司	56473
15	河南省新华书店	187350	河南华联商厦有限公司	53366
16	河南中油高速公路油品股份有限公司	165255	大商集团（郑州）商贸有限公司	51613
17	河南省爱生医药有限公司	148699	河南昌河汽车实业有限责任公司	50874
18	郑州市华丰钢铁有限公司	143536	河南苏宁电器有限公司	49565
19	河南同舟棉业有限公司	135511	郑州世纪鸿图丰田汽车销售服务有限公司	47848
20	河南省医药有限公司	133266	河南思达连锁商业有限公司	47436
21	河南鑫川实业有限公司	123291	郑州裕华丰田汽车销售服务有限公司	46961
22	中国石油化工股份有限公司河南石油分公司	115746	郑州豫中丰田汽车销售有限公司	43389
23	郑州发展贸易有限公司	114508	河南五星电器有限公司	43034
24	河南省永联民爆器材股份有限公司	111579	郑州富达丰田汽车销售服务有限公司	41066
25	郑州市豫北机电设备有限公司	105830	河南旭龙汽车销售服务有限公司	40079
26	河南康信医药有限公司	104307	郑州市易初莲花连锁超市有限公司	40027
27	河南裕隆金属材料有限公司	99133	河南新希望汽车销售服务有限公司	40010
28	郑州铁路煤炭运销公司	98953	郑州悦家商业有限公司	38985
29	国药控股（郑州）九瑞股份有限公司	98276	河南威佳实业有限公司	38733
30	郑州 TCL 电器销售有限公司	87069	河南张仲景大药房股份有限公司	38550
31	郑州通茂实业有限公司	86140	上海大众汽车河南豫港销售服务有限公司	38185
32	河南新亚实业有限公司	76595	河南智通汽车销售服务有限公司	36777
33	郑州市钢联商贸有限公司	73498	河南万通一汽贸易有限公司	36755
34	河南华融商贸有限公司	71804	河南裕华上联汽车销售有限公司	36137
35	河南中原铁道能源有限公司	68004	河南众通商务有限公司	35386
36	郑州美的空调销售有限公司	65723	河南华润万家生活超市有限公司	33933
37	河南省万隆医药有限公司	58948	郑州正道花园百货股份有限公司	33266
38	中铝河南国际贸易有限公司	58274	郑州远达雷克萨斯汽车销售服务有限公司	33075
39	河南中豫电子有限公司	55380	郑州新纪元汽车销售有限公司	31030
40	河南省普众康医药有限公司	53755	河南华通实业有限公司	30949
41	郑州煤矿机械集团物资供销有限公司	51695	郑州三兴汽车贸易有限公司	30488
42	河南省豫农农业生产资料有限公司	50614	河南新亚通讯器材有限公司	30454
43	完美（中国）用品有限公司河南分公司	50274	河南天道汽车贸易服务有限公司	30230
44	河南省粮油对外贸易总公司	46130	河南旭致汽车销售服务有限公司	29671
45	中国磨料磨具进出口公司	44987	河南万佳捷泰汽车贸易有限公司	29439
46	河南中石化高速公路有限公司	43882	郑州北环汽车贸易有限公司	29076
47	河南百年康鑫药业有限公司	42753	河南合众汇金实业有限公司	28287
48	河南欣豫国际贸易有限公司	41693	河南豫港华信汽车销售服务有限公司	28126
49	河南省国药医药开发有限公司	41548	河南裕华星光汽车贸易服务有限公司	27799
50	中铁七局集团物资贸易有限公司	40713	河南新港源汽车服务有限公司	27627

注：本表数据为按法人在地统计。

主要统计指标解释

社会消费品零售额 指各种经济类型的批发零售贸易业、住宿餐饮业和其他行业对城乡居民和社会集团的消费品零售额。这个指标反映通过各种商品流通渠道向居民和社会集团供应的生活消费品来满足他们生活需要，是研究人民生活，社会消费品购买力、货币流通等问题的重要指标。社会消费品零售额包括：1. 售给城乡居民作为生活用的商品和修建房屋用的建筑材料；2. 售给机关、团体、学校、部队、企业、事业单位的职工食堂和旅店（招待所）附设专门供本店旅客食用，不对外营业的食堂的各种食品、燃料；企业、单位和国营农场直接售给本单位职工和职工食堂的自己生产的产品；3. 售给部队干部、战士生活用的粮食、副食品、衣着品、日用品、燃料；4. 售给来华的外国人、华侨、港澳台同胞消费品；5. 居民自费购买的中、西药品、中药材及医疗用品；6. 报社、出版社直接售给居民和社会集团的报纸、图书、杂志、集邮公司出售的新、旧纪念邮票、特种邮票、首日封、集邮册、集邮工具等；7. 旧货寄售商店自购、自销部分的商品零售额；8. 煤气公司、液化石油气站售给居民和社会集团的煤气灶具和罐装液化石油气；9. 农民售给非农业居民和社会集团的商品。不包括售给国民经济各部门企业、事业单位（包括国有经济的农场）生产经营用的各种原材料、燃料、设备、工具等和售给批发零售贸易业、住宿餐饮业作为转卖用的商品、旧货寄售商店受托寄售卖出的商品、服务业的营业收入、邮局出售邮票的收入、自来水、电力、煤气生产（供应）单位的产品供应收入，也不包括农民之间的商品销售。

批发零售贸易业商品购、销、存总额 指以各种经济类型的批发、零售贸易业（不包括个体）为总体的商品购、销、存。

商品购进总额 指从本企业（单位）以外的单位和个人购进（包括从国外直接进口）作为转卖或加工后转卖的商品。这个指标反映批发零售贸易业从国内、国外市场上购进商品的总量。

商品购进总额包括：

1. 从工农业生产者购进的商品；2. 从出版社、报社的出版发行部门购进的图书、杂志和报纸；3. 从各种经济类型的批发零售贸易企业（单位）购进的商品；4. 从其他单位购进的商品，如从机关、团体、企业、单位购进的剩余物资，从餐饮业、服务业购进的商品，从海关、市场管理部门购进的缉私和没收的商品，从居民收购的废旧商品等；5. 从国（境）外直接进口的商品。不包括企业（单位）为自身经营用，和未通过买卖行为而收入的商品以及销售退回、商品升溢等。

商品销售总额 指对本企业（单位）以外的单位和个人出售（包括对国（境）外直接出口）的商品。这个指标反映批发零售贸易业在国内市场上销售商品以及出口商品的总量。商品销售总额包括：

1. 售给城乡居民和社会集团消费用的商品；2. 售给工业、农业、建筑业、运输邮电业、批发零售贸易业、住宿餐饮业、服务业等作为生产、经营使用的商品；3. 售给批发零售贸易业作为转卖或加工后转卖的商品；4. 对国（境）外直接出口的商品。不包括：出售本企业（单位）自用的废旧包装用品，未通过买卖行为付出的商品，经本单位介绍，由买卖双方直接结算，本单位只收取手续费的业务，购货退出的商品以及商品损耗和损失等。

批发零售贸易业年末库存 指年末各种经济类型的批发零售贸易企业（单位）已取得所有权的商品。它反映各地区、各批发零售贸易企业（单位）的商品库存情况，和对市场商品供应的保证程度。期末库存包括：

1. 存放在批发零售贸易业经营单位（如门市部、批发站、经营处）仓库、货场、货柜和货架中的商品；2. 挑选、整理、包装中的商品；3. 已记入购进而尚未运到本单位的商品，即发货单或银行承兑证已到而货未到的部分；4. 寄放他处的商品，如因购贷方拒绝承付而暂时存放在购货方的商品和已办完加工成品收回手续而未提回的商品；5. 委托其他单位代销（未作销售或调出）尚未售出的商品；6. 代其他单位购进尚未交付的商品。不包括所有权不属于本单位的商品、拨付除批发零售贸易业以外的其他行业所属独立核算加工厂等加工生产尚未收回成品的商品、代国家物资储备部门保管的商品等。库存总额采用的计算价格是：农副产品采购单位按购进价计算；批发单位按进贷价计算；零售单位按核算价格计算，即按什么价格核算就按什么价格计算。

十二、对外经济贸易和旅游

12-1 对外经济贸易

单位:万美元

项　　目	2008 年	2009 年	2009 年比 2008 年 ± %
直接进出口总值(含省直公司)	**427780**	**359965**	**-15.7**
#直接进口总值(含省直公司)	132968	140111	5.4
直接出口总值(含省直公司)	294812	219854	-25.2
市属及以下直接进出口总值	**341917**	**297863**	**-16.1**
#直接进口总值	89398	97697	6.9
直接出口总值	252519	200166	-24.1
#国内企业	226330	172154	-24.0
外资企业	26189	28012	6.9
新批外资企业	109	90	-17.4
合同外资额	237420	188896	-20.7
实际利用外商直接投资	140078	162400	18.6
国外经济合作合同金额	22780	39069	71.5
国外经济合作营业额	29912	54810	83.2
派出人员(人次)	7402	8552	15.5

12-2 分县(市)、区直接出口总值

单位:万美元

县(市)、区	2008 年	2009 年	2009 年比 2008 年 ± %
合　　计	**252519**	**200166**	**-24.1**
中原区	24896	14439	-29.6
二七区	5997	6846	23.7
管城区	23896	11328	-24.2
金水区	75322	66573	-24.4
上街区	15082	17689	6.8
惠济区	4026	5112	60.7
中牟县	8879	5642	26.3
巩义市	18251	8030	-58.3
荥阳市	8349	5123	-25.9
新密市	9513	5120	-34.2
新郑市	3873	1660	-12.9
登封市	4457	2631	-41.0
经济技术开发区	12975	18538	42.8
高新技术开发区	28151	17606	-23.0
郑东新区	7651	13405	39.7
航空港区		424	-5.4

注:本表不含省直公司。

12-3 分县(市)、区实际利用外资

单位:万美元

县(市)、区	2008 年	2009 年	2009 年比 2008 年 ±%
中原区	6750	7885	16.8
二七区	7867	9320	18.5
管城区	6392	8865	38.7
金水区	18024	19886	10.3
上街区	3504	4219	20.4
惠济区	7477	10262	37.3
中牟县	5000	6155	23.1
巩义市	13318	15202	14.2
荥阳市	5976	7013	17.4
新密市	6188	7340	18.6
新郑市	10504	10121	-3.6
登封市	5961	7069	18.6
经济技术开发区	20004	23820	19.1
高新技术开发区	6924	8304	19.9
郑东新区	15575	18028	15.8
航空港区		1000	

12-4 向各大洲出口总额

单位:万美元

地　　区	2008 年	2009 年	2009 年比 2008 年 ±%
直接出口总值	**252519**	**200166**	**-24.1**
亚洲	102108	91199	-15.2
非洲	28814	23419	-20.8
欧洲	59166	40592	-35.5
拉丁美洲	21409	17765	-22.7
北美洲	34764	21412	-39.8
大洋州	4897	3577	-29.4

注:本表不含省直公司。

12-5 出口总额分类

单位:万美元

类　　别	2008 年	2009 年	2009 年比 2008 年 ± %
总计	**252519**	**200166**	**-24.1**
动物类	505	4710	832.8
植物类	875	489	-44.1
食品、饮料、烟草及制品	2848	4861	70.7
矿产品	5030	2764	-45.1
化学工业及相关工业的产品	35444	21530	-39.3
塑料、橡胶及其制品	206	264	28.2
皮革制品	162	157	-3.0
木及木制品	504	573	13.6
木浆及其制品	508	435	-14.4
纺织原料及纺织制品	15227	15791	3.7
鞋、帽、羽毛及其制品	34853	30938	-11.2
贱金属及其制品	56767	35324	-37.8
机械、电气、图象、声音录放设备	47629	39056	-18.0
交通运输设备	29966	17121	-42.9
光学、计量、医疗设备、精密仪器	4379	2471	-43.6
杂制品	6613	10578	60.0

注:本表不含省直公司。

12-6 与郑州市建立友好关系的城市

国　　家	城　　市	建立时间
日本	浦和市	1981.10
美国	里士满市	1994.9
罗马尼亚	克鲁日-纳波卡市	1995.5
韩国	晋州市	2000.7
俄罗斯	萨马拉市	2000.8
纳米比亚	马林塔尔市	2001.8
约旦	伊尔比德市	2002.2
巴西	若茵维莱市	2003.11
德国	什未林市	2006.4
保加利亚	舒门市	2007.4

12-7 旅　游

指　标	单位	2008 年	2009 年	2009 年比 2008 年 ± %
海内外游客	**万人次**	**3540.2**	**4168**	**17.7**
#国际旅游人数	万人次	29.2	32.1	9.9
#港澳台同胞	万人次	12.6	14.0	11.1
#香港同胞	万人次	5.1	5.7	10.9
澳门同胞	万人次	1.7	1.8	9.7
台湾同胞	万人次	5.9	6.5	11.0
国内旅游人数	万人次	3511	4136	17.8
旅游外汇收入	亿美元	1.1	1.2	9.1
国内旅游收入	亿元	334.2	391.0	17.1
旅游总收入	亿元	341.8	398.6	16.6
国际国内旅行社	家	244.0	246.0	0.8
有经营许可证的旅游景区点	个	54	58	7.4
星级宾馆	个	113	115	1.8
星级宾馆床位	张	37212	37410	0.5
从业人员	人	144896	145025	0.1

12-8 郑州市出口企业30强

（2009年）　　单位：万美元

序号	企业名称	出口额	2009年比2008年±%	序号	企业名称	出口额	2009年比2008年±%
1	中铝河南国际贸易有限公司	8046	-40.4	16	郑州新宏业贸易有限公司	2880	8.1
2	河南中艺进出口有限公司	5379	-13.6	17	郑州硕达钻石有限公司	2879	96.1
3	郑州海关保税有限公司	4620		18	河南省光大纺织进出口有限责任公司	2845	-34.1
4	河南东方丝绸进出口有限公司	4479	8.4	19	白鸽集团进出口有限公司	2750	-43
5	河南明泰铝业有限公司	4467	-66.6	20	河南益隆进出口有限公司	2541	-17.9
6	郑州宇通客车股份有限公司	4459	-49.7	21	河南浩丰贸易有限公司	2459	-25.3
7	河南五丰粮油食品有限公司	4278		22	郑州锦水实业有限公司	2259	-42.8
8	中国长城铝业公司建设公司	4000	49.3	23	河南悦源贸易有限公司	2207	7.3
9	郑州宇通集团有限公司	3913	-65.1	24	河南银科化工有限公司	2201	30
10	河南当代国际贸易有限公司	3595	28.4	25	晶诚（郑州）科技有限公司	1999	303.1
11	中国磨料磨具进出口公司	3593	-43.4	26	郑州明泰实业有限公司	1620	-43.1
12	郑州市果品食杂总公司	3515	-9.4	27	河南众成纺织品有限公司	1571	-29
13	河南省新异进出口贸易有限公司	3339	14.4	28	河南省国贸招标有限公司	1537	-28.1
14	中铁七局集团有限公司	2929	4.8	29	郑州拓洋生物工程有限公司	1406	-30.6
15	郑州日产汽车有限公司	2914	32.2	30	巩义市恒星金属制品有限公司	1366	-21.9

主要统计指标解释

进出口总额 海关进出口总额指实际进出我国国境的货物总金额。包括对外贸易实际进出口货物，来料加工装配进出口货物，国家间、联合国及国际组织无偿援助的物资和赠送品，华侨、港澳台同胞、外籍华人的捐赠品的金额。租赁期满归承租人所有的租赁货物，进料加工进出口货物，边境地方贸易及边境地区小额贸易进出口货物(边民互市贸易除外)，中外合资企业、中外合作经营企业、外商独资经营企业进出口货物和公用物品，到、离岸价格在规定限额以上的进出口货样和广告品(无商业价值、无使用价值和免费提供出口的除外)，从保税仓库提取在中国境内销售的进口货物，以及其他进出口货物。进出口总额用以观察一个国家在对外贸易方面的总规模。我国规定出口货物按离岸价格统计，进口货物按到岸价格统计。

出口总值 指在对外贸易中实际离开我国口岸或边境直接出口或转口的商品，包括来料加工装配(工缴费)和补偿贸易出口。

进口总值 指在对外贸易中实际到达我国口岸或边境的进口商品。

利用外资 是指我国各级政府、部门、企业、中国银行和其他单位通过对外借款、吸收外商直接投资和外商其他投资方式，从国外和港澳台地区筹措的资金。

利用外资协议金额 是指在一定时期内，经主管部门批准的与境外政府、部门、银行、企业和国际组织新签订的借款或投资协议(合同)资金总额。包括大陆与港、澳、台同胞及华侨签订的协议金额。它是反映全国及各地区、各部门同境外发生借贷关系和利用外资规模、方式、来源、用途及其效益的重要统计指标。利用外资金额包括我国各级政府、部门、企业和其他经济组织的对外借款(政府贷款、国际金融组织贷款、出口信贷、外国银行商业贷款、对外发行债券股票)，吸收外商直接投资(合资、合作、外商独资经营和合作开发)，以及外商补偿贸易、加工装配、国际租赁等其他境外现汇、设备、技术投资。其计量单位都折算成美元统计。

外商直接投资 是指外国企业和经济组织或个人(包括华侨、港澳台胞以及我国在境外注册的企业)按我国有关政策、法规，用现汇、实物、技术等在我国境内开办外商独资企业、与我国境内的企业或经济组织共同举办中外合资经营企业、合作经营企业或合作开发资源的投资(包括外商投资收益的再投资)以及经政府有关部门批准的项目投资总额内，企业从境外借入的资金。

对外承包工程 指各对外承包公司以招标议标承包方式承揽的下列业务：1. 承包国外工程建设项目；2. 承包我国对外经援项目；3. 承包我国驻外机构的工程建设项目；4. 承包我国境内利用外资进行建设的工程项目；5. 与外国承包公司合营或联合承包工程项目时我国公司分包部分；6. 对外承包兼营的房屋开发业务。对外承包工程的营业额是以货币表现的本期内完成的对外承包工程的工作量，包括以前年度签订的合同和本年度新签订的合同在报告期内完成的工作量。

旅游人数 包括入境国际旅游者人数、出境居民人数和国内旅游者人数。1. 入境国际旅游者人数：指来我国参观、访问、旅行、探亲、访友、休养、考察、参加会议和从事经济、科技、文化、教育、体育、宗教等活动的外国人、华侨、港澳和台湾同胞的人数。不包括外国在我国的常驻机构，如使领馆、通讯社、企业办事处的工作人员；来我国常住的外国专家、留学生以及在岸逗留不过夜人员。2. 出境居民人数：指大陆居民因公务活动或私人事务短期出境的人数。公务活动出境居民人数包括在国际交通工具上的中国服务员工，因私出境居民人数不包括在国际交通工具上的中国服务员工，因私出境居民人数不包括在国际交通工具上的中国服务员工。3. 国内旅游者人数：指我国大陆居民和在我国常住 1 年以上的外国人、华侨、港澳台同胞离开常住地在境内其他地方的旅游设施内至少停留一夜，最长不超过 6 个月的人数。

旅游外汇收入 指国内各部门为来我国旅游的外国人、华侨、港澳和台湾同胞提供商品和劳务而获得的外汇收入。包括供应商品、饮食和提供住宿、交通、邮电文化娱乐、导游等各项服务所得到的全部外汇收入。

对外借款 指通过对外正式签订借款协议，从境外筹措的资金，包括外国政府贷款、国际金融组织贷款、外国银行商业贷款、出口信贷以及对外发行债券等。1996 年及以前还包括对外发行股票。该指标是我国利用外资的重要部分。

十三、财政金融

13-1 金融机构信贷收支

（2009 年底）

单位：万元

指　　标	合　计	2009 年比年初±%	市　区	中牟县	巩义市	荥阳市	新密市	新郑市	登封市	上街区
各项存款合计	**65402663**	**33.1**	**56633361**	**792301**	**1757434**	**1057104**	**1926375**	**1079324**	**1456582**	**700182**
企业存款	26948154	52.3	25615848	156248	270041	140386	163027	193004	215845	193755
财政存款	1336585	-4.3	1161259	27905	56240	20351	35391	6029	24013	5397
机关团体存款	1897569	109.6	1708026	383	41611	50625	19984	30230	44675	2035
储蓄存款	25111685	21.5	18665409	549936	1197116	763141	1622859	740452	1113599	459173
农业存款	737131	34.8	352014	40646	67337	140386	39336	70977	26349	86
委托存款	1005926	24.6	1005810		32	4	14		4	62
其他存款	8365612	17.4	8038250	17183	125057	28955	45764	38631	32097	39675
各项贷款合计	**49221860**	**36.3**	**45478921**	**419016**	**908526**	**534255**	**541222**	**683423**	**560340**	**96157**
短期贷款	16308911	6.4	14221528	252734	569156	296134	275377	360874	270851	62257
工业贷款	6257314	13.1	5853782	2180	194684	60294	39587	30800	69200	6787
商业贷款	2280880	5.8	2094365	34260	10788	56912	11576	56170	16409	400
建筑业贷款	225650	-31.1	211570		200	3500	800	5180		4400
农业贷款	1142930	3.4	497627	154903	46899	115404	102428	105754	97654	22261
乡镇企业贷款	504761	10.5	95903	25799	197754	25264	86472	41052	32517	
三资企业贷款	221459	4.0	216459						5000	
私营企业及个体贷款	509934	77.4	425549	8742	14726	13618	12049	19937	13237	2076
其他短期贷款	5165983	-1.5	4826270	26851	104105	21142	22465	101982	36835	26333
中长期贷款	25239087	59.7	24178006	94876	269687	156163	195055	203325	108075	33900
基本建设贷款	9041381	51.3	8603292	30000	95964	75000	91160	111600	28000	6365
技术改造贷款	197599	2.8	197599							
其他中长期贷款	16000107	66.1	15377115	64876	173723	81163	103895	91725	80075	27535
委托贷款	366780	113.2	366780							
票据融资	7278532	51.7	6685329	71405	68414	81957	70790	119224	181413	
各项垫款	28550	-5.2	27280		1270					

13-2　金融机构现金收支

（2009 年底）

单位:万元

指　　标	合　计	2009 年比 2008 年 ± %	市　区	中牟县	巩义市	荥阳市	新密市	新郑市	登封市	上街区
收入合计	**100684661**	**18.4**	**95263663**	**2495805**	**409380**	**387234**	**452058**	**338340**	**322023**	**1016158**
商品销售收入	7558411	20.19	7222416	103177	15916	65057	15192	27030	7051	102572
服务业收入	3135570	53.06	2920467	86444	19347	9855	32432	18066	19193	29766
税款收入	323358	6.05	256241	27424	4628	11508	9176	1325	7558	5498
城乡个体经营收入	2107585	-6.46	1945982	29301	29704	24462	17467	36460	7110	17099
储蓄存款收入	76639274	16.11	72570704	2073643	316494	141483	328245	180942	254163	773600
其他金融机构收入	134423	-15.26	51294	3142		71064	1103	7360	34	426
居民归还贷款收入	1004982	8.87	823473	132544	3025	16683	9683	9319	5742	4513
汇兑收入	936243	116.9	921210	2456	216	825	4256	64	808	6408
有价证券及其他投资性收入	281332	52.78	252628	2115	26	23573	89	48	28	2825
其他收入	8563484	33.05	8299177	35559	20024	22794	34415	57728	20336	73451
支出合计	**97397551**	**19.16**	**91705275**	**2549562**	**453364**	**298946**	**489388**	**339658**	**343875**	**1217483**
工资性及个人其他支出	2029179	2.04	1869235	65140	10809	25067	6296	9154	16322	27156
农副产品采购支出	1363218	-8.36	1238747	99412	62	8891	5623	7312	1241	1930
工矿及其他产品采购支出	1170603	-2.95	987975	56230	5445	9563	21084	7999	9538	72769
行政企事业管理费支出	4054697	5.94	3829543	83710	23935	10563	12229	8251	8670	77796
城乡个体经营支出	3473591	-7.47	3194125	62097	50338	26056	18022	48664	7378	66911
储蓄存款支出	78264259	23.28	73934771	2049336	353900	217969	370839	194444	286249	856751
其他金融机构支出	155492	-40.63	144886	10097	79	263	8	6		153
居民提取贷款支出	815823	139.04	686813	92213	160	574	3536	32462		65
汇兑支出	814097	134.76	791573	160	13		17407	1	4934	9
有价证券支出	146880	-35.28	80428	1038			4			65410
其他支出	5109713	6.12	4938869	30129	8623	8312	34340	31365	9542	48533
投放(+)回笼(-)	**-3287110**	**-0.29**	**-3558388**	**53757**	**43984**	**-88288**	**37330**	**1318**	**21852**	**201325**

13-3 国有商业银行信贷收支

（2009 年底）　　单位:万元

项目	合计	市区	中牟县	巩义市	荥阳市	新密市	新郑市	登封市	上街区
各项存款合计	**23813452**	**18937396**	**324423**	**1030247**	**545799**	**1159231**	**526797**	**833092**	**456467**
企业存款	8029390	7049793	100315	192791	98697	140749	148058	190057	108930
机关团体存款	1232027	1092412	331	36811	43529	11757	6420	38737	2030
储蓄存款	12632726	9109796	208506	710659	382718	981389	344649	581424	313585
农业存款	6156	4476	19	13	102	861	500	143	42
其他存款	1913153	1680920	15252	89974	20752	24474	27171	22730	31880
各项贷款合计	**16321262**	**15029884**	**80031**	**442155**	**154585**	**200274**	**204440**	**180750**	**29143**
短期贷款	2529000	1978024	14581	245953	59052	41916	74494	107367	7613
工业贷款	1225355	888703	2180	169253	40944	32787	18551	69200	3737
商业贷款	61363	56791	200		327	495	2300	1250	
建筑业贷款	73984	61046	6538	200		800	4000		1400
农业贷款	7168	-681	5663		545				1641
乡镇企业贷款									
三资企业贷款	38559	33559						5000	
私营企业及个体贷款	97432	57984		9438	448	7184	11043	10927	408
其他短期贷款	1025139	880621		67062	16788	650	38601	20990	427
中长期贷款	11376480	10658696	65450	183002	94320	155439	125245	72798	21530
基本建设贷款	5726199	5337070	30000	95900	60000	88160	81600	28000	5469
技术改造贷款	46507	46507							
其他中长期贷款	5603774	5275120	35450	87102	34320	67279	43645	44798	16060
票据融资	2408663	2386045		13200	1212	2920	4701	585	
各项垫款	7119	7119							

13-4 农村信用社信贷收支

（2009 年底）　　单位:万元

项目	合计	市区	中牟县	巩义市	荥阳市	新密市	新郑市	登封市	上街区
各项存款合计	**3706960**	**1655058**	**355468**	**442576**	**327055**	**398386**	**404742**	**491660**	**36757**
企业存款	111295	39729	21169	12391	16530	840	1625	6000	14636
机关团体存款	12280	-16530		4435	16530	6789		1056	
储蓄存款	2841564	1157731	293292	341155	251232	331944	328530	449189	17021
农业存款	651020	424854	40627	67324	53540	38474	70475	26201	
其他存款	90801	32744	380	17271	5753	20339	4112	9214	5100
各项贷款合计	**3156493**	**1634906**	**274818**	**338600**	**236665**	**293910**	**301371**	**356462**	**21132**
短期贷款	1688592	732601	189109	258332	139970	203448	175115	144534	20598
农业贷款	998539	472520	151724	44207	112957	99988	104350	96545	20598
乡镇企业贷款	463429	95623	25799	197754	25264	86472	41052	32517	
其他短期贷款	225015	164458	11586	15102	1749	16988	28618	15132	
中长期贷款	117153	8889	14304	23784	15950	22592	11733	31100	534
票据融资	1349478	893416	71405	55214	80745	67870	114523	180828	

注:新郑市为农村合作银行。

13-5 财 政

（2009 年）

指　　标	全　市	市本级	中原区	二七区	管城区	金水区	上街区
地方预算内财政收入	**4502908**	**2406045**	**107979**	**116504**	**104300**	**220604**	**65325**
一般预算收入	**3019248**	**1376091**	**107744**	**116366**	**104204**	**219829**	**54036**
税收收入	**2377704**	**1079038**	**100929**	**110750**	**95870**	**208549**	**45957**
增值税	270294	83521	13341	7754	10841	14290	8827
国有企业增值税	27994	10526	4023	556	290	781	88
集体企业增值税	7467	869	38	159	353	186	135
股份制企业增值税	174015	47467	7249	4860	7511	10127	6283
联营企业增值税	52	2			2		
港澳台和外商投资企业增值税	38845	18373	1300	1288	640	1745	729
私营企业增值税	4992	234	34	30	20	22	1083
其他增值税	20495	6580	469	1569	1178	2109	498
增值税税款滞纳金、罚款收入	610	126	10	40	15	26	6
福利企业增值税退税	-6491	-1012	-112	-323	-90	-434	-114
软件集成电路增值税退税	-1299	-650				-17	
三线搬迁增值税退税	-195	-79	-11	-39	-2		
宣传文化单位增值税退税	-821	-660		-6		-155	
森工综合利用增值税退税	-10	-5				-5	
其他增值税退税	-1783	-634	-25	-417	-5	-150	-36
免抵调增增值税	6491	2418	366	37	929	55	155
营业税	878453	500912	35422	41067	31828	86570	10264
金融保险业营业税（地方）	203471	195700					283
一般营业税	673253	304560	35399	40957	31825	86350	9958
营业税税款滞纳金、罚款收入	1729	652	23	110	3	220	23
企业所得税	381707	217513	14711	13808	9316	23690	4866
个人所得税（款）	118481	69218	4820	5602	3305	6508	1704
个人所得税（项）	117882	68746	4818	5585	3301	6481	1679
利息所得税	4746	3388					107
其他个人所得税	113136	65358	4818	5585	3301	6481	1572
资源税	28884			97	1	12	413
城市维护建设税	136264	28206	9660	8603	10389	17915	3697
房产税	58579	10186	3670	10614	4749	13897	2537
印花税	34732	5926	2553	2200	2091	5877	807
城镇土地使用税	88637	5770	4917	6071	7977	9701	6499
土地增值税	104021	3459	10735	12865	14371	29880	1091
车船税（款）	12792	9617					151
耕地占用税（款）	47812		1100	2069	1002	209	1222
契税（款）	216648	144710					3879
烟叶税（款）	400						
非税收入	**641544**	**297053**	**6815**	**5616**	**8334**	**11280**	**8079**
专项收入	81475	40524		1			2543
排污费收入（项）	9652	2606					837
水资源费收入	5648	2512					86
教育费附加收入（项）	61817	35305					1620
矿产资源补偿费收入	3925	101		1			
探矿权、采矿权使用费及价款收入	429						

收　入

单位:万元

惠济区	高新技术开发区	经济技术开发区	郑东新区	中牟县	巩义市	荥阳市	新密市	新郑市	登封市
68849	**84094**	**81631**	**321716**	**125155**	**179384**	**151839**	**142872**	**148942**	**177669**
67700	**67599**	**48136**	**103864**	**90566**	**158529**	**101626**	**128077**	**126913**	**147968**
42770	**63603**	**40659**	**99101**	**56901**	**112213**	**62024**	**81673**	**80010**	**97657**
2560	12148	3405	910	4353	27901	8811	30366	12453	28813
304	401	74		541	2600	948	4229	888	1745
77	37	18	1	25	1957	601	1409	317	1285
972	8854	2405	240	2980	16201	5033	25590	8562	19681
					29	5			14
875	2537	789	102	202	2466	962	216	2334	4287
43	9	1	74	164	2451	126	112	177	412
323	177	47	492	397	2059	1002	1196	828	1571
2	16	7	1	4	172	58	35	58	34
-43	-7	-2		-10	-1158	-150	-2305	-478	-253
	-556	-76							
	-28			-36					
	-33	-3		-5			-124	-351	
7	775	145		91	1124	226	8	118	37
12112	9324	6221	30610	21230	25345	20552	14583	19233	13180
				631	2241	985	1195	1167	1269
12105	9313	6219	30547	20575	22954	19547	13353	17701	11890
7	11	2	63	24	150	20	35	365	21
4211	13260	7069	7214	3826	12616	4943	10641	10017	24006
1230	5053	1006	744	2156	3854	1994	4762	3265	3260
1228	5050	1006	744	2154	3842	1988	4758	3261	3241
				96	248	156	365	157	229
1228	5050	1006	744	2058	3594	1832	4393	3104	3012
				1217	9265	1650	3651	1190	11388
2516	6660	4055	4207	1815	8394	2677	5989	15374	6107
1446	2526	1173	1077	694	2686	897	995	940	492
2412	1282	2466	1178	744	3210	1076	1117	820	973
4771	4467	3716	3316	5021	12266	3417	2395	7011	1322
2954	2751	1933	15574	2449	1299	1184	844	2434	198
				351	786	282	789	304	512
8558	300	6804	1433	9287	377	5247	2740	2644	4820
	5832	2811	32838	3758	4214	9294	2801	4325	2186
									400
24930	**3996**	**7477**	**4763**	**33665**	**46316**	**39602**	**46404**	**46903**	**50311**
	2798	1388		1772	5591	2258	8777	8461	7362
				408	1162	519	1894	361	1865
				216	209	268	952	779	626
	2798	1388		1148	3318	1471	3881	7295	3593
					812		2050	2	959
					86			24	319

指　　标	郑州市	市本级	中原区	二七区	管城区	金水区	上街区
其他专项收入	4						
行政事业性收费收入	210217	123645	4727	1325	2041	6942	2040
公安行政事业性收费收入	18302	17384					53
法院行政事业性收费收入	11354	4706	476	889	643	1900	101
司法行政事业性收费收入	1925	803	347		288	150	
财政行政事业性收费收入	2582	1233	7	3	3		30
审计行政事业性收费收入	2		2				
人口和计划生育行政事业性收费收入	9624		81	139	9	3079	14
安全生产行政事业性收费收入	235						
档案行政事业性收费收入	35	18	4	2	1		1
人防办行政事业性收费收入	10450	8314					542
文化行政事业性收费收入	89						
教育行政事业性收费收入	95289	76454	1674	11		180	
发展与改革(物价)行政事业性收费收入	41		2				
统计行政事业性收费收入	13						
国土资源行政事业性收费收入	34951	8650	366	52	935		999
建设行政事业性收费收入	11689	2838	2	1			114
环保行政事业性收费收入	413	7					19
交通运输行政事业性收费收入	727		15				
工业和信息产业行政事业性收费收入	144	143					
农业行政事业性收费收入	698	135	86	14	5		22
林业行政事业性收费收入	1473	794		9	66		
水利行政事业性收费收入	428	35					
卫生行政事业性收费收入	4951	659	1038	197	85	1601	143
民政行政事业性收费收入	309	61	14	8	6		2
人力资源和社会保障行政事业性收费收入	1776	1408	2				
编办行政事业性收费收入	3	3					
党校行政事业性收费收入	118						
监察行政事业性收费收入	8						
其他行政事业性收费收入	2588		611			32	
罚没收入	54456	19302	2013	973	2444	2771	970
公安罚没收入	18730	10240					439
检察院罚没收入	7734	1222	570	152	492	83	248
法院罚没收入	3131	36	125	293	433	746	56
新闻出版罚没收入	136	35				100	1
海关罚没收入	59	59					
卫生罚没收入	165	26	8	3	35		2
检验检疫罚没收入	16						
交通罚没收入	2793	205		28	7	500	43
审计罚没收入	744	10	11	12	1		2
其他一般罚没收入	20948	7469	1299	485	1476	1342	179
国有资本经营收入	177986	104623			546	12	

单位:万元

惠济区	高新技术开发区	经济技术开发区	郑东新区	中牟县	巩义市	荥阳市	新密市	新郑市	登封市
					4				
1037	357	5165	4162	14795	10538	16550	9378	2781	4734
	5			104	164	52	242	119	179
314	17	603		241	308	174	426	269	287
118				30	23	133	14		19
				142	72	992	29	40	31
163	154	561		2507	510	319	492	1076	520
						235			
5					4				
	102			409		523	52	502	6
						45	44		
20				1229	5407	4767	3997	1	1549
						39			
						13			
242	67		3537	9239	1950	6089	758	548	1519
		4001	623	237	1314	2278	140	55	86
				48	135	14	114	16	60
					2	8	685		17
						1			
5				112	86	89	69	14	61
24				95	122	72	154	26	111
					22	158	145		68
114	10			166	257	141	272	98	170
3	2			8	100	82	9	6	8
29			2	9	57	224	33	11	1
						76			42
						8			
				219	5	18	1703		
1677	104	273	51	2310	3533	4327	4253	3910	5545
				860	1156	885	1257	1033	2860
1062					18	2334	331	1050	172
41		236		90	218	141	233	136	347
				1	1	46		39	4
						16			
52				340	267	54	75	1020	202
21	2			31	37	327	201	9	80
501	102	37	51	988	1836	524	2156	623	1880
9854	711	1		1847	21028	15931	4982	1053	17398

13-5 续表 2 （2009 年）

指　　标	郑州市	市本级	中原区	二七区	管城区	金水区	上街区
利润收入	20001						
其他企业利润收入	20001						
股利、股息收入	40	40					
其他股利、股息收入	40	40					
产权转让收入	143130	103514			546	12	
其他产权转让收入	143130	103514			546	12	
其他国有资本经营收入	14815	1069					
国有资源(资产)有偿使用收入	73763	1118	73	2876	3134	1555	2514
场地和矿区使用费收入	1						
利息收入	2889	978	73	24	39	28	57
国库存款利息收入	1335	559	29	24	39	28	34
财政专户存款利息收入	191		15				
其他利息收入	1363	419	29				23
非经营性国有资产收入	21557	29		1602		1527	2337
出租车经营权有偿出让和转让收入	655						
其他国有资源(资产)有偿使用收入	48661	111		1250	3095		120
其他收入(款)	43647	7841	2	441	169		12
捐赠收入	4289						
国内捐赠收入	4289						
成品油价格和税费改革清退补缴收入	97	97					
其他收入(项)	39261	7744	2	441	169		12
政府性基金收入	1483660	1029954	235	138	96	775	11289
彩票公益金收入	804	735					
文化事业建设费收入	2300	721	235	136	90	775	13
残疾人就业保障金收入	4575	2903					176
城市基础设施配套费收入	99756	85112					
政府住房基金收入	14419	14419					
上缴管理费用	5306	5306					
计提廉租住房资金	3682	3682					
其他政府住房基金收入	5431	5431					
国有土地使用权出让金收入	1297049	895918					11000
土地出让总价款	1066544	788347					11000
补缴的土地价款	77525	52235					
划拨土地收入	91996	51471					
其他土地出让金收入	60984	3865					
城市公用事业附加收入	8437	6642					
国有土地收益基金收入	34138	10483					
农业土地开发资金收入	10155	6845					
育林基金收入	626	36		2	6		1
森林植被恢复费收入	204	128					
地方水利建设基金收入	46						
散装水泥专项资金收入	735	449					41
新型墙体材料专项基金收入	6309	5563					58
其他政府性基金收入	4107						

单位:万元

惠济区	高新技术开发区	经济技术开发区	郑东新区	中牟县	巩义市	荥阳市	新密市	新郑市	登封市
		1			6000				14000
		1			6000				14000
	711			1847	15028	12858	4953	263	3398
	711			1847	15028	12858	4953	263	3398
9854						3073	29	790	
12329	26	55	120	12871	5626	174	969	15083	15240
	1								
21	24	12	120	393	576	131	110	146	157
21	20	12	120	89	192	52	24	14	78
				71	98	7			
	4			233	286	72	86	132	79
	1	43		959				14937	122
							655		
12308				11519	5050	43	204		14961
33		595	430	70		362	18045	15615	32
			12				2045	2200	32
			12				2045	2200	32
33		595	418	70		362	16000	13415	
1149	16495	33495	217852	34589	20855	50213	14795	22029	29701
					69				
24	129	37	12	21	24	20	8	31	24
				82	283	168	413	311	239
	100		14544						
	16266	33458	203244	34150	19486	26183	10080	19901	27363
		33458	189513	1940		26183			16103
			13731	1000	6037				4522
				30868	169		1442	1320	6726
	16266			342	13280		8638	18581	12
					367	415	650		363
					365	21564	55	1416	255
					187	1698	399		1026
12				114	55	103	94	38	165
				25			23		28
						1			45
				47	1	18	15	123	41
			52	150		43	82	209	152
1113					18		2976		

（2009 年）

指 标	全市	市本级	中原区	二七区	管城区	金水区	上街区
地方预算内财政支出	**4869264**	**1804930**	**150211**	**225447**	**170852**	**392318**	**80230**
一般预算支出	**3530483**	**1369979**	**104247**	**117668**	**101606**	**194417**	**68785**
一般公共服务	504720	88126	28021	27993	27129	56692	13710
人大事务	8922	2934	461	454	525	615	356
政协事务	7301	2443	354	676	600	408	369
政府办公厅(室)及相关机构事务	222733	16722	14863	14764	14373	22223	6875
发展与改革事务	10422	5223	139	762	590	194	256
统计信息事务	8110	1490	569	344	168	492	69
财政事务	24418	4199	1807	1052	877	1938	927
税收事务	2392						597
审计事务	5127	1852	171	402	130	253	140
人力资源事务	16809	8008	494	1613	370	822	144
纪检监察事务	7481	2430	377	248	63	638	180
人口与计划生育事务	38259	2011	2475	1946	1508	4020	735
商贸事务	15464	4631	336	521	676	758	524
知识产权事务	244	227					
工商行政管理事务	209						
质量技术监督与检验检疫事务	1063	318		20	40		500
国土资源事务	30301	7137	528	763	1985	918	286
测绘事务	20	20					
地震事务	474	384					15
气象事务	477	317					
民族事务	579	351	35	5	47		3
宗教事务	648	103	15	42	30	112	28
港澳台侨事务	203	93					25
档案事务	10951	9752	57	93	90	117	67
共产党事务	52215	14269	2431	3020	4771	5640	1389
民主党派及工商联事务	1292	662		73	22	47	49
群众团体事务	6146	2191	242	283	264	846	176
其他一般公共服务支出(款)	32460	359	2667	912		16651	
国防	3146	730	208		198		
预备役部队	1457	490	11				
民兵	461		177				
国防动员	574	240	16				
其他国防支出	654		4		198		
公共安全	233902	130046	5058	4613	5173	6247	5236
武装警察	5868	3698	105			257	18
公安	149921	100458				1383	3618
国家安全	95	40					
检察	25466	5709	1335	1405	2080	1816	603

支 出

单位:万元

惠济区	高新技术开发区	经济技术开发区	郑东新区	中牟县	巩义市	荥阳市	新密市	新郑市	登封市
113294	**114966**	**92760**	**308381**	**212833**	**266030**	**229704**	**221375**	**215293**	**270640**
85728	**98601**	**58943**	**99381**	**177212**	**243508**	**173741**	**202582**	**199370**	**234715**
18164	17503	14986	27473	40012	27460	23793	34784	26607	32267
408				519	360	639	611	467	573
309				305	314	368	384	333	438
8049	9877	10749	25076	23002	11519	8527	12409	8248	15457
160	198			395	322	630	445	594	514
328	33	27	10	170	438	436	2945	317	274
1063	599	101	60	2220	1649	2399	2069	1695	1763
51			195				1549		
142				182	219	458	458	349	371
161	519	50		291	1866	1098	570	704	99
337	239	121		414	294	407	784	545	404
1734	579	407	41	4310	2991	3804	3860	3545	4293
690	1989	947	914	253	795	599	675	551	605
					17				
			50			84	37		38
	40					80	45	20	
916	836	107		5148	3671	1210	2926	954	2916
5				2	11	30	12	15	
				31	27	16	10	37	39
33	10			20		59	14	2	
38	2			61			18	78	121
						42	7	36	
86				67	96	105	88	193	140
3117	308	2		2413	2558	2487	2138	3920	3752
48				6	44	24	156	130	31
489	15	29	35	183	145	218	230	381	419
	2259	2446	1092	20	124	73	2344	3493	20
254				102	217	296	207	565	369
135					38	86	170	258	269
109				78			17		80
				24	32	209	20	13	20
10					147	1		294	
3834	1693	3823	1314	8488	11202	11827	10521	12371	12456
55		244	226		241	228	199	289	308
161		772	1058	5930	7545	7385	6945	6449	8217
				55					
1612	1256	1579	30	632	974	1137	1166	2860	1272

13-6 续表 1 （2009 年）

指　　标	全市	市本级	中原区	二七区	管城区	金水区	上街区
法院	31184	7532	2627	2847	2218	1965	708
司法	11508	3166	991	361	625	826	289
监狱	3381	3381					
劳教	6062	6062					
其他公共安全支出	417				250		
教育	619427	240040	20734	24741	15307	29462	10116
教育管理事务	6984	2060	324	59	700	444	237
普通教育	432135	119956	18538	21006	13056	25765	7366
学前教育	6220	889	595	259	350	473	153
小学教育	151218	619	11276	12986	9564	20451	3485
初中教育	116859	17811	4225	5909	2163	3612	2246
高中教育	74221	37712	424	1112	213	422	1436
高等教育	36624	36624					
化解农村“普九”债务试点支出	4250						
其他普通教育支出	42743	26301	2018	740	766	807	46
职业教育	71892	55684		98	199		451
中专教育	38962	32597					103
技校教育	8668	8396					232
职业高中教育	8396	770		98	199		
高等职业教育	12674	12674					
其他职业教育支出	3192	1247					116
成人教育	752	204					2
广播电视教育	3171	3044					
特殊教育	3437	1060		108	78	129	
教师进修及干部继续教育	9183	5096	172	154	20	106	56
教育附加及基金支出	63279	26367	1700	3311	1254	2465	1777
其他教育支出	28594	26569		5		553	227
科学技术	55183	26045	1208	2075	2040	3023	1023
科学技术管理事务	2655	976	82	145	217	76	103
基础研究	957	857					100
应用研究	120	90					
技术研究与开发	43430	22897	1102	1877	1818	2500	780
机构运行	139					124	
应用技术研究与开发	13911	7650		613		105	
产业技术研究与开发	3718	1590			1818		
科技成果转化与扩散	1185	40				50	
其他技术研究与开发支出	24477	13617	1102	1264		2221	780
科技条件与服务	49	39					
科技条件专项	10						
其他科技条件与服务支出	39	39					
社会科学	261	20					
科学技术普及	1864	1056	24	53	5	74	28
机构运行	464	147	10	33		40	

单位:万元

惠济区	高新技术开发区	经济技术开发区	郑东新区	中牟县	巩义市	荥阳市	新密市	新郑市	登封市
1228	437	1228		1186	1749	2085	1652	1831	1891
778				659	654	924	559	942	734
				26	39	68			34
11555	6859	7143	14315	34861	41520	35628	46570	37644	42932
227	97	138		310	309	229	385	622	843
9597	4346	5617	14308	30042	33527	29574	39020	26189	34228
				572	192	548	896	275	1018
5030	3124	3636	7340	12396	12879	11340	10988	11276	14828
2867	1222	1981	6964	11667	14917	10423	9663	10092	11097
776				3702	5179	5721	8420	3559	5545
				1090		660	1520		980
924			4	615	360	882	7533	987	760
465				2189	2124	2974	2793	2491	2424
120				25	2071	2974	250	300	522
				9				31	
161				2155			1902	1210	1901
184					53		641	950	1
111					230	3		202	
						127			
				294	61	338	592	364	413
282				734	383	451	851	381	497
676	2410	1388		1292	4415	1589	2905	7295	4435
197	6		7		471	343	24	100	92
1752	2628	929	3	1477	3913	2189	2199	2647	2032
110	167	1		73	155	121	88	249	92
						30			
1568	761	300		1325	3343	1480	1978		1701
						15			
1068	730			332		1465	1671		277
	31				105				174
500		300		171					124
				822	3238		307		1126
				10					
				10					
				3			5	233	
52		13	3	59	75	84	77	41	220
				22	53	44	53		62

13-6 续表 2 (2009 年)

指 标	全市	市本级	中原区	二七区	管城区	金水区	上街区
科普活动	426	150	6	15		26	7
青少年科技活动	18	10		5			1
学术交流活动	20	20					
科技馆站	590	590					
其他科学技术普及支出	346	139	8		5	8	20
科技交流与合作	10	10					
其他科学技术支出	5837	100				373	12
其他科学技术支出	5741	100				373	12
文化体育与传媒	113741	69509	568	847	529	994	456
文化	53085	28207	185	693	489	520	305
图书馆	23577	20742				17	1
文化展示及纪念机构	4878	367					
艺术表演场所	106	71					
艺术表演团体	2527	2170			19		
文化活动	858	10	2				
群众文化	5550	1377	155	255	17	64	106
文化交流与合作	169				16		
文化创作与保护	471	337					
文化市场管理	885	250	2	62			47
其他文化支出	10535	2447	26	76	105	267	75
文物	13698	1878					
文物保护	4988	569					
博物馆	1473	1199					
体育	5889	3214	109	132	40	160	
体育场馆	1495	1284					
群众体育	2194	978	33	7		140	
广播影视	33505	30288	113	22		117	116
广播	3922	3535	110	16			
电视	5724	4974					1
电影	167		3	6		9	3
新闻出版	1963	1373	161			182	34
其他文化体育与传媒支出(款)	5601	4549				15	1
社会保障和就业	361780	156768	12389	17199	12605	23877	9080
人力资源和社会保障管理事务	26604	19457	299	636	699	1015	533
综合业务管理	42	30		12			
劳动保障监察	1414	922		124	210		63
就业管理事务	1513	1454					43
社会保险业务管理事务	50	40					
金保工程	6						
社会保险经办机构	16011	12476	297	492	324	491	115
劳动关系和维权	131	120					11
公共就业服务和职业技能鉴定机构	346	327		6			13
其他人力资源和社会保障管理事务	3869	3273				9	217
民政管理事务	16704	6272	738	2134	1663	1836	247
行政运行	5079	1246	169	553	931	634	92
一般行政管理事务	564	233			32	17	15

单位:万元

惠济区	高新技术开发区	经济技术开发区	郑东新区	中牟县	巩义市	荥阳市	新密市	新郑市	登封市
32		6	3	15	22	35	13	8	88
				2					
20		7		20		5	11	33	70
22	1700	615		7	340	474	51	2124	19
22	1700	615		7	324	474	51	2044	19
675	259	132	4795	2176	10741	3202	5116	3627	10115
629	231	94	4787	1287	7121	1982	1823	1882	2850
				94	2531	11	7	132	42
			4500			11			
								35	
				25	61	13	82	142	15
16					70	54			706
316	31	24	287	424	340	330	643	677	504
	150								3
11					40	43			40
2				12	123	134		156	97
91	50	60		559	3220	899	977	311	1372
				51	2558	111	2422	846	5832
				18	2189	19	229	612	1352
					170			74	30
21	28	38	8	391	333	582	270	279	284
					211				
1	28			376	104	266	89	157	15
3				174	510	373	504	530	755
					96	104			61
				10	250	100			389
3					11	27	33	35	37
22				73	13	34	27	10	34
				200	206	120	70	80	360
9749	4767	285	654	16313	24105	19157	16205	18060	20567
906	95	1		378	366	56	888	410	865
5				80			10		
16									
							10		
									6
154				298	363	22	552	31	396
						2	316	3	49
535	21	31	8	393	404	675	577	757	413
338				219	84	125	73	346	269
71		13			10		4	150	19

13-6 续表 3 (2009 年)

指　　标	全市	市本级	中原区	二七区	管城区	金水区	上街区
机关服务	596			127			
拥军优属	734	190	43	49	42	39	53
老龄事务	105				9	33	3
民间组织管理	307	294			3	10	
行政区划和地名管理	204	144	10	10	10	11	2
基层政权和社区建设	3527	24	465	1330	552	870	59
部队供应	990	990					
其他民政管理事务支出	4598	3151	51	65	84	222	23
财政对社会保险基金的补助	27157	19366			4068		
财政对基本养老保险基金的补助	23088	18648			4068		
财政对失业保险基金的补助	280						
财政对基本医疗保险基金的补助	465	74					
财政对生育保险基金的补助	225						
财政对其他社会保险基金的补助	3099	644					
行政事业单位离退休	151364	54729	7884	10075	2898	12226	5355
企业改革补助	1370	160					
就业补助	20383	10359	380	380	330	3054	266
扶持公共就业服务	120		10				40
职业培训补贴	957		20	380		201	74
职业介绍补贴	20		10				
社会保险补贴	307		20			149	49
岗位补贴	145						
小额担保贷款贴息	930	644					72
补充小额贷款担保基金	300						
其他就业补助支出	17604	9715	320		330	2704	31
抚恤	13151	633	820	603	397	1852	148
退役安置	18347	13601	190	825	330	1095	12
社会福利	12926	7289	103	84	22		13
残疾人事业	1969	699	148	53	115	92	18
城市居民最低生活保障	17742	6741	1486	1930	781	1476	179
其他城镇社会救济	1441	1000	5	105	12	136	18
自然灾害生活救助	1068	34	14	20	15	17	19
红十字事业	333	180		33		30	
农村最低生活保障	9942		73	23	8	54	
其他农村社会救济	5565	30	23	81	64	80	87
保障性住房支出	12865	5453	205	170			3
其他社会保障和就业支出	22849	10765	21	47	1203	914	2182
医疗卫生	216709	89998	6629	7592	5281	11192	2854
医疗卫生管理事务	5527	966	157	319	1109	314	175
医疗服务	27701	22341	47	464		210	
社区卫生服务	12214	7416	430	458		860	111
社区公共卫生服务	3434	1348	430	458		780	66
社区卫生专项	6772	4180				20	45
其他社区卫生服务支出	2008	1888				60	
医疗保障	120029	45266	4242	5083	2738	6862	2056
新型农村合作医疗	38076		1111	1263	279	1734	641

单位:万元

惠济区	高新技术开发区	经济技术开发区	郑东新区	中牟县	巩义市	荥阳市	新密市	新郑市	登封市
						412	57		
57		2		54	59	55	43	15	33
45				8	7				
				10	3			4	
19		6	8	24		71		65	34
5	21	10		78	241	12	400	177	58
86	1828			332		175	1018	22	262
				275			91		6
86				50			144		
				7		97	156	22	109
						78			147
	1828						627		
5016	1888			6355	9681	11533	5393	10390	7941
	83			70		5	596		456
134	18	56	296	844	1602	687	792	592	593
4				58					8
26		56					15		185
							10		
							15		74
				34			10		101
				95	7		80	32	
				20			100		180
104	18		296	637	1595	687	562	560	45
321	126	60		1662	1606	1020	1722	1230	951
27				45	557	676	364	502	123
2105	9			831	352	929	292	415	482
155	21	44		66	155	162	56	154	31
342	6			652	1128	522	1066	627	806
10				25	52	42	10	13	13
10	9	12		153	202	157	67	133	206
					36	9	16	29	
28	149	7		1492	1796	1358	1689	1249	2016
72	59	4		1236	655	736	846	789	803
	182			1779	1092	273	300	409	2999
2	273	70	350		4421	142	513	339	1607
4984	2278	610	94	18642	11114	11471	12674	13652	17644
320	75	2		379	297	392	211	447	364
155				91	154	68	66	909	3196
294	189	15	46	8	1040		6	650	691
91	189		9		47		6		10
203					993			650	681
		15	37	8					
3298	1753	247		7690	6973	8364	8239	7658	9560
1760	1342	247		5258	4506	4841	5155	4528	5411

13-6 续表4 （2009年）

指 标	全市	市本级	中原区	二七区	管城区	金水区	上街区
疾病预防控制	15981	6874	1282	506	423	1113	229
卫生监督	1876	475	167	251	167	694	
妇幼保健	3565	206	79	149	48	198	92
农村卫生	19746	3587	209	346	795	877	108
中医药	417	45		2			
食品和药品监督管理事务	1192	835	5	14		40	15
其他医疗卫生支出	8461	1987	11		1	24	68
环境保护	95620	18650	339	884	591	600	4493
环境保护管理事务	8410	3507	176	78	227	485	229
环境监测与监察	617	76	162				
污染防治	19199	6560			130		838
自然生态保护	1665	254					
天然林保护							
退耕还林	6640						85
能源节约利用	41521	1901	1	751	234	1	41
污染减排	7121	2717		55		25	
可再生能源	3705	3635					
资源综合利用	5425					10	3300
城乡社区事务	344020	73124	15829	12431	8943	43636	10283
城乡社区管理事务	49732	9161	2026	6462	4301	3168	2991
城乡社区规划与管理	3955		71	241	399		149
城乡社区公共设施	172992	15160	841	582	2681	16587	686
城乡社区住宅	4807	543	123			2900	10
城乡社区环境卫生	39848	2276	6416	5062	1165	9554	1526
建设市场管理与监督	630	386	5	34			
其他城乡社区事务支出	72056	45598	6347	50	397	11427	4921
农林水事务	309968	97560	3214	6752	2578	6784	4646
农业	151691	20657	2791	5093	2235	5407	2422
技术推广	3555	1132	5	142		168	
技能培训	1333	226	83	218	104	92	
病虫害控制	2883	275	81	44	43	97	101
农产品质量安全	3046	1678	26	17	35	72	20
耕地地力保护	598	196					
农业结构调整补贴	2696	112		195	143	240	168
农业生产资料补贴	8060	1148	98	27	52	157	46
农业生产保险补贴	1604	60	17	7	29	49	17
农民合作经济组织	282	28		1	3	1	3
农产品加工与促销	771	30		11	30	25	
农村公益事业	4908	302	30	88		20	113
农业产业化	4366	95	10	218	190	705	
农村能源综合建设	3027	17					170
农村人畜饮水	13491	630	190	363	150	126	296
村级债务化解	200						

单位:万元

惠济区	高新技术开发区	经济技术开发区	郑东新区	中牟县	巩义市	荥阳市	新密市	新郑市	登封市
284	157	19	22	625	688	677	1111	680	1291
43			8	10	53		3		5
153				691	258	156	604	446	485
437	104	96		2977	1603	1706	2252	2700	1949
				136		10	128	48	48
				20	42	39	45	97	40
		231	18	6015	6	59	9	17	15
262	961	89	2000	3754	29243	6121	8674	6151	12808
139	175	23		64	630	545	364	707	1061
8				80	272	19			
10			2000	2306	2160	1259	2553	541	842
58				95	118	900	100	100	40
46				455	883	340	1226	1100	2505
1	1				22697	2958	3332	3034	6569
		10		754	1301	100	1099	339	721
									70
	785							330	1000
7478	29929	21393	45193	10457	24550	6907	10472	16734	6661
2907	2947	300		1636	1526	2881	1260	7907	259
917				457	351	667	320	2	381
1408	25967	20072	45000	6564	19005	1509	5543	6522	4865
				388			48		795
2246	120	1021	46	1047	3392	1850	3301	567	259
					133				72
	895		147	365	143			1736	30
12554	2138	1337	2815	25084	22701	34138	32928	23910	30829
9360	1986	1074	15	17073	14269	18797	21118	15694	13700
232				511	90	247	521	292	215
59				361	13	18	118	33	8
249	68			306	288	476	279	288	288
128				366	11	318	55	279	41
13				57	10	132	50	65	75
428	42			459		576	163	83	87
140	242	50		1482	901	779	829	1362	747
40	1	14		284	219	268	216	238	145
18	5			54	13	48	42	26	40
515		25	15	54		3	10	53	
1391				311	218	749	414	391	881
1376	430	24		371	1	407	138	345	56
270				635	527	792	443	8	165
380	122	180		2270	1294	1457	2007	2424	1602
		200							

13-6 续表5 （2009年）

指　　标	全市	市本级	中原区	二七区	管城区	金水区	上街区
农村道路建设	28450		431	1434	57		
对村民委员会和村党支部的补助	10023	2	372	230	68	455	146
林业	71160	49701	67	332	88	808	34
森林培育	11317	840	3	182	7	269	32
林业技术推广	106	60					
森林生态效益补偿	624	30					
林业自然保护区	20						
森林防火	271	99		9			
林业有害生物防治	187	88					
林业工程与项目管理	120	120					
林业贷款贴息	120					120	
水利	55222	10129	306	1125	196	238	400
水利行业业务管理	1016	450		17			
水利工程建设	17516	2110		45			
水利工程运行与维护	2573	2230					
防汛	1090	647	10	84		9	17
抗旱	2944	331	35	74	40	51	36
农田水利	16982	490	203	695	100	40	220
水资源费支出	3183		26	99	9	10	86
南水北调	15522	14550	40	101	37		
扶贫	10542	1493		15			1641
农业综合开发	5456	943	10	86	22	331	149
其他农林水事务支出	375	87					
交通运输	87579	29794	294	1592	162	1334	790
公路水路运输	77853	22813	294	1592	162	1120	750
公路新建	13889	134	16	494		300	246
公路改建	8673	26		352			35
公路养护	22454	15189	6	60		402	145
公路运输管理	2322	24	79	129		112	5
车辆购置税支出	12065	13		275	24	210	117
其他公路水路运输支出	13895	6029	29	37	73	27	22
石油价格改革对交通运输的补贴	9073	6981					40
对城市公交的补贴	4872	4722					
对农村道路客运的补贴	612	16					13
对出租车的补贴	2559	2236					23
石油价格改革补贴其他支出	1030	7					4
其他交通运输支出	653					214	
采掘电力信息等事务	212340	132612	3337	2276	1902	3367	2916
采掘业	4251	1017					
制造业	7163	4684	478		150		
建筑业	106	105					
电力监管支出	721						
工业和信息产业监管支出	128632	114328	1608	1145	232	1345	109
安全生产监管	6642	1072	240	266	323	499	113
国有资产监管	1677	1260					

单位:万元

惠济区	高新技术开发区	经济技术开发区	郑东新区	中牟县	巩义市	荥阳市	新密市	新郑市	登封市
74	393			3186	5433	5383	8628	1723	1708
360		47		1278	1141	1208	2016	1291	1409
1118	75	180	2800	2641	3202	1294	2757	1344	4719
503				1405	2428	633	1151	360	3504
10				5	10	6		10	5
10				14	28	62	201	19	260
20									
5					15	2	15	2	124
5	5			21	11	2	15	10	30
1916	47	83		4497	4544	10022	7345	5547	8827
				10	228		215	96	
930		15		1570	837	6501	1368	583	3557
40							287		16
65		31			61	30	55	51	30
153	7	30		380	138	454	320	440	455
450	30			1844	2315	1971	2998	2592	3034
41	10			197	425		953	779	548
				70		597		127	
				285	536	1654	1452	642	2824
160	30			518	150	1581	256	494	726
						193		62	33
761	24			3810	12601	3589	6816	17123	8889
761	24			2636	12213	3379	6564	16825	8720
19				870	1673	120	55	6782	3180
				28	4928	350	797	724	1433
229				468	1119	663	1181	1835	1157
26				891		55	272		729
145					2577	1254	2992	2801	1657
27	24			275	1761	489	635	4374	93
				1072	205	165	252	189	169
				12	65	37			36
				64	58	78	190	124	69
				32	77	43	55	46	47
				964	5	7	7	19	17
				102	183	45		109	
10615	11681	5012	5	2081	12778	2801	4934	2277	13746
					1627	355	693		559
	1039	523			150		139		
				1					
							500	221	
1204	1072	474		670	890	944	1090	521	3000
488	37	38	5	187	262	432	1245	454	981
						143	152		122

13-6 续表6 (2009年)

指　　标	全市	市本级	中原区	二七区	管城区	金水区	上街区
支持中小企业发展和管理支出	30269	2970	30	181	410	948	2424
其他采掘电力信息等事务支出(款)	32879	7176	981	684	787	575	270
粮油物资储备管理等事务	81904	35422	1229	1065	961	1622	574
粮油事务	14227	7855	728	656	401	740	232
商业流通事务	37210	18249	380	404	497	480	330
物资储备	154				37		
旅游业管理与服务支出	21196	4772	2			111	
涉外发展服务支出	6891	4546	119	5	26	291	12
其他粮油物资储备管理等事务支出(款)	2226						
金融监管支出	4321						
国债还本付息支出	47211	24680					
国内债务付息	34663	22632					
国外债务付息	2048	2048					
补充还贷准备金	10500						
其他支出(类)	238912	156875	5190	7608	18207	5587	2608
住房改革支出	51978	15239	2542	3276	2333	4457	1377
住房公积金	51978	15239	2542	3276	2333	4457	1377
其他支出(款)	186934	141636	2648	4332	15874	1130	1231
政府性基金支出	1338781	434951	45964	107779	69246	197901	11445
一般公共服务	3239	812	132	62	14	206	90
文化体育与传媒	1390	792	132	123	5	123	1
其他文化体育与传媒支出	1390	792	132	123	5	123	1
社会保障和就业	3895	1726	58	25	84	42	77
残疾人事业	3895	1726	58	25	84	42	77
城乡社区事务	1305974	423792	45610	107319	68531	197299	11143
城乡社区公共设施	85078	85078					
政府住房基金支出	17365	12369					7
国有土地使用权出让金支出	1159312	309592	45610	107319	68531	197299	11136
城市公用事业附加支出	6042	4600					
国有土地收益基金支出	32348	10471					
农业土地开发资金支出	2168						
新增建设用地土地有偿使用费支出	3661	1682					
农林水事务	10562	1116	32	234	612	201	31
林业	4672	597	3	176	612	201	
水利	5890	519	29	58			31
采掘电力信息等事务	4693	4269					
制造业	484	304					
建筑业	4209	3965					
粮油物资储备管理等事务	582	433					
旅游业管理与服务支出	290	190					
涉外发展服务支出	292	243					
其他支出	8446	2011		16		30	103
其他政府性基金支出	8446	2011		16		30	103

单位:万元

惠济区	高新技术开发区	经济技术开发区	郑东新区	中牟县	巩义市	荥阳市	新密市	新郑市	登封市
8623	1837	192		896	9847	245	313	214	1139
300	7696	3785		327	2	682	802	867	7945
958	252	3104	590	3290	3723	3548	3220	5833	16513
88				438	544	455	759	460	871
590	157	415	585	2457	2470	2612	2101	3403	2080
				3				80	34
261				37	398	368		1773	13474
19	95	689	5	355	311	113	160	91	54
		2000					200	26	
						826	69	2732	694
	17059					4		5468	
	6559					4		5468	
	10500								
2133	570	100	130	6665	7640	8244	7193	3969	6193
1896	570			2007	4476	2687	4001	3416	3701
1896	570			2007	4476	2687	4001	3416	3701
237		100	130	4658	3164	5557	3192	553	2492
27566	16365	33817	209000	35621	22522	55963	18793	15923	35925
3				275	302	288	175	548	332
24				51	29	39	42	4	25
24				51	29	39	42	4	25
62				226	275	302	416	331	271
62				226	275	302	416	331	271
25923	16265	33817	209000	33983	21235	52914	13162	13543	32438
				114		568	20	3420	867
25923	16265	33817	209000	33869	20998	28320	11775	8903	30955
						424	655		363
						21564	313		
					71	1698	399		
					166	340		1220	253
441				888	547	1927	1110	904	2519
441				595	177	584	441	505	340
				293	370	1343	669	399	2179
				168		12	31	120	93
				39		12	6	120	3
				129			25		90
					49			100	
								100	
					49				
1113	100			30	85	481	3857	373	247
1113	100			30	85	481	3857	373	247

主要统计指标解释

财政收入 国家财政参与社会产品分配所取得的收入,是实现国家职能的财力保证。财政收入所包括的内容几经变化,目前主要包括:增值税、营业税、企业所得税、企业所得税退税、外商投资企业和外国企业所得税、个人所得税、资源税、固定资产投资方向调节税、城市维护建设税、房产税、印花税、城镇土地使用税、土地增值税、车船使用税、屠宰税、筵席税、农业税、农业特产税、牧业税、耕地占用税、契税、国有资产经营收益、国有企业计划亏损补贴、行政性收费收入、罚没收入、土地和海域有偿使用收入、专项收入、其他收入。

财政支出 国家财政将筹集起来的资金进行分配使用,以满足经济建设和各项事业的需要,主要包括:基本建设支出、企业挖潜改造资金、简易建筑费、地质勘探费、科技三项费用、流动资金、支援农村生产支出、农业综合开发支出、农林水利气象等部门的事业费、工业交通等部门的事业费、流通部门事业费、文体广播事业费、教育事业费、科学事业费、卫生经费、税务统计财政审计等部门的事业费、抚恤和社会福利救济费、行政事业单位离退休经费、社会保障补助支出、国防支出、行政管理费、外交外事支出、武装警察部队支出、公检法司支出、城市维护费、政策性补贴支出、支援不发达地区支出、土地和海域开发建设支出、专项支出、其他支出、总预备费。

中央财政收入和地方财政收入 按财政体制划分的中央本级收入和地方本级收入。1994 年分税制财政体制以后,属于中央财政的收入包括关税、海关代征消费税和增值税,消费税,中央企业所得税,地方银行和外资银行及非银行金融企业所得税,铁道、银行总行、保险总公司等集中缴纳的营业税、所得税、利润和城市维护建设税,增值税的75%部分,海洋石油资源税和证券(印花)税50%部分。属于地方财政的收入包括营业税,地方企业所得税,个人所得税,城镇土地使用税,固定资产投资方向调节税,城镇维护建设税,房产税,车船使用税,印花税,屠宰税,农牧业税,农业特产税,耕地占用税,契税,增值税 25%部分,证券交易税(印花税)的50%部分和除海洋石油资源税以外的其他资源税。

中央财政支出和地方财政支出 根据政府在经济和社会活动中的不同职责,划分中央和地方政府的责权,按照政府的责权划分确定的支出。中央财政支出包括国防支出,武装警察部队支出,中央级行政管理费和各项事业费,重点建设支出以及中央政府调整国民经济结构、协调地区发展,实施宏观调控的支出。地方财政支出主要包括地方行政管理和各项事业费,地方统筹的基本建设、技术改造支出,支援农村生产支出,城市维护和建设经费,价格补贴支出等。

信贷资金 国家银行用于发放贷款的资金叫信贷资金。中国人民银行信贷资金的来源有各项存款、对国际金融机构负债、流通中货币、银行自有资金及当年结益等。信贷资金的运用有各项贷款、黄金占款、外汇占款、财政借款及在国际金融机构中的资产等。

各项存款 企业、机关、团体或居民根据可以收回的原则,把货币资金存入银行或其他信用机构保管并取得一定利息的一种信用活动形式。根据存款对象的不同可划分为企业存款、财政存款、机关团体存款、基本建设存款,城镇储蓄存款、农村存款等科目。它是银行信贷资金的主要来源。

贷款 银行或其他信用机构根据必须归还的原则,按一定利率,为企业、个人等提供资金的一种信用活动形式。我国银行贷款分为流动资金贷款、固定资产贷款、城乡个体工商户贷款以及农业贷款等科目。

十四、教育、文化、卫生和体育

14-1 教育事业主要综合指标

（2009 年）

单位：所、人

指标	数值	指标	数值
平均每万人拥有各类学校数	**2.17**	**小学五年巩固率（%）**	**104.65**
高等学校	0.07	**小学学生缀学率（%）**	**-0.23**
中等职业学校	0.17	**初中学生毛入学率（%）**	**118.98**
技工学校	0.03	**初中三年巩固率（%）**	**91.86**
普通中学	0.51	**初中学生缀学率（%）**	**1.24**
普通小学	1.38	**初中毕业生升学率（%）**	**82.50**
平均每万人各类学校在校生数	**2906.91**	**平均每万人各类学校教职工数**	**210.22**
高等学校	1030.40	#专任教师	160.08
中等职业学校	410.48	#高等学校	64.09
技工学校	75.89	中等职业学校	23.50
普通中学	605.06	技工学校	3.73
普通小学	783.58	普通中学	50.50
小学适龄儿童净入学率（%）	**100.00**	普通小学	46.63

14-2 学校教育基本情况

（2009 年）

单位:所、人

指　　标	全市	市区	县(市)	中牟县	巩义市	荥阳市	新密市	新郑市	登封市
各类学校教育合计数									
学校数	1623	616	1007	226	152	90	184	177	178
毕业生数	558958	373946	185012	35423	34750	24951	34163	30250	25475
招生数	643564	470987	172577	29519	27902	28434	32292	25875	28555
在校学生数	2173936	1518185	655751	121633	102371	99708	123415	100923	107701
教职工数	157207	100948	56259	8480	10766	8196	11328	8436	9053
#专任教师	119717	71266	48451	7241	9647	6882	9533	6891	8257
高等学校									
学校数	50	50							
#普通本专科学校	42	42							
成人本专科学校	8	8							
毕业生数	192437	192437							
#普通本专科学校	150753	150753							
成人本专科学校	31830	31830							
招生数	256161	256161							
#普通本专科学校	200651	200651							
成人本专科学校	29273	29273							
在校学生数	770583	770583							
#普通本专科学校	607830	607830							
成人本专科学校	90532	90532							
教职工数	47929	47929							
#专任教师	32040	32040							
中等职业学校									
学校数	126	77	49	10	4	6	7	11	11
毕业生数	90752	70154	20598	6317	1825	2745	2312	4705	2694
招生数	107853	83488	24365	4241	1840	6330	3053	3609	5292
在校学生数	306977	235829	71148	16686	5414	14890	7660	13951	12547
教职工数	17576	13123	4453	1159	373	881	534	692	814
#专任教师	12136	8572	3564	877	304	657	442	574	710
技工学校									
学校数	26	20	6	1	1	1		3	
毕业生数	15391	9902	5489	82	210	2492		2705	
招生数	22482	15537	6945	30	163	4531		2221	
在校学生数	56752	38017	18735	201	680	12430		5424	
教职工数	2786	1663	1123	14	157	626		326	

指标	全市	市区	县(市)	中牟县	巩义市	荥阳市	新密市	新郑市	登封市
#专任教师	1867	970	897	11	145	453		288	
普通中学									
学校数	379	151	228	35	50	24	46	35	38
#高中	105	63	42	3	11	5	7	7	9
初中	274	88	186	32	39	19	39	28	29
毕业生数	168431	63103	105328	18176	23786	12482	20203	16090	14591
#高中	65452	23852	41600	6461	10718	4579	6294	8343	5205
初中	102979	39251	63728	11715	13068	7903	13909	7747	9386
招生数	149148	67905	81243	12795	16884	11000	15939	12483	12142
#高中	58750	26625	32125	4299	8312	4113	5389	5271	4741
初中	90398	41280	49118	8496	8572	6887	10550	7212	7401
在校学生数	452496	196563	255933	43323	46292	35153	50957	41061	39147
#高中	177938	78008	99930	13576	19771	13955	17417	19289	15922
#初中	274558	118555	156003	29747	26521	21198	33540	21772	23225
教职工数	37770	14189	23581	3086	5553	3227	4251	3959	3505
#专任教师	31805	11563	20242	2545	5255	2737	3729	3019	2957
小学									
学校数	1030	312	718	179	96	58	130	127	128
毕业生数	91809	38229	53580	10848	8929	7232	11648	6737	8186
招生数	107746	47761	59985	12453	8997	6573	13297	7547	11118
在校学生数	586001	276611	309390	61366	49889	37145	64639	40427	55924
教职工数	34873	14077	20796	3456	3311	2918	4605	2530	3976
#专任教师	32102	12725	19377	3316	3221	2741	4201	2417	3481
特殊教育学校									
学校数	11	5	6	1	1	1	1	1	1
毕业生数	108	91	17					13	4
招生数	126	87	39		18		3	15	3
在校学生数	971	426	545	57	96	90	159	60	83
教职工数	362	168	194	28	20	26	51	40	29
#专任教师	297	141	156	21	14	26	38	34	23
工读学校									
学校数	1	1							
毕业生数	30	30							
招生数	48	48							
在校学生数	156	156							
教职工数	24	24							
#专任教师	21	21							
幼儿园									
幼儿园数	(707)	(314)	(393)	(44)	(72)	(22)	(103)	(55)	(97)
入园幼儿数	(83480)	(26683)	(56797)	(15428)	(11059)	(2921)	(7181)	(9590)	(10618)
在园幼儿数	(177763)	(72619)	(105144)	(19122)	(19829)	(6991)	(19723)	(14253)	(25226)
教职工数	15887	9775	6112	737	1352	518	1887	889	729
#专任教师	9449	5234	4215	471	708	268	1123	559	1086

注：1. 标注“（）”为不计合计数中；

2. 数据来源于市教育局。

14-3 全市教育部门教育经费总收入

（2009 年）

单位：千元

类别	总计	预算内教育经费	教育事业费拨款	基本建设拨款	其他拨款	各级政府征收用于教育的税费	教育费附加	事业收入	#学杂费	捐赠收入	其他收入
总　计	**6422567**	**5551513**	**4426562**	**166685**	**958266**	**632371**	**632371**	**159065**	**59959**	**12274**	**67344**
高等学校	**201804**	**184284**	**174153**		**10131**	**15000**	**15000**	**2087**	**2087**		**433**
普通高等职业学校	168844	153844	143713		10131	15000	15000				
中等职业学校	**553022**	**450606**	**374303**	**25889**	**50414**	**87635**	**87635**	**12955**	**11611**	**574**	**1252**
中等专业学校	327052	280203	232493	21929	25781	42401	42401	4135	3808		313
职业高中	185124	137500	116016	3960	17524	40662	40662	6023	5331		939
成人中等专业学校	40846	32903	25794		7109	4572	4572	2797	2472	574	
中学	**2951275**	**2485328**	**1959035**	**121293**	**405000**	**367654**	**367654**	**81432**	**28555**	**3196**	**13665**
普通中学	2949254	2483307	1957014	121293	405000	367654	367654	81432	28555	3196	13665
普通高中	1148026	840860	706608	3330	130922	231434	231434	67420	28555	2519	5793
普通初中	1801228	1642447	1250406	117963	274078	136220	136220	14012		677	7872
普通小学	**2158365**	**1956059**	**1513853**	**17937**	**424269**	**121316**	**121316**	**27493**		**8384**	**45113**
特殊教育学校	**44941**	**41063**	**33613**	**1566**	**5884**	**2070**	**2070**	**29**		**106**	**1673**
幼儿园	**102155**	**77016**	**63696**		**13320**	**1250**	**1250**	**23285**	**17706**	**3**	**601**
教育行政单位	**101727**	**93707**	**72061**		**21646**	**2288**	**2288**	**3514**		**11**	**2207**
教育事业单位	**309278**	**263450**	**235848**		**27602**	**35158**	**35158**	**8270**			**2400**

注：数据来源于市教育局。

14-4 分县(市)区教育部门教育经费收入

(2009 年)

单位:千元

类　　别	总计	预算内教育经费				各级政府征收用于教育的税费		事业收入		捐赠收入	其他收入
			教育事业费拨款	基本建设拨款	其他拨款		教育费附加		#学杂费		
总　　计	**6422567**	**5551513**	**4426562**	**166685**	**958266**	**632371**	**632371**	**159065**	**59959**	**12274**	**67344**
市本级	1728771	1461376	1207582	30585	223209	263663	263663	2087	2087		1645
中原区	289717	259322	182388		76934	17000	17000	13395	452		
二七区	367011	280254	212717		67537	33107	33107	14376	4311	2072	37202
管城区	207355	177721	140533		37188	12540	12540	5047	2427	7497	4550
金水区	366976	326573	267879		58694	24650	24650	12510	1583		3243
上街区	164779	130107	83390		46717	17775	17775	4791	2712	2	12104
惠济区	148372	134630	104067	630	29933	6760	6760	6411	1950	464	107
中牟县	409879	374793	315796	4540	54457	12919	12919	18420	9551	78	3669
巩义市	476335	425532	369036		56496	44150	44150	6653	4983		
荥阳市	414496	398608	330166		68442	15888	15888				
新密市	549922	515265	430713		84552	29047	29047	2994	554	25	2591
新郑市	453329	354058	296092		57966	72548	72548	22982	14788	2115	1626
登封市	524294	449238	368571	3370	77297	44350	44350	30099	14561		607
经济技术开发区	71441	57550	32420	25130		13880	13880			11	
高新技术开发区	105445	62051	44492		17559	24094	24094	19300			
郑东新区	144445	144435	40720	102430	1285					10	

注:数据来源于市教育局。

14-5 全市教育部门

（2009 年）

类　别	总计	事业性经费支出	个人部分	工资福利支出	对个人和家庭的补助支出
总　计	**6334327**	**6166612**	**3893879**	**2991726**	**902153**
高等学校	**201806**	**201806**	**76879**	**50301**	**26578**
普通高等职业学校	168844	168844	70726	46267	24459
中等职业学校	**555962**	**529543**	**339662**	**165063**	**174599**
中等专业学校	326811	304352	209846	84816	125030
职业高中	187762	183802	104035	63918	40117
成人中等专业学校	41389	41389	25781	16329	9452
中学	**2950576**	**2828783**	**1709008**	**1367023**	**341985**
普通中学	2948555	2826762	1707101	1365116	341985
普通高中	1150714	1146884	557983	457634	100349
普通初中	1797841	1679878	1149118	907482	241636
普通小学	**2117226**	**2099289**	**1588178**	**1272536**	**315642**
特殊教育学校	**46058**	**44492**	**22103**	**17897**	**4206**
幼儿园	**100508**	**100508**	**66281**	**59589**	**6692**
教育行政单位	**107203**	**107203**	**24563**	**16687**	**7876**
教育事业单位	**254988**	**254988**	**67205**	**42630**	**24575**

注：数据来源于市教育局。

教育经费支出

单位:千元

公用部分	商品和服务支出	其他资本性支出			基本建设支出
			专项公用支出	专项项目支出	
2272733	**1082957**	**1189776**	**380146**	**809630**	**167715**
124927	**51277**	**73650**	**19375**	**54275**	
98118	38619	59499	17934	41565	
189881	**88390**	**101491**	**51441**	**50050**	**26419**
94506	48010	46496	26970	19526	22459
79767	29547	50220	23209	27011	3960
15608	10833	4775	1262	3513	
1119775	**502750**	**617025**	**120751**	**496274**	**121793**
1119661	502646	617015	120741	496274	121793
588901	220540	368361	45320	323041	3830
530760	282106	248654	75421	173233	117963
511111	**265765**	**245346**	**81302**	**164044**	**17937**
22389	**4638**	**17751**	**10961**	**6790**	**1566**
34227	**27410**	**6817**	**4002**	**2815**	
82640	**63327**	**19313**	**11634**	**7679**	
187783	**79400**	**108383**	**80680**	**27703**	

14-6　分县(市)区教育部门

(2009 年)

类　别	总计	事业性经费支出	个人部分	工资福利支出	对个人和家庭的补助支出
总计	**6334327**	**6166612**	**3893879**	**2991726**	**902153**
市本级	1715572	1684487	845887	572899	272988
中原区	289717	289717	208748	182576	26172
二七区	328395	328395	219901	180998	38903
管城区	200698	200698	133666	133031	635
金水区	358083	358083	273436	241187	32249
上街区	150967	150967	129514	84645	44869
惠济区	148372	147742	112649	95075	17574
中牟县	412519	407979	287277	223706	63571
巩义市	476335	476335	292498	222613	69885
荥阳市	414496	414496	300358	214978	85380
新密市	550821	550821	357676	241568	116108
新郑市	453329	453329	280447	209624	70823
登封市	514875	510975	338473	292961	45512
经济技术开发区	72903	47773	28956	25128	3828
高新技术开发区	106817	106817	76122	62485	13637
郑东新区	140428	37998	8271	8252	19

注:数据来源于市教育局。

教育经费支出

单位:千元

公用部分	商品和服务支出	其他资本性支出	专项公用支出	专项项目支出	基本建设支出
2272733	**1082957**	**1189776**	**380146**	**809630**	**167715**
838600	301324	537276	172078	365198	31085
80969	56502	24467	8975	15492	
108494	33409	75085	7816	67269	
67032	19701	47331	11131	36200	
84647	57251	27396	14198	13198	
21453	14798	6655	5936	719	
35093	33039	2054	2054		630
120702	69695	51007	20820	30187	4540
183837	153182	30655	3802	26853	
114138	79593	34545	9824	24721	
193145	71793	121352	41021	80331	
172882	69289	103593	49883	53710	
172502	95539	76963	22395	54568	3900
18817	5000	13817	3681	10136	25130
30695	19958	10737	3087	7650	
29727	2884	26843	3445	23398	102430

14-7　艺术表演团体情况

（2009 年）

县(市)区	机构数（个）	从业人员（人）	#高级职称	#中级职称	国内演出场次(场)	#到农村演出
总　　计	**19**	**1590**	**250**	**395**	**3554**	**2765**
市区	12	1322	229	347	1396	685
六县(市)	7	268	21	48	2158	2080
中牟县	1	44		3	120	120
巩义市	1	43	1	6	200	175
荥阳市	1	40		24	360	355
新密市	2	36	18	4	270	240
新郑市	1	65	2	10	218	200
登封市	1	40		1	990	990

14-8　图书馆、群众艺术馆、文化馆情况

（2009 年）

县(市)区	机构数（个）	从业人员（个）	#高级职称	#中级职称	年末总藏量（千册）	书刊文献外借（千册次）	举办展览个数（个）	举办训练班次（次）	组织文艺活动（次）
图书馆	**13**	**390**	**51**	**108**	**5248**	**932**	**312**	**31**	
市区	7	297	49	97	4244	686	293	22	
六县(市)	6	93	2	11	1004	246	19	9	
中牟县	1	10		1	61		4		
巩义市	1	14		1	450		2	2	
荥阳市	1	29	1		93	40	6		
新密市	1	8	1		196	18	4	2	
新郑市	1	23		8	144	163	2	3	
登封市	1	9		1	60	25	1	2	
群众艺术馆	**2**	**111**	**25**	**38**			**11**	**91**	**67**
市区	2	111	25	38			11	91	67
文化馆	**12**	**226**	**15**	**31**					**406**
市区	6	92	7	8					282
六县(市)	6	134	8	23					124
中牟县	1	15		2					4
巩义市	1	27	2	5					18
荥阳市	1	35		3					30
新密市	1	24	2	6					20
新郑市	1	23	4	6					30
登封市	1	10		1					22

注：数据来源于市文广新局。

14-9 艺术表演场馆基本情况

（2009 年）

县(市)区	机构数（个）	从业人员（个）	#高级职称	#中级职称	座席数（个）	演(映)出场次（场）	艺术演出场次	电影放映场次	观众人次（千人次）	艺术演出观众人次	电影放映观众人次
总　计	**12**	**488**	**4**	**35**	**10992**	**9233**	**326**	**8917**	**674**	**303**	**371**
市　区	9	391	4	32	6604	8909	260	8659	545	224	321
各县(市)	**3**	**97**		**3**	**4388**	**324**	**66**	**258**	**129**	**79**	**50**
巩义市	1	22			1488	34	24	10	32	24	8
新密市	1	24			1700	290	42	248	85	55	30
新郑市	1	51		3	1200				12		12

14-10 文物事业基本情况

（2009 年底）

县(市)区	机构数（个）	从业人员（个）	藏品数（件）	#一级品	举办展览（次）	参观人次（千人次）
总　计	**20**	**1193**	**415730**	**700**	**54**	**2851**
博物馆	7	636	223851	663	43	1856
#市区	4	559	149728	606	33	1720
文物保护管理单位	13	557	191879	37	11	995
#各县(市)合计	8	363	7597	4		670
中牟县	1	4	429	2		
巩义市	4	317	5866	1		669
荥阳市	1	28	1200	1		
新密市	2	14	102			1

注:数据来源于市文物局、市文广新局。

14-11　卫生事业基本情况

（2009 年）

指　　标	机构数（个）	实有床位数（个）	人员数（人）	卫生技术人员	执业（助理）医师	执业医师	注册护士	药师（士）	技师（士）	检验师	其他	其他技术人员	管理人员	工勤人员
总　计	**1437**	**42971**	**57633**	**47004**	**18418**	**15866**	**18352**	**2563**	**2812**	**1922**	**4859**	**2546**	**3376**	**4707**
六区	882	30976	40183	32726	13248	12141	13521	1626	1902	1338	2429	1571	2493	3393
六县（市）	555	11995	17450	14278	5170	3725	4831	937	910	584	2430	975	883	1314
中牟县	53	1709	2242	1793	790	522	560	128	132	87	183	180	126	143
巩义市	105	2019	3338	2808	938	738	992	226	192	119	460	134	94	302
荥阳市	88	1689	2775	2299	728	491	598	133	157	99	683	128	135	213
新密市	84	2672	3498	2925	1087	808	1076	211	191	128	360	93	225	255
新郑市	47	1520	2326	1862	720	492	650	102	102	69	288	138	126	200
登封市	178	2386	3271	2591	907	674	955	137	136	82	456	302	177	201
医院	**162**	**36559**	**40595**	**32800**	**12423**	**11210**	**14208**	**1819**	**1929**	**1232**	**2421**	**1732**	**2500**	**3563**
综合医院	96	24952	26421	21615	8073	7361	9601	1128	1286	832	1527	992	1487	2327
中医医院	30	5716	7953	6402	2602	2275	2453	466	361	211	520	398	455	698
中西医结合医院	1	65	78	63	33	27	17	6	7	3		6	6	3
专科医院	35	5826	6143	4720	1715	1547	2137	219	275	186	374	336	552	535
口腔医院	1	25	167	122	74	59	32	3	2	1	11	26	9	10
眼科医院	2	130	139	89	26	18	36	9	6	4	12	16	9	25
肿瘤医院	2	1577	1512	1281	353	353	653	27	50	37	198	89	45	97
心血管病医院	2	225	349	274	116	112	121	18	17	15	2	25	21	29
胸科医院	1	510	431	312	120	120	139	14	17	13	22	37	50	32
妇产（科）医院	3	93	270	195	65	57	96	10	18	10	6	7	16	52
儿童医院	2	865	827	629	267	256	280	31	41	36	10	48	70	80
精神病医院	2	556	316	213	79	60	99	17	17	16	1	13	38	52
传染病医院	2	554	549	426	167	157	182	30	44	25	3	3	79	41
皮肤病医院	1	20	14	10	1	1		1	1	1	7	1	2	1
骨科医院	6	776	944	734	285	237	314	33	26	7	76	32	142	36
康复医院	2	181	180	113	44	31	44	8	8	3	9	18	17	32
整形外科医院	1	45	80	46	15	13	22	2	3	2	4	8	12	14
其他专科医院	8	269	365	276	103	73	119	16	25	16	13	13	42	34
社区卫生服务中心（站）	**159**	**30**	**1401**	**1295**	**595**	**533**	**557**	**72**	**34**	**22**	**37**	**29**	**34**	**43**
卫生院	**108**	**4019**	**5313**	**4461**	**1696**	**901**	**1211**	**313**	**275**	**166**	**966**	**310**	**217**	**325**
门诊部	**32**	**261**	**984**	**752**	**389**	**336**	**229**	**31**	**56**	**35**	**47**	**61**	**101**	**70**
诊所、卫生所、医务室	**917**		**3000**	**2860**	**1555**	**1345**	**766**	**163**	**50**	**37**	**326**			**140**
急救中心（站）	**3**		**97**	**62**	**13**	**13**	**41**	**2**	**1**	**1**	**5**	**9**	**7**	**19**
采供血机构	**1**		**220**	**101**	**16**	**14**	**26**	**1**	**29**	**29**	**29**	**34**	**45**	**40**
妇幼保健院（所、站）	**14**	**2015**	**2914**	**2453**	**847**	**746**	**1108**	**84**	**123**	**98**	**291**	**115**	**127**	**219**
专科疾病防治院（所、站）	**2**	**87**	**211**	**149**	**49**	**49**	**9**	**2**	**27**	**20**	**62**	**21**	**10**	**31**
疾病预防控制中心	**16**		**1907**	**1374**	**655**	**554**	**95**	**40**	**262**	**256**	**322**	**109**	**220**	**204**
卫生监督所（中心）	**10**		**418**	**287**							**287**	**31**	**67**	**33**
医学科学研究机构	**5**		**340**	**284**	**123**	**123**	**80**	**29**	**22**	**22**	**30**	**29**	**24**	**3**
医学在职培训机构	**5**		**207**	**115**	**53**	**39**	**20**	**6**	**4**	**4**	**32**	**63**	**17**	**12**
健康教育所（站、中心）	**3**		**26**	**11**	**4**	**3**	**2**	**1**			**4**	**3**	**7**	**5**

注：数据来源于市卫生局。

14-12　医疗机构门诊服务情况

（2009 年）

类　别	总诊疗人次（人次）	#门、急诊人次	门诊人次	急诊人次	#死亡人数	门急诊诊次占总诊次的（%）	观察室 留观人数（人）	观察室 #死亡人数	观察室死亡率（%）	健康检查人数（人）	急诊死亡率（%）
总　计	**33019623**	**31140582**	**29603978**	**1536604**	**1214**	**94.31**	**743143**	**153**	**0.02**	**1768116**	**0.08**
医　院	**19038255**	**17944240**	**16853953**	**1090287**	**1147**	**94.25**	**671176**	**146**	**0.02**	**916611**	**0.11**
综合医院	13007653	11988684	11293288	695396	853	92.17	406247	56	0.01	699568	0.12
中医医院	4155984	4126634	3889762	236872	283	99.29	51515	86	0.17	199810	0.12
中西医结合医院	14847	14847	14847			100.00	3218				
专科医院	1859771	1814075	1656056	158019	11	97.54	210196	4		17233	0.01
口腔医院	100963	100963	100963			100.00					
眼科医院	19546	19546	19425	121		100.00					
肿瘤医院	104562	103235	103233	2		98.73	526			1195	
心血管病医院	144988	144988	129342	15646	6	100.00	249	4	1.61	879	0.04
胸科医院	38220	38220	38220			100.00					
妇产（科）医院	44845	44742	44742			99.77	23			3874	
儿童医院	678686	635708	535111	100597	3	93.67	198293				
精神病医院	117276	117276	110068	7208		100.00					
传染病医院	191942	191942	185478	6464	1	100.00	8080			1219	0.02
皮肤病医院	10950	10950	10950			100.00					
骨科医院	290472	290472	266739	23733		100.00	1444			389	
康复医院	46350	45173	45173			97.46					
整形外科医院	8573	8573	8573			100.00	112				
其他专科医院	62398	62287	58039	4248	1	99.82	1469			9677	0.02
社区卫生服务中心（站）	**1837768**	**1279034**	**1245040**	**33994**	**1**	**69.60**	**7754**			**354472**	
卫生院	**4571759**	**4475542**	**4304915**	**170627**	**45**	**97.90**	**49439**	**7**	**0.01**	**310226**	**0.03**
乡镇卫生院	4571759	4475542	4304915	170627	45	97.90	49439	7	0.01	310226	0.03
中心卫生院	1452774	1379973	1333850	46123	8	94.99	29100			81663	0.02
乡卫生院	3118985	3095569	2971065	124504	37	99.25	20339	7	0.03	228563	0.03
门诊部	**575392**	**575190**	**533472**	**41718**		**99.96**	**6735**			**76250**	
诊所、卫生所、医务室	**4916664**	**4842207**	**4842207**			**98.49**					
急救中心（站）	**97862**	**97862**		**97862**		**100.00**					
妇幼保健院（所、站）	**1949409**	**1893993**	**1791877**	**102116**	**21**	**97.16**	**8039**			**73052**	**0.02**
妇幼保健院	1759273	1703857	1601741	102116	21	96.85	8039			19492	0.02
妇幼保健所	190136	190136	190136			100.00				53560	
专科疾病防治院（所、站）	**32514**	**32514**	**32514**			**100**				**37505**	

注：数据来源于市卫生局。

14-13 医疗机构住院服务情况

（2009 年）

类别	入院人数（人）	出院人数（人）	治愈	好转	未愈	死亡	其他	治愈率%	好转率%	死亡率%	住院病人手术人次（人次）	住院危重病人抢救人次（人次）	#抢救成功	住院危重病人抢救成功率%	每百门急诊的入院人数
总计	**1179466**	**1175462**	**753324**	**319450**	**19110**	**6117**	**77461**	**70.68**	**27.18**	**0.52**	**262211**	**91756**	**86971**	**94.79**	**4.50**
医院	**921211**	**915078**	**537250**	**288363**	**17616**	**5927**	**65922**	**65.91**	**31.51**	**0.65**	**230603**	**89588**	**84940**	**94.81**	**5.13**
综合医院	659946	655629	390391	194130	13240	4616	53252	67.67	29.61	0.70	166823	73398	69833	95.14	5.50
中医医院	144579	143873	69035	61177	1782	1025	10854	55.53	42.52	0.71	28534	8049	7186	89.28	3.50
中西医结合医院	1118	1124	1114	6	4			99.11	0.53		1119				7.53
专科医院	115568	114452	76710	33050	2590	286	1816	68.61	28.88	0.25	34127	8141	7921	97.30	6.37
口腔医院	123	123	123					100.00			108				0.12
眼科医院	1586	1541	1541					100.00			1123				8.11
肿瘤医院	33812	33609	16064	14733	1174	131	1507	52.28	43.84	0.39	10053	281	210	74.73	32.75
心血管病医院	3278	3305	2792	407	37	34	35	85.54	12.31	1.03	711	922	894	96.96	2.26
胸科医院	8479	8386	2928	4961	445	39	13	35.07	59.16	0.47	2293	479	440	91.86	22.18
妇产(科)医院	658	652	626	22	4			96.01	3.37		626				1.47
儿童医院	29246	29068	24863	4180		25		85.53	14.38	0.09	4615	3720	3695	99.33	4.60
精神病医院	5545	5546	2936	2378	228	4		52.94	42.88	0.07		5	1	20.00	4.73
传染病医院	9789	9759	6071	3173	467	44	4	62.25	32.51	0.45	318	2598	2554	98.31	5.10
骨科医院	17839	17484	14975	2018	229	5	257	87.12	11.54	0.03	12319	112	107	95.54	6.14
康复医院	1623	1523	546	974	1	2		35.85	63.95	0.13	105	6	4	66.67	3.59
整形外科医院	419	419	419					100.00							4.89
其他专科医院	3171	3037	2826	204	5	2		93.05	6.72	0.07	1856	18	16	88.89	5.09
社区卫生服务中心(站)	**16**	**26**	**14**	**4**			**8**	**84.62**	**15.38**						
卫生院	**152712**	**155247**	**135241**	**17165**	**649**	**52**	**2140**	**88.49**	**11.06**	**0.03**					**3.41**
乡镇卫生院	152712	155247	135241	17165	649	52	2140	88.49	11.06	0.03					3.41
中心卫生院	54161	56551	48763	5871	166	19	1732	89.29	10.38	0.03					3.92
乡卫生院	98551	98696	86478	11294	483	33	408	88.03	11.44	0.03					3.18
门诊部	**4557**	**4538**	**2986**	**1546**			**6**	**65.93**	**34.07**		**16**	**8**	**8**	**100.00**	**0.79**
妇幼保健院(所、站)	**100442**	**100079**	**77799**	**11912**	**845**	**138**	**9385**	**87.12**	**11.90**	**0.14**	**31464**	**2160**	**2023**	**93.66**	**5.30**
妇幼保健院	100442	100079	77799	11912	845	138	9385	87.12	11.90	0.14	31464	2160	2023	93.66	5.89
专科疾病防治院(所、站)	**528**	**494**	**34**	**460**				**6.88**	**93.12**		**128**				**1.62**

注：数据来源于市卫生局。

14-14　医疗机构病床使用情况

（2009 年）

类　别	实有床位数（张）	实际开放总床位日数	平均开放病床（张）	实际占用总床日数	出院者占用总床日数	病床周转次数	病床工作日（日）	病床使用率（%）	出院者平均住院日（日）
总　计	**42941**	**15117664**	**41418**	**13209467**	**13299864**	**28.38**	**318.93**	**87.38**	**11.31**
医院	**36559**	**12832645**	**35158**	**11686609**	**11813187**	**26.03**	**332.40**	**91.07**	**12.91**
综合医院	24952	8689878	23808	7800516	7733151	27.54	327.64	89.77	11.80
中医医院	5716	2051643	5621	1869206	1836560	25.60	332.54	91.11	12.77
中西医结合医院	65	23725	65	8161	8205	17.29	125.55	34.40	7.30
专科医院	5826	2067399	5664	2008726	2235271	20.21	354.64	97.16	19.53
口腔医院	25	9125	25	1330	1330	4.92	53.20	14.58	10.81
眼科医院	130	47150	129	12786	12786	11.93	98.98	27.12	8.30
肿瘤医院	1577	540514	1481	630566	909566	22.70	425.81	116.66	27.06
心血管病医院	225	80300	220	59368	52688	15.02	269.85	73.93	15.94
胸科医院	510	185880	509	233697	234931	16.47	458.90	125.72	28.01
妇产（科）医院	93	33945	93	7756	4836	7.01	83.40	22.85	7.42
儿童医院	865	305161	836	346694	335135	34.77	414.68	113.61	11.53
精神病医院	556	202940	556	192758	182072	9.97	346.69	94.98	32.83
传染病医院	554	202117	554	153177	150345	17.62	276.62	75.79	15.41
皮肤病医院	20	7300	20						∞
骨科医院	776	274412	752	257918	256093	23.26	343.06	93.99	14.65
康复医院	181	66065	181	58051	46012	8.41	320.72	87.87	30.21
整形外科医院	45	16425	45	10083	10083	9.31	224.07	61.39	24.06
其他专科医院	269	96065	263	44542	39394	11.54	169.24	46.37	12.97
社区卫生服务中心（站）		**2**				**4745.00**			
卫生院	**4019**	**1439456**	**3944**	**802077**	**770492**	**39.37**	**203.38**	**55.72**	**4.96**
乡镇卫生院	4019	1439456	3944	802077	770492	39.37	203.38	55.72	4.96
中心卫生院	1309	470623	1289	273095	259902	43.86	211.80	58.03	4.60
乡卫生院	2710	968833	2654	528982	510590	37.18	199.29	54.60	5.17
门诊部	**261**	**94915**	**260**	**37804**	**37343**	**17.45**	**145.38**	**39.83**	**8.23**
妇幼保健院（所、站）	**2015**	**718891**	**1970**	**665967**	**661832**	**50.81**	**338.13**	**92.64**	**6.61**
妇幼保健院	2015	718891	1970	665967	661832	50.81	338.13	92.64	6.61
专科疾病防治院（所、站）	**87**	**31755**	**87**	**17010**	**17010**	**5.68**	**195.52**	**53.57**	**34.43**

注：数据来源于市卫生局。

14-15 诊所、卫生所、

(2009 年)

类别	总计	按管理类别分		按经济类型分				
		非营利性	营利性	国有	集体	联营	私营	其他
机构总数(个)	**917**	**182**	**735**	**110**	**52**	**3**	**727**	**25**
总人员数(人)	**3000**	**870**	**2130**	**461**	**304**	**9**	**2167**	**59**
卫生技术人员	2860	812	2048	436	278	9	2082	55
执业医师	1345	401	944	234	134	5	948	24
#中医执业医师	227	60	167	34	21	4	164	4
执业助理医师	210	59	151	19	27		160	4
#中医执业助理医师	13	3	10	2	1		10	
注册护士	766	213	553	120	66	3	568	9
药剂师(士)	163	41	122	24	11	1	127	
技师(士)	50	25	25	5	13		31	1
#检验师(士)	37	21	16	5	13		18	1
其他	326	73	253	34	27		248	17
工勤技能人员	140	58	82	25	26		85	4
房屋建筑面积(平方米)	101166	26042	75124	12443	9299	165	76417	2842
总收入(万元)	**7506.1**	**1405.3**	**6100.8**	**642.1**	**512.7**	**47**	**6113.5**	**190.8**
#上级补助收入	215.2	192.9	22.3	158.3	39.8		9.3	7.8
医疗收入	3103.4	416.4	2687	179.4	169	9	2658	88
药品收入	4065.1	762.7	3302.4	275	300	38	3362.1	90
总支出(万元)	6403.5	1409.9	4993.6	685	498.5	11	5023.5	185.5
#人员经费	2662.8	595.9	2066.9	260.2	245.2	2	2088.4	67
医疗支出	1207.2	163	1044.2	95.1	40.7	3	1024.7	43.7
药品支出	2473.4	641.7	1831.7	322.7	210.3	6	1859.6	74.8
诊疗人次数(人次)	**4916664**	**1087116**	**3829548**	**483050**	**445816**	**16200**	**3811628**	**159970**
#出诊人次数	74457	15697	58760	9632	4580		59974	271

注:数据来源于市卫生局。

医务室基本情况

按设置/主办单位分			按诊所类别分				
政府办	社会办	私人办	普通	中医	中西医结合	口腔	其他
9	**165**	**743**	**551**	**79**	**29**	**69**	**189**
46	**771**	**2183**	**1493**	**260**	**96**	**246**	**905**
46	717	2097	1444	253	95	227	841
25	367	953	654	136	48	95	412
3	60	164	58	86	19	6	58
2	53	155	93	12	5	43	57
	3	10	4	4	3		2
9	191	566	412	46	28	65	215
2	34	127	68	42	9	1	43
	19	31	15	5		1	29
	19	18	11	4			22
8	53	265	202	12	5	22	85
	54	86	49	7	1	19	64
1290	22094	77782	54633	7179	3286	6226	29842
72.2	**1215.9**	**6218**	**4232.9**	**665.2**	**326.4**	**721.1**	**1560.5**
10	195.9	9.3	8.8		0.5		205.9
24.3	366.6	2712.5	1705.6	250.6	109.6	482.3	555.3
37.9	615.1	3412.1	2439.2	413.6	200.6	238.8	772.9
69.4	**1216.9**	**5117.2**	**3650.2**	**488.5**	**229.3**	**515.9**	**1519.6**
34.6	509.5	2118.7	1516.1	191.3	78.7	230.8	645.9
9.2	137.4	1060.6	697	83.8	54.3	153.6	218.5
24.8	561.5	1887.1	1402.4	206.3	94.5	125	645.2
44300	**959336**	**3913028**	**3194193**	**434778**	**162491**	**252548**	**872654**
1250	13053	60154	48409	6699	2648	2141	14560

14-16 卫生机构收入与支出

（2009 年）

单位:万元

类　　别	总收入	财政补助收入	上级补助收入	业务事业收入	总支出	业务事业支出	财政专项支出	#人员经费支出
总　　计	**1237091.9**	**88397.3**	**9829.4**	**1133506.8**	**1168728.7**	**1130157.6**	**31825.3**	**257449.0**
医院	**1047424.0**	**52222.6**	**6058.6**	**989142.8**	**988583.4**	**974732.3**	**13851.1**	**212961.1**
综合医院	729009.1	29889.8	5796.8	693322.5	681320.9	675876.8	5444.1	144557.5
中医医院	148033.6	10683.0	208.6	137142.0	143965.5	139347.5	4618.0	31407.8
中西医结合医院	118.4			118.4	58.5	58.5		36.0
专科医院	170262.9	11649.8	53.2	158559.9	163238.5	159449.5	3789.0	36959.8
口腔医院	2020.9	9.1		2011.8	2248.7	2248.7		1185.8
眼科医院	1324.0	3.0		1321.0	1759.8	1759.0	0.8	410.2
肿瘤医院	66323.7	2305.0	8.1	64010.6	59493.1	58518.4	974.7	12016.0
心血管病医院	7856.4	635.9		7220.5	8132.7	8047.5	85.2	1968.5
胸科医院	18025.0	1488.3	42.6	16494.1	16368.2	16270.9	97.3	3455.9
妇产(科)医院	2148.2			2148.2	2406.4	2406.4		433.5
儿童医院	26352.0	1127.5		25224.5	25940.5	25698.2	242.3	6426.2
精神病医院	6636.8	1171.1	0.5	5465.2	6469.6	6446.0	23.6	2115.5
传染病医院	10725.1	1490.7		9234.4	11022.5	10900.2	122.3	3129.1
皮肤病医院	98.0		2.0	96.0	134.9	134.9		42.2
骨科医院	23186.3	3285.6		19900.7	23148.4	21015.6	2132.8	3958.1
康复医院	2623.9	133.6		2490.3	2689.8	2579.8	110.0	812.3
整形外科医院	435.8			435.8	940.0	940.0		379.5
其他专科医院	2506.8			2506.8	2483.9	2483.9		627.0
社区卫生服务中心(站)	**4986.0**	**322.3**	**55.6**	**4608.1**	**5303.1**	**5222.2**	**80.9**	**1332.0**
卫生院	**43835.7**	**4413.6**	**631.1**	**38791.0**	**43021.9**	**41187.4**	**1834.5**	**12171.1**
乡镇卫生院	43835.7	4413.6	631.1	38791.0	43021.9	41187.4	1834.5	12171.1
中心卫生院	15033.7	1671.9	93.5	13268.3	15061.2	14340.3	720.9	4271.4
乡卫生院	28802.0	2741.7	537.6	25522.7	27960.7	26847.1	1113.6	7899.7
门诊部	**10151.6**	**2193.5**	**161.9**	**7796.2**	**9674.4**	**9291.3**	**383.1**	**2655.2**
综合门诊部	7755.7	2193.5	161.9	5400.3	7381.8	6998.7	383.1	2001.2

(2009 年)

类　别	总收入	财政补助收入	上级补助收入	业务事业收入	总支出	业务事业支出	财政专项支出	#人员经费支出
中医门诊部	40.0			40.0	36.0	36.0		12.5
专科门诊部	2355.9			2355.9	2256.6	2256.6		641.5
诊所、卫生所、医务室	**7506.1**		**215.2**	**7168.5**	**6311.3**	**3588.4**		**2662.8**
诊所	6334.2		12.3	6224.3	5211.4	2985.0		2174.9
卫生所、医务室	1171.9		202.9	944.2	1099.9	603.4		487.9
急救中心(站)	**919.5**	**820.6**	**40.3**	**58.4**	**909.1**	**842.1**	**25.0**	**301.4**
采供血机构	**8504.9**	**238.1**		**8253.2**	**7788.7**	**7388.7**		**1729.2**
妇幼保健院(所、站)	**58890.3**	**2974.9**	**879.2**	**55036.2**	**49011.9**	**48109.0**	**902.9**	**12257.4**
#省属	31805.6	697.9	728.0	30379.7	22754.0	22679.4	74.6	5033.2
省辖市属	11191.3	706.7		10484.6	11125.7	10969.1	156.6	3039.5
地辖市属	13896.2	1474.1	94.4	12327.7	13609.4	12939.7	669.7	3821.2
县属	1997.2	96.2	56.8	1844.2	1522.8	1520.8	2.0	363.5
#妇幼保健院	57660.7	2475.7	843.3	54341.7	47876.1	47077.1	799.0	11853.3
妇幼保健所	1229.6	499.2	35.9	694.5	1135.8	1031.9	103.9	404.1
专科疾病防治院(所、站)	**5924.1**	**2720.2**		**3203.9**	**6588.7**	**6488.7**	**100.0**	**473.9**
疾病预防控制中心	**37904.2**	**18009.7**	**849.7**	**13853.2**	**39683.7**	**23179.6**	**13621.8**	**7129.7**
省属	12685.2	10998.0	115.7	1571.5	14131.0	3825.6	10305.4	2910.0
省辖市属	8677.0	2207.4		6223.4	8998.4	8159.6	838.7	1174.4
地辖市属	12526.3	4570.8	714.0	4743.8	12305.7	9403.9	2471.2	2612.4
县属	1562.0	233.5	14.0	1314.5	1795.0	1788.5	6.5	429.0
其他	2453.7		6.0		2453.6	2.0		3.9
卫生监督所(中心)	**2496.9**	**2185.6**	**252.9**	**48.2**	**2631.4**	**1770.8**	**619.1**	**1569.1**
省属	850.2	850.2			966.5	453.6	512.9	414.5
省辖市属	489.2	478.0	1.0		490.2	490.2		314.9
地辖市属	1157.5	857.4	251.9	48.2	1174.7	827.0	106.2	839.7
医学科学研究机构	**7490.4**	**1745.4**	**663.9**	**5079.5**	**8180.2**	**7787.3**	**383.0**	**1632.4**
医学在职培训机构	**912.9**	**417.6**	**10.0**	**467.6**	**899.9**	**467.4**	**23.9**	**508.4**
健康教育所(站、中心)	**145.3**	**133.2**	**11.0**		**141.0**	**102.4**		**65.3**

注:数据来源于市卫生局。

14-17　村卫生室基本情况

（2009 年）

类　别	总计	按设置/主办单位分					按行医方式分		
		村办	乡医院设点	联合办	私人办	其他	西医为主	中医为主	中西医结合
机构数(个)	3024	1934	218	193	561	118	116	2160	748
执业(助理)医师(人)	737	489		63	166	19	13	554	198
注册护士(人)	135	86		19	24	6	3	96	38
乡村医生和卫生员(人)	6693	4744	254	371	1038	286	225	4408	2060
乡村医生数	6449	4538	248	367	1010	286	217	4286	1946
#大专及以上学历	374	252	9	28	82	3	9	213	152
中专学历及中专水平	5771	4073	230	317	873	278	199	3882	1690
在职培训合格者	229	169	8	22	25	5	8	143	78
卫生员	244	206	6	4	28		8	122	114
年总收入(万元)	14410	10572	509	778	2218	333	330	9645	4435
#上级补助收入	1301	810	24	160	297	9	28	926	346
村或集体补助收入	19	13	6				2	6	11
医疗收入	3940	2529	327	363	642	79	110	2592	1238
药品收入	8395	6516	134	254	1248	244	186	5540	2670
年总支出(万元)	12990	9577	453	746	1891	322	301	8690	4000
#人员经费	4414	3196	167	286	620	145	108	2913	1393
药品支出	7985	5925	276	362	1252	170	187	5375	2424
诊疗人次数(人次)	12088884	8811917	585701	515385	1813984	361897	392274	8236978	3459632
#出诊人次数	1112954	763405	90332	51363	168170	39684	65791	710312	336851

注:数据来源于市卫生局。

14-18　分县(市)区医疗机构收入与支出

(2009年)　　单位:万元

类　别	总收入	财政补助收入	上级补助收入	医疗收入	药品收入	总支出	医疗支出	药品支出	#人员经费支出
总　计	**1179637**	**65668**	**8042**	**541652**	**543642**	**1109404**	**551411**	**506206**	**244815**
中原区	91564	6771	266	43526	40057	88050	43256	36676	21460
二七区	327864	14690	5730	156688	145930	306984	156346	144347	65836
管城区	58692	3289	80	28818	26205	58627	31856	23927	12987
金水区	509692	29780	842	221986	249130	480185	228788	228196	98905
上街区	10797	522	116	3730	4020	12649	5089	5026	3716
惠济区	11875	671	141	4980	5731	11757	6182	4666	3323
中牟县	22363	915	223	10576	10393	20427	9890	10073	6686
巩义市	33449	1046	27	17044	14346	32738	18105	13810	7264
荥阳市	23002	1006	63	10742	10227	23651	12509	9612	7427
新密市	35472	1187	143	17485	15808	32822	15604	14292	7649
新郑市	25216	1442	295	12119	10841	25861	14241	10047	5450
登封市	29652	4350	116	13959	10954	15653	9544	5534	4111

注:数据来源于市卫生局。

14-19 体育事业

（2009 年）

指标	单位	总计	市直	县(市)区合计	中原区	二七区	管城区
体育系统从业人员	人	**511**	**234**	**277**	**4**	**10**	**6**
公务员	人	57	28	29		1	1
专职教练员	人	70	53	17			
文化教师	人	65	33	32			
管理人员	人	156	78	78	4	6	5
运动员	人	5	5				
其它人员	人	158	37	121		3	
举办群众体育活动次数	次	**252**	**67**	**185**			**7**
参加活动的人数	人	306610	84300	222310			2030
举办各类体育培训班次数	次	**42**	**20**	**22**			**1**
参加培训班人次	人	3609	1173	2436			400
当年等级运动员发展人数	人	**1448**	**1448**				
当年等级裁判员发展人数	人	**157**	**157**				
社会体育指导员认证总人数	人	**8424**	**2174**	**6250**	**706**	**660**	**539**
当年认证人数	人	1135	132	1003			
体育运动学校基本情况							
学校数	所	1	1				
教职工数	人	125	125				
#专职教练员	人	27	27				
专职文化教员	人	35	35				
在校学生总数	人	533	533				
体育运动成绩							
在省以上比赛中获得金牌数	枚	305	69	236		15	
银牌数	枚	227	59	168		6	2
铜牌数	枚	192	49	143		3	
#世界冠军	个	9	6	3		2	
第三名	个	1		1		1	
亚洲冠军	个	13	10	3			
全国冠军	个	97	43	54		13	
亚军	个	10	2	8		6	
第三名	个	6	4	2		2	

注：数据来源于市体育局。

金水区	惠济区	上街区	中牟县	巩义市	荥阳市	新密市	新郑市	登封市
7	**3**	**6**	**9**	**6**	**126**	**9**	**31**	**60**
7	3	2	2	2	1		1	9
				4	8		5	
					20		12	
		4	4		23	9	3	20
			3		74		10	31
20	**19**	**7**	**3**	**14**	**70**	**6**		**39**
4000	12840	65000	3600	75000	23000	10640		26200
2	**4**		**1**		**9**	**2**	**2**	**1**
200	500		148		500	130	180	378
519	**340**		**457**	**528**	**890**	**130**	**334**	**1147**
			148		410	130		315
		4			1			216
					2			158
								140
							1	
							1	2
					1			40
					2			

主要统计指标解释

普通高等学校 指按照国家规定的设置标准和审批程序批准举办，通过国家统一招生考试，招收高中毕业生为主要培养对象，实施高等教育的全日制大学、独立设置的学院和高等专科学校、短期职业大学。

小学学龄儿童入学率 指调查范围内已入小学学习的学龄儿童占校内外学龄儿童总数（包括弱智儿童在内，但不包括盲聋哑儿童）的比重。计算公式：

小学学龄儿童入学率＝已入学的小学学龄儿童数/校内外小学学龄儿童总数×100%

专业技术人员 指已取得科学技术职称，或大学、中专的理、工、农、医科系毕业，以及国民经济各部门从工作实践中提拔，从事理、工、农、医等自然科学技术的研究、教学、生产的专业人员和在机关、企业、事业中从事科学技术业务管理工作的专业人员。

文化事业机构 指从事专业文化工作和为专业文化工作服务的独立建制的单独核算的单位。不包括这些单位另外举办独立核算的其他机构和各部门的业余文化组织。

艺术表演团体 指从事戏曲、音乐、舞蹈、杂技等专业艺术表演，有独立帐户，实行单独核算的团体。不包括半工半艺、半农半艺和民间职业剧团。

艺术表演观众人数（人次） 指售票、包场演出或民族地区免费演出的艺术表演观众人次数。不包括彩排审查和内部观摩演出的观看人次数。

体育场 指400米跑道（中心含足球场），有固定道牙，跑道6条以上，并有固定看台的室外田径场地。以看台容纳观众人数分：甲级25000人以上，乙级15000—25000人，丙5000—15000人，丁级5000人以上。

体育馆 指有固定看台，可供篮球、排球、羽毛球、乒乓球、体操等项目训练比赛活动用的室内运动场地。以看台容纳观众人数分：甲级6000人以上，乙级4000—6000人，丙级2000—4000人，丁级2000人以下。

医院 指名称为医院，设有固定床位能收容病人住院并能为病人提供医疗、护理服务的医疗机构。包括县及县以上医院、农村乡卫生院、其他医院三部分。按所属性质分为卫生部门、工业及其他部门、集体经常单位三类。其中县及县以上医院按业务性质分为综合医院和专科医院。

医生 指经卫生部门审查合格，从事医疗工作的专业人员。分为中医医生和西医医生。包括卫生技术人员中的中医师、西医师、中西结合高级医师、中医士、西医士和其他中医。

统计工作大事记

一　月

元旦　市委书记王文超针对郑州市统计局撰写的调查报告《金融危机对郑州就业形势的影响》作出批示："请柳身、保明同志着力研究我市就业对策政策，最大限度地解决就业再就业，让更多的市民生活得好。"

1 日—5 日　《郑州日报》开设经济普查专栏，宣传经济普查。

5 日—7 日　郑州市统计局局领导分赴各县(市)、区，进行县(市)、区党政领导班子 2008 年年度考核民意调查工作。

12 日　郑州统计局局长、郑州市第二次经济普查领导小组副组长李德耀接受郑州电视台《今日关注》栏目组采访。

13 日　郑州市经济普查办公室召开县(市)、区经济普查办公室主任会议，贯彻国务院和省第二次经济普查办公室主任会议精神，明确登记工作重点，部署下一阶段普查登记工作。

14 日下午　在北京召开的全国统计系统表彰大会上，郑州市统计局荣获 2004—2008 年度全国统计系统先进集体称号，获得国家统计局和人事部联合表彰。

20 日　李德耀局长主持调研的《搞好信用体系建设　促进郑州科学发展》课题，荣获全市第一批学习实践科学发展观活动论文评选三等奖。

二　月

2 日　郑州市统计局首次向社会公布了民生福利评价监测测算结果。河南日报、郑州日报、郑州电视台等多家媒体进行了采访报道，取得了很好的社会效果。

6 日　中共郑州市委、郑州市人民政府联合发出通报《关于对郑州市统计局进行通报表彰的决定》(郑文[2009]19 号)，通报表彰郑州市统计局近年来在我市经济社会发展中做出的卓越贡献。

13 日　郑州市统计局撰写的《竞争力是郑州中小工业发展的保障》获得市委常委、组织部部长姚待献批示："这份报告很好，送经委主任、书记和企业担保公司董事长以及商行领导阅研。

郑州市副市长孙金献对《元月份郑州工业生产简况》作出批示："本资料及时快捷，明了准确，且有情况、有问题、有分析，对把握和研究指导全市的工业生产提供了基础性数据。真诚地感谢统计局的同志们为此付出的努力和劳动！请及时跟进全国重点城市特别是中部六省的有关情况为宜。"

18 日　郑州市统计局召开局领导班子和中层以上领导干部会议，及时传达贯彻全省统计工作会议精神。

25 日　郑州市人民政府下发《关于印发郑州市城区社会经济发展评价指标体系的通知》(郑政办文[2009]24 号)。

24—25 日　郑州市统计局召开了中央扩大投资情况跟踪统计暨"中国投资信息管理与监测系统"培训会议。

河南省委常委、郑州市委书记王文超向市统计局致信，对市统计局被授予"全国统计系统先进集体"荣誉称号表示祝贺：我代表市委向郑州市统计局全体同志表示祝贺！请再接再厉，努力工作，为郑州市跨越式发展创造新成绩，并向大家致以新春祝福，祝愿春节快乐，全家幸福！

郑州市委副书记、市长赵建才提出，政府办要及时发信息通报，市政府要专门发文进行表彰。

在国家统计局关于 2008 年全国地方统计年鉴评比结果的通报中，《郑州统计年鉴—2008》获乙组二等奖。

三　月

4 日　郑州市局在《郑州日报》全文发布《郑州市 2008 年国民经济和社会发展统计公报》。

4 日　郑州市产业集聚区快速调查工作会议在郑州市地税宾馆召开。

6 日—8 日　郑州市局举办了主题为"发扬奥运精神，再创统计工作佳绩"庆三八活动。带领全局女同志奔赴北京参观了国家鸟巢体育场、水立方游泳馆和国家大剧院。

9 日　郑州市局撰写的统计分析《金融危机背景下的郑州消费市场发展状况》得到郑州市副市长薛云伟的批示：此件很好！有数据、有建议，清晰、明白。请关注经济热点问题，比如产业转移、招商引资、会展经济等，亟待提出深入分析，理清底数，查找差距，把握机遇的材料。请酌。

11 日　郑州市局召开全市社会主义新农村建设综合监测会议。

11 日　郑州市局撰写的统计报告《金融危机对郑州工业影响分析》，得到郑州市副市长孙金献批示："情况透彻、分析深刻、建议具有很强的针对性。请继续对工业经济运行情况关注、跟踪、反映。"

12 日　郑州市局召开月度劳动力调查培训会议。

17 日　省统计局安建军副局长带领省局人口处一行 4 人，到郑州市调研月度劳动力调查工作。

18 日　郑州市局召开县（市）、区能源工作会议。

23 日—24 日　在全省统计系统 2009 年纪检监察工作会议上，郑州市局获得全省统计系统 2008 年政风行风建设先进单位并作经验介绍。

25 日　郑州市委、市政府在青少年宫召开了 2009 年优化经济发展环境工作会议，郑州市局连续两年荣获优化经济发展环境先进单位。

郑州市局撰写的《郑州市农村全面小康建设进程研究》课题研究，被社科联立项。得到市委常委、组织部长姚待献批示：农调队今年做了许多农村方面的调研，很有参阅价值。这份小康研究，讲了背景趋势、进程特点和难点重点，很全面、很详尽、很管用。建议各县（市）区委、政府领导认真一阅，研究我市农村小康工作，加快推进新农村建设步伐。

郑州市局撰写的《郑州市社会主义新农村建设综合评价监测指标体系研究》一文日前分别获得市委常委、副市长王林贺和市政协副主席党普选批示，王市长的批示是"本期刊发的《郑州市社会主义新农村建设综合评价监测指标体系研究》很有意义，对评价和指导我市的新农村建设很有必要，针对性和操作性也很强，望继续完善提高，使其监测更科学，指导更有力"；党普选副主席的批示是"这个研究很有意义，非常及时，对于新农村建设将会起到规范、提升作用。"

郑州市计划生育考核小组对郑州市统计局落实计划生育工作职责情况进行检查。

四　月

1 日下午　国家统计局副局长张为民一行 6 人在省统计局局长刘永奇、国家统计局河南调查总队总队长刘世德的陪同下到郑州市开展调研座谈活动。郑州市委常委、常务副市长胡荃，统计局长李德耀等参加了座谈会。

2 日　郑州市召开 2009 年全市统计工作会议，总结 2008 年统计工作情况，部署 2009 年统计工作。市委常委、常务副市长胡荃，郑州市统计局局长李德耀等出席了会议。

3 日　在郑州市跨越式发展三年工作总结暨新三年行动计划动员会议上，郑州市统计局荣获"跨越式发展工作综合服务先进单位"，局长李德耀个人记二等功，办公室主任张春培荣获先进个人。

10 日　郑州市局召开县（市）、区统计局统计设计管理工作会议。

10—11 日　省局人口处有关同志一行到郑州市惠济区、二七区、新郑市的月度劳动力调查点进行督察。

11 日　郑州市统计局荣获"2008 年度完成责任目标优秀单位"，黄飞、田莉同志荣获先进个人。

《郑州市人民政府关于编辑 2009 年郑州农村发展报告的通知》（郑政文[2009]70 号）文件正式下发。

13 日　郑州市委办公厅下发了《关于表彰 2008 年度全市党委系统信息工作先进集体和先进个人的决定》（郑办文[2009]6 号）文件，郑州市局获得了全市党委系统信息工作先进集体。

15 日　郑州市统计局召开 2008 年度目标考核暨 2009 年度目标签订会议。

17 日　郑州市统计局召开全市科技统计制度改革研讨会。

22 日　郑州市统计局召开"学习实践科学发展观"活动总结暨"讲党性修养　树良好作风　促科学发展"教育活动动员大会。

23 日　郑州市统计局召开全市统计法制工作会议。

25 日—26 日　郑州市统计局在丰乐农庄拓展训练基地进行了拓展培训。

28 日下午　郑州市人民政府办公厅召开了由各县（市）、区政府，郑州市各涉农单位部门负责人，以及包括郑州商品交易所、河南信用联社、人民银行郑州办公室等共计 48 家单位参加的 2009 年"《郑州农村发展报告》编辑工作会议”。

28 日　郑州市召开全市农村统计工作会议，市政府王跃华副市长、姜现钊副秘书长、市统计局李德耀局长等出席了会议。

29 日　郑州市统计局邀请省统计局综合处处长、博士生王作成，为全市统计工作人员作了题为“统计课题研究与写作”专题讲座。

16 日　郑州市人民政府办公厅下发《郑州市人民政府办公厅关于编辑 2009 年郑州农村发展报告的通知》(郑政办[2009]20 号)文件。

五　月

4 日　郑州市统计局撰写的统计分析《固定资产投资增速放缓，投资力度亟待加大》得到郑州市市长助理、市政府秘书长、办公厅主任张学军的批示：“你局撰写的《固定资产投资增速放缓，投资力度亟待加大》这篇投资分析很好，希望继续努力不断出成果。”

4 日　郑州市统计局组织召开了青年座谈会。

7 日　在全市人口和计划生育工作会上，郑州市统计局荣获 2008 年落实人口和计划生育工作职责先进单位，并作为先进代表上台领奖。

7 日　国家统计局能源司副巡视员孟合合同志一行四人在省统计局副局长薛承旭等的陪同下，到郑州市统计局对经济普查(能源普查)后期有关工作进行调研座谈活动，郑州市人民政府副秘书长李宪召，统计局长李德耀等领导参加了座谈会。

8 日　郑州市统计局召开局领导会议，传达贯彻市委“全市干部教育工作会议”精神，学习市委组织部《关于进一步开展领导干部读书竞赛活动的意见》，同时安排部署本局读书竞赛活动。

13 日—15 日　全国房地产联网直报先进企业表彰暨程序培训会议在福建福州召开，郑州市统计局获得 5000 家重点企业联网直报工作三等奖，受到国家统计局的表彰。

19 日　郑州市政府副秘书长姜现钊对《郑州市一季度农村经济形势分析》作出批示：“情况把握准确，问题分析透彻，建议切合实际，对当前‘三农’工作具有较强指导意义”。

18—24 日　第二十五届直辖市、副省级城市、省会城市、经济特区和沿海开放城市综合统计信息交流年会在湖南长沙召开，郑州市统计局韩彦北副局长一行四人参加会议。并以《改革创新科学统计开创统计事业发展新局面》为主题作重点发言。

11 日—27 日　郑州市统计局分别举办了统计从业人员继续教育与“调查分析师”初级培训班，近 800 人参加了培训。

郑州市 2008 年度社会科学调研课题评选揭晓，经郑州市社会科学优秀成果评奖委员会评定，郑州市统计局撰写的《郑州市农民专业合作组织发展研究》、《郑州市农业龙头企业带动作用研究》荣获二等奖，《郑州市农村小康建设进程研究》荣获三等奖。

郑州市统计局荣获 2008 年度郑州市对外开放工作先进单位。

郑州市统计局重新印发了《郑州市统计局统计调查项目管理办法》，成立了统计调查项目审议小组。

19 日　郑州市政府副秘书长姜现钊对《郑州市一季度农村经济形势分析》作出批示：“情况把握准确，问题分析透彻，建议切合实际，对当前‘三农’工作具有较强指导意义”。

六　月

2 日　郑州市再次召开了全市普查区图电子化管理软件培训会议。

2 日　郑州市召开乡(镇、街道)统计工作基本情况调查安排布置工作会议。

11 日下午　河南省委常委、郑州市委书记王文超在市委常务副秘书长李玉辉、副秘书长吴志强的陪同下到局调研指导郑州市统计工作。

11 日至 16 日　在市统计局六楼会议室举行了第三批郑州市统计从业人员继续教育与调查分析师初级职称培训。二百多名持有统计从业资格证的基层统计人员参加了培训。

15 日　郑州市统计局召开了郑州百顺国际酒店、河南国育计算机网络工程有限公司、河南省国美电器有限公司等 9 家贸易企业统计负责人参加的经济形势座谈会。

23 日　中共郑州市纪委、郑州市监察局、郑州市统计局、国家统计局郑州调查队联合印发了《关于转发中共河南省纪委、河南省监察厅、河南省统计局、国家统计局河南调查总队关于认真学习贯彻〈统计违法违纪行为处分规定〉的通知的通知》(郑纪发[2009]19号)。

23日　郑州市统计局党组书记、局长李德耀带领部分班子成员,首站到管城区开展统计调研工作,受到管城区委书记法建强,区长岳希荣,常务副区长高建军等的热情接待。

24日　在郑州市统计局常务副局长张向明的带领下,郑州市统计局一行4人到新郑市、中牟县对部分投资项目和房地产企业进行了调研检查。

25日　郑州市统计局党组书记、局长李德耀带领部分班子成员,到二七区开展统计工作调研活动。区委书记朱是西、区长王鹏、副书记张杰锋、常务副区长程广民、副区长王鲁明等参加调研汇报。

26日　郑州市统计局党组书记、局长李德耀带领部分班子成员到中原区开展调研活动。区委书记王贵欣、区长王东亮、常务副区长陈宏伟等参加调研。

按照市政府第六次常务会议要求,市统计局对郑州市服务业统计工作联席会议制度组成单位中的市财政局、市交通局、市地税局、市邮政局、中国移动通信集团河南有限公司郑州分公司、中国联合网络通信有限公司郑州分公司、中国电信集团公司河南省郑州市分公司、中国铁通集团有限公司郑州分公司、河南省电力公司郑州供电公司9家单位,开展了部门统计巡查工作。

在各县(市)、区自查的基础上,郑州市统计局组成2个抽查组,先后对巩义市、新密市、中牟县、中原区、惠济区统计局及所属乡(镇)办信息中心、部分企事业单位进行了统计从业资格专项检查。

七　月

8日　郑州市统计局召开全市统计基础建设工作会议。回顾总结近年来郑州市统计基础建设情况,安排部署今后一个时期郑州市统计基础建设的工作思路和目标任务。

15日上午　郑州市统计局组织召开了全市统计从业资格培训考试工作会议。

15日—17日　郑州市按照《河南省统计局关于开展全省农村统计调查基层基础工作检查的通知》(豫统文〔2009〕105号)的要求,认真开展了农村统计调查基层基础工作检查复查工作。

17日　郑州市2009年上半年GDP数据联审会议召开。

17日　郑州市人大主任白红战对市统计局撰写的《1—6月份郑州市房地产销售高速增长》作出批示:"房地产是我市经济增长点之一,今年以来,商品房销售形势大好,应总结经验,扩大成果,房地产开发投资应加大力度,在找高品位、质量、降低成本、优化服务上下功夫,以进一步推动房地产的发展,为我市"保增长"多做贡献!谢谢统计局提供的信息。"

21日　郑州市副市长薛云伟对市统计局撰写的《上半年我市消费品市场平稳较快增长》作出批示:"此件数据扎实、内容详实、分析深入,请商务局参阅。要抓紧研究下半年继续扩大市场需求的工作措施,抓好政策落实,努力提高其对全市经济发展的贡献率。"

24日　郑州市召开上半年贸易外经统计数据联审暨经济形势分析座谈会。

29日　郑州市统计局召开中层以上干部会议。传达市委九届十七次会议精神,总结上半年工作,安排部署下半年任务。

八　月

3日　郑州市统计局机关党委、团委组织机关青年开展了宣誓活动并召开座谈会。

13日—15日　郑州市统计局召开上半年统计工作总结会议,总结了上半年统计工作取得的成绩,安排部署下半年工作。

16日　郑州市副市长孙金献在郑州市统计局的统计分析《7月份郑州工业企稳向好》上批示:"本期分析有深度、有观点、有建议,切合郑州的工业经济运行实际。请对24家大型企业和主导产业的走势及时跟踪、把握并予以反映。"

20日　郑州市人大副主任刘全心、经济工作委员会主任贺广勋一行6人到市统计局调研统计工作开展情况,指出统计工作要"围绕中心、服务大众、坚持真实、勇于创新"。

24日　郑州市统计局召开第二次全国R&D资源清查工作会议。

24日　郑州市统计局组织开展的2009年度统计从业资格考前培训在市委党校正式开班。近800人报名参加今年统计从业资格考试和考前培训,计划从8月24日到9月11日分六批进行。

26日　郑州市组织召开了全市经济普查办公室主任会议,要求善始善终地做好经济普查后期工作。

27日　郑州市统计局第三轮统计巡查工作正式开始,局党组成员带队对荥阳市、中牟县、惠济区、管城区和郑东新区进行了巡查。

30 日　郑州市档案局就郑州市统计局 2008 年档案工作进行检查。

九　月

2 日　郑州市统计局召开了全市第二次全国 R&D 资源清查试点工作会议。安排布置企业的试填工作。

8 日　郑州市统计局召开了郑州市第二次全国 R&D 资源清查试点座谈会,河南省统计局社科处刘朝阳副处长、王习涛一行二人到会,与来自大、中、小型工业企业、非工业企业二十余家单位的科技统计人员与财务人员就科技统计制度改革进行了认真的座谈。

10 日　郑州市统计局召开了全市第二次全国 R&D 清查摸底工作会议。

11 日　郑州市第二次全国 R&D 资源清查网站正式开通。

7 日—14 日　郑州市统计局举办了第一期县区统计局长培训班,来自全市各县区的 23 名副局级领导干部参加了为期一周的培训。

14 日　下发了《关于成立郑州市第六次人口普查工作领导小组的通知》,部署第六次人口普查工作,成立了以市委常委、常务副市长胡荃为组长,市政府副秘书长李宪召、市统计局局长李德耀、市人口计生委常务副主任宋书杰、市公安局副局长罗永生为副组长的郑州市第六次人口普查领导小组。

17 日　郑州市总工会发文授予在全市帮扶困难职工活动中贡献突出的集体和个人郑州市五一劳动奖状和五一劳动奖章(郑工文[2009]77 号)。郑州市统计局荣获五一劳动奖状。

17 日　值中原区召开基层基础建设现场会之际,郑州市统计局党组书记、局长李德耀亲莅现场指导工作,并对中原区的“双基”建设工作表示肯定。

20 日　全国统计从业资格考试在郑州市顺利进行。郑州市参加考试的有 1133 人,分别在郑州市中原区、中牟、巩义、荥阳、新郑、登封等 6 个考点的 37 个考场进行。

22 日　郑州市副市长薛云伟对郑州市统计局撰写的统计信息《1—8 月郑州市城镇固定资产投资高位回落》做出批示:“产业转移将是当前和今后一个时期郑州发展面临的最大机遇,外来投资占全社会固定资产投资的比重将不断上升。请关注外来投资的增长情况,及时分析其趋势、结构、特点,开阔我市有关方面引进外来资源的视野,提升郑州整体汇聚外来资源的能力”。

23 日　《郑州农村发展报告 2009》正式出版发行。

22 日—25 日　郑州市统计局在登封市武林泉酒店成功举办了全市贸易统计业务暨联网直报程序培训会议。

24 日　郑州市局召开县(市)、区能源统计业务及能源统计基础工作规范化建设会议,各县(市)、区能源科长及业务人员参加了会议。

21 日—26 日　郑州市统计局召开工业企业统计业务培训会议。

《郑州统计年鉴—2009》正式出版发行。

为了宣传新中国成立 60 年郑州经济和社会发展取得的巨大成就,郑州市统计局编辑了《沧桑巨变 60 载——新中国成立 60 年郑州发展辉煌成就》一书,作为郑州统计工作者献给新中国成立 60 年的一份贺礼。

28 日　郑州市召开城乡划分清查工作布置会议,标志着我市城乡划分清查工作正式启动。

十　月

12 日下午　郑州市人民满意公务员表彰大会在嵩山饭店隆重举行。会议表彰我市“人民满意的公务员”和“人民满意的公务员集体”。市委副书记、市长赵建才到会祝贺,并亲自向获奖单位和个人颁发荣誉证书和牌匾。金水区统计局李遂山同志,登封市统计局分别获得“人民满意的公务员和公务员集体”荣誉称号。登封市统计局冯颖灿同志记个人二等功一次。

12 日　郑州市政府下发《关于认真做好第六次人口普查工作的通知》(郑政文[2009]223 号),要求切实做好郑州市第六次人口普查工作。

22 日　正值重阳节,20 多名老干部在市统计局常务副局长张向明陪同下来到郑东新区参观。

23 日　郑州市在嵩山饭店召开全市人口普查准备工作会议,全面部署人口普查工作。

26 日　郑州市统计局召开全市统计报刊宣传暨政务信息工作会议。

27 日　郑州市统计局召开了县(市)、区服务业统计调查暨培训会议,郑州市统计局总经济师张庆华出席了会议。

27 日—30 日上午　郑州市统计局举办的全市大型固定资产投资项目统计业务培训暨数据质量会审会议在新密市青屏宾馆召开。

为贯彻落实全省统计基础建设会议精神,按照郑州市统计基础建设工作的总体安排,郑州市统计局组织了对县(市、区)统计业务基础规范化建设情况的考核验收。10 月 22 日开始,分别到荥阳市、新郑市、中原区、金水区、二七区和惠济区进行考核验收。

十一月

2 日上午　国家统计局人口就业司张志斌处长一行在省统计局有关领导的陪同下,到郑州市进行调研。在二七区福华街办事处现场出席了调查指导员、社区调查员座谈会。

3 日　郑州市首次召开服务业统计调查培训会议。

3 日　河南省统计局工业处朱启明处长一行 3 人,到郑州市高新技术产业开发区的河南汉威电子股份有限公司、河南华晶超硬材料股份有限公司、郑州泰祥热电股份有限公司等 3 家企业生产经营情况进行了调研。

4 日　郑州市统计局驻王庄村帮扶工作队,捐赠电脑仪式在王庄村村委会会议室举行,统计局党组成员、驻村帮扶工作队队长韩彦北参加捐赠电脑仪式,王庄村村委支部书记接受了捐赠。

11 日　郑州市统计局党组书记、局长李德耀、副局长祝遵刚,到二七区马寨镇工业园区对乡镇基础规范化建设工作进行调研。

13 日上午　郑州市统计局在市政府网站参加了民主评议政风行风政府在线活动,局党组书记、局长李德耀,局党组成员、纪检组长王停军,总统计师张庆华参加了活动,并分别现场耐心细致地解答了网民提出的问题。市政府副秘书长商建东专程到现场参加了活动并回答了网民的相关问题。

17 日上午　河南省统计局投资处罗勤礼处长等一行 3 人,在郑州市统计局常务副局长张向明陪同下到郑州市房管局进行房地产运行情况调研。

22 日　郑州市副市长孙金献对统计局撰写的统计信息《10 月份郑州工业经济继续回升》做出批示:“十月份全市工业经济各项指标明显好转,回升态势好于预期。当前正是全年工作进入收官冲刺的关键时期,希望统计部门进一步做好统计分析工作,及时准确反映重点企业、重点行业、重点产品、重点县市区的工业运行情况,为全市各项目标的圆满完成做出新的更大的贡献。”

22 日　河南省情研究会通报,第十一届河南省情研究及经济论文、调研报告评选结果揭晓。评出一等奖 6 篇,二等奖 16 篇,三等奖 27 篇。其中,郑州市获得一等奖 2 篇,占全省的 33%;二等奖 5 篇,占全省的 31.2%;三等奖 7 篇,占全省的 25.9%。一、二、三等奖合计总量占全省的 28.6%。

23 日　郑州市统计局召开了北信源桌面管理系统客户端的安装注册方法培训会,对全局人员进行了培训。

2—22 日　按照《郑州市统计基础建设三年发展规划》的要求,郑州市统计局组织开展的对乡级统计基础建设情况的验收工作,历时半个月结束。本年度验收对象包括 12 个县(市)、区的近 60 个乡镇、街道办事处。

25 日　郑州市政府环保责任目标考核组一行四人,在市环保局副局长马海红的带领下,对市局 2009 年环境保护责任目标及创模工作完成情况进行考核验收。

26—27 日　郑州市 2009 年农村统计调查年报工作会议在嵩山饭店召开。

30 日　郑州市统计局、郑州市房地产管理局联合召开了全市房地产开发投资建设暨统计工作会议。

十二月

4 日　郑州市统计局参加了市委宣传部、市司法局、市依法治市办公室在省人民大会堂广场举行的全市法制集中宣传日活动。

7—8 日　郑州市统计局召开了 2009 年全市劳动统计年报暨 2010 年定期统计报表布置和培训会议。

8 日　郑州市统计局召开县区统计局长年报工作会议。

9 日　郑州市委常委、组织部长姚待献对统计分析《前三季度农民收入继续保持增长态势》一文作出批示:“我常看农村调查,感到信息量大、针对性强,对党委政府了解现状形成决策会有重要帮助。希望看到更多的来自基层的有广度深度的信息，在此基础上增加一些分析，提出一些对策建议会更有参考价值。”

14 日—15 日　郑州市统计局召开了 2009 年全市建设领域统计年报暨 2010 年定期统计报表布置和培训会议。

16—17 日　郑州市统计局召开了 2009 年全市贸易外经统计年定报工作会议。

17 日　郑州市统计局组织全局班子成员、部门负责人、各县（市）、区主管统计法制工作的领导及法制科长，收看了由国家统计局举办的新统计法学习报告视频会。

22 日　郑州市副市长孙金献对统计分析《11 月郑州工业增速创新高》做出重要批示：“本期统计分析透彻深刻。已到年底，要切实关注重点企业、重点行业、重点产品、重点县市区一年来的工业经济运行变化情况，切实加强与省统计部门的联系和沟通，确保 2009 年工业经济目标的完成。”

23 日—24 日　郑州市局召开了全市统计系统统计算中心（站）工作会议，全市计算中心（站）负责人及相关技术人员参加了会议，市局常务副局长张向明参加了会议并做了重要讲话。

郑州市统计局荣获 2009 年全国继续教育培训工作先进单位。作为全国唯一一家特约单位参加了在海南举办的全国统计从业人员继续教育培训工作表彰会议。

中国统计出版社最新图书简目
（仅供参考，以最后出书为准）

统计资料

中国统计年鉴-2010

2010 中国发展报告

中国劳动统计年鉴-2010

中国建筑业统计年鉴-2010

中国商品交易市场统计年鉴-2010

中国民政统计年鉴-2010

中国科技统计年鉴-2010

中国高技术产业统计年鉴-2010

全国农产品成本收益资料汇编-2010

第二次全国残疾人抽样调查资料系列

中国县(市)社会经济调查年鉴-2010

中国国内生产总值核算历史资料(1952-2004)

大中型批发零售和住宿餐饮企业统计年鉴-2010

中国统计摘要-2010

中国第三产业统计年鉴-2010

中国社会统计年鉴-2010

中国人口和就业统计年鉴-2010

中国房地产统计年鉴-2010

中国贸易外经统计年鉴-2010

中国农村统计年鉴-2010

中国教育经费统计年鉴-2009

中国科学技术协会统计年鉴-2010

中国棉花年鉴-2008/2009

中国农村住户调查年鉴-2010(中、英文)

中国季度国内生产总值核算历史资料(1992-2005)

国际统计年鉴-2010

中国区域经济统计年鉴-2010

中国城市统计年鉴-2009

中国工业经济统计年鉴-2010

中国能源统计年鉴-2010

2010 中国地区经济监测报告

中国农产品价格调查年鉴-2010

中国农村贫困监测报告-2010

工业企业科技活动资料-2010

中国城市(镇)生活与价格年鉴-2010

中国农村全面建设小康监测报告-2010

中国零售和餐饮业连锁企业统计年鉴-2010

2005 年中国 1% 人口抽样调查系列资料